DIETA KETOGENICZNA

dr Bruce Fife

DIETA KETOGENICZNA

Jak odzyskać zdrowie dzięki tłuszczom

Vital
GWARANCJA ZDROWIA

Redakcja: Irena Kloskowska
Skład: Iga Maliszewska
Projekt okładki: Iga Maliszewska
Tłumaczenie: Anna Gąsowska
Korekta: Urszula Wołos

Wydanie V
BIAŁYSTOK 2019
ISBN 978-83-64278-71-6

Tytuł oryginału: *The Coconut Ketogenic Diet*

Dołożono wszelkich starań, by informacje zawarte w tej książce były pełne i dokładne. Jednakże ani wydawca, ani autor nie zajmują się świadczeniem profesjonalnego, indywidualnego doradztwa czy usług czytelnikom. Idee, zabiegi i sugestie przedstawione w tej książce nie mogą zastąpić konsultacji z lekarzem. Wydawca ani autor nie ponoszą odpowiedzialności za stan zdrowia żadnego z czytelników, czy też alergii, którą może mieć dany czytelnik, a która wymaga nadzoru lekarskiego; nie ponoszą także odpowiedzialności za wystąpienie jakichkolwiek działań niepożądanych w reakcji na stosowanie przepisów lub zabiegów opisanych w tej książce.

Vital
GWARANCJA ZDROWIA
15-762 Białystok
ul. Antoniuk Fabr. 55/24
85 662 92 67 – redakcja
85 654 78 06 – sekretariat
85 653 13 03 – dział handlowy – hurt
85 654 78 35 – **www.vitalni24.pl** – detal
strona wydawnictwa: **www.wydawnictwovital.pl**
Więcej informacji znajdziesz na portalu **www.odzywianie24.pl**

PRINTED IN POLAND

SPIS TREŚCI

1

DIETA BEZ DIETY

JEŚĆ TŁUSTO I CHUDNĄĆ – CZY TO MOŻLIWE?

42-letnia Leah przyszła do mnie z różnymi problemami zdrowotnymi: częstymi bólami migrenowymi, zatwardzeniem, wahaniami nastoju, rozdrażnieniem, depresją, nieregularnym cyklem miesiączkowym, zmęczeniem oraz nawracającymi infekcjami drożdżakowymi. Miała też nadwagę, choć o niej nie wspominała. Przy wzroście 165 cm ważyła 82 kg, co w dzisiejszych czasach jest zjawiskiem typowym u wielu kobiet w średnim wieku.

Sfrustrowana wizytami u licznych lekarzy i przyjmowaniem rozmaitych leków, Leah postanowiła szukać pomocy u kogoś doświadczonego w dziedzinie medycyny alternatywnej bądź naturalnej. Jako dietetyk i naturopata skupiam się na pomaganiu pacjentom w pozbyciu się problemów natury zdrowotnej w prosty i naturalny sposób, bo za pomocą diety i odpowiedniego sposobu odżywiania się.

Leah wspomniała, że spożywała sporo produktów na bazie rafinowanej, białej mąki (np. chleb, bułki, ciastka, krakersy, itp.), płatki śniadaniowe, mrożone i gotowe produkty, przegryzając słodyczami i czipsami. Zapewniała mnie, że odżywiała się zdrowo, ponieważ unikała tłuszczu. Piła odtłuszczone mleko, jadła niskotłuszczowe dania, wybierała chude porcje mięsa, usuwając z nich każdy widoczny tłuszcz. Masła unikała jak ognia, zastępując je margaryną, a posiłki przygotowywała na, jak je określała, „zdrowych" olejach roślinnych. Chociaż gotowe dania, które często spożywała, bo tak było jej wygodniej, zawierały niewiele warzyw, rzadko jadła świeże produkty. Leah odżywiała się w sposób typowy dla większości ludzi w naszym współczesnym społeczeństwie – ubogi w składniki odżywcze, a sprzyjający nadwadze.

Przede wszystkim zmieniłem dietę Leah. Powiedziałem jej: „Nie jedz niczego oznaczonego etykietą „niskotłuszczowe" bądź „niskokaloryczne", a także przestań jeść słodycze i tzw. śmieciowe jedzenie. Spożywaj pokarmy pełnowartościowe, z masłem lub olejem kokosowym, i nie obawiaj się tłuszczu w mięsie. Jedz pełnotłuste sery, śmietanę i inne produkty mleczne oraz świeże warzywa i owoce. Jedz do syta, nie przejadając się i czerp przyjemność z nowego sposobu odżywiania się".

Była tym zaskoczona. – Czy tak duża ilość tłuszczu zawarta w tych pokarmach nie sprawi, że przytyję? – zapytała.

– Nie – odpowiedziałem. – Nie musi pani martwić się o swoją wagę.

– A jednak martwię się. Staram się liczyć kalorie i ograniczyć spożycie tłuszczu.

– Podałem pani sposób odżywiania, dzięki któremu będzie pani zdrowsza. Dostarcza on organizmowi wszelkich składników odżywczych, potrzebnych do pokonania wymienionych przez panią problemów zdrowotnych. Odzyskując zdrowie, zgubi pani zbędny tłuszczyk.

– Mówi mi pan, że mogę jeść pyszne jedzenie, stawać się zdrowsza i jednocześnie chudnąć?

– Tak – odpowiedziałem.

W ciągu następnych kilku miesięcy przychodziła na wizyty kontrolne i mówiła mi, że czuje się lepiej i gubi wagę. Nie mogła w to uwierzyć. Jadła więcej wysokotłuszczowych pokarmów niż kiedykolwiek dotąd, zrzucając przy tym kilogramy. Z czasem doniosła mi, że doznała znacznej poprawy wszystkich dolegliwości, z jakimi do mnie przyszła. Ku jej ogromnemu zaskoczeniu schudła 20 kg, osiągnąwszy wagę 61 kg. Obecnie, kilka lat po jej pierwszej wizycie, nadal przestrzega moich zaleceń żywieniowych i utrzymuje szczupłą sylwetkę.

Pacjenci często przychodzą do mnie z chorobami przewlekłymi tj. chorobą Leśniowskiego-Crohna, cukrzycą czy artretyzmem. I choć w przypadku każdego pacjenta leczenie jest inne, zalecana przeze mnie dieta jest zasadniczo taka sama dla wszystkich – niewielka ilość węglowodanów rafinowanych, a przeważająca ilość produktów świeżych, z obfitością zdrowych tłuszczów. Taki sposób odżywiania się przyniósł wspaniałe rezultaty, zwłaszcza u pacjentów cierpiących na cukrzycę, którzy teraz cieszą się normalnym trybem życia, wolnym od leków i codziennych zastrzyków z insuliny.

Nierzadko też słyszę od zachwyconych pacjentów o tym, że dzięki poleconej przeze mnie diecie schudli. W swojej pracy skupiam się na wsparciu pacjentów w przywróceniu zdrowia – utrata wagi jest naturalną konsekwencją tego procesu, jednak dla wielu osób nadmierna ilość tłuszczu w ciele jest zmartwieniem numer jeden. Dlatego właśnie dostosowałem opracowany przeze mnie program powrotu do zdrowia do zaradzenia ich troskom, w rezultacie powstała ta książka.

NISKOTŁUSZCZOWE DIETY MOGĄ CIĘ ZABIĆ

– Nie cierpię diet. Żadna z nich nigdy na mnie nie działała. Próbowałem. Uważałem na to, co jem, ograniczając ilość wszystkich spożywanych przeze mnie ulubionych pokarmów i zmniejszając ilość kalorii. Czułem się wtedy pozbawiony czegoś. Nienawidzę tego uczucia. Cały czas byłem głodny i czułem się przygnębiony. W ten sposób udało mi się zgubić zaledwie kilka kilogramów, co nie było warte wyrzeczeń, ponieważ jak tylko kończyłem dietę, zbędne kilogramy powracały.

Brzmi znajomo? Jestem pewien, że tak. Większość z nas przynajmniej raz w życiu próbowała jakiejś diety. Dlaczego? Ponieważ większość z nas boryka się z nadwagą. Aż 60 procent Amerykanów ma ten problem, 30 procent społeczeństwa amerykańskiego jest otyła. Obecnie jedna trzecia dzieci w Ameryce ma nadwagę, a liczby te stale rosną. Pół wieku temu problem ten dotyczył zaledwie niewielkiego odsetka populacji. W dzisiejszych czasach nosi znamiona epidemii, w której niestety nie jesteśmy osamotnieni. To samo zjawisko dotyczy Kanady, Europy i krajów całego świata.

Dlaczego tak bardzo przybieramy na wadze? Przecież nie jemy o wiele więcej niż kiedyś. Właściwie to obecnie jemy mniej tłusto niż w przeszłości. Nasi dziadkowie uzyskiwali 40 procent kalorii z tłuszczu, zaś w dzisiejszych czasach – średnio około 32 procent, co jest znacznym spadkiem. W sklepach spożywczych dosłownie bombardują nas zewsząd etykietami na produktach, które głoszą: „niskotłuszczowy", „nie zawiera tłuszczu", czy „niskokaloryczny". W restauracjach natomiast można zamówić napoje gazowane o obniżonej zawartości kalorii oraz dania o zmniejszonej kaloryczności. Wydaje się, że w dzisiejszych czasach każde pożywienie jest nisko- lub beztłuszczowe. Tłuszcze nasycone zastąpiliśmy tłuszczami wielonasyconymi oraz sztucznymi, a cukier sztucznymi słodzikami. Obecnie spożywamy znacznie więcej niskotłuszczowych i niskokalorycznych pokarmów, a mimo to tyjemy znacznie bardziej niż kiedyś. Powstaje więc pytanie: dlaczego?

Najprościej mówiąc, diety niskotłuszczowe nie przynoszą pożądanych efektów! Są nienaturalne, niezdrowe i na dłuższą metę sprzyjają tyciu, a nie chudnięciu.

Fakt ten potwierdzono badaniami naukowymi. Najdłuższym w historii badaniem na temat korelacji między dietą a zdrowiem jest badanie Framingham. Rozpoczęto je w 1948 roku z zamiarem kontynuacji przez całe życie jej uczestników, i trwa do dzisiaj. Badanie to obejmowało prawie całą populację miasta Framingham, w stanie Massachusetts (o populacji 5127 mieszkańców). Po ponad 40 latach dr William Castelli, dyrektor programu naukowego, w ramach którego przeprowadzono to badanie, przyznał: „W Framingham, w stanie Massachusetts, im więcej którykolwiek z jego mieszkańców zjadł nasyconego tłuszczu, tym więcej cholesterolu i kalorii spożywał i tym niższy był poziom jego cholesterolu w osoczu krwi (...) Odkryliśmy, że osoby jedzące najwięcej pokarmów zawierających cholesterol, tłuszcze nasycone i kalorie, ważyły najmniej"[1]. Można by się spodziewać, że to osoby jedzące posiłki o najmniejszej zawartości tłuszczów nasyconych, cholesterolu i niskokaloryczne będą ważyły najmniej, ale, jak ujawniono badaniem Framingham, wcale tak nie jest.

Wydaje się więc, że chcąc schudnąć, należy unikać diet niskotłuszczowych. Wysiłki zgubienia niechcianych kilogramów za pomocą diety niskotłuszczowej to koszmar wyrzeczeń i głodzenia się. Większość osób pragnących schudnąć wolałaby raczej umrzeć, niż przechodzić taką udrękę. Istnieje lepszy sposób.

KETOGENICZNA DIETA KOKOSOWA

Który z poniższych opisów najlepiej pasuje do ciebie? Jesteś wybredny w jedzeniu, jesz nawykowo, a jedzenie jest dla ciebie formą rozrywki, czy też jesz głównie w pracy. Sądząc po coraz obfitszych taliach, większość z nas skłania się ku temu drugiemu.

Kiedy rozpoczynałem pracę polegającą na pokazaniu ludziom jak poprawić stan zdrowia dzięki diecie oraz właściwemu odżywianiu się, wyznawałem filozofię niskotłuszczową, wierząc, że ograniczanie ilości spożywanych kalorii jest jedynym sposobem na schudnięcie, przy czym eliminacja jak największej ilości tłuszczu z diety to najlepsza metoda. Ze studiów wyniosłem, że mięsa i tłuszczów należy unikać. Tłuszcze nasycone i cholesterol uważano za wrogów wszelkiej diety, będących w stanie spowodować prawie każdy problem zdrowotny – od chorób serca i otyłości po grzybicę skóry i odstające skórki przy paznokciach – tak przynajmniej można było wnioskować z krytyki, jaką przypuszczono na tłuszcze nasycone. Kazano nam wierzyć, że oleje roślinne i margaryna są znacznie zdrowsze.

Odżywiałem się w sposób, jaki uważałem za zdrowy i polecałem tę dietę swoim pacjentom. Zdrowie wielu z nich poprawiło się dzięki zalecanej przeze mnie diecie, lecz postępy innych były nieznaczne. Czasami było to frustrujące. U niektórych pacjentów postęp nie następował lub też przez jakiś czas dało się go zaobserwować, po czym dochodziło do stagnacji.

Pierwsza wskazówka, że powinienem zmienić swój sposób myślenia o tłuszczach, pojawiła się na spotkaniu z dietetykami, na którym jedna z dietetyczek powiedziała, że olej kokosowy jest zdrowy i wszyscy powinniśmy go stosować. Swoim stwierdzeniem wprawiła nas wszystkich w osłupienie, jako że olej kokosowy należy do tłuszczów wysokonasyconych, które uważano za sprawców podwyższonego ciśnienia krwi, co z kolei przyczyniało się do chorób serca.

Szanując naszą koleżankę, wysłuchaliśmy jej. Swoją tezę poparła, przytaczając wyniki kilku badań naukowych opublikowanych w czasopismach medycznych. Wynikało z nich, że zwierzęta laboratoryjne, które karmiono olejem kokosowym, żyły dłużej i mniej chorowały od karmionych olejem sojowym, kukurydzianym czy innym olejem roślinnym. Dowiedziałem się też, że olej kokosowy, w takiej lub innej postaci, z powodzeniem stosowano w leczeniu ciężko chorych, hospitalizowanych pacjentów, a także dla przyspieszenia procesu rekonwalescencji. Olej kokosowy posiada nadrzędne właściwości odżywcze nad pozostałymi olejami, a dodany do pokarmu dla niemowląt podwyższa krzywą przeżywalności wśród wcześniaków. Dlatego też powszechnie używa się go w szpitalach w postaci roztworu dożylnego, a w sprzedaży jako dodatek do jedzenia dla niemowląt.

Po spotkaniu ciekawość nie dawała mi spokoju. Poza ciekawością było we mnie coś znacznie silniejszego: determinacja do odkrycia prawdy. Być może moje przekonanie na temat tłuszczów było całkowicie błędne. W tamtej chwili postanowiłem poznać prawdę. Swoje poszukiwania rozpocząłem od badania literatury medycznej, czytając wszystko, co tylko znalazłem o tłuszczach nasyconych, cholesterolu i olejach roślinnych. To co odkryłem było tak niezwykłe, że diametralnie zmieniło moje zdanie na temat tłuszczów i olejów.

Przez kilka kolejnych lat włączałem więcej tłuszczów nasyconych w opracowany przeze siebie program odżywiania, zwracając uwagę, by było w nim sporo oleju kokosowego i coraz mniej olejów roślinnych. Zacząłem wtedy obserwować ogromne zmiany u pacjentów, przy leczeniu których inni lekarze poddali się. Jedną z największych, pozytywnych zmian była utrata wagi. Pacjenci zjadali więcej tłuszczu, zwłaszcza nasyconego z orzecha kokosowego i chudli. Zaobserwowałem, zgodnie z wynikami badania Framingham, że dieta zawierająca odpowiednie tłuszcze, w tym nasycone, dawała lepsze wyniki niż diety niskotłuszczowe. Mówiąc: „lepsze wyniki", mam na myśli nie tylko mniejszą masę ciała, ale wszystkie inne wskaźniki: poziom cholesterolu i cukru we krwi, ciśnienie krwi oraz poziom energii. Poprawiło się ogólne zdrowie moich pacjentów, a problemy zdrowotne, jakie mięli, uległy złagodzeniu.

Ludzie chudli, nawet się o to nie starając. Niektórzy po prostu zastąpili olejem kokosowym wszystkie inne, jakie dotychczas stosowali, i kilogramy topniały jak śnieg wiosną. Zasadniczo jedli tak samo jak przedtem, dokonując tylko tej prostej zmiany. Tak samo było w moim przypadku.

Jak większość ludzi, od lat przybierałem na wadze. Przestrzegałem zdrowej, zbilansowanej diety. Zamiast masła i naturalnych tłuszczów nasyconych używałem margaryny i wielonasyconych olejów roślinnych.

Miałem lekką nadwagę. Spróbowałem diety, co było frustrujące. Znalazłem się w punkcie, w którym straciłem nadzieję, że kiedykolwiek uda mi się zrzucić moją oponkę i po prostu pogodziłem się z tym, że mam nadwagę i że tak już zostanie. W końcu wyrzuciłem ubrania, w które się nie mieściłem, a które zachowałem na czas, kiedy schudnę.

– Już nigdy się nie zmieszczę w te ubrania – mruknąłem do siebie.

Było to, zanim dowiedziałem się o właściwościach oleju kokosowego. Kiedy zastąpiłem nim wszystkie stosowane dotąd oleje, zacząłem chudnąć. Waga zmniejszała się powoli, ale stabilnie i po około sześciu miesiącach zgubiłem około 9 kilogramów! Nie zmieniłem przy tym diety, a zaledwie spożywany olej. Uzyskana waga utrzymała się. Od tamtego zdarzenia do dziś minęło już wiele lat, a ja cieszę się idealną dla mojego wzrostu i układu kostnego wagą. Dokonałem tego, jedząc znacznie więcej tłuszczu niż kiedykolwiek przedtem.

Pacjentom zalecałem jedzenie tłustych mięs i pełnotłustego nabiału. Mieli także ograniczyć spożywanie wysokowęglowodanowych zbóż i kasz, a jeść więcej warzyw. Jedząc zdrowe posiłki i stosując odpowiednie rodzaje olejów, moi pacjenci tracili na wadze. Zacząłem więc skupiać się na stworzeniu diety, która, wspomagając odchudzanie, poprawia ogólny stan zdrowia. I o tym właśnie jest ta książka.

Przedstawiony w niej unikalny system gubienia nadmiernych kilogramów zrodził się z tego odkrycia. Nazywam go Ketogeniczną Dietą Kokosową lub po prostu Dietą Coco Keto. W zasadzie nie lubię nazywać go „dietą", ponieważ jest on czymś znacznie więcej. Nie jest to tymczasowa dieta, na jaką przechodzisz, żeby zrzucić kilka kilogramów, lecz zmiana stylu życia.

Niektórzy ludzie w ogóle nie traktują jej jako diety, a już na pewno nie tak jak typowych diet niskokalorycznych i niskotłuszczowych. Wskazówki żywieniowe w tym programie pozwalają ci jeść do syta, i to nie tylko zieleninę. Będziesz mógł jeść różnorodne, pyszne pokarmy, np. steki, krewetki, wieprzowinę, jajka, śmietanę, ser, kremowe sosy i sosy do mięs, i oczywiście kokosa. Nie będziesz się głodzić.

To jedna z wielkich zalet tego programu. Spożywasz sycące pokarmy utrzymujące to uczucie aż do następnego posiłku. To prawie jak bez diety. Chudniesz, ciesząc się przyjemnością jedzenia! Program ten można zatem nazwać „Dietą Bez Diety".

Jest to trzystopniowy program, składający się z fazy wstępnej, fazy utraty wagi i fazy ugruntowania. Faza wstępna wprowadzi cię w niskowęglowodanowy sposób odżywiania się, przygotowując twoje ciało do mających nastąpić, zadziwiających zmian. W drugiej – fazie ketozy – zgubisz znaczną ilość niechcianych kilogramów, a ogólny stan twojego zdrowia poprawi się, natomiast w trzeciej „przestawi" cię na zdrowy, długoterminowy plan żywieniowy, o obniżonym spożyciu węglowodanów, pozwalający ci na trwałe utrzymać nowouzyskane wagę ciała i poziom zdrowia.

Wiele programów odchudzających jest niezdrowych. Chociaż pomagają schudnąć, pod względem odżywczym są niezrównoważone, stanowiąc tym samym grunt dla nowych problemów zdrowotnych w przyszłości. Ryzyko jest zbyt wysokie. Stosując przedstawiony w tej książce program, możesz cieszyć się jedzeniem, pozbywać się niechcianych kilogramów i polepszyć zdrowie. Dzięki niemu z ogromnym powodzeniem pomogłem wielu ludziom cofnąć skutki cukrzycy, znacznie złagodzić różnego rodzaju problemy trawienne, pozbyć się uporczywych chorób skórnych, przezwyciężyć przewlekłe zmęczenie, powstrzymać nawracające infekcje drożdżakowe, ustabilizować poziom cukru we krwi, a także w wielu innych chorobach.

Ketogeniczna Dieta Kokosowa jest w takim samym stopniu dietą przywracającą zdrowie, co odchudzającą. Przygotuj się więc na zadziwiające zmiany w twoim życiu.

Jeśli zmagasz się z którymkolwiek z podanych poniżej problemów zdrowotnych, program ten może pomóc ci pozbyć się ich:

- Alergie
- Artretyzm
- Astma
- Bezsenność
- Choroby dziąseł

- Choroby serca/układu krążenia
- Choroby skórne/atopowe zapalenie skóry
- Cukrzyca
- Częste infekcje
- Dna moczanowa
- Drożdżyca
- Hipoglikemia
- Migrenowe bóle głowy
- Nadczynność tarczycy
- Nadwaga/otyłość
- Nerwowość/drażliwość
- Nieregularne cykle miesiączkowe
- Niewydolność nerek
- Osteoporoza
- Problemy trawienne
- Problemy z płodnością
- Przewlekłe stany zapalne
- Przymglenie świadomości/utrata pamięci
- Wysokie ciśnienie krwi
- Zatwardzenie
- Zmęczenie/brak energii

DLACZEGO AKURAT KOKOS?

Dlaczego program ten opiera się na spożyciu kokosów? Odpowiedź na to pytanie jest prosta: ponieważ kokos jest jednym z najzdrowszych pokarmów na świecie, często też zwanym „superpokarmem". Od tysiącleci mieszkańcy Azji, Afryki, Ameryki Środkowej oraz Wysp Pacyfiku polegają na kokosie jako głównym źródle pożywienia. Jest to niezaprzeczalny fakt, zwłaszcza na Wyspach Pacyfiku, gdzie inne pożywienie należy do rzadkości. Na niektórych wyspach kokos, taro (kolokazja jadalna) i ryby to jedyny dostępny pokarm. Od czasu, kiedy pierwsi odkrywcy postawili swoje stopy na tych wyspach, zauważyli, że ich mieszkańcy cieszyli się wręcz wyjątkową siłą fizyczną i doskonałym zdrowiem – znacznie lepszym niż ich. Dopiero po kolonizacji europejskiej i przyjęciu współczesnego sposobu odżywiania

Wyspiarze zaczęli zmagać się z otyłością, nowotworami, chorobami serca, dwoma typami cukrzycy, artretyzmem i innymi, nieznanymi im dotąd dolegliwościami.

Podstawowym składnikiem odżywczym kokosa, który czyni go tak niebywale zdrowym pokarmem, jest jego olej. To on stanowi sekret gubienia zbędnych kilogramów oraz pozyskania lepszego zdrowia. Olej kokosowy określono mianem „najzdrowszego na świecie oleju spożywczego". Na potwierdzenie tej opinii istnieje cała masa dowodów z przeszłości oraz wyników badań naukowych. Sporą jej część zebrałem w książce *The Coconut Oil Miracle* [*Cud oleju kokosowego*, wyd. Vital 2013] podsumowującej wyniki badań historycznych, epidemiologicznych i medycznych w zakresie odżywczo-leczniczych aspektów tego właśnie oleju. Za pomocą jasnych argumentów obala też negatywne publikacje na ten temat, rozpowszechniane przez niewłaściwie poinformowanych autorów.

Współczesne badania nad sposobem odżywiania się, przeprowadzone wśród mieszkańców samotnych wysp, którzy zachowują tradycyjną, opartą na kokosie dietę, wykazały całkowitą nieobecność chorób zwyrodnieniowych. Niektóre populacje mieszkańców wysp spożywają ogromne ilości kokosów i oleju kokosowego i są przykładem doskonałego zdrowia[2]. Co więcej, w wielu tamtejszych kulturach olej kokosowy postrzegany jest jak lekarstwo, zaś palmę kokosową określa się mianem „Drzewa Życia".

Chociaż kiedyś olej kokosowy uważano za szkodliwy dla serca ze względu na zawartość tłuszczów nasyconych, obecnie wiemy, że zawiera on wyjątkowy rodzaj tłuszczu należący do trójglicerydów średniołańcuchowych (MCT), które przyczyniają się do zapobiegania chorobom serca. Tak, tak, to nie błąd w druku – tłuszcz z oleju kokosowego pomaga w profilaktyce chorób serca (czego szczegółowo dowiodłem w książce *Kokos naturalny antybiotyk*, a zatem nie poświęcę tu temu zagadnieniu wiele uwagi). Jeśli mi nie wierzysz, jedź do dowolnego kraju silnie bazującego na kokosie: Tajlandii, Fidżi, Filipin i licznych wysp Pacyfiku. Gdziekolwiek na świecie ludzie stosują olej kokosowy w codziennej kuchni, tam współczynnik zachorowalności na choroby serca jest niezwykle niski w porównaniu do Stanów Zjednoczonych.

W Indiach, w regionach uprawy kokosa, prawie w ogóle nie słyszano o chorobie serca. Kiedy zaś powiedziano, że olej kokosowy szkodzi ich zdrowiu ludzie, przestawili się na olej sojowy i w rezultacie, w ciągu dziesięciu lat, współczynnik wystąpienia chorób serca w tym regionie potroił się! Podobnie wzrosła liczba ludzi otyłych i chorujących na cukrzycę. Zachowując tradycyjną dietę opartą na kokosie, mieli ochronę przed wieloma tak zwanymi chorobami cywilizacyjnymi.

Na dwóch odległych wyspach Pacyfiku – Pukapuka i Tokelau przeprowadzono duże badanie naukowe, w którym brały udział całe populacje tych wysp. Ich głównym źródłem pożywienia były orzechy kokosowe. Aż do 60 procent dziennego zapotrzebowania na kalorie pozyskiwali z tłuszczu, głównie w postaci oleju kokosowego. Według zaleceń Amerykańskiego Stowarzyszenia Chorób Serca (The American Heart Association) z tłuszczu powinno pochodzić nie więcej niż 30 procent kalorii, w tym najwyżej 10 procent w postaci tłuszczów nasyconych. Mimo to dzienne zapotrzebowanie kaloryczne ponad 50 procent tych populacji pochodziło z tłuszczu nasyconego zawartego w kokosach. Chociaż ci ludzie jedli tyle tłuszczu, nie mieli żadnych oznak chorób serca, cukrzycy, nowotworów ani żadnej postaci chorób zwyrodnieniowych, tak powszechnych w społeczeństwie Zachodu. Choroby współczesnego społeczeństwa pojawiają się u mieszkańców tych Wysp dopiero wówczas, gdy porzucą oni swoją dotychczasową dietę na rzecz nawyków żywieniowych z krajów zachodnich.

Jeśli się nad tym chwilę zastanowisz, zrozumiesz jak nierozsądnie jest myśleć, że olej kokosowy jest niezdrowy. Od tysięcy lat ludzie jedzą olej kokosowy jako główny składnik diety – gdyby powodował choroby serca lub jakiekolwiek inne, wówczas byłyby one ewidentne właśnie w tych społecznościach, ale nic takiego nie ma miejsca. A zatem zdrowy rozsądek podpowiada nam, że olej kokosowy nie szkodzi.

Niestety, ponieważ w przeszłości olej kokosowy otrzymał zły rozgłos, niewłaściwie poinformowani autorzy i świadczeniodawcy usług zdrowotnych nadal, nie zważając na nic, krytykują go jako blokujący tętnice tłuszcz nasycony. Ci ludzie są żałośnie zacofani i tylko bezmyślnie powielają słowa innych autorów. Powinni zapoznać się z wynikami nowych, dostępnych już od kilku lat badań naukowych. Jeśli teraz usłyszysz kogokolwiek twierdzącego, że olej kokosowy jest niezdrowy, a niektórzy wciąż tak twierdzą, pamiętaj, że pozostają oni nadal w epoce średniowiecza pod względem wiedzy o odżywianiu. Poleć im lekturę książki *Cud oleju kokosowego* lub *Kokos naturalny antybiotyk**, które prezentują wyczerpujące dowody, wraz z odniesieniami do literatury medycznej, niezaprzeczalnych, licznych korzyści zdrowotnych tego niezwykłego, naturalnego produktu.

Jedną z unikalnych cech oleju kokosowego jest to, że w przeciwieństwie do pozostałych tłuszczów, nie jest długo przechowywany w ciele w tej postaci. Ulega on całkowicie innemu metabolizmowi niż tłuszcze zwierzęce czy oleje roślinne. Spożywając olej kokosowy, zamieniamy go w energię, zamiast gromadzić go jako tłuszcz. Olej kokosowy zwiększa poziom energii i przyspiesza przemianę materii, co sprawia, że organizm spala kalorie w szybszym tempie. Tak, to prawda – spożywanie oleju kokosowego wspomaga odchudzanie, ponieważ przyspiesza spalanie kalorii, nie tylko tych dostarczanych przez siebie, lecz także z innego pożywienia. I stąd tak adekwatna nazwa: „Jedyny na świecie, niskokaloryczny tłuszcz!". Co więcej, olej kokosowy poprawia funkcje tarczycy. Wiele osób zmaga się z nadwagą właśnie z powodu spowolnionego działania tarczycy – gruczołu odpowiadającego za metabolizm i temperaturę ciała. Kiedy zaczynają jeść olej kokosowy, przemiana materii i funkcje tarczycy poprawiają się, a temperatura ciała wzrasta i staje się bliższa normie, wówczas odchudzanie staje się łatwiejsze niż kiedykolwiek.

Obecne badania naukowe potwierdziły, że olej kokosowy niewątpliwie jest jednym z najbardziej odżywczych i zdrowych pokarmów. Dlatego też wszystkim moim pacjentom zalecam jego włączenie do jadłospisu. Byłem świadkiem zdumiewających rezultatów jego stosowania i nie mam tu na myśli wyłącznie utraty zbędnych kilogramów, ale także pokonanie wielu problemów zdrowotnych.

Poniżej przytaczam kilka opinii osób, które doświadczyły zadziwiających zmian zdrowotnych, po prostu włączając olej kokosowy do codziennej diety:

---

* Książki dostępne są w sklepie www.vitalni24.pl (przyp. wyd. pol.).

„W ciągu ostatnich 20 lat nieustannie i stopniowo przybierałam na wadze. Nie można było powiedzieć, że byłam gruba, ale miałam zbyt wiele krągłości w niewłaściwych miejscach. Wreszcie, w tym roku, postanowiłam coś z tym zrobić. Przeszłam na dietę owocową. I nic. Wypróbowałam dietę z zupą kapuścianą (bez mięsa). Też nic. Zastosowałam więc tygodniową głodówkę. NIC SIĘ NIE WYDARZYŁO!

I wtedy, jakby zesłana z nieba, wpadła mi w ręce ta książka. Przerwałam głodówkę i znów zaczęłam jeść, lecz stosując olej kokosowy. Po kilku dniach zważyłam się – schudłam ponad 2 kilogramy! Od tamtej pory zgubiłam łącznie 11 kilogramów i nadal chudnę, stabilnie, bo około 0,5 kg na tydzień, rozkoszując się pełnymi posiłkami".

SHARON

„W pierwszym tygodniu stosowania oleju schudłam ponad dwa kilogramy, a następnie jeszcze dwa w ciągu kolejnych dwóch tygodni. Do tej pory poranne wstawanie było nie lada wyzwaniem, a teraz dosłownie wyskakuję z łóżka. Tego lata nosiłam nawet bikini! (...) Czuję się świetnie, a poza tym jem teraz znacznie więcej niż przedtem bez strachu, że przytyję".

CARINE

Od 4 miesięcy, codziennie spożywam 1-2 łyżki stołowe oleju kokosowego z pierwszego tłoczenia i zauważyłem różnicę w mojej energii – teraz jest stabilna cały dzień, nie waha się już tak jak kiedyś, powodując senność, zwłaszcza po posiłkach, najwyraźniej więc poziom cukru we krwi wyrównał się".

MARTY OHLSON

„Przez ostatnich 20 miesięcy byłem na diecie niskowęglowodanowej, dzięki której schudłem prawie 24 kilogramy. Chciałbym zrzucić jeszcze około sześciu. W pewnej książce, zachęcającej do życia bez cukru, natknąłem się na zdanie mówiące, że orzechy kokosowe pomagają uzyskać stan ketozy. Zaintrygowany tą informacją, kupiłem śmietanę i olej kokosowy, i zacząłem je stosować. W tydzień schudłem niemal kilogram (podczas gdy w ciągu ostatnich 6 miesięcy zaledwie niecałe 2 kg, więc byłem pod wrażeniem). Podzieliłem się tą informacją na forum grupy osób na diecie niskowęglowodanowej, której jestem członkiem i tak również inni zaczęli stosować olej kokosowy i chudnąć. Niektórzy z nich bardzo długo tkwili w stagnacji wagi (...) Inni zauważyli także wzrost energii oraz uczucie pieczenia, wskazujące na zwiększony metabolizm. Uczucie, jakiego ja doznaję, mogę porównać wyłącznie z „kopem kofeinowym", choć od lat nie spożywam niczego z kofeiną".

GAIL BUTLER

„Zaczynając, ważyłem 143,34 kg i nosiłem spodnie w rozmiarze 52. Dziś rano ważyłem 116,12 kg, a więc łącznie schudłem 27,22 kg – do rozmiaru 44. (...) Koledzy z pracy nieustannie komentują, jak wiele mam teraz energii. Również mój 20-letni syn odżywia się tak jak ja i w ciągu 3 miesięcy schudł z 92,08 kg do 80,29 kg. Nie liczę teraz spożywanych kalorii, ale myślę, że przy spożyciu poniżej 2500-3000 dziennie chudłbym. Co kilka tygodni przeliczam kalorie, by mieć pewność, że nie zjadam mniej niż 2000 dziennie, a robię tak, ponieważ już nie chodzę głodny. Przy takim spożyciu tłuszczu zazwyczaj nie odczuwam głodu przez 9 godzin lub nawet dłużej, więc przegapienie posiłku, kiedy jestem zajęty, nie jest już dla mnie problemem".

CHUCK

„Zdiagnozowano u mnie niedoczynność tarczycy (...), kiedy przeczytałam twego maila o tym, żeby pić 3 łyżeczki oleju na raz, pomyślałam, że warto spróbować. Było to około godziny 14:00. Mniej więcej 20 minut później wyszłam na godzinny spacer po bardzo pagórkowatym terenie i nie mogłam nie zauważyć, jak wiele miałam energii w porównaniu do 3 tygodni wcześniej, kiedy ostatnio pokonywałam tę trasę (...) O około 19:15 (czyli jakieś 5 godzin po spożyciu 3 łyżek stołowych oleju kokosowego), zmierzyłam temperaturę ciała, która, ku mojemu zdziwieniu wynosiła 37°C. Po raz pierwszy od 15 lat była w normie, chyba że miałam grypę albo inną chorobę. Nie przypominam sobie, bym kiedykolwiek czuła się tak dobrze jak teraz. Dziękuję! Odzyskałam nadzieję, że uda mi się skutecznie zgubić zbędne kilogramy, które przeszkadzają mi w robieniu tego co kocham".

RHEA LUST

„Wystarczą 3 łyżeczki na raz, by wzrosła temperatura mojego ciała. Zwykle w ciągu dnia mam 36,1°C. Wygląda na to, że nowy przepis na kulki orzechowe też robi swoje (...) Te szybko znikające, orzechowe kulki są przepyszne i dostarczają mi mnóstwo energii (na przekąskę zjadłam cztery 2,5-centymetrowe kulki na pusty żołądek). Dziwiąc się, skąd mam tyle energii, poczułam potrzebę zmierzenia temperatury – 37°C! Nie poprzestając na jednorazowym sukcesie, powtarzałam ten eksperyment kilkakrotnie w tym tygodniu i za każdym razem sprawdza się".

MARILYN JARZEMBSKI

„Jestem cukrzykiem, ale przestałem brać lekarstwa przepisane przez mojego lekarza, ponieważ nie czuję, by na dłuższą metę mi służyły. Wczoraj wieczorem rozkoszowałem się mlekiem kokosowym. Wypiłem całą puszkę przed pójściem spać. Nie zawiera ono dużo cukru, ale jako że było nieopisaną przyjemnością, spodziewałem się, że rano poziom cukru we krwi będzie znacznie podwyższony. Ku mojemu zaskoczeniu był dużo niższy niż zazwyczaj. Muszę przyznać, że nawet przy całkowitym powstrzymaniu się od spożycia cukru, czego niejednokrotnie próbowałem, wynosił 110-120, a ostatnio około 140. Tego ranka wynosił 109, czym jestem mile zaskoczony".

ALOBAR

„Już od 2 miesięcy piję olej kokosowy z pierwszego tłoczenia (4 łyżki stołowe dziennie) i już dawno nie czułam się tak dobrze jak teraz! Wzrósł poziom mojej energii, a waga spadła. Już nie chodzę głodna. Rozpoczęłam też codzienny program ćwiczeń fizycznych i zrzuciłam już ponad 9 kilogramów".

PAULA YFRAIMOV

Ostatnio sporo schudłam (ponad 16 kg w ciągu 5 miesięcy) i używam wyłącznie oleju kokosowego (...). Przeszłam na dietę niskowęglowodanową (nie jem niczego poza mięsem, jajkami, owocami morza, warzywami niezawierającymi skrobi, owocami, orzechami i wszelkimi ich pochodnymi, w tym produktami kokosowymi). Uważam, że to olej kokosowy przyczynił się do mojego sukcesu, ponieważ czasem, kiedy się skończył, używałam wyłącznie oliwy z oliwek i wówczas chudłam bardzo niewiele bądź wcale".

ANN

„Spożywam niewiele pokarmów przyspieszających moją przemianę materii i wiele, które ją spowalniają. Olej kokosowy niewątpliwie ją poprawia. Jedna łyżka stołowa oleju kokosowego to najszybszy sposób na podwyższenie temperatury o cały stopień (w 45 minut). To naprawdę niezwykłe".

MARILYN

„Piszę, by wyrazić swoją radość z powodu stosowania oleju kokosowego. Używam wyłącznie jego do przyrządzania wszelkich posiłków, a dodatkowo spożywam łyżeczkę dziennie na surowo. Nakładam go na włosy, zastąpiłam nim także większość kremów do rąk i ciała. Jestem 50-latką z nadwagą i przewlekłymi chorobami kolagenowymi. Obecnie wzrasta poziom mojej energii i chudnę, a nieustanny ból ustępuje. Moje włosy i skóra wyglądają teraz tak dobrze, że ludzie to komentują. Bardzo, bardzo dziękuję za ujawnienie prawdy o oleju kokosowym (...) Jeszcze raz serdecznie dziękuję!"

JANICE W.

„Chudnę, jedząc więcej tłuszczów. Schudłam już 14 kilogramów i czuję się świetnie. Mój mąż zgubił już w ten sposób 9 kg i też jest zachwycony. Odrzucenie produktów pszenicznych jest niezaprzeczalnie istotnym czynnikiem w systematycznym chudnięciu i jednoczesnej poprawie mojego zdrowia, lecz dokonałam także dwóch radykalnych zmian, jeśli chodzi o tłuszcze spożywcze. Po pierwsze, obecnie jem przynajmniej 3 razy więcej tłuszczu niż kiedyś. Tak, tak, jem więcej tłuszczu, nie mniej. Po drugie, spożywam teraz głównie tłuszcze nasycone, na czele z olejem kokosowym, za którym są masło i smalec (...) zjadam ich od 4 do 8 łyżek stołowych dziennie".

TRACEY T.

Staram się schudnąć od kiedy rok temu miałam zabieg histerektomii. Próbowałam nawet głodówek, ale bezskutecznie. Pewnego dnia moja mama wspomniała, że jej szef schudł 4,5 kg, wyłącznie stosując olej kokosowy. Domyśliłam się, że taka zmiana w jadłospisie nie jest uciążliwa (...) W 6 tygodni byłam 12 kilogramów szczuplejsza, moja energia wzrosła trzykrotnie i już nie muszę kłaść się na łóżku, by dopiąć dżinsy!"

ABBY

To zaledwie kilka opinii na temat zadziwiających efektów włączenia orzecha kokosowego do jadłospisu. Rezultaty zdumiewają jeszcze bardziej w połączeniu z ketogenicznym planem żywieniowym, który znajdziesz w tej książce. Czy jesteś gotowy/gotowa pozbyć się zbędnych kilogramów i doświadczyć poprawy zdrowia i samopoczucia? Z następnych rozdziałów dowiesz się jak to zrobić.

2

NAJWIĘKSZE KŁAMSTWA O TŁUSZCZU

DIETY NISKOTŁUSZCZOWE SPRAWIAJĄ, ŻE TYJESZ

Brakującym składnikiem większości diet odchudzających jest tłuszcz. Tak, tłuszcz. Większość diet stara się wyeliminować jak największą ilość tłuszczu – to duży błąd! Tłuszcz jest niezbędnym składnikiem skutecznego odchudzania się. Choć wydaje się to niedorzeczne, a wręcz ironiczne, by chudnąć potrzebujemy tłuszczu.

Ludzie patrzą na mnie jak na wariata, kiedy słyszą, jak mówię, że tłuszcz jest nam niezbędny do skutecznej utraty nadmiaru kilogramów i poprawy stanu zdrowia. „Przecież tłuszcz szkodzi" – mówią. „Od niego się tyje" – dodają. A kiedy mówię im, że powinni przede wszystkim jeść tłuszcz nasycony, wzdychają z przerażenia, mówiąc: „Tłuszcz nasycony wywołuje choroby serca!". Wtedy muszę im wyjaśniać, że na przestrzeni minionych lat postępy w nauce żywieniowej wykroczyły znacznie ponad zalecenia dotyczące spożycia tłuszczów nasyconych i nienasyconych, o których tak powszechnie słyszymy w prasie codziennej. Popularne poradniki o odchudzaniu i wiadomości na ten temat przekazywane w mediach zwykle są całe lata za postępami nauki w tym zakresie. Spora część zaleceń żywieniowych podawanych nam kilka lat temu okazała się błędna. Jednym z wielu takich przykładów jest to, że tłuszczu, jako niezdrowego, należy unikać.

Obecnie wiemy, że tłuszcz jest istotnym składnikiem odżywczym, niezbędnym w każdej diecie dla utrzymania dobrego zdrowia. Dlatego też wszystkie główne organizacje zdrowotne, tj. Narodowe Instytuty Zdrowia (National Institutes of Health), Amerykańskie Stowarzyszenie Chorób Serca (The American Heart Association) i inne zalecają, by 30, a nie 20, czy 10 procent (według niektórych skrajnych poglądów), dziennego zapotrzebowania kalorycznego pochodziło z tłuszczu.

W przeszłości zwłaszcza tłuszcz nasycony otrzymywał niepochlebne opinie prasy. Większość ludzi, z pracownikami służby zdrowia włącznie, nie rozumie, że jest wiele rodzajów tłuszczów nasyconych i nie wszystkie mają identyczne właściwości. Możesz mi wierzyć lub nie, ale większość z nich nie podnosi poziomu cholesterolu i tak naprawdę służy twemu zdrowiu. Co więcej, potrzebujemy tłuszczu nasyconego w jadłospisie dla zachowania dobrego zdrowia. Dlatego właśnie organizacje zdrowotne nie nawołują do całkowitej eliminacji tłuszczów nasyconych z diety.

Spożywanie tłuszczu, zwłaszcza nasyconego, uważamy za jeden z dziesięciu „śmiertelnych" grzechów żywieniowych. To błędne przekonanie w dużej mierze napędzane jest wysiłkami marketingowymi w zakresie żywienia niskotłuszczowego, podjętymi przez przemysł spożywczy. Jeśli produkt zawiera niewielką ilość tłuszczu, oznacza to, że klient może go zjeść więcej bez poczucia winy, a im więcej jemy, tym więcej kupujemy. Im więcej kupujemy, tym większe zyski mają producenci, zaś im większy zysk, tym lepiej prosperujący przemysł spożywczy. Chodzi tu o pieniądze, nie o zdrowie. Szaleństwo na punkcie niskotłuszczowego pożywienia nie dokonało niczego, może poza przyczynieniem się do wzbogacenia producentów produktów spożywczych, a naszego tycia. Tak, tycia! Obecnie ludzie ważą więcej niż kiedyś.

W Stanach Zjednoczonych 60 procent populacji zmaga się obecnie z nadwagą, przy czym 1 na 4 osoby dorosłe nie tylko ma nadwagę, ale jest otyła. Za otyłość uważa się 20 lub więcej procent ponad maksymalną prawidłową wagę dla osoby według jej wzrostu. Według danych Centrum Zwalczania i Profilaktyki Chorób (Centers for Disease Control and Prevention), w ciągu minionego dwudziestolecia liczba ludzi otyłych w Stanach Zjednoczonych drastycznie wzrosła z 12 – kiedyś do 30 procent obecnie. Nawet nasze dzieci tyją. Zastraszająca liczba 25 procent wszystkich amerykańskich nastolatków ma nadwagę. Przez ostatnie 30 lat liczba otyłych dzieci wzrosła ponad dwukrotnie.

Dwadzieścia do trzydziestu lat temu, kiedy to gorączka produktów niskotłuszczowych skrajnie wahała się, liczba osób otyłych w przedziale wiekowym 18-29 lat wzrosła o 70 procent, zaś wśród 30-39-latków – o 50 procent. Pozostałe grupy wiekowe również doświadczyły zatrważającego wzrostu wagi.

Jemy więcej produktów niskotłuszczowych niż kiedykolwiek przedtem, a jednak coraz bardziej tyjemy. Niskotłuszczowy sposób odżywiania nie przyniósł spodziewanych efektów! Jedzenie tłuszczu nie jest tu problemem.

KŁAMSTWA O NISKIEJ ZAWARTOŚCI TŁUSZCZU

Jeśli jesteś jedną z milionów osób, które poniosły porażkę, starając się schudnąć na diecie niskotłuszczowej, nie obwiniaj o to siebie, lecz dietę. Diety niskotłuszczowe nie działają. Popierająca je teoria jest pełna mankamentów. Niskotłuszczowe odżywianie wymaga radykalnych i nieprzyjemnych dla podniebienia zmian, które są prawie niemożliwe do przestrzegania przez dłuższy czas. Przez 30 lat ograniczaliśmy spożycie tłuszczu. Procent spożywanego przez nas tłuszczu spadł z około 40 do 32 procent, a wciąż przybieramy na wadze. Jeśli próbowałeś pozbyć się zbędnych kilogramów, usuwając ze swego jadłospisu tłuszcz, padłeś ofiarą „niskotłuszczowego kłamstwa".

Na pierwszy rzut oka teoria o niskiej zawartości tłuszczu brzmi logicznie, ponieważ z 3, dostarczanych organizmowi składników odżywczych, do których należą: tłuszcze, białka i węglowodany – to tłuszcz zapewnia najwięcej kalorii. W przeliczeniu 1:1, gram tłuszczu zawiera ponad dwukrotnie więcej kalorii niż białko czy węglowodany. A zatem, jeśli tłuszcz w posiłku zastąpimy białkami lub węglowodanami, obniżymy łączną liczbę kalorii, jedząc praktycznie tyle samo. I na tym kończy się prawdziwość diet niskotłuszczowych.

Niestety, doprowadziło nas to do przekonania, że im więcej tłuszczu wyeliminujemy, tym mniej kalorii zjemy, a im mniej kalorycznie jemy, tym lepiej. Utratę wagi postrzega się po prostu przez pryzmat spożycia ilości kalorii. Oto powód, dla którego tak wiele ludzi, w tym pracowników służby zdrowia, dało się zwieść.

Prawda jest taka to po prostu tak nie działa. Zdrowy rozsądek podpowiedziałby ci coś zupełnie innego. Czy kiedykolwiek widziałeś osobę „przy kości", która, jedząc na co dzień sałatkę z „zieleniny", tyłaby nadal? Albo też kogoś szczupłego, kto, jedząc tłuste mięsiwa, sosy i desery, nie przytył ani grama? Ewidentnie chodzi tu o coś więcej niż tylko kalorie. Pozostałe czynniki, tj. przemiana materii, wartość odżywcza i stopień sytości, zależą od rodzaju spożywanego pokarmu, w rezultacie wpływając na wagę naszego ciała. Przybieranie na wadze lub jej gubienie nie jest wyłącznie kwestią zjadanych kalorii.

Przemysł spożywczy każe ci wierzyć, że zbyt obfite kształty to efekt spożywania zbyt wielu kalorii. Takie ujęcie tej kwestii jest przez niego bardzo agresywnie promowane. Przemysł spożywczy sponsoruje badania naukowe, rozprowadza materiały edukacyjne w szkołach i wśród pracowników resortu zdrowia, pisze i publikuje artykuły, ujawnia i rozpowszechnia nowe informacje – wszystko ma na celu poparcie korzystnego dla niego punktu widzenia. W dzisiejszych czasach w każdym czasopiśmie, niezależnie czy o tematyce ogólnej, czy zdrowotnej, nie da się nie znaleźć artykułów na temat niskotłuszczowego odżywiania się. To popularne zagadnienie w radiu i telewizji. Pełno też książek na ten temat. Przemysł spożywczy w bardzo wygodny dla siebie sposób przekonuje nas, że odpowiedzią na problemy z nadwagą i otyłością jest zjadanie mniejszych ilości tłuszczu. Zachęca więc nas do kupowania chudszych porcji mięsa lub niskotłuszczowych, czy wręcz beztłuszczowych oraz dietetycznych produktów wszelkich marek i rodzajów. Wdrożona strategia marketingowa zrobiła swoje. Półki w sklepach spożywczych uginają się od takich produktów. To niesłychanie dochodowy biznes przynoszący miliardy dolarów zysku.

Chudsze porcje mięsa są droższe. Korzystne, z perspektywy przemysłu spożywczego, produkty niskotłuszczowe kosztują więcej niż pokarmy naturalne, tj. świeże owoce czy warzywa. Słodycze – ciastka, torty, ciasta, lody – o których zdrowy rozsądek mówi nam, że nie są zbyt zdrowe czy dietetyczne – wszystkie są bardzo kuszące. Jeśli są niskotłuszczowe, wówczas wystawiamy zdrowy rozsądek za drzwi i pozwalamy sobie na jedzenie tych pyszności bez poczucia winy. Konsekwencją takiego zachowania są większe zyski dla przemysłu spożywczego, a szersze talie dla nas.

Ludzie nie jedzą tego, czego nie lubią. Tłuszcz nadaje smak jedzeniu. Produkty niskotłuszczowe nie są tak smaczne, więc, aby zwiększyć ich atrakcyjność dla klientów, producenci dodają więcej cukru, glutaminian sodu i inne wzmacniacze smaku. W efekcie otrzymujemy produkt, który może zawierać więcej kalorii niż jego pełnotłusta wersja, a do tego jeszcze różne dodatki chemiczne mogące wywoływać działania niepożądane dla zdrowia i masy ciała. Promowane jako zdrowe warianty produktów pełnotłuszczowych, w rzeczywistości są ich przeciwieństwem.

Od tak dawna powtarzamy narzuconą nam mantrę o niskotłuszczowym jedzeniu, że „niskotłuszczowe" stało się dla nas synonimem „zdrowego". Tłuszcz traktujemy jak truciznę. Kupujemy najchudsze porcje mięsa i usuwamy z nich każdy gram tłuszczu. Wszystko, co kupujemy, wybieramy w wersji nisko- lub beztłuszczowej. Nasze dania obiadowe pełne są cukru i skrobi, lecz broń Boże, ani grama tłuszczu!

Po latach karmienia się niskotłuszczową propagandą, jesteśmy manipulowani tak, by wierzyć, że jeśli dieta niskotłuszczowa jest dobra, to dieta „bardzo niskotłuszczowa" musi być jeszcze lepsza, a beztłuszczowa – najlepsza. Wielu guru żywieniowych, a wśród nich dr Dean Ornish, Nathan Pritikin i inni, stworzyli imperia dzięki niskotłuszczowej histerii. Mit o zaletach niskotłuszczowego odżywiania dociera w każdy zakątek Ameryki. Nawet nasze dzieci poddawane są „praniu mózgów" w tej kwestii. Według ankiety przeprowadzonej wśród dzieci w wieku szkolnym, aż 81 procent uważa, że najzdrowszym sposobem odżywiania się jest wyeliminowanie tłuszczu. Taka dieta jednakże byłaby katastroficzna pod względem odżywczym.

TŁUSZCZ CI SŁUŻY

Budulec

Jeśli pozbędziesz się całego tłuszczu ze swojego ciała, będziesz miał(a) szczupłe, piękne ciało, prawda? Nieprawda! Wtedy staniesz się bezkształtną masą z białka i wody, tworzącą kałużę na podłodze. Będziesz wówczas niczym Zła Czarownica z Zachodu, po tym jak Dorotka wylała na nią wiadro wody.

Tłuszcz stanowi główny budulec każdej komórki ludzkiego organizmu. Tłuszcze tworzą błonę komórkową – warstwę skóry utrzymującą komórki razem. Bez nich komórki byłyby kałużami wody zmieszanej z różnymi odpadkami komórkowymi. Komórki serca, płuc, nerek i pozostałe organy zależą od spajającego je tłuszczu. Mózg człowieka w 60 procentach składa się z tłuszczu i cholesterolu. Mówiąc prościej, zdrowy, inteligentny mózg jest pełen tłuszczu.

Tłuszcze spożywcze są nie tylko strukturalnymi komponentami komórek, ale też tworzą hormony i prostaglandyny kontrolujące i regulujące funkcje organizmu. Witamina D, estrogen, progesteron, testosteron, DHEA i wiele innych hormonów powstają z cholesterolu.

Hormony to główne regulatory metabolizmu, wzrostu, rozwoju, rozmnażania się i licznych, pozostałych procesów. Odgrywają one ważną rolę w utrzymaniu równowagi chemicznej w organizmie. Tłuszcz i cholesterol to materiał do budowy różnych hormonów. Gdybyśmy nie mieli cholesterolu, nie mielibyśmy także hormonów płciowych, a zatem bylibyśmy bezpłciowi. Nie byłoby wtedy rozróżnienia na mężczyzn i kobiety, a rozmnażanie stałoby się niemożliwe.

Podobnie prostaglandyny – substancje hormonopodobne – powstające z tłuszczu, wpływają na stężenie lipidów we krwi, powstawanie zakrzepów, ciśnienie krwi, reakcje immunologiczne i na stany zapalne w przypadku kontuzji czy infekcji.

Dieta pozbawiona tłuszczu może poważnie obniżyć skuteczność obronną układu immunologicznego i tym samym zwiększyć podatność na choroby. Układ odpornościowy nie tylko chroni nas przed chorobami zakaźnymi, ale także przed wieloma stanami zwyrodnieniowymi. Powstawanie nowotworów, na przykład, kontrolowane jest przez układ immunologiczny. Każdy z nas ma w sobie komórki rakowe – tak, ty, ja, wszyscy. Jest to część naszego istnienia. A jednak nie wszyscy chorujemy na raka, ponieważ chroni nas przed tym nasz układ odpornościowy. Wędrujące po naszym organizmie białe krwinki atakują i niszczą komórki nowotworowe tak długo, jak nasz układ immunologiczny działa prawidłowo. Jeśli jego działanie jest niepełne z powodu braku tłuszczu spożywczego lub niedoboru innych składników odżywczych, wówczas nowotwór dostaje przepustkę do rozwinięcia się.

Bez tłuszczu i cholesterolu nie tylko byłbyś bezkształtną masą leżącą na podłodze, zupełnie niezdolną do rozmnażania się, lecz także stałbyś się bezbronny wobec nowotworów i chorób wszelkiej postaci, i przede wszystkim byłbyś martwy. Życie bez tłuszczu jest niemożliwe.

Źródło energii

Tłuszcz to paliwo. Benzyna napędza samochody, a tłuszcz nasze ciała. Tłuszcz jest jednym z 3 składników odżywczych produkujących energię. Pozostałe dwa to białka i węglowodany. Nasze ciała używają tłuszczu jako źródła energii, aby zasilać procesy metaboliczne i utrzymywać nas przy życiu. Przynajmniej 60 procent energii w naszym ciele pochodzi z tłuszczu.

Każda komórka naszego ciała musi mieć nieprzerwane źródło energii do prawidłowego funkcjonowania i zachowania życia. Nasze organizmy wybierają najpierw paliwo w postaci węglowodanów. Kiedy w naszym jadłospisie znajdują się odpowiednie węglowodany by zaspokoić zapotrzebowanie energetyczne, wówczas tłuszcz odkłada się w komórkach tłuszczowych. Nadmiar węglowodanów i białek przekształcany jest w tłuszcz i także w postaci komórek tłuszczowych odkładany na później. Pomiędzy posiłkami i przy spożywaniu niewielkiej ilości pokarmów, tłuszcz wyjmowany jest ze spiżarni naszego organizmu i zużywany dla zaspokojenia aktualnych potrzeb energetycznych organizmu.

Tłuszcz ma więcej kalorii w jednym gramie niż węglowodany czy białka, ponieważ jest kompaktowym źródłem energii gromadzonym do wykorzystania w przyszłości. Energię mierzy się w kaloriach.

W postaci tłuszczu ciało człowieka może przechowywać więcej kalorii (np. energii), niż w postaci węglowodanów czy białek. Gdyby w organizmie gromadziło się białko zamiast tłuszczu, wyglądałbyś jak nadmuchana kiełbasa wieprzowa, bo komórki składujące energię zwiększyłyby się dwukrotnie. Ciesz się zatem, że odkładasz tłuszcz, a nie białka!

Jeśli nie miałbyś zgromadzonych odpowiednich ilości tłuszczu w swoich komórkach tłuszczowych, wówczas pomiędzy posiłkami i podczas dłuższych okresów bez jedzenia, twoje ciało uciekałoby się do korzystania z białek, tj. tkanek mięśniowych, dla pozyskania energii. Twoje ciało dosłownie zjadałoby się, by dostarczyć sobie energii do przeżycia.

Kiedy jesteś na diecie, ważne jest, byś do posiłków włączał tłuszcz. Jeśli tego nie zrobisz, twój organizm zacznie rozkładać własne białka, by sprostać zapotrzebowaniu na energię. Stracisz wtedy masę mięśniową. W skrajnych przypadkach, tj. głodzenia się, dochodzi do kanibalizmu organów zaistniałego w celu zapewnienia potrzebnej energii, co może spowodować trwałe ich uszkodzenie. Niewydolność narządów jest przyczyną śmierci w wyniku zagłodzenia się.

Źródło składników odżywczych

Błędem jest uważać tłuszcz za truciznę. Wręcz przeciwnie, jest on tak samo istotnym składnikiem odżywczym jak białko, witamina C czy wapń. Spożywanie tłuszczu jest konieczne dla zachowania dobrego zdrowia, bez niego wszyscy bylibyśmy chorzy i umarlibyśmy z niedoboru składników odżywczych.

Tłuszcze składają się z pojedynczych cząsteczek tłuszczu zwanych kwasami tłuszczowymi. Dwa rodzaje tłuszczu, znane jako kwasy tłuszczowe omega-3 i omega-6, uważa się za absolutnie niezbędne dla zachowania dobrego zdrowia i dlatego właśnie określa się je mianem Niezbędnych Nienasyconych Kwasów Tłuszczowych (NNKT). Są one konieczne w naszym jadłospisie, jako że organizm nie może wytworzyć ich z innych substancji odżywczych. Niezbędne Nienasycone Kwasy Tłuszczowe w różnych ilościach znajdują się we wszystkich pokarmach: mięsie, rybach, zbożach, warzywach, olejach roślinnych i tłuszczach zwierzęcych. Unikanie lub eliminowanie ich z pokarmów zmniejsza ilość NNKT w naszej diecie.

Bez Niezbędnych Nienasyconych Kwasów Tłuszczowych doznajemy objawów ich niedoboru w organizmie w postaci zmian skórnych, problemów neurologicznych i ze wzrokiem, opóźnienia w rozwoju, niepłodności, chorób skóry oraz dysfunkcji nerek i wątroby.

Tłuszcz jest także konieczny do trawienia i wchłaniania wielu innych, równie niezbędnych składników odżywczych. Dla przykładu, to dzięki tłustym kawałkom pożywienia dostarczamy organizmowi rozpuszczalnych w tłuszczach witamin, tj. A, D, E oraz K, a także pozostałych, ważnych substancji odżywczych, np. beta-karotenu. Organizm wchłania te składniki wyłącznie dzięki odpowiednim tłuszczom czerpanym z pożywienia.

Jednym z głównych problemów z pokarmami i dietami niskotłuszczowymi jest to, że mogą spowodować niedobór składników odżywczych. Twój organizm potrzebuje tłuszczu z pożywienia, by wchłonąć witaminy rozpuszczalne w tłuszczach. Jeśli jesz go za mało, witaminy te przechodzą przez układ pokarmowy, nie przynosząc ci żadnych korzyści. Już ten jeden powód sprawia, że diety niskotłuszczowe są niebezpieczne.

Wiele witamin rozpuszczalnych w tłuszczach spełnia rolę antyoksydantów chroniących organizm przed szkodliwym działaniem wolnych rodników. Jako wysokoreaktywne molekuły, nieustannie wytwarzane we wnętrzu organizmu, wolne rodniki uważa się za przyczynę lub przynajmniej czynnik przyczyniający się do większości chorób zwyrodnieniowych, w tym chorób serca, nowotworów czy Alzheimera. Wywołane wolnymi rodnikami reakcje chemiczne w organizmie człowieka powodują zniszczenie komórek i ich DNA. Wielu naukowców uważa te reakcje za pierwotną przyczynę starzenia się. Proces ten zachodzi tym szybciej, im zaszły większe zniszczenia.

Redukując spożycie tłuszczu, ograniczasz ilość ochronnych antyoksydantów odżywczych, z których możesz korzystać dla ochrony przed szkodliwymi wolnymi rodnikami. Diety niskotłuszczowe przyspieszają procesy zwyrodnienia i starzenia się. Może to być jeden z powodów, dla którego osoby przestrzegające diet bardzo niskotłuszczowych, niezależnie od tego, jak długo, często wyglądają blado i chorowicie.

Karotenoidy to rozpuszczalne w tłuszczach składniki odżywcze obecne w owocach i warzywach. Najbardziej znanym z nich jest beta-karoten. Wszystkie karotenoidy słyną z właściwości antyoksydacyjnych. Liczne badania naukowe potwierdziły, że one oraz inne antyoksydanty rozpuszczalne w tłuszczach, tj. witaminy A i E, zapewniają ochronę przed stanami zwyrodnieniowymi i wspierają funkcjonowanie układu odpornościowego.

Warzywa takie jak brokuły i marchewka mają w sobie beta-karoten, lecz jeśli jesz je bez żadnego oleju, nie skorzystasz w pełni z zawartych w nich witamin. Jeśli jesz sałatkę z niskotłuszczowym dressingiem, tracisz znaczną część witamin z tych warzyw. Do swoich sałatek często dodaję dressing z roztworu octu z wodą. Nie ma w nim tłuszczu, ale do sałatki zawsze dodaję orzechy, awokado, ser, jajka lub inne produkty zawierające tłuszcz, bym w ten sposób mógł czerpać pełną korzyść z rozpuszczalnych w tłuszczu witamin w sałatce.

Kolejnym istotnym składnikiem odżywczym, któremu potrzeba tłuszczu do właściwego wchłonięcia się, jest wapń. Ilu ludzi ma niedobór wapnia? Mnóstwo. Ilu cierpi na osteoporozę? Mnóstwo. Ile z tych osób stosuje dietę niskotłuszczową? Mnóstwo. Możesz wypijać hektolitry odtłuszczonego mleka, jeść sery o niskiej zawartości tłuszczu i zażywać duże dawki suplementów wapnia, a mimo to mieć osteoporozę. Dlaczego? Dlatego, że wapń, aby się wchłonąć, potrzebuje tłuszczu. Jeśli pijesz odtłuszczone mleko żeby dostarczyć organizmowi wapnia, wyrzucasz pieniądze w błoto. Musisz pić pełnotłuste mleko, jeść pełnotłuste sery i inne, pełnotłuste pokarmy, by twój organizm przyswoił wapń. Podobnie wiele warzyw jest doskonałym źródłem wapnia, lecz by w pełni z niego skorzystać, musisz jeść te warzywa z masłem, śmietaną lub innymi pokarmami bogatymi w tłuszcz.

Nawet serce potrzebuje tłuszczu. Potwierdzono to w badaniu naukowym, przeprowadzonym przez dietetyczkę, dr n. med. Mary Flynn. Dwudziestu badanych przeszło na dietę, według której 37 procent kalorii pochodziło z tłuszczów. Doktor Flynn zmierzyła także poziom cholesterolu i trójglicerydów u osób badanych. Następnie tej samej grupie osób zmieniła dietę na 25 procent kalorii z tłuszczów przy dokładnie tej samej ilości kalorii uzyskanej z węglowodanów. Odkryła, że diety niskotłuszczowe obniżyły poziom dobrego cholesterolu HDL i podwyższyły poziom trójglicerydów, a poziom złego cholesterolu LDL praktycznie nie zmienił się[1]. Efekty ogólne były niekorzystne dla serca. Połącz tę informację z faktem, że ilość witamin rozpuszczalnych w tłuszczach, tj. E oraz beta-karoten, wspomagających profilaktykę chorób serca, w dietach niskotłuszczowych jest zmniejszona, a dostrzeżesz, że mogą one przyczyniać się do chorób serca – zupełnie odwrotnie do tego, w co każą nam wierzyć powszechne media. Oto dlaczego wiele osób będących na diecie niskotłuszczowej choruje lub doznaje silnych zachcianek żywieniowych. Potrzebują tłuszczu.

Nathan Pritikin nawoływał do diety ściśle niskotłuszczowej. Był fanatykiem beztłuszczowego odżywiania się. Twierdził, że sałata oraz pozostałe warzywa zawierają wystarczającą ilość tłuszczu, by zapewnić organizmowi zapotrzebowanie na niego. W swojej diecie ograniczył on spożycie tłuszczu do zaledwie 10 procent całkowitej dziennej kaloryczności. To znacznie mniej od zalecanych przez Amerykańskie Stowarzyszenie Chorób Serca (The American Heart Association) 30 procent. Osoby stosujące tę dietę chudły, ale zaczynały chorować z powodu zbyt małej ilości tłuszczu w jadłospisie. W swojej książce zatytułowanej *Heart Frauds,* doktor Charles T. McGee tak opisuje pacjentów cierpiących na niedobór Niezbędnych Nienasyconych Kwasów Tłuszczowych w wyniku stosowania diety niskotłuszczowej: „U pacjentów biorących udział w programie Pritikina wystąpił deficyt NNKT po około 2 latach przestrzegania diety niskotłuszczowej. Ludzie ci przychodzili do mojego gabinetu zmizerniali, mieli suchą, obwisłą, bladoszarą i łuszczącą się skórę. Na szczęście to powikłanie następowało rzadko, ponieważ ludziom trudno jest utrzymać spożycie tłuszczu na poziomie 10 procent, nie oszukując".

Pozostałe korzyści

Tłuszcz pełni istotne funkcje w organizmie człowieka. Nie przytaczam tu ich wszystkich – tylko tyle, by wykazać jak ważne są w codziennym jadłospisie. Obecnie naukowcy odkrywają coraz więcej korzyści płynących ze spożywania tłuszczu. Dla przykładu, w przeprowadzonym w 1999 roku badaniu na Uniwersytecie w Buffalo zawodniczki kobiecej piłki nożnej mogły dłużej i bardziej intensywnie grać, będąc na diecie zawierającej 27 lub 24 procent tłuszczu. Badanie to wykazało, że diety o wyższej zawartości tłuszczu poprawiają wydajność sportową.

Tłuszcz pomaga także regulować procesy trawienne i wchłanianie cukrów do krwi, a tym samym wspomaga zapobieganie insulinooporności i cukrzycy. Bez odpowiedniej ilości tłuszczu w jadłospisie poziom cukru we krwi może wymknąć się spod kontroli po zjedzeniu posiłku bogatego w węglowodany.

Tłuszcz daje uczucie sytości na dłużej, więc nie zachodzi potrzeba tak częstego jedzenia, a zatem spożycie kalorii jest mniejsze. Tłuszcz nadaje skórze miękkość i elastyczność. Tłuszcz podskórny i wokół komórek skóry nadaje cerze dobry wygląd i odcień.

Tłuszcz jest niezbędny do prawidłowego rozwoju. Pomaga zachować istotne dla prawidłowego funkcjonowania organizmu białka, podczas gdy węglowodany raczej ich go pozbawiają. Jest on także konieczny do wzrostu i wapnienia kości. Osoby, których dieta jest uboga w tłuszcz, są niskiego wzrostu.

Tłuszcz wspomaga kontrolę prawidłowej wagi ciała. Jedz go, jeśli chcesz być szczupły.

Jak widzisz, tłuszcz jest bardzo ważnym składnikiem naszego pożywienia. Odpowiada za szereg różnorodnych czynności w całym organizmie, z których znaczną część nauka jeszcze wciąż musi w pełni zrozumieć.

Jednak nie wszystkie tłuszcze spożywcze są sobie równe. Jest wiele różnych rodzajów tłuszczów, a każdy z nich ma inny wpływ na organizm człowieka. Współczesna produkcja i przetwórstwo żywności stworzyły pewne tłuszcze, które są szkodliwe dla zdrowia i przyczyniają się do powstawania otyłości oraz innych problemów zdrowotnych. Należy więc mądrze wybierać tłuszcze. Ogólnie mówiąc, im bardziej przetworzony został tłuszcz lub olej, zanim trafił na sklepową półkę, tym jest mniej zdrowy. Sztuczne tłuszcze, tj. olestra, czy półsztuczne, np. margaryna i inne utwardzane oleje roślinne są wysokoprzetworzone, a więc niezdrowe. Tłuszcze i oleje naturalne – takie, które łatwo ekstrahować z ich źródła nawet najprostszymi metodami, jak np. oliwa z oliwek, olej kokosowy, masło i tłuszcze zwierzęce, są najkorzystniejsze.

Wiem, że to, co teraz powiem, jest wbrew powszechnej opinii, ale to, że większość ludzi wierzy w słuszność czegoś, nie czyni tej kwestii prawdziwą. Powszechne opinie są często błędne. Spójrzmy na diety niskotłuszczowe: wciąż rozpowszechnia się je jako jedyny sposób na schudnięcie, chociaż wiem z całą pewnością, że w ostatecznym rozrachunku nie przynoszą pożądanych efektów.

3

CZY POTRZEBUJESZ ZMIENIĆ OLEJ?

TŁUSZCZE, TRÓJGLICERYDY I KWASY TŁUSZCZOWE

Tłuszcz – słowo to często przywołuje groteskowe obrazy tłustej tkanki zwisającej z kawałka mięsa. Jednak nie tylko w mięsie znajdziemy tłuszcz. Występuje on we wszystkich żywych organizmach. Mają go zwierzęta, ludzie, rośliny, a nawet najmniejsze organizmy, tj. pierwotniaki i bakterie. Potrzebujemy tłuszczu do życia. Właśnie dlatego występuje on w różnych postaciach we wszystkich pokarmach. I choć większość ludzi lubi eliminować go jak najwięcej z jadłospisu, wciąż pozostaje on jego istotną częścią.

Słowa „tłuszcz" i „olej" są często używane zamiennie. Ogólnie mówiąc, w temperaturze pokojowej tłuszcze zachowują stały stan skupienia, a oleje pozostają płynne. Często też słyszymy określenie „lipidy" w odniesieniu do tłuszczów i olejów. Lipidy to wyrażenie ogólne, dotyczy kilku tłuszczopodobnych składników w organizmie człowieka. Najobficiej występującymi i najważniejszymi z nich są trójglicerydy. Mówiąc o tłuszczach i olejach, właśnie je mamy najczęściej na myśli. Pozostałe dwa to fosfolipidy i sterole (do których należy cholesterol) – właściwie niebędące tłuszczami, ponieważ nie są trójglicerydami, ale z uwagi na podobne właściwości, potocznie często nazywane są tłuszczami.

Biała, tłusta tkanka, jaką ujrzysz po rozkrojeniu befsztyku, składa się z trójglicerydów. Jest też w nich cholesterol, lecz we włóknach mięsa – niewykrywalny gołym okiem. Tłuszcz, który nas tak denerwuje, zwisając nam z ramion, wyglądając jak galaretka na udach, a oponka na brzuchu, składa się z trójglicerydów tworzących tłuszcz w naszych ciałach oraz tłuszcz, który widzimy i spożywamy w pokarmach pochodzenia zwierzęcego. Około 95 procent lipidów w naszej diecie – roślinnych i zwierzęcych – to trójglicerydy.

Trójglicerydy to pojedyncze cząsteczki tłuszczu zwane kwasami tłuszczowymi. Kwasy tłuszczowe dzielą się na 3 podstawowe kategorie: nasycone, jednonienasycone i wielonienasycone. Wszystkie oleje i tłuszcze zwierzęce są mieszanką tych trzech kwasów tłuszczowych, tak więc określenie oleju mianem nasyconego lub jednonienasyconego jest zbyt dużym uproszczeniem. Na przykład oliwę z oliwek dość często nazywa się tłuszczem mononienasyconym, ponieważ w dużej mierze jest takowym, lecz jak wszystkie oleje roślinne zawiera także pewne ilości tłuszczów nasyconych i wielonienasyconych. Również smalec zawiera nasycone, jednonienasycone i wielonienasycone kwasy tłuszczowe. Co więcej, smalec ma większą zawartość procentową wielonienasyconego (47procent) niż nasyconego (41procent) tłuszczu, a zatem właściwsze jest nazywanie smalcu tłuszczem wielonienasyconym niż nasyconym.

Tłuszcze zwierzęce pochodzą z mięsa zwierząt, mleka oraz jajek. Zdecydowana większość olejów roślinnych pochodzi z nasion bawełny, słonecznika, szafranu i rzepaku (kanoli), a nawet ze zbóż (np. kukurydzy), warzyw strączkowych (soi, orzechów ziemnych) oraz orzechów (np. migdałów, orzechów włoskich). Olej kokosowy* pochodzi z nasion palmy kokosowej, a inne z owoców (oliwek, palmy i awokado).

Podobnie jak pozostałe oleje, również olej kokosowy jest mieszanką nasyconych, jednonienasyconych i wielonienasyconych kwasów tłuszczowych, z 92-procentową przewagą tłuszczu nasyconego, którego znaczna część ma postać trójglicerydów średniołańcuchowych (MCT). I właśnie ta cecha czyni olej kokosowy wyjątkowym pośród tłuszczów spożywczych. Większość z nich tworzą trójglicerydy długołańcuchowe (LCT). Około 95 procent wszystkich tłuszczów z naszej diety składa się z tego typu trójglicerydów. Olej kukurydzia-

* Olej kokosowy najwyższej jakości jest dostępny w sklepie www.vitalni24.pl (przyp. wyd. pol.).

ny, sojowy, oliwa z oliwek, olej rzepakowy, smalec i inne najpopularniejsze tłuszcze spożywcze w 100 procentach tworzą trójglicerydy długołańcuchowe. Masło i śmietana zawierają śladowe ilości trójglicerydów średniołańcuchowych (MCT). Olej z orzecha kokosowego i olej z nasion palmy to jedyne istotne źródła spożywcze trójglicerydów średniołańcuchowych. Jest to ważna informacja, ponieważ większość zdrowotno-odchudzających właściwości orzechów kokosowych wiąże się właśnie z MCT, a z uwagi na fakt, że inne oleje nie mają ich znacznych ilości, nie mogą równać się z olejem kokosowym.

Ogólnie rzecz biorąc, tłuszcze i oleje naturalnie występujące w pokarmach sprzyjają dobremu zdrowiu i dostarczają wielu cennych składników odżywczych. Jednakże nie wszystkie tłuszcze są równe pod względem właściwości odchudzających lub korzyści dla zdrowia. W zdrowej diecie odchudzającej musi być miejsce na odpowiednią ilość właściwego rodzaju tłuszczu.

Jakiej odpowiedzi udzieliłbyś, jeśli zapytano by cię, które oleje są najzdrowsze? Jeśli odpowiedziałbyś jak większość ludzi, prawdopodobnie powiedziałbyś, że wielonienasycone oleje roślinne są najlepsze, nasycone tłuszcze zaś – najgorsze. Jeśli taka byłaby twoja odpowiedź, prawdopodobnie dałeś się zwieść jak większość osób, swego czasu ze mną włącznie. W przeciwieństwie do tego, w co kazał nam uwierzyć przemysł olejów roślinnych, nadmierne spożycie olejów wielonienasyconych jest znacznie bardziej niebezpieczne dla zdrowia niż jednonienasycone, nasycone czy cholesterol. Chociaż potrzebujemy pewnej ilości wielonienasyconych tłuszczów, możemy przesadzić z ich ilością. Jeśli obecnie jesz głównie wielonienasycone oleje roślinne, potrzebujesz zmienić olej. W tym rozdziale dowiesz się dlaczego.

OLEJE RAFINOWANE I NIERAFINOWANE

W minionym stuleciu przeżywaliśmy rewolucję – była to rewolucja spożywcza. Pokarm, jakim żywili się nasi przodkowie, a nawet na jakim „kwitli" przez wiele pokoleń, zepchnięto na margines, by zrobić miejsce nowym, technologicznie zaawansowanym produktom żywieniowym. Jedną z największych zmian, jaka w tym czasie miała miejsce, była zmiana rodzaju spożywanych olejów. Masło, smalec, olej kokosowy i inne tradycyjne tłuszcze zastąpiono wysokorafinowanymi, oczyszczonymi, a nawet chemicznie modyfikowanymi olejami.

Jeśli zdarzyło się ci podróżować w rejon północnego Pakistanu, by odwiedzić lud Hunzów, spotkałbyś tam ludzi, którzy masło i kozi tłuszcz traktują jak smakołyk. Na wiejskich terenach Chin dowiedziałbyś się, że smalec jest tłuszczem włączonym w dietę tamtejszych mieszkańców z wyboru. Foczy olej jest dla Eskimosów północnokanadyjskich i alaskańskich tradycyjną podstawą żywieniową. W Tajlandii oleju kokosowego używa się do przygotowywania wszelkich potraw. W Indiach masło glee (klarowane) oraz olej kokosowy są, zgodnie z tradycją, najchętniej wybierane w kuchni. We Włoszech i Grecji niepodzielnie rządzi oliwa z oliwek. Gdziekolwiek na świecie stosuje się tradycyjne tłuszcze i oleje, z całą pewnością są to głównie różnego rodzaju oleje nasycone i jednonienasycone.

Oleje od pokoleń są istotną częścią jadłospisu. Te najpopularniejsze stosunkowo łatwo było uzyskać, głównie prymitywnymi metodami ekstrakcji. Tłuszcz zwierzęcy pozyskiwano, po prostu odcinając kawałek tłustego mięsa i zamieniając go w olej pod wpływem gotowania. Masło robiono ze śmietany zebranej z odstałego mleka. Oliwę z oliwek wyciskano z owoców drzewa oliwnego za pomocą śrubowatych prasek lub rozgniatano drewnianymi lejkami i młotkiem. Oleje roślinne z orzechów i pestek otrzymuje się poprzez rozgniatanie ich drewnianymi praskami lub kamiennymi wałkami.

Niezaprzeczalnie najpopularniejszymi olejami używanymi od zamierzchłych czasów były tłuszcze zwierzęce, masło, oleje kokosowy i palmowy oraz oliwa z oliwek. Niektóre populacje używały znacznie więcej olejów roślinnych niż innych, lecz ze względu na trudność ich ekstrakcji, oleje z pestek roślin nie były powszechnie używane, przez co nie wpłynęły znacznie na sposób odżywiania się człowieka[1].

Tłuszcze i oleje odżywiały ludzkość od pokoleń, jednak rodzaje olejów spożywanych w dzisiejszych czasach bardzo różnią się od tych, które dostarczały substancji odżywczych naszym pradziadom. Przeszliśmy od stosowania olejów nierafinowanych do wysokorafinowanych, oczyszczonych olejów wielonienasyconych.

Wraz z wynalezieniem hydraulicznej prasy do tłoczenia oleju i zastosowaniem chemicznych czynników ekstrakcji, oleje z pestek roślin stały się bardziej przystępne. Krytyka tłuszczów nasyconych jako podnoszących poziom cholesterolu we krwi przyczyniła się do popularyzacji wielonienasyconych olejów roślinnych. Jednakże jedną z ich wad jest to, że bardzo szybko utleniają się, dlatego by cofnąć ten proces, muszą być mocno rafinowane z dodatkiem chemicznych substancji konserwujących. Wszystkie powszechnie dostępne w sklepach spożywczych oleje roślinne są tego typu.

Są też oleje roślinne produkowane tradycyjnymi metodami – bez substancji chemicznych czy wysokiej temperatury. Najpopularniejszym z nich jest oliwa z oliwek z pierwszego tłoczenia. Zachowuje ona pełen smak, kolor i aromat oraz wszystkie naturalne witaminy i minerały. Olej kokosowy często uzyskuje się za pomocą tradycyjnych sposobów lub współczesnych metod tłoczenia na zimno, bez substancji chemicznych. Wtedy często określa się go mianem oleju kokosowego z pierwszego tłoczenia dla odróżnienia od bardziej rafinowanych olejów; zachowuje on swój rozkoszny, kokosowy smak i aromat. Również oleje sezamowy, palmowy, migdałowy i inne wytwarza się w bardzo podobny sposób. Oleje nierafinowane rozpoznajemy po smaku i zapachu. Im bardziej przetworzony i rafinowany, tym mniej intensywny w swoim smaku i aromacie. Oleje o bogatej zawartości tłuszczów nasyconych, tj. olej kokosowy, są niezwykle trwałe i nawet po znacznym przetworzeniu stanowią lepszą alternatywę niż oleje wielonienasycone.

Wiele olejów ma nieprzyjemny smak, w związku z czym musi być doprawiana w smaku, by można je było spożyć. Olej sojowy jest tu dobrym przykładem. Nieprzetworzony olej sojowy ma okropny smak i musi przejść intensywny proces przetworzenia z dodatkiem substancji chemicznych, by pozbawić go odrażającego smaku, a zatem zawsze jest wysoko przetworzony.

UTWARDZANE OLEJE ROŚLINNY

Proces utwardzania zrodził się w 1907 roku, ideą firmy Proctor & Gamble. Utwardzanie było wówczas wielce innowacyjnym procesem, dzięki któremu można było zamienić olej płynny w stały tłuszcz przypominający smalec. Po raz pierwszy proces ten wykorzystano do zamiany taniego oleju bawełnianego w stały tłuszcz, który można było wykorzystać zamiast smalcu i łoju do produkcji mydła i świec.

Sukces, jaki odniosła wyprodukowana przez tę firmę tania imitacja smalcu, spowodował ogromny wzrost jej zysków. Wkrótce niebywałe powodzenie utwardzanego oleju bawełnianego przypominającego smalec odbiło się szerokim echem, więc firma zaczęła go również sprzedawać jako pożywienie. I tak w 1911 roku firma wprowadziła do sprzedaży produkt pod nazwą „tłuszcz spożywczy Crisco". Nazwa „Crisco" pochodziła od słów: „CRYStalized Cottonseed Oil" (dosłownie: skrystalizowany olej bawełniany – przyp. tłum.). Chcąc zachęcić gospodynie domowe do przejścia od stosowania w kuchni masła i smalcu do tłuszczu spożywczego Crisco, firma wydała książkę kucharską z reklamami Crisco jako bardziej opłacalnej i zdrowszej alternatywy od tłuszczów zwierzęcych. W taki oto sposób rozpoczęło się odejście tłuszczów zwierzęcych na rzecz olejów roślinnych.

Wkrótce potem pojawiła się margaryna. Była ona po prostu mieszanką utwardzonego oleju roślinnego z substancjami smakowymi i barwnikami, tak by przypominała masło. Początkowo jej sprzedaż była niewielka, lecz wzrosła w czasach Wielkiego Kryzysu w latach 30. XX wieku, kiedy to ludzie przestali używać masła i smalcu na rzecz tańszego tłuszczu spożywczego i margaryny. Sprzedaż tych produktów odnotowała gwałtowne wahania w latach 50. i 60. XX wieku, ponieważ ludzie nagle stali się świadomi ewentualnych niebezpieczeństw płynących ze spożywania tłuszczów zwierzęcych. Do roku 1957 sprzedaż margaryny znacznie przewyższała zbyt masła.

Zastanawiające jest to, że firma Proctor & Gamble, a także inni producenci olejów, sponsorowali znaczną część badań naukowych, przypuszczalnie dotyczących związku tłuszczów nasyconych z poziomem cholesterolu we krwi oraz ryzykiem wystąpienia chorób serca. Co więcej, dr Fred Mattson, jeden z naukowców pracujących dla firmy P&G, odegrał istotną rolę w przekonaniu Amerykańskiego Stowarzyszenia Chorób Serca, by przyjęło teorię na temat związku poziomu cholesterolu we krwi z chorobami serca i wpłynęło na ustawodawstwo dotyczące tłuszczów spożywczych.

Proces utwardzania rozpoczyna się od rafinowanego oleju roślinnego. W dzisiejszych czasach większość olejów utwardzanych to oleje sojowe. Taki olej mieszany jest z drobinkami metalu – zazwyczaj tlenkiem niklu, nie tylko wysoce trującym, ale także niemożliwym do całkowitego usunięcia – spełniającymi rolę katalizatora chemicznego. Poddany działaniu wysokiego ciśnienia i temperatury, gaz wodorowy wtłaczany jest w olej i wiązany chemicznie z cząsteczkami tłuszczu. Następnie w tę mieszaninę wtłaczane są emulgatory i skrobia dla nadania jej lepszej konsystencji, po czym tak wzbogacona mieszanka ponownie poddawana jest działaniu wysokiej temperatury w procesie oczyszczania parowego, by pozbawić ją nieznośnego dla nozdrzy odoru.

Na tym kończy się proces hydrogenizacji, lecz uzyskany olej ma ohydny, szary kolor, bardziej przypominający smarowidło do osi samochodowych niż pożywienie, a zatem, by nadać mu bardziej apetyczny, biały kolor, jest wybielany. Produktem końcowym tych wszystkich zabiegów jest olej roślinny, lub tak jak widzimy go na półkach sklepowych – tłuszcz spożywczy. Do produkcji margaryny dodaje się barwniki węglowo-smolne oraz chemiczne substancje smakowe. Mieszanka ta jest następnie kompresowana i pakowana w kostki lub tuby, gotowa do rozkoszowania się nią po rozsmarowaniu na kromce chleba. Już sama wiedza o tym jak powstają margaryna i tłuszcz spożywczy wystarczy mi, bym ich nie jadł.

W procesie hydrogenizacji płynne oleje roślinne zmieniają swój stan skupienia i stają się tłuszczami stałymi, a wówczas dochodzi do istotnej zmiany pod względem ich właściwości zdrowotnych: powstaje nowy kwas tłuszczowy, zupełnie niepodobny do występujących w naturze. Zwie się kwasem trans. Ten toksyczny kwas tłuszczowy jest obcy dla naszych organizmów, w związku z czym może wywołać szereg problemów zdrowotnych.

„Są to prawdopodobnie najbardziej toksyczne tłuszcze z dotąd poznanych" – mówi dr Walter Willett, profesor Katedry Epidemiologii i Żywienia na Wydziale Zdrowia Publicznego Uniwersytetu

Medycznego Harvarda. Profesor Willett, który badał wpływ tłuszczów trans na organizm ludzki, nie zgadza się z opiniami, że tłuszcze utwardzane zawarte w margarynach lub innych tłuszczach spożywczych znacznie mniej podnoszą poziom cholesterolu we krwi niż tłuszcz nasycony obecny w maśle: „Wydaje się, że tłuszcze trans są dwu- lub trzykrotnie bardziej szkodliwe niż tłuszcze nasycone, jeśli chodzi o ich wpływ na tłuszcze we krwi[2]".

Prowadzone obecnie badania naukowe jasno dowodzą, że tłuszcze trans przyczyniają się do arteriosklerozy (twardnienia tętnic) i chorób serca. Na przykład u świń karmionych paszą zawierającą tłuszcze trans zaobserwowano bardziej rozległe zmiany arteriosklerotyczne niż u karmionych innego rodzaju tłuszczami[3]. U ludzi tłuszcze trans podnoszą poziom cholesterolu LDL (tego złego), jednocześnie obniżając poziom cholesterolu HDL (dobrego), zaś oba zjawiska uważa się za niepożądane[4]. Udowodniono, że tłuszcze trans podnoszą stężenie cholesterolu we krwi nawet bardziej niż tłuszcze nasycone[5], a że, w przeciwieństwie do tłuszczów nasyconych, tłuszcze trans zmniejszają także poziom dobrego cholesterolu (HDL) we krwi, naukowcy obecnie uważają, iż mają one większy wpływ na ryzyko wystąpienia choroby sercowo-naczyniowej niż jakikolwiek inny tłuszcz spożywczy[6].

The New England Journal of Medicine opisuje wyniki 14-letniego badania naukowego, obejmującego ponad 80 000 pielęgniarek i pielęgniarzy (*New England Journal of Medicine*, 20 listopada 1997). W badaniu przeprowadzonym na Wydziale Zdrowia Publicznego Uniwersytetu Medycznego Harvarda i w Bostońskim Szpitalu dla Kobiet udokumentowano 939 zawałów serca. Ryzyko wystąpienia ataku serca wśród kobiet spożywających największe ilości tłuszczów trans było o 53 procent wyższe, niż u spożywających ich znacznie mniej.

Innym interesującym faktem ujawnionym w tym badaniu było to, że całkowite spożycie tłuszczu miało niewielki wpływ na częstotliwość wystąpienia zawału serca. Kobiety z grupy badanych, spożywające największe ilości tłuszczów (46 procent kaloryczności), nie były bardziej zagrożone ryzykiem zawału serca od kobiet w grupie zjadających najmniej tłuszczów (29 procent kaloryczności).

Naukowcy orzekli, że takie wyniki sugerują, iż ograniczenie spożycia tłuszczów trans jest znacznie skuteczniejsze w profilaktyce zawału serca, niż obniżenie całkowitego spożycia tłuszczów. Niestety, około 10 procent tłuszczu w typowym jadłospisie mieszkańca Zachodu stanowią tłuszcze trans.

Kwasy tuszowe trans wpływają nie tylko na zdrowie układu sercowo-naczyniowego. Według badania naukowego przeprowadzonego i przedstawionego przez dr n. med., Mary Enig, krwinki czerwone we krwi małp karmionych margaryną zawierającą tłuszcze trans nie wiązały insuliny w takim stopniu jak innych, nie karmionych tłuszczami trans[7]. Takie wyniki wskazują na związek z cukrzycą. Tłuszcze trans wiązano już z powstawaniem różnego rodzaju chorób, włącznie z nowotworami, chorobą niedokrwienną serca, stwardnieniem rozsianym, zapaleniem uchyłków, cukrzycą oraz innymi stanami zwyrodnieniowymi[8].

Olej utwardzany jest wytworem technologicznym i może okazać się najbardziej szkodliwym dodatkiem do pożywienia, jakiego obecnie powszechnie używamy. Jeśli jesz margarynę, tłuszcz spożywczy lub hydrogenizowane lub częściowo hydrogenizowane oleje roślinne (będące popularnymi dodatkami spożywczymi), to znaczy, że zjadasz tłuszcze trans.

Większość pożywienia, jakie kupujesz w sklepie lub zjadasz w restauracjach, przygotowywana jest na olejach utwardzanych. Sprzedawane w sklepach spożywczych i podawane w restauracjach dania smażone zazwyczaj przygotowywane są na oleju utwardzanym, ponieważ nadaje on im chrupkość, a poza tym jest bardziej odporny na psucie się od zwykłych olejów roślinnych.

Cała gama przetworzonych produktów mrożonych przygotowywana jest na olejach utwardzanych, należą do nich: frytki, herbatniki, ciastka, krakersy, czipsy, mrożone placki na słono i słodko, pizze, masło orzechowe, lukier do tortów oraz substytuty lodów, tj. mrożony deser lodowy bez tłuszczu zwierzęcego (ang. mellorine – przyp. tłum.).

Płynny olej roślinny dostępny w sklepach też nie jest dużo zdrowszy. Pod wpływem temperatury potrzebnej w procesie jego ekstrakcji i rafinacji także powstają kwasy tłuszczowe trans. A zatem butelka oleju kukurydzianego lub szafranowego, którą zapewne masz na półce w kuchni, zawiera kwasy trans, pomimo że zawarty w niej olej nie podlegał procesowi hydrogenizacji. Każdy olej, który nie był „tłoczony na zimno" lub „tłoczony za pomocą prasy", zawiera tłuszcze trans. Prawie wszystkie popularne i powszechnie stosowane rodzaje olejów roślinnych i dresingów do sałatek mają w sobie kwasy tłuszczowe trans.

Płynne oleje roślinne zawierają ich przeciętnie około 15 procent. Dla porównania, margaryna i tłuszcz spożywczy – zwykle w przybliżeniu 35 procent, a niektóre rodzaje nawet 48 procent.

Kiedy do gotowania używa się olejów jednonienasyconych i wielonienasyconych, zwłaszcza w wysokich temperaturach, wówczas powstają tłuszcze trans. A zatem, nawet jeśli do gotowania użyjesz zdrowego oleju tłoczonego na zimno, kupionego w sklepie ze zdrową żywnością, i tak wytwarzasz tłuszcze trans.

Możesz więc zapytać: czy ilość powstałych w czasie takiego gotowania tłuszczów trans naprawdę stanowi poważne zagrożenie dla zdrowia? Badania naukowe dowodzą, że pożywienie zawierające poddany działaniu wysokiej temperatury, płynny olej kukurydziany, przyczyniało się do większej liczby przypadków arteriosklerozy niż dania z olejem kukurydzianym tłoczonym na zimno[9]. A zatem tak, każdy nienasycony olej roślinny po podgrzaniu staje się toksyczny i nawet w małych ilościach, zwłaszcza jeśli spożywany często, niekorzystnie wpłynie na twoje zdrowie.

Tłuszcze nasycone wszelkiego pochodzenia są znacznie odporniejsze na temperatury podczas gotowania, nie wytwarzają też tłuszczów trans, a tym samym o wiele bardziej nadają się na oleje do gotowania, będąc jednocześnie najniebezpieczniejszymi do użytku w kuchni. Podejmując wysiłki stworzenia taniego źródła oleju z wielonienasyconych zasobów roślinnych, współczesna technologia stwarza większy problem zdrowotny.

Pod presją licznych organizacji zdrowotnych i publicznych, Amerykańska Agencja Żywności i Leków (Food and Drug Administration [FDA]) wprowadziła przepis stanowiący o tym, by producenci umieszczali informację o zawartości tłuszczów trans na etykietach produktów. Jednak zanim podjęto ten krok, czekano 3 lata na to, by Instytut Medycyny zbadał tę kwestię.

Ku zaskoczeniu wszystkich, po przeprowadzeniu badania Instytut Medycyny nie podał dopuszczalnej, bezpiecznej dawki spożycia tłuszczów trans, jak to często ma miejsce w przypadku dodatków do żywności, lecz beznamiętnie orzekł, że żaden poziom spożycia tłuszczów trans nie jest bezpieczny. Jeśli widzisz gotowy posiłek, na którego opakowaniu napisane jest, że zawiera olej utwardzany, margarynę lub tłuszcz spożywczy, nie kupuj go. Jeśli jesz na mieście, zapytaj kierownika restauracji, jakiego rodzaju oleju używają w niej do gotowania dań. Jeśli w odpowiedzi usłyszysz: „oleju roślinnego", oznacza to, że prawie na pewno jest to utwardzany olej roślinny – unikaj go. Powód, dla którego zapewne z całą pewnością jest to utwardzany olej roślinny, jest prosty: nieutwardzany olej roślinny zbyt szybko rozkłada się i jełczeje. W większości restauracji panuje zwyczaj ponownego używania oleju tak długo jak się da, zanim się go wyrzuci. Niehydrogenizowane oleje roślinne mają zbyt krótki okres przydatności do ponownego użycia.

WOLNE RODNIKI

Badania naukowe przeprowadzone na przestrzeni kilku minionych dziesięcioleci zdemaskowały głównego winowajcę powstawania i rozwoju chorób zwyrodnieniowych i starzenia się. Są to wolne rodniki.

Najprościej rzecz ujmując, wolny rodnik to cząsteczka-renegat, która utraciła elektron swej zewnętrznej orbity, pozostawiając go bez pary. W takim stanie powstaje wysoce niestabilna i pełna mocy jednostka molekularna. Rodniki te atakują szybko i kradną elektron cząsteczce sąsiadującej, przez co druga molekuła, mająca teraz o jeden elektron mniej, sama staje się wysokoreaktywnym wolnym rodnikiem i pozbawia elektronu kolejną, sąsiadującą cząsteczkę. Proces ten ciągnie się nieprzerwanym łańcuchem zniszczeń, mogącym obejmować setki, a nawet tysiące molekuł.

Kiedy cząsteczka stanie się rodnikiem, zmieniają się jej właściwości fizyczne i chemiczne. Dochodzi wówczas do trwałego zaburzenia prawidłowych funkcji takich cząsteczek, co oddziałuje na całą komórkę, której część stanowią. Żywa komórka zaatakowana przez wolne rodniki ulega zwyrodnieniu i staje się dysfunkcyjna. Wolne rodniki potrafią zaatakować nasze komórki, dosłownie rozdzierając na strzępy ich powłoki ochronne. Wrażliwe składniki komórkowe, tj. jądro komórkowe i DNA, noszące w sobie komórkową matrycę genetyczną, mogą ulec zniszczeniu, prowadząc do mutacji komórkowych lub obumarcia komórki.

Im więcej wolnych rodników atakuje nasze komórki, tym większe zniszczenie sieją i tym większe zagrożenie zaistnienia poważnego uszkodzenia powodują. A co się dzieje, jeśli zainfekowane komórki znajdują się w naszym sercu czy tętnicach? A jeśli w mózgu? A co, jeśli są w stawach, trzustce, jelitach, wątrobie czy nerkach? Pomyśl o tym. Jeśli komórki ulegną uszkodzeniu, dysfunkcji lub obumarciu, czy wówczas narządy, z których się składają, są w stanie wypełniać swoje role na właściwym poziomie, czy też ulegają zwyrodnieniu?

Uszkodzenia spowodowane wolnymi rodnikami powiązano także z utratą integralności tkanek i chorobami natury fizycznej. Bombardowane przez wolne rodniki komórki stopniowo tracą swą pełną sprawność. Niektórzy naukowcy sądzą nawet, że zniszczenia spowodowane działaniem wolnych rodników są prawdziwą przyczyną starzenia się[10]. Ciało wraz z wiekiem uwidacznia coraz więcej zniszczeń wywołanych w ciągu całego życia atakami wolnych rodników. Obecnie 60 lub nawet więcej chorób zwyrodnieniowych uważa za powstałe w wyniku ataku wolnych rodników[10]. Lista ta wciąż wydłuża się. Badanie naukowe wiążące główne choroby śmiertelne, tj. choroby serca czy nowotwory z wolnymi rodnikami, poszerzyło ten wykaz o arteriosklerozę, udar mózgu, żylaki, hemoroidy, nadciśnienie tętnicze, zmarszczki, zapalenie skóry, artretyzm, problemy trawienne, bezpłodność, kataraktę, spadek energii, cukrzycę, alergie, zaburzenia pamięci i wiele innych stanów zwyrodnieniowych.

Im bardziej narażeni jesteśmy na działanie wolnych rodników, tym więcej zniszczeń powodują one w naszych komórkach i tkankach, co z kolei zwiększa ryzyko wystąpienia chorób wymienionych wcześniej. Na wolne rodniki narażeni jesteśmy poprzez zanieczyszczenia powietrza, którym oddychamy, a także dodatki chemiczne i substancje toksyczne w pożywieniu i piciu. Niektóre reakcje wolnych rodników zachodzą w ramach naturalnego procesu metabolizmu komórkowego. Nie unikniemy wolnych rodników w naszym otoczeniu, jednak możemy je ograniczyć. Na przykład dym papierosowy wywołuje reakcje wolnych rodników w płucach. Określone pożywienie i dodatki do żywności także wywołują destrukcyjne reakcje wolnych rodników mające wpływ na cały organizm człowieka. Ograniczając stopień narażenia na substancje wytwarzające wolne rodniki, zmniejszysz ryzyko powstania wielu chorób zwyrodnieniowych. Pod tym względem rodzaj używanego przez ciebie oleju w kuchni ma bardzo istotny wpływ na twoje zdrowie.

Kiedy oleje nienasycone ulegają utlenieniu (jełczeją), wytwarzają wolne rodniki. Im bardziej nienasycony olej, tym łatwiej utlenia się. A zatem oleje wielonienasycone są znacznie bardziej narażone na oksydację niż jednonienasycone, a te z kolei są bardziej bezbronne wobec utleniania niż oleje nasycone.

Temperatura, światło i tlen spełniają rolę katalizatorów sprzyjających utlenianiu: im dłuższa ekspozycja, tym większy stopień oksydacji. Oleje wielonienasycone, jeśli ekstrahowane ze źródła pochodzenia i poddane działaniu wysokiej temperatury, światła czy tlenu, oksydują bardzo gwałtownie. Olej sojowy kupiony w sklepie już ulega procesowi oksydacji. Stanie na sklepowej półce i poddanie działaniu światła i temperatury (nawet pokojowej) wystarczą, by lotny olej zaczął utleniać się. Z chwilą przyniesienia do domu i otwarcia butelki proces ten wzmaga się. Jeśli do tego stosujesz ten olej do gotowania czegokolwiek, wówczas wysoce potęgujesz problem, przyspieszając powstawanie szkodliwych wolnych rodników.

Liczne badania naukowe, w tym także opublikowane już w latach 30. XX wieku, donosiły o toksycznych skutkach spożywania olejów roślinnych tłoczonych na gorąco[11]. Właśnie dlatego w żadnym wypadku nie należy używać wielonienasyconych olejów roślinnych do gotowania lub pieczenia. Swego rodzaju ironią jest kupowanie olejów roślinnych „tłoczonych na zimno", by w domu stosować je do gotowania. Oleje tłoczone na zimno ulegają tak samo gwałtownej oksydacji jak oleje rafinowane.

Oleje jednonienasycone i nasycone nie oksydują tak łatwo jak oleje wielonienasycone. Są one dużo trwalsze w gotowaniu. Olejów jednonienasyconych można bezpiecznie używać do gotowania w niskich temperaturach. Najbardziej odpornych na utlenianie tłuszczów nasyconych można używać do wszelkiego rodzaju gotowania, są one nieszkodliwe nawet w wysokich temperaturach. Nie należy ich jednak rozgrzewać powyżej temperatury ich spalania, która dla każdego oleju jest inna.

Oleje rafinowane są bardzo zwodnicze. Nie da się odróżnić „złoczyńcy" od „świętego". Wszystkie wyglądają bardzo podobnie. Zostały oczyszczone, aromatyzowane i pozbawione swojego smaku i charakteru. Kiedy olej zaczyna jełczeć, nie wpływa to ani na jego zapach, ani smak[12]. Można jeść nawet bardzo zjełczały, wysoce utleniony i nie wyczuć różnicy, zwłaszcza w połączeniu z innymi pokarmami, jak się go zwykle spożywa. Zjełczałe oleje wytwarzają odrażający zapach i smak tylko wówczas, gdy zawierają zanieczyszczenia w postaci protein i pigmentów roślinnych. Wolne rodniki atakują je i przekształcają w substancje, wydzielając zgniły zapach. Minimalnie przetworzony olej, który nadal zawiera pewne ilości naturalnych substancji roślinnych, prędzej będzie wydzielał przykry zapach niż wysokoprzetworzony i oczyszczony. Możesz więc zjeść zjełczały olej, nawet o tym nie wiedząc.

Oleje nienasycone zachowujące swój naturalny smak i aromat mogą z czasem zjełczeć. Jeśli olej zaczyna smakować jak trochę zepsuty bądź ma kwaśny smak, wyrzuć go. Oleje wielonienasycone, które były aromatyzowane i oczyszczone, jełczejąc, nie dają żadnych oznak. Nie używaj ich. Najlepsze oleje to takie, które mają przyjemny, naturalny smak.

4

CHOLESTEROL I TŁUSZCZE NASYCONE

CHOLESTEROLOWA HIPOTEZA CHOROBY SERCA

Chciałbym cię teraz zabrać w podróż do przeszłości, do czasów odległych, na długo przed twoimi narodzinami, jednak nie nazbyt daleko, tak, byś stanął twarzą w twarz ze swoimi prapradziadkami. A zatem jest rok 1878. Dlaczego akurat 1878? Był to rok, w którym po raz pierwszy nowa, dziwna choroba została udokumentowana w literaturze medycznej. Brytyjski lekarz medycyny, Adam Hammer, po raz pierwszy opisał nieznaną dotychczas chorobę, teraz określoną mianem ataku serca. Do tej pory nie odnotowano żadnego takiego przypadku. Doktor Hammer opisał, że jego pacjent doznał miażdżącego bólu w klatce piersiowej, po czym upadł i zmarł. Sekcja zwłok wykazała, że tkanka mięśnia sercowego pacjenta obumarła, powodując niewydolność serca i prowadząc do śmierci. W dzisiejszych czasach objawy ataku serca są dobrze znane i powszechne. Codziennie na zawał serca umierają tysiące ludzi. Jest to zabójca numer jeden na świecie. Statystycznie ryzyko śmierci z powodu ataku serca wynosi 1:3.

Dlaczego choroba ta była rzadkością prawie 200 lat temu i dlaczego teraz jest tak powszechna? Wiele osób zmarłych na zawał ma zaledwie 30-40 lat lub trochę powyżej. Sto lat temu ludzie dożywali wieku 60, 70 czy 80 lat i nie umierali na tę chorobę, a więc nie jest ona wywołana wiekiem. Jeśli zapytać przechodniów na ulicy, co powoduje atak serca, najczęstsza odpowiedź to jedzenie pokarmów zawierających zbyt dużo cholesterolu i tłuszczów nasyconych. Czy jest to rzeczywiście prawdziwa przyczyna choroby serca?

Cofnijmy się zatem do roku 1878. Jakie tłuszcze i oleje jedli wtedy twoi prapradziadkowie? Powszechnie używali wówczas smalcu (tłuszcz wieprzowy), łoju (tłuszcz wołowy), masła, olejów kokosowego i palmowego, a w mniejszym stopniu – oliwy z oliwek. Nie dysponowali oni wtedy odpowiednią technologią, by wyhodować doskonałej jakości kukurydzę, soję, rzepak czy inne oleje wielonienasycone. Tak więc nasi przodkowie, którzy nigdy nie słyszeli o takiej chorobie jak zawał serca, jedli przede wszystkim tłuszcze zwierzęce, naszpikowane cholesterolem i tłuszczami nasyconymi, a efekty ich diety były wyraźne i jednoznaczne: choroby serca, nowotwory, oba typy cukrzycy, otyłość oraz szereg innych chorób współczesnej cywilizacji były rzadkością.

Gdyby cholesterol i tłuszcze nasycone powodowały, czy chociażby przyczyniały się do powstawania wszystkich tych problemów zdrowotnych, jak twierdzi sporo ludzi, dlaczego więc po tysiącach lat obecności w jadłospisie człowieka, składniki te miałyby nagle stać się toksyczne? Czy też dopiero teraz takie się stały? Od tak dawna i tak często słyszymy, że cholesterol i tłuszcze nasycone wywołują choroby serca, że potrafimy to powtórzyć nawet wyrwani ze snu. Ale czy naprawdę to one są winowajcami? Zarówno medycyna naukowa jak i historia jednogłośnie odpowiadają: „Nie".

Po raz pierwszy cholesterolową hipotezę chorób serca postawił badacz naukowy Ancel Keys w latach 50. XX wieku. W oparciu o dane z 6 krajów (Stanów Zjednoczonych, Kanady, Australii, Anglii, Włoch i Japonii) wykazał związek pomiędzy ilością spożywanego tłuszczu a wskaźnikiem śmiertelności na zawał serca: im więcej spożytego tłuszczu, tym wyższy wskaźnik. Za głównego winowajcę Keys uważał zwłaszcza tłuszcze nasycone. Jego hipoteza została natychmiast przyjęta jako odpowiedź na długo poszukiwane wyjaśnienie nagłego wzrostu liczby zgonów na zawał serca.

Jednak przełomowe badanie Keysa miało poważną wadę. Bardzo starannie wybrał dane. Posiadał informacje z 22 krajów, lecz wykorzystał tylko te potwierdzające jego hipotezę. Dane pochodzące z pozostałych krajów nie tylko nie popierały jego hipotezy, ale wręcz obalały ją. Na przykład wskaźnik śmiertelności z powodu zawału serca w Finlandii był 24 razy wyższy niż w Meksyku, chociaż spożycie tłuszczu w obu tych krajach było prawie identyczne. A oto inny przykład: w Stanach Zjednoczonych wskaźnik zgonów w skutek chorób serca jest znacznie wyższy niż we Francji, choć Francuzi zjadają dużo więcej tłuszczów nasyconych i cholesterolu. Jeśli dokładnie przyjrzeć się danym żywieniowym ze wszystkich krajów, którymi dysponował Keys, staje się jasne, że nie istnieje korelacja pomiędzy spożyciem tłuszczów nasyconych a chorobami serca. Nie bacząc na to, lekarze poszukiwali przyczyny drastycznego wzrostu zachorowań na zawał serca tuż po pierwszej połowie XX wieku. Teoria ta dostarczała pasującej odpowiedzi, a ponieważ w tamtych czasach nie było żadnej innej, hipoteza Keysa szybko przyjęła się, stając się dominującym przekonaniem o pierwotnej przyczynie chorób serca.

Za ojca kardiologii – nauki o sercu i jego chorobach – uważa się doktora Paula Dudley'a White'a. Ukończył on studia medyczne w 1910 roku i był osobistym lekarzem prezydenta Stanów Zjednoczonych Dwighta D. Eisenhowera, za jego kadencji. White pisał, że interesuje go nowa, rzadka choroba, o której czytał w europejskiej literaturze medycznej. W 1921 roku, 11 lat po tym jak rozpoczął swą praktykę lekarską, doktor White miał pierwszego pacjenta z atakiem serca, chorobą niezwykle rzadką w tamtych czasach. Do czasu kiedy w latach 50. XX wieku pracował jako lekarz prezydenta Eisenhowera, choroba ta stała się stała się wiodącą przyczyną umieralności w społeczeństwie amerykańskim. W swojej późniejszej karierze, już jako najwyższy autorytet w świecie kardiologii, a zatem i w zakresie chorób serca, zapytano go o zdanie na temat teorii mówiącej, że cholesterol i tłuszcz nasycony wywołują atak serca. Powiedział, że nie może jej potwierdzić, ponieważ wie, że jest ona niezgodna z historią tej choroby[1].

Poniższy rysunek ilustruje powód, dla którego tłuszcze nasycone i cholesterol nie są przyczyną zawału serca. Jest to liczba ataków serca na 100 000 osób monitorowanych przez pewien odcinek czasowy w porównaniu do spożycia cholesterolu i tłuszczów nasyconych. Zauważ, że poziom cholesterolu i tłuszczów nasyconych jest w zasadzie stały, tymczasem liczba zgonów z powodu zawału serca wzrosła niebotycznie. Ewidentnie więc nie ma związku pomiędzy atakiem serca a spożyciem cholesterolu czy tłuszczów nasyconych[2].

W latach 1910-1920 liczba zgonów na zawał serca była stosunkowo niska – dotyczyła zaledwie 10 na 100 000 osób rocznie. Do roku 1930 liczba ta wzrosła do 46 na 100 000 osób rocznie, zaś do 1970 roku wskaźnik ten wynosił 331 na 100 000 osób rocznie. Warto też zauważyć, że na początku XX wieku wzrosło spożycie cukru i od tamtej pory systematycznie zwiększało się, wraz ze wskaźnikiem przypadków ataków serca. Wydaje się zatem, że istnieje znacznie silniejsza korelacja pomiędzy wystąpieniem zawału serca a ilością zjadanego cukru, niż spożyciem tłuszczów nasyconych czy cholesterolu.

Przemysł spożywczy i farmakologiczny bardzo aktywnie upubliczniają i promują teorię głoszącą, że tłuszcze nasycone i cholesterol wywołują choroby serca. Od lat 50. XX wieku są głównymi sponsorami badań naukowych w tej dziedzinie, a mimo to po 60 latań badań znaleziono bardzo niewiele dowodów potwierdzających przekonanie, że dieta o niskiej zawartości cholesterolu i tłuszczów nasyconych naprawdę obniża ryzyko śmierci z powodu zawału, czy też w jakiś sposób przedłuża życie człowieka.

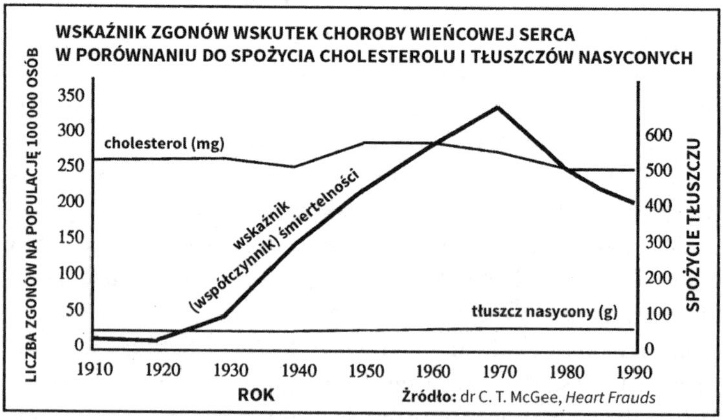

W latach 1910-1970 liczba zgonów wywołanych chorobą wieńcową serca wzrosła o niewiarygodne 3010 procent, a następnie zaczęła spadać. Spożycie cholesterolu i tłuszczów nasyconych w tym czasie pozostawało właściwie na tym samym poziomie, wskazując na zaledwie niewielki związek pomiędzy nim a chorobami serca.

Z teorii lub inaczej „hipotezy" cholesterolowej wynika, że od roku 1920 spożycie tłuszczu zwierzęcego musiało znacznie wzrosnąć, by mieć związek ze zwiększeniem się współczynnika śmiertelności wskutek zawału. W rzeczywistości spożycie masła i tłuszczów zwierzęcych w Ameryce w tym czasie stale zmniejszało się, tymczasem spożycie cukru i tłuszczów roślinnych drastycznie rosło. W ciągu omawianego sześćdziesięciolecia (1910-1970) ilość tradycyjnych tłuszczów zwierzęcych w jadłospisie Amerykanów zmniejszyła się z 83 do 62 procent, a roczne spożycie masła poszybowało w dół z prawie 8 kg do niecałych 2 kg. W ciągu minionego osiemdziesięciolecia ilość cholesterolu w diecie Amerykanów wzrosła zaledwie o 1 procent. W tym samym czasie procent konsumpcji tłuszczów roślinnych w postaci margaryny, tłuszczu spożywczego oraz olejów przetwarzanych wzrósł o 400 procent. Kiedy obiektywnie spojrzysz na te fakty, hipoteza cholesterolowa nie ma racji bytu.

W usilnej próbie wystraszenia ludzi i zainicjowania większego używania olejów roślinnych, tłuszcze zwierzęce stały się głównym winowajcą każdej zaistniałej choroby pod słońcem. To teraz politycznie poprawne, nawet jeśli dowody na to, że tłuszcze zwierzęce nie szkodzą, są niewielkie. Otyłość, cukrzyca, nowotwory, choroby serca – niezależnie od tego jaką chorobę wymienisz, już ktoś twierdzi, że jej przyczyną są tłuszcze nasycone lub cholesterol. I znów okazuje się, że fakty nie potwierdzają tej teorii.

NIEDOBÓR WITAMIN I MINERAŁÓW

Pomimo dziesięcioleci badań naukowych oraz znaczącego spadku spożycia tłuszczów zwierzęcych, zawał serca wciąż jest zabójcą numer jeden. Nieustające starania niezliczonej rzeszy naukowców w tym okresie nie dowiodły jednoznacznego związku pomiędzy cholesterolem a atakiem serca. Ku wielkiemu niezadowoleniu naukowców i ich sponsorów, prowadzone przez nich badania wskazały jedynie na nieznaczny, a nawet wątpliwy związek pomiędzy nimi.

Jeśli więc cholesterol i tłuszcze nasycone nie wywołują chorób serca, to co jest ich przyczyną? Składa się na nie szereg czynników, znacznie ważniejszych niż wspomniane tłuszcze.

W latach 40. i 50. XX wieku naukowcy Yudkin i Lopez odkryli związek pomiędzy spożyciem cukru rafinowanego a atakami serca. Konsumpcja cukru osłabia układ odpornościowy, obniża odporność organizmu na wirusy i bakterie mogące spowodować stan zapalny mięśnia sercowego i tętnic. Zapalenie to jeden z czynników powstawania płytek miażdżycowych i twardnienia tętnic, a w konsekwencji zawału serca.

Spożywanie gotowych, przetworzonych pokarmów sprawia, że spożycie witamin i minerałów na przestrzeni lat obniża się. Jednym z takich minerałów, których nie znajdziesz w przetworzonym jedzeniu, jest witamina C. Jest ona niezbędna do zachowania integralności tkanki łącznej, w tym tej tworzącej tętnice. Objawem niedoboru witaminy C jest arterioskleroza (stwardnienie tętnic). Również witaminy z grupy B, których często brakuje w naszym codziennym jadłospisie, są niezbędne do zachowania wytrzymałych i zdrowych tętnic. Badania naukowe dowiodły, że niedobór witamin z grupy B jest główną przyczyną arteriosklerozy i zawału serca[3].

Istnieje także związek pomiędzy wystąpieniem ataku serca a niedoborem minerałów. Choroba wieńcowa serca rzadziej dotyczy mieszkańców obszarów, w których woda pitna naturalnie obfituje w minerały, zwłaszcza magnez spełniający rolę naturalnego antykoagulantu i wspomagającego wchłanianie potasu przez organizm, tym samym zapobiegając nieregularnemu rytmowi pracy serca. Witamina D jest także istotna dla ochrony serca. Jest niezbędna do absorpcji wielu minerałów, w szczególności wapnia i magnezu. Organizm ludzki potrafi wytwarzać witaminę D z cholesterolu poprzez działanie promieni słonecznych na skórę, lecz mówi się nam, byśmy ograniczali spożycie cholesterolu i ekspozycję na promienie słoneczne z obawy przed nowotworami skóry.

Nadmierne spożycie cukru także wypłukuje z organizmu witaminy z grupy B, tak niezbędne dla zdrowia tętnic. Badanie naukowe przeprowadzone przez Amerykański Departament Rolnictwa wykazało, że fruktoza może być jeszcze bardziej niebezpieczna dla zdrowia niż sacharoza (cukier stołowy). Fruktoza głównie spotykana jest w postaci wysokofruktozowego syropu kukurydzianego, który stał się ulubionym słodzikiem napojów alkoholowych, przekąsek i wielu tzw. zdrowych produktów.

W 1968 roku, po raz pierwszy od 40 lat śmiertelność z powodu ataku serca spadła i od tamtej pory utrzymuje tendencję spadkową. Do 1990 roku wskaźnik zgonów na zawał serca zmniejszył się do 194 na 100 000 osób. Zwolennicy hipotezy cholesterolowej nie podjęli nawet wysiłku, by uznać ten spadek, ponieważ spożycie tłuszczu pozostawało przez ten czas na niemal takim samym poziomie. Liczba śmiertelnych ataków serca zmalała począwszy od lat 70. XX wieku, ponieważ wzrosła liczba osób zażywających suplementy diety w postaci witamin i minerałów. Niedobory żywieniowe, prawdopodobnie będące głównym czynnikiem sprzyjającym zawałom, zmniejszyły się dzięki przyjmowaniu witamin i minerałów.

Rafinowane oleje roślinne mają niewielką wartość odżywczą, poza kwasami tłuszczowymi. Są to w zasadzie puste kalorie. Oleje te nie tylko nie dostarczają witamin ani minerałów, ale właściwie pozbawiają zasobów substancji odżywczych, tym samym wywołując ich niedobór. Oleje wielonienasycone są wysoce nietrwałe i bardzo szybko utleniają się zarówno w ciele jak i poza ciałem człowieka. Oksydacja olejów wielonasyconych wytwarza szkodliwe wolne rodniki. Antyoksydacyjne substancje odżywcze, tj. witaminy A, E i C oraz beta-karoten, cynk, selen i inne, giną, starając się zwalczyć te wolne rodniki. Proces ten może pozbawić organizm niezbędnych składników odżywczych. W rezultacie dochodzi do stanu chorobowego zwanego niedożywieniem subklinicznym mogącym doprowadzić do zwyrodnień natury fizycznej, a nawet otyłości. Nie ma w tym nic niezwykłego, że wskaźnik zachorowań na zawał serca spadł wraz ze wzrostem sprzedaży witamin.

Kolejnym problemem z wielonienasyconymi olejami roślinnymi jest to, że zawarty w nich pierwotny kwas tłuszczowy, a dokładnie kwas linolowy, przekształcany jest przez organizm w substancje hormonopodobne zwane prostaglandynami. W nadmiarze mają one negatywny wpływ na zdrowie, np. przyczyniają się do powstawania zakrzepów krwi, zwężenia tętnic, co z kolei ogranicza ich przepustowość i wywołuje stany zapalne, a wszystko to prowadzi do zawału serca. Ponadto wolne rodniki, jakie wydzielają się z tych olejów, mogą uszkodzić tętnice, tym samym inicjując powstawanie złogów miażdżycowych. Nic więc dziwnego, że wraz ze wzrostem spożycia olejów roślinnych wzrosła liczba ataków serca.

MIT CHOLESTEROLOWY

Kiedy słyszymy słowo „cholesterol", pierwszą myślą, jaka przychodzi nam do głowy, są niedrożne tętnice i zawał serca. Cholesterol stał się niemalże synonimem ataku serca. Wszyscy „wiedzą", że to on powoduję tę chorobę. Czytasz o tym w artykułach prasowych i w książkach, słyszysz w telewizji i w radiu. Wszyscy głośno i wyraźnie twierdzą, że „wysoki poziom cholesterolu we krwi powoduje atak serca". Słyszymy o tym, a więc to musi być prawda. Tak wielu „ekspertów" nie może się mylić, prawda?

Wiemy też, że tłuszcze nasycone są przyczyną wystąpienia zawału serca, nieprawdaż? O tym też czytamy, w dodatku wszyscy tak twierdzą. Tłuszczom nasyconym przyklejono etykietki złoczyńców, ponieważ podnoszą one poziom cholesterolu we krwi. A ponieważ spożywane przez nas pokarmy bardziej obfitują w tłuszcze nasycone niż w cholesterol, uważa się je za znacznie większe zagrożenie.

Przez lata mówiono nam, że cholesterol i tłuszcze nasycone zwiększają poziom cholesterolu we krwi, a zatem wywołują chorobę układu sercowo-naczyniowego. Zdanie to słyszymy tak często, że zaczynamy wierzyć, iż ta hipoteza cholesterolowa poparta jest niezliczonymi dowodami naukowymi. W rzeczywistości zaś nigdy nie przeprowadzono badania wykazującego, że wysoki poziom cholesterolu we krwi jest sprawcą choroby układu krążenia. Ani jednego badania! Tak naprawdę jest wręcz przeciwnie. Liczne badania naukowe wskazują, że cholesterol nie przyczynia się do zwężenia tętnic czy chorób serca. Ludzie umierają na nie, mając poziom cholesterolu w normie. U innych mających wysoki poziom cholesterolu we krwi nie odnotowano objawów choroby układu sercowo-naczyniowego – żadnych płytek miażdżycowych w tętnicach, brak zatorów żylnych, ciśnienie krwi w normie. Gdyby to wysoki poziom cholesterolu wywoływał chorobę układu krążenia, taki poziom musiałyby mieć wszystkie osoby zmarłe na tę chorobę, ale tak nie jest i jest to jasno uznany fakt.

Większość naukowców zajmujących się badaniami nad cholesterolem przyznaje, że wysoki poziom cholesterolu nie przyczynia się do rozwoju chorób serca. Przemysł farmaceutyczny ma swój interes w kreowaniu błędnych przekonań, ponieważ sprzedaje warte miliardy dolarów lekarstwa na obniżenie poziomu cholesterolu. Ludzie z tej branży donośnym głosem obwieszczają, że wysokie stężenie cholesterolu we krwi prowadzi do chorób układu krążenia, a uporczywość i częstotliwość ich wołania sprawia, że doznajemy swoistego prania mózgu i zaczynamy w to wierzyć. W historii ludzkości nieudolni przywódcy polityczni wyznawali filozofię, że jeśli tylko wystarczająco głośno i często będą powtarzać kłamstwo, w końcu wszyscy uznają je za prawdę, bez względu na to jak bardzo jest absurdalna. Tak właśnie dzieje się w kwestii cholesterolu.

W książce *Heart Frauds* doktor Charles T. McGee mówi: „Brak kompatybilności pomiędzy teorią cholesterolową a chorobą niedokrwienną serca. U większości ludzi cholesterol i tłuszcze spożywane w codziennej diecie nie wpływają znacząco na poziom cholesterolu we krwi. Mnóstwo osób z wysokim jego stężeniem we krwi nigdy nie doświadcza choroby niedokrwiennej serca, natomiast może ona, i występuje u osób mających niski poziom cholesterolu. U około jednej trzeciej osób, które doznały ataku serca, poziom cholesterolu we krwi doskonale mieści się w granicach przyjętej normy. Starania, by za pomocą diety opracowanej przez Amerykańskie Stowarzyszenie Chorób Serca obniżyć śmiertelność wskutek choroby niedokrwiennej serca, wciąż są nieskuteczne. Co więcej, po podaniu leków na obniżenie poziomu cholesterolu we krwi ogólna liczba zgonów wzrosła, a nie, jak oczekiwano, zmalała[4]".

Podejmując próbę udowodnienia słuszności hipotezy cholesterolowej, naukowcy pracowali przez ponad 60 lat, starając się wykazać, że cholesterol i tłuszcze nasycone powodują choroby serca. Żadne badanie nie było w stanie tego dokonać. W dotyczącym chorób serca badaniu Framingham, przez kilkadziesiąt lat monitorowano zdrowie prawie 5000 uczestników, po czym wykazano, że osoby spożywające więcej tłuszczów nasyconych nie chorują na choroby serca częściej od innych[5].

Kardiochirurg Michael DeBakey przeprowadził badanie obejmujące dużą grupę pacjentów na Uniwersytecie Baylor (Baylor University). Odkrył, że na 1700 pacjentów z arteriosklerozą (zatorem żylnym) w stanie wymagającym hospitalizacji zaledwie 1 z 5 miał wysoki poziom cholesterolu we krwi[6]. Doktor Harlan M. Krumholz relacjonuje w *Journal of the American Medical Association*, że ludzie z podwyższonym poziomem cholesterolu we krwi niekoniecznie są bardziej zagrożeni śmiercią w wyniku chorób serca. W przeprowadzonym przez siebie badaniu monitorował on 997 osób w wieku 65 lat i starszych. Częstotliwość ataku serca i zgonu w jego skutek była taka sama u pacjentów z wysokim poziomem cholesterolu, co u tych utrzymujących go w normie. Można by się spodziewać, że z wiekiem w żyłach gromadzi się coraz więcej cholesterolu, co wzmaga ryzyko chorób serca. I choć to prawda, że ryzyko ataku serca zwiększa się z wiekiem, naukowcy nie znaleźli żadnej zależności pomiędzy wiekiem i cholesterolem. Na przykład w badaniu, w którym średnia wieku uczestników wynosiła 79 lat, „nie wykazano, by podwyższony poziom cholesterolu zwiększał ryzyko śmierci na zawał serca lub wskutek innych chorób serca w tej grupie badanych[7]". Profesorowie Paul Addis i Gregory Warner pracujący na Wydziale Żywności i Żywienia na Uniwersytecie Minnesoty (University of Minnesota) mówią: „Przeważająca opinia, że arterioskleroza to po prostu nagromadzenie cholesterolu w żyłach, ewidentnie okazało się błędne, w związku z czym poważni naukowcy już nie tak chętnie przyjmowali „hipotezę lipidową", która z kolei została zastąpiona „hipotezą reakcji na uraz[8]". Z uwagi na liczne niezgodności z hipotezą cholesterolową, często nazywano ją też mitem cholesterolowym.

W 1950 roku choroba niedokrwienna serca stała się główną przyczyną zgonów i tak jest do dziś. Unikanie cholesterolu i tłuszczów nasyconych nie powstrzymało epidemii chorób serca. Powinno zatem stać się oczywiste, że coś innego, powszechnie przegapionego, stanowi istotę problemu.

REGULACJA POZIOMU CHOLESTEROLU

Przyjęło się, że dieta obfitująca w cholesterol i tłuszcze nasycone powoduje jego wysokie stężenie we krwi. Przekonanie to dotyczy tłuszczów nasyconych, ponieważ są one zamieniane przez wątrobę w cholesterol. Zgodnie z hipotezą cholesterolową, tłuszcz, który zjadamy bezpośrednio, odpowiada za ilość cholesterolu we krwi. Argument ten jest jednak problematyczny, ponieważ tłuszcz pochodzący z pożywienia ma zaledwie niewielki wpływ na poziom cholesterolu we krwi. Dzieje się tak dlatego, że znaczna ilość cholesterolu w naszej krwi nie bierze się ze spożywanych pokarmów, lecz z wątroby. Ponad 80 procent cholesterolu we krwi wytwarzane jest przez organizm człowieka.

Dla zaakceptowania tego faktu zwolennicy hipotezy cholesterolowej twierdzą, że tłuszcze nasycone zawarte w spożywanych przez nas pokarmach automatycznie zmieniają się w cholesterol, a także, że im więcej tłuszczów nasyconych jemy, tym więcej cholesterolu płynie w naszej krwi. Wątroba traktowana jest jak machina bezmyślnie gromadząca tak dużo cholesterolu jak tylko się da: im więcej tłuszczu nasyconego jemy, tym więcej cholesterolu wytwarza.

Powyższy scenariusz nie zgadza się jednak z fizjologią człowieka. Wątroba wytwarza i precyzyjnie reguluje oraz odpowiada za równowagę setek składników niezbędnych dla wzrostu, trawienia i ochrony. Cholesterol we krwi nie jest czymś podatnym na wpływ diety. Wątroba nie wytwarza substancji chemicznych, tj. cholesterolu, ot tak sobie, dla zabawy. Są to ściśle określone i kontrolowane ilości potrzebne dla utrzymania homeostazy lub równowagi chemicznej. Wątroba bardzo starannie reguluje ilość cholesterolu w organizmie, więc nie ma znaczenia, ile tłuszczów nasyconych zjemy – wątroba i tak wytworzy jego odpowiednią ilość do zachowania homeostazy. Organizm każdego człowieka jest inny, tak więc każdy ma jego inne stężenie we krwi, potrzebne do zachowania równowagi. Jest to stały poziom (z marginesem 5-10 procent), niezależnie od sposobu odżywiania się. Wątroba nie potrzebuje tłuszczów nasyconych do produkcji cholesterolu. Może wytworzyć go z innych tłuszczów, a nawet z cukru czy węglowodanów[9]. Jak zatem widzimy, twierdzenie, że tłuszcze nasycone podnoszą poziom cholesterolu we krwi, przy jednoczesnym ignorowaniu pozostałych tłuszczów i cukru, jest nielogiczne i niewłaściwe. Niedobór cholesterolu w diecie spowoduje, że wątroba wytworzy go z innych źródeł. Oto dlaczego nawet drastyczne ograniczenie cholesterolu w diecie ma ledwo zauważalny wpływ na poziom cholesterolu we krwi[9].

Doktor Kilmer S. McCully, patolog i badacz naukowy w dziedzinie medycyny, przez ponad 30 lat przyglądał się zależności pomiędzy sposobem odżywiania się, chorobami serca a nowotworami. Mówi: „Ilość gromadzonego w wątrobie cholesterolu podlega ścisłej kontroli i jest dostosowywana do potrzeb różnych organów w ciele człowieka. Jeśli spożycie cholesterolu wzrasta, wówczas zdrowy, prawidłowo funkcjonujący organizm wytwarza go mniej na potrzeby organizmu, a jeśli w jadłospisie jest go mniej, wówczas wątroba produkuje go więcej. W ten oto sposób organizm sam, bardzo precyzyjnie reguluje ilość wytwarzanego cholesterolu[3]".

Organizm człowieka codziennie wytwarza około 1000 mg cholesterolu. Dla porównania, przeciętny Amerykanin spożywa go tylko 327 mg dziennie, a Amerykanka 221 mg. Około jedna trzecia ilości zjadanego przez nas cholesterolu wchłaniana jest przez jelita, reszta zaś usuwana.

Teoretycznie cholesterol z pożywienia, który organizm wchłania każdego dnia, może spowodować wzrost jego stężenia we krwi do około 163 mg/dl, jednakże tak się nie dzieje. Oto dlaczego. Zamiast automatycznie odpowiadać na wysokotłuszczowy posiłek, organizm ma do wyboru kilka możliwości: jelita mogą wchłonąć duże lub małe ilości cholesterolu; wątroba może zmniejszyć własną produkcję cholesterolu, a może także przekształcić jego pewną część w kwasy żółciowe, gotowe do wydalenia z organizmu. Stopień zaistnienia tych odpowiedzi zależy zarówno od ilości cholesterolu w spożytym posiłku jak i indywidualnych uwarunkowań genetycznych. Niektórzy ludzie wchłaniają więcej cholesterolu od innych, ale też więcej go wydalają[10].

U większości osób poziom cholesterolu we krwi jest bardziej uwarunkowany podłożem genetycznym niż sposobem odżywiania się. Drakońskie diety, toksyny, infekcje czy przyjmowane leki mogą jednak zaburzyć prawidłową równowagę cholesterolową. Obniżanie poziomu cholesterolu we krwi ma znikomy wpływ na stan zdrowia ogólnego, zaś jego nadmierny spadek może nawet okazać się szkodliwy.

TŁUSZCZE NASYCONE A CHOROBY SERCA

Przez lata wydano miliony dolarów na badania naukowe potwierdzające hipotezę cholesterolową, a mimo to do chwili obecnej żadne z nich nie było w stanie dostarczyć dowodów na jej poparcie. Wyniki niektórych badań naukowych zdają się potwierdzać teorię, że tłuszcze nasycone zwiększają ryzyko wystąpienia chorób serca, jednak inne ją obalają.

Kiedy wyniki badań naukowych są mieszane, osoby zainteresowane mogą wybrać tylko te, które potwierdzają ich osobiste przekonania. Zwolennicy idei mówiącej, że tłuszcze nasycone powodują choroby serca z pewnością znajdą pasujące badania. Z drugiej strony ci, którzy nie wierzą w szkodliwość tłuszczów nasyconych, też zdołają znaleźć dowody na poparcie swojej opinii. Która jest więc prawdziwa?

Chociaż opinia publiczna zazwyczaj słyszy tylko jedną wersję tego zagadnienia, w środowisku medycznym budzi on nie lada kontrowersje, od czasu kiedy w latach 50. XX wieku Ancel Keys postawił hipotezę cholesterolową. Chociaż przeprowadzono mnóstwo badań, nie wszystkie mają jednakową wartość. Niektóre z nich obejmowały stosunkowo niewielu uczestników, inne zaś znacznie większą liczbę. Precyzyjność i wiarygodność wyników każdego badania naukowego znacząco wzrasta przy większej liczbie badanych. Oczywiste jest, że wyniki badania obejmującego 50 000 uczestników mają większą wartość od takiego, w którym uczestniczy tylko 1000 osób. Jedno bardzo szerokie badanie naukowe z 50 000 osób dostarczy o wiele wiarygodniejszych wyników niż 10 małych badań, o łącznej liczbie uczestników wynoszącej 10 000. Tak więc ogólna liczba przeprowadzonych badań jest bez większego znaczenia, bardziej liczy się liczebność uczestników badania. Jeśliby zgromadzić w grupę uczestników wielu badań naukowych i ocenić w jednym, jaki byłby wówczas wynik końcowy?

W poszukiwaniu ostatecznych wniosków, naukowcy z Uniwersytetu Medycznego Harvarda zdecydowali się połączyć wyniki wszystkich przeprowadzonych wcześniej badań na temat związku tłuszczów nasyconych z chorobami serca, jakby były one jednym, gigantycznym badaniem. Tak szerokie badanie dałoby najprecyzyjniejsze wyniki, a dzięki połączeniu ich wszystkich żadne pojedyncze, mniejsze badanie nie podważyłoby jego wyników. Wspomniani naukowcy zebrali zatem dane z najbliższych założonemu celowi innych badań przeprowadzonych na przestrzeni minionych kilku dziesięcioleci i podsumowali ich wyniki. Ta metaanaliza zawierała wyniki badań prawie 350 000 uczestników. W końcu znaleziono odpowiedź. Wyniki wspomnianej metaanalizy udowodniły, że tłuszcz nasycony nie zwiększa ryzyka powstawania chorób serca. Uczestnicy tych badań, którzy zjadali największe ilości tłuszczów nasyconych, nie chorowali na choroby serca częściej od jedzących go mniej[11]. Osoby, które codziennie rozkoszowały się jajecznicą na boczku na śniadanie i stekiem na obiad, nie chorowały częściej niż unikający tłuszczów nasyconych wegetarianie. Badanie to wykazało ponad wszelką wątpliwość, że tłuszcze nasycone nie powodują, a nawet nie sprzyjają powstawaniu chorób serca.

Od czasu publikacji tego przełomowego badania w 2010 roku, kilka nowszych badań porównujących spożycie tłuszczów nasyconych z innymi potwierdziło uzyskane wcześniej wyniki: tłuszcze nasycone nie sprzyjają rozwojowi chorób serca[12,13]. W 2014 roku naukowcy z Uniwersytetu w Cambridge opublikowali wyniki innej, jeszcze szerszej metaanalizy. Obejmowała ona dane z 72 wcześniej przeprowadzonych badań, w których udział wzięło 600 000 uczestników 18 narodowości. Wyniki metaanalizy z Cambridge potwierdziły te z Harvarda: osoby jedzące dużo więcej tłuszczów nasyconych nie zapadają częściej na choroby serca od tych, które jedzą ich najmniej. Co więcej, badaniem tym odkryto, że pewne jego postacie chronią przed chorobami[14]. A zatem teraz dysponujemy niezbitymi dowodami na to, że tłuszcze nasycone nie powodują ani nie przyczyniają się do powstawania chorób serca, a w niektórych przypadkach nawet wspomagają ich profilaktykę.

CZY POTRZEBUJESZ TŁUSZCZÓW NASYCONYCH?

Chociaż zwykle nie postrzegamy tłuszczów nasyconych jako istotnego składnika odżywczego naszej diety, dla naszego zdrowia jest on równie istotny jak pozostałe. Dodatkowo jest niezbędnym komponentem każdej komórki naszego ciała. Błony komórkowe przynajmniej w 50 procentach składają się z tłuszczów nasyconych. Są one konieczne, by nasze komórki zachowały swą sztywność i integralność, której potrzebują do prawidłowego funkcjonowania organizmu. Jeśli komórki nie otrzymują wystarczającej ilości nasyconych kwasów tłuszczowych do zachowania spójności strukturalnej, stają się miękkie i przepuszczalne, co prowadzi do zwyrodnienia i zaburzeń funkcjonowania tkanek. Każdy organ twego ciała tworzą wyspecjalizowane komórki wykonujące określone zadania. Jeśli komórki jakiegoś narządu nie spełniają swojej roli, wówczas cały organ pracuje niewłaściwie. Niewydolność nerek jest skutkiem obumarcia lub nieprawidłowego funkcjonowania komórek. Marskość wątroby jest wynikiem dysfunkcji komórek. Wszystkie choroby zaczynają się na poziomie komórkowym.

Staje się więc jasne, że zdrowe ciało wymaga zdrowych organów, które z kolei wymagają zdrowych komórek. Komórki twojego organizmu potrzebują tłuszczów nasyconych dla zdrowia. Każda komórka składająca się na każdy organ w twoim ciele: mózg, wątrobę, nerki, płuca, serce, itp., potrzebuje tłuszczu nasyconego. W tej kwestii szczególną uwagę należy zwracać na mózg, ponieważ w prawie 60 procentach składa się on z tłuszczów, z których spora część to tłuszcze nasycone.

Tłuszcze nasycone są niezbędne dla prawidłowego rozwoju kości i profilaktyki osteoporozy. Wielu ludzi odżywia się, jedząc pokarmy zawierające niewielkie ilości tłuszczów, zwłaszcza nasyconych, i przyjmuje duże ilości suplementów wapnia, a mimo to choruje na osteoporozę. Aby wapń efektywnie wchłonął się w kości, 50 procent tłuszczów z naszych jadłospisów powinna być nasycona[15]. Wegetarianie zwykle spożywają mniejsze ilości tłuszczów nasyconych, niż osoby jedzące mięso. W konsekwencji ci pierwsi są bardziej zagrożeni osteoporozą. W badaniu obejmującym Adwentystów Dnia Siódmego, którzy przeważnie są wegetarianami, wykazano, że są oni bardziej podatni na złamania kości biodrowych, niż osoby jedzące mięso[16]. Jeśli chcesz uniknąć osteoporozy, musisz jeść tłuszcze nasycone.

Tłuszcze nasycone wspierają układ odpornościowy i pomagają zachować zdrowie całego organizmu[17], który zwalcza infekcje i chroni przed powstawaniem nowotworów. Odpowiednia ilość tłuszczów nasyconych w jadłospisie zapobiega tym problemom[18]. Tłuszcze nasycone chronią wątrobę przed toksycznym działaniem alkoholu, leków i innych szkodliwych substancji[19,20].

W latach 50. i 60. XX wieku, kiedy to po raz pierwszy tłuszcze nasycone powiązano z podwyższonym poziomem cholesterolu, naukowcy rozpoczęli poszukiwania innych skutków zdrowotnych ich spożywania. Tłumaczyli, że skoro nadmierne spożycie tłuszczu podnosiło poziom cholesterolu we krwi, może też mieć wpływ na inne niepożądane zmiany. Naukowcy zaczęli przyglądać się zależności pomiędzy spożyciem tłuszczów nasyconych a zachorowalnością na nowotwory. Ich odkrycia były zaskakujące. Okazało się, że w porównaniu z innymi, w tym z olejami, tłuszcze nasycone bardziej chronią przed nowotworami, niż przyczyniają się do ich powstawania[21]. Dalsze badania dały identyczne wyniki w odniesieniu do kilku innych chorób, tj. astmy, alergii, zaburzeń pamięci i demencji starczej[22].

Atak serca i wylew to dwa stany będące konsekwencją chorób serca. Oba wywołane są niedrożnością tętnic. Do ataku serca dochodzi, kiedy tętnica wieńcowa serca zostaje zablokowana. Nie mając tlenu, serce „dusi się" i „umiera". Kiedy następuje blokada tętnicy szyjnej prowadzącej do mózgu, mówimy o wylewie. Badania ludzi i zwierząt wykazują konsekwentnie, że jedzenie tłuszczów nasyconych chroni od wylewów (oraz ogólnie przed chorobami serca).

A zatem badania nieustępliwie potwierdzają, że wysokotłuszczowy jadłospis *obniża* ryzyko wylewów, co jest prawdziwe, zwłaszcza jeśli dieta obfituje w tłuszcze nasycone i cholesterol [23-27]. Pewne godne uwagi, długotrwałe badanie naukowe przeprowadzone na Uniwersytecie Harvarda obejmowało 832 mężczyzn w wieku od 45 do 65 lat, którzy na początku badania nie chorowali na choroby układu sercowo-naczyniowego. Badanie miało na celu przyjrzenie się związkowi pomiędzy występowaniem wylewów a spożyciem tłuszczu, z rozróżnieniem jego rodzajów w ciągu 20 lat. Zgodnie z wynikami podobnych badań, spożycie tłuszczu nasyconego w porównaniu z wielonienasyconymi powiązane było z obniżonym ryzykiem wylewu niedokrwiennego[28].

Liczne badania naukowe potwierdzają, że kiedy ludzie zmieniają swój sposób odżywiania się na niskowęglowodanowy i jednocześnie wysokotłuszczowy, ich ciała przechodzą pozytywną transformację. Pozbywają się nadmiaru tkanki tłuszczowej, obniża się im stężenie cholesterolu we krwi, poziom cholesterolu HDL (dobrego) podnosi się, współczynnik cholesterolu całkowitego zmniejsza się, poziom białka C-reaktywnego (wskaźnika stanu zapalnego) spada, poziom cukru we krwi stabilizuje się, ciśnienie krwi poprawia się, a wszystko to wskazuje na zmniejszone ryzyko zapadnięcia na choroby serca, cukrzycę, demencję, nowotwory i inne stany zwyrodnieniowe. Konsumpcja tłuszczów nasyconych nie tylko nie przyczynia się do chorób serca, ale wręcz chroni przed nimi, zwłaszcza przy ograniczeniu spożycia węglowodanów.

Wynika z tego, że dobrze jest jeść pokarmy bogate w tłuszcze nasycone i cholesterol. Żywiąc się w ten sposób, nie tylko nie zwiększysz ryzyka ataku serca czy wylewu, ale obniżysz je, a ponadto zgubisz niechciany tłuszczyk i poprawisz stan zdrowia.

5

DOBRE WĘGLOWODANY, ZŁE WĘGLOWODANY

WĘGLOWODANY PROSTE I ZŁOŻONE

Kiedy patrzysz na hamburgera, co widzisz? Co sprawia, że hamburger to hamburger? Większość z nas dostrzega niewielki, chudy „kotlet" wciśnięty między rozkrojoną bułkę z odrobiną tajemniczego sosu i, przy odrobinie szczęścia, ogórek konserwowy, kilka plasterków cebuli i plasterek pomidora. Gdybyś był dietetykiem, inaczej patrzyłbyś na to jedzenie. Opisałbyś tego hamburgera pod kątem zawartości składników odżywczych: ile ma w sobie tłuszczu, białka i węglowodanów. „Kotlet" w hamburgerze składa się głównie z białek i tłuszczu. Również w tajemniczym sosie znajduje się tłuszcz, ponieważ jego głównym składnikiem jest majonez jajeczny. Bułka i warzywa to węglowodany.

Większość tłuszczów i białek w naszym jadłospisie pochodzi ze źródeł zwierzęcych, zaś węglowodanów z roślin. Jedynym znaczącym zwierzęcym źródłem węglowodanów jest, zawarta w mleku, laktoza. Obok wody, węglowodany są najobficiej występującą substancją znajdującą się w roślinach. Ściany otaczające każdą komórkę roślinną i nadające jej strukturę oraz wytrzymałość zbudowane są z węglowodanów. Rośliny też je gromadzą, przede wszystkim w postaci skrobi jako źródła energii. Korzystają z niej nasiona w czasie kiełkowania. Chociaż rośliny zawierają pewne ilości białek, tłuszczów i innych substancji, najbardziej obfitują w węglowodany, w takiej czy innej postaci. Marchewka to przede wszystkim węglowodany – tak jak cebula, ziemniaki, ogórki, a także palusznik, dąb czy petunie.

Rośliny o największej zawartości węglowodanów to zboża, rośliny strączkowe i bulwiaste (np. ziemniaki). Są to rośliny wysokoskrobiowe. Najbardziej interesujące są dla nas zboża, ponieważ w takiej czy innej formie stanowią znaczną część naszej diety. Najpopularniejsze zboża też były rafinowane, przez co zostały pozbawione większości błonnika, tłuszczów, białek, witamin i minerałów, będąc praktycznie czystą skrobią. Taką postać określa się mianem węglowodanów rafinowanych.

Jedząc pokarmy roślinne, tak naprawdę jesz cukier. Dlaczego? A dlatego, że węglowodany to coś więcej niż cukry. Wszelkie węglowodany, niezależnie od tego czy pochodzą z ziaren zbóż, karczocha, czy arbuza, składają się z cukrów prostych. Chemiczna nazwa cukru to sacharyd. Są one budulcami wszystkich węglowodanów. Węglowodany mają różną wielkość. Te składające się z pojedynczej cząsteczki cukru zwane są monosacharydami, zaś te z dwoma cząsteczkami to polisacharydy.

Monosacharydy oraz disacharydy określa się mianem cukrów bądź węglowodanów prostych; dają one słodki smak podczas jedzenia. Należą do nich: glukoza, fruktoza, sacharoza i laktoza. Słodycz owoców pochodzi z cukrów prostych. Polisacharydy to węglowodany złożone, ponieważ mogą zawierać setki, a nawet tysiące powiązanych ze sobą cząsteczek cukru. Na przykład skrobię tworzą długie łańcuchy cząsteczek glukozy. Miąższ i ziarna nie są słodkie, ponieważ większość cukrów ma postać złożoną, która podczas trawienia ulega rozkładowi na cukry proste.

Kolejnym węglowodanem złożonym jest błonnik. Nie ulega on jednak rozkładowi na cukry proste i dostarcza niewiele, bądź wcale, energii czy kalorii. Cząsteczki cukru układają się w ścisłe wiązania. Organizm człowieka nie posiada enzymów potrzebnych do ich rozkładu, w związku z czym błonnik prawie nie ma kalorii ani nie wywołuje szkodliwych skutków wynikających z jedzenia.

Błonnik przechodzi do żołądka, a następnie do jelita cienkiego w nienaruszonym stanie, a kiedy w końcu trafia do jelita grubego (okrężnicy), obecne w nim bakterie częściowo trawią go i wykorzystują składniki odżywcze na własne potrzeby. W procesie tym bakterie wytwarzają pewne witaminy i inne składniki odżywcze, które są przez nas wchłaniane i utylizowane. W ten sposób tworzymy z bakteriami symbiozę, w której żyjemy i z której korzystamy zarówno my jak i bakterie. My zapewniamy im schronienie i pożywienie, one zaś wytwarzają na nasz użytek witaminy.

Pokarmy wysokobłonnikowe, do których zaliczamy większość świeżych warzyw, mogą także korzystnie wpływać na utratę wagi ciała. Pęcznieją w żołądku, dając uczucie sytości bez żadnych kalorii. Pokarmy bogate w błonnik zwykle obfitują też w witaminy, minerały, a także inne istotne dla naszego zdrowia składniki odżywcze.

Nasze ciała napędzane są przez cukry. Cukier jest podstawowym paliwem dla naszych komórek. Ale zanim zachwycisz się myślą, że idealny jadłospis składa się ogromnej ilości produktów pełnych cukru, tj. lodów i ciast, pozwól, że coś ci wyjaśnię. Węglowodany same w sobie nie są problemem. Całe mnóstwo dobrych składników odżywczych czerpiemy z warzyw, orzechów i innych obfitujących w węglowodany pokarmów. To objadanie się cukrem, zwłaszcza prostym oraz węglowodanami rafinowanymi, stanowi zagrożenie. Pokarmy bogate w błonnik i węglowodany złożone to tzw. dobre węglowodany. Pożywienie o dużej zawartości cukru oraz węglowodanów rafinowanych to potencjalni sprawcy kłopotów i jeśli jemy ich za dużo, stają się tzw. złymi węglowodanami.

JEDZ WARZYWA

Cukier oraz węglowodany rafinowane to główni winowajcy przybierania na wadze i otyłości. Dla porównania, świeże warzywa i owoce to węglowodany dobre. Badania naukowe, jedno za drugim, wykazują, że diety bogate w warzywa i owoce strzegą przed chorobami i sprzyjają dobremu zdrowiu. Zwróć proszę uwagę, że warzywa zostały wymienione tu przed owocami, ponieważ mają dużo większe znaczenie dla naszego zdrowia. Jedzenie dużej ilości warzyw wspomoże wysiłki w odchudzaniu i uchroni cię przed cukrzycą, chorobami serca i wylewem, a także utrzyma poziom ciśnienia krwi w normie, zapobiegnie niektórym nowotworom i pomoże uniknąć bolesnych dolegliwości trawiennych, ochroni cię przed kataraktą oraz zwyrodnieniem plamki żółtej, a także ustrzeże twój mózg przed chorobami neurodegeneracyjnymi.

Warzywa i owoce składają się głównie z wody i zasadniczo są dobrym źródłem błonnika, dobrze napełniają żołądek i znoszą uczucie głodu, nie narażając na spożycie dodatkowych kalorii. Z tego powodu produkty niskowęglowodanowe i niskocukrowe wspomagają wysiłki w odchudzaniu. Świeże produkty także są bogatym źródłem witamin i minerałów, sprzyjającym dobremu zdrowiu.

Badania naukowe konsekwentnie potwierdzają, że dieta bogata w warzywa oraz inne pełnowartościowe pokarmy (owoce, całe ziarna, orzechy, pestki) chroni przed chorobami zwyrodnieniowymi. Zmniejszenie spożycia węglowodanów, zastępowanych warzywami oraz tłuszczami i białkami, poprawia zdrowie i chroni przed chorobami[1].

Warzywa i pozostałe pełnowartościowe pokarmy są tak dobre dla naszego zdrowia, ponieważ zawierają niezbędne witaminy i minerały oraz niezliczone mnóstwo fitoskładników, które odżywiają nasze organizmy, chroniąc je przed chorobami i utrzymując w zdrowiu. Fitoskładniki to wytwarzane przez rośliny związki chemiczne o charakterze witaminopodobnym. Beta-karoten jest fitoskładnikiem pełniącym rolę antyoksydantu i wspomagającym ochronę organizmu przed nowotworami i chorobami serca. Jeśli nasz organizm tego potrzebuje, może przekształcić się w witaminę A. Beta-karoten nadaje marchewce, kabaczkowi i innym warzywom charakterystyczny, żółtopomarańczowy kolor. Likopen to kolejny fitoskładnik, który ostatnio zyskał uznanie za właściwości obniżające ryzyko zachorowania na raka prostaty. Wytwarza on czerwony barwnik zawarty w pomidorach, arbuzie czy czerwonym grejpfrucie. W pokarmach roślinnych zidentyfikowano ponad 20 000 fitoskładników.

Kiedyś sądzono, że w leczeniu różnych problemów zdrowotnych należy stosować pojedyncze witaminy i minerały. Obecnie wiadomo, że chociaż pojedynczy składnik odżywczy może pomóc w określonych dolegliwościach, ich różnorodność przynosi największe korzyści. Składniki odżywcze współpracują ze sobą w harmonii, podobnie jak różne instrumenty w orkiestrze w filharmonii – najpiękniejsze dźwięki są efektem pracy wszystkich instrumentów. Analogicznie potrzeba całej gamy składników odżywczych w odpowiednich proporcjach, takich jakie znajdują się w produktach pełnowartościowych, by zapewnić naszemu organizmowi korzyści zdrowotne, które dietetycy identyfikują w badaniach na temat żywienia.

I dlatego właśnie lepiej jest jeść pokarmy zawierające setki fitoskładników, niż brać witaminy w tabletkach, bo one mają ich zaledwie tuzin lub trochę więcej. Lepiej jest też jeść chleb z mąki pełnoziarnistej niż białej, z której w procesie oczyszczania usunięto około 20 składników odżywczych. Oto powód wyższości świeżych warzyw i owoców nad żywnością przetworzoną, gotową do spożycia, zawierającą węglowodany rafinowane.

Większość osób przyznaje, że powinna włączyć więcej warzyw do swego jadłospisu. Są i tacy, którzy nie przejmują się tym. Wychowali się na białym pieczywie, makaronie i innego rodzaju „śmieciowym jedzeniu" i nigdy nie lubili warzyw. Zbyt często też warzywa podaje się bez dodatków – no, może z odrobiną soku z cytryny i szczyptą soli, lecz bez masła czy jakiegokolwiek innego sosu, by uniknąć nadmiaru tłuszczu w diecie. Dodawanie takich tłuszczy jak masło, ser, śmietana, orzechy, pestki, kawałki mięsa, boczku, szynki czy kremowych sosów do posiłków podnosi wartość odżywczą zawartych w nich warzyw oraz walory smakowe takich dań. Nawet najbardziej zatwardziali przeciwnicy warzyw pokochają podane w ten sposób warzywa. Kiedy zaczniesz wzbogacać swą dietę w warzywa, bardziej je polubisz, zwłaszcza przyrządzane w ten sposób.

CUKIER, WSZĘDZIE CUKIER

Cukier był nieistotnym elementem jadłospisu przez znaczną część historii ludzkości. Na przykład 100 lat temu ludzie zjadali przeciętnie zaledwie 6,8 kg cukru rocznie. W drugiej połowie XIX wieku, wraz z rozwojem technologii rafinacji, spożycie cukru drastycznie wzrosło. Do początku XX wieku roczna konsumpcja cukru w Stanach Zjednoczonych wzrosła do 38 kg, a dziś spożywamy średnio około 72 kg cukru rocznie.

Obecne zalecenia mówią o maksymalnie 8 łyżeczkach „cukru dodanego" dziennie. Przez cukier dodany rozumie się cukier stołowy, syrop kukurydziany, wysokofruktozowy syrop kukurydziany, miód oraz inne produkty. Pojęcie to nie obejmuje cukrów występujących naturalnie w mleku, owocach i warzywach. Puszka popularnego napoju gazowanego o pojemności 355 ml zawiera prawie 10 łyżeczek cukru dodanego. Oznacza to, że jeszcze zanim sięgniesz po ciasteczko, jogurt owocowy czy nawet reklamowaną zupę pomidorową albo dresing do sałatki, już jesteś na granicy lub przekroczyłeś dzienną normę cukru. Przeciętnie spożywamy 50 łyżeczek (200 gramów) codziennie, to znaczy, że zjadamy o wiele więcej niż te 8 łyżeczek cukru górnej granicy każdego dnia! Codzienne spożycie węglowodanów z całego pożywienia zjadanego w ciągu dnia (owoców, warzyw, zbóż, napojów, etc.) osoby dorosłej o przeciętnej wadze, zjadającej 2400 kalorii dziennie, wynosi około 350 gramów. Jeśli z tego 200 g stanowi cukier, wtedy prawie dwie trzecie naszej dziennej, całkowitej dawki węglowodanów to puste kalorie, bez jakichkolwiek wartości odżywczych kalorii, które pozbawiają nasz organizm składników odżywczych, niczym ich nie zastępując; kalorii wywołujących wstrząs metaboliczny prowadzący do insulinooporności i przybierania na wadze.

To, że nie dodajesz cukru do posiłków lub nie jesz słodyczy, nie oznacza, że nie spożywasz zatrważających ilości tej słodkiej trucizny. Cukier jest składnikiem tysiąca „niesłodkich" produktów. Znajdziesz go w przetworzonych mięsach, daniach pieczonych, kaszach, ketchupie, sosach do potraw z grilla, maśle orzechowym, sosie do spaghetti, produktach z puszek i mrożonych. Dodawany jest nawet do owoców z puszki i mrożonych. Trudno jest teraz znaleźć produkty pakowane, gotowe do spożycia, niezawierające cukru lub innych słodzików. Mają go nawet produkty niespożywcze, tj. pasta do zębów, płyn do płukania ust, guma do żucia czy witaminy.

W dzisiejszych czasach cukier występuje pod wieloma postaciami. Etykiety żywieniowe wymieniają składniki produktów, poczynając kolejno od dominujących wagowo, a kończąc na tych, których jest najmniej. Cukier, w takiej czy innej formie, wymieniany jest niejednokrotnie. Jeśliby zebrać razem ilość różnego rodzaju cukru występującego w produktach pakowanych, gotowych do spożycia, który nie kryje się pod słowem „cukier", okazałoby się, że jego całkowita zawartość w tych pokarmach jest ilością numer jeden na tym wykazie.

Dodatkowego cukru dostarczamy sobie z pożywienia, w którym występuje naturalnie. Owoce, a zwłaszcza soki owocowe zawierają potężne ilości cukru. Jeśli policzysz te ukryte źródła cukru, twoje dzienne spożycie cukru dodanego może nawet przewyższyć 200 gramów.

Z uwagi na fakt, że ilość zjadanego przez nas cukru rośnie z roku na rok, inne, bardziej odżywcze pokarmy zostały zepchnięte na margines, tym samym stanowiąc grunt dla powstawania niedoboru składników odżywczych.

WPŁYW CUKRU NA ZDROWIE

Badania naukowe dowodzą, że nadmierna konsumpcja słodkich pokarmów, w szczególności napojów słodzonych, odgrywa ważną rolę w epidemii otyłości i cukrzycy[2]. Ta ostatnia wiąże się ściśle z podwyższonym ryzykiem wystąpienia choroby Alzheimera, a dowody sugerują, że może też przyczyniać się do choroby Parkinsona i innych chorób neurodegeneracyjnych. Obecnie pojawiają się informacje wskazujące na związek pomiędzy wysoką konsumpcją cukru a obniżeniem sprawności umysłowej, trudnościami w uczeniu się i utratą pamięci[3].

Naukowcy z Uniwersytetu Alabama w Birmingham (University of Alabama in Birmingham) udowodnili, że w mózgach myszy na diecie wysokocukrowej powstawały takie same złogi amyloidowe i problemy z pamięcią jak przy chorobie Alzheimera. Przez ponad 25 tygodni jedną grupę myszy karmiono standardowym dla nich pokarmem i wodą, a drugą – identyczną karmą, ale do picia podawano im roztwór wody z cukrem. U myszy z grupy drugiej odnotowano 17-procentowy przyrost masy ciała w trakcie trwania badania. Były też bardziej podatne na wystąpienie insulinooporności, czyli cechy charakterystycznej dla cukrzycy. Ponadto myszy te miały gorsze wyniki w testach pomiaru stopnia uczenia się i zachowania pamięci. W ich mózgach powstało też znacznie więcej złogów będących powszechnym objawem choroby Alzheimera[4].

Ilość wypijanej przez myszy wody z cukrem odpowiadała ilości 5 puszek dziennie popularnego napoju gazowanego o pojemności 355 ml. Pięć puszek takiego napoju zawiera około 210 gramów cukru. I choć większość ludzi nie wypija dziennie 5 puszek napoju gazowanego, zjada cukier w innej postaci: soków owocowych, słodyczy, pączków, naleśników, kawy, pasztecików, lodów, a także pożywienia codziennego, tj. spaghetti, ketchupu, sosów do grilla, pieczywa czy owoców, w ilościach z łatwością wynoszących 210 g. Każdy mężczyzna, kobieta i dziecko spożywa taką ilość cukru codziennie.

Oczywiście niemowlę czy dziecko zje mniej cukru, a i niektórzy dorośli prawie go nie jedzą, a więc ci, którzy go konsumują, znacznie przekraczają 210 g dziennie. Ciekawi fakt, że zaburzenia pamięci i złogi amyloidowe powstały u myszy karmionych roztworem z cukru już po 25 tygodniach. Co zatem zachodzi w naszych mózgach po latach jedzenia ogromnych ilości cukru?

Cukier i skrobia podwyższają stężenie cukru we krwi, co przyczynia się do powstawania szkodliwych substancji określanych mianem zaawansowanych produktów glikacji (AGE). Znajdujący się we krwi cukier ma tendencje do glikowania czy inaczej „przyklejania się" do białek i tłuszczów, powodując trwałe uszkodzenie tkanek i wytwarzając szkodliwe wolne rodniki. Gromadzenie się zaawansowanych produktów glikacji w organizmie człowieka ma związek z procesem starzenia się; im więcej ich nazbierasz, tym szybciej się starzejesz. Akumulacja AGE jest również powiązana z przewlekłym stanem zapalnym w organizmie i insulinoopornością, czyli dwoma objawami cukrzycy. Za każdym razem, kiedy jesz cukier lub skrobię, niezależnie od ilości, w organizmie tworzą się zaawansowane produkty glikacji. Im więcej cukru i skrobi spożywasz, tym więcej AGE powstaje.

Nadmierne spożycie cukru prowadzi do chronicznie wysokiego poziomu cukru we krwi i wypracowania insulinooporności. Nie musisz być koniecznie diabetykiem, by mieć insulinooporność. Każdy, u kogo poziom cukru we krwi na czczo przekracza 90 mg/dl (5,0 mmol/l) ma pewien stopień insulinooporności. Zjawisko to dotyczy większości ludzi odżywiających się w stylu typowej diety zachodniej, obfitującej w cukry i rafinowane zboża.

Niektóre uszkodzone, zglikowane białka i tłuszcze mogą pozostawać w organizmie przez całe życie, przyczyniając się do powstawania obwisłej skóry, katarakt i twardnienia naczyń krwionośnych. Jednak nie jesteśmy zupełnie bezbronni wobec zaawansowanych produktów glikacji, ponieważ krwinki białe, obecne w naszym układzie odpornościowym, potrafią usuwać pewną ilość tych kłopotliwych „gości". Zachodzi to w procesie zwanym przez biologów fagocytozą. Krwinki białe pochłaniają i trawią AGE, unieszkodliwiając je. Tak samo postępują z bakteriami-intruzami.

Cukier osłabia zdolność krwinek białych do fagocytowania tych szkodliwych drobnoustrojów. Badania naukowe wykazują, że po jednej dawce cukru poziom zdolności do fagocytozy spada o około 50 procent i pozostaje upośledzony na przynajmniej 5 godzin[5]. Jeśli zjesz obfitujący w cukier posiłek, wydolność twojego układu odpornościowego będzie poważnie zmniejszona i pozostanie taka do następnego posiłku. Jeśli więc na śniadanie jesz naleśniki lub pełne cukru płatki śniadaniowe z mlekiem, na obiad pijesz słodzony napój gazowany, a na kolację zjadasz dużą porcję lodów, twój układ odpornościowy pozostanie groźnie osłabiony przez cały dzień. Zmniejszy się zdolność twojego organizmu do usuwania AGE i będziesz bardziej podatny na infekcje i nowotwory. Komórki rakowe żywią się cukrem – im więcej cukru im dostarczasz, tym lepiej się rozwijają[6].

Badania wykazały, że nadmierne spożycie cukru wiąże się z podniesionym poziomem białka C-reaktywnego (CRP), markera stanu zapalnego w organizmie, który z kolei ma wpływ na występowanie szeregu stanów chorobowych, w tym chorób serca i cukrzycy obu typów. Lista chorób, jakie może wywołać cukier, jest praktycznie nieskończona. Zaobserwowano, że zaostrza stany astmatyczne, choroby umysłowe, wahania nastrojów, zmiany osobowości, zaburzenia neurologiczne, choroby serca, stany cukrzycowe, stany kamicy żółciowej, nadciśnienia, demencji starczej, nowotworów i artretyzmu. Cukier jest niezwykle szkodliwy dla układu hormonalnego, w skład którego wchodzą nadnercza, trzustka i wątroba, powodując ogromne wahania poziomu cukru we krwi. Cukier jest główną przyczyną próchnicy, chorób dziąseł, utraty uzębienia i otyłości.

Poza kaloriami, których dostarcza, nie ma żadnych wartości odżywczych. Nie zawiera witamin, minerałów ani żadnych innych składników odżywczych. Daje tylko puste kalorie i właściwie jest składnikiem antyodżywczym. Okrada organizm ze składników odżywczych istotnych dla zachowania dobrego zdrowia. Spożycie cukru powoduje zużycie wszelkich zapasów wapnia, potasu, witaminy B_1 i chromu. Cukier współzawodniczy z witaminą C o dostanie się do komórek. Zjadanie nadmiernych ilości cukru może spowodować niedobór witaminy C, prowadzący do podklinicznej postaci szkorbutu. Stan podkliniczny choroby oznacza, że jest on obecny w organizmie, lecz jeszcze nie rozległy na tyle, by wykryć go konwencjonalnymi metodami diagnostycznymi. Szkorbut podkliniczny w ogromnym stopniu wzmaga ryzyko ataku serca, wylewu, chorób dziąseł, infekcji, nowotworów, obu typów cukrzycy oraz innych problemów zdrowotnych, w tym przedwczesnego starzenia i śmierci.

CUKRY I SŁODZIKI

Sacharoza (cukroza)

Biały cukier stołowy jest substancją słodzącą znaną prawie każdemu. Jest on normą, z którą porównuje się wszystkie inne cukry. Cukier stołowy to w 100 procentach sacharoza, będąca najpowszechniej stosowanym produktem do słodzenia. Niezależnie od źródła, większość naturalnych i rafinowanych substancji słodzących to przede wszystkim sacharoza. Cukier brązowy, syrop kukurydziany, miód i syrop klonowy to głównie ona.

Często słyszymy, że naturalne substancje słodzące są lepsze niż rafinowane. Jedyną przewagą tych pierwszych jest to, że są mniej przetworzone, a zatem zachowują pewne składniki odżywcze, lecz niezbyt wiele. Do najpowszechniej stosowanych substancji odżywczych należą: miód nieprzetworzony, nierafinowany syrop klonowy, sucanat (odwodniony sok z trzciny cukrowej), kawałki suszonych daktyli, koncentrat z soku owocowego, słód jęczmienny, syrop z brązowego ryżu oraz wiele rodzajów melasy. Podobnie jak większość, również i one składają się głównie z sacharozy. Nektar lub syrop z agawy, kolejny produkt zaliczany do naturalnych substancji słodzących, też zawiera sacharozę, choć w przewadze fruktozę.

Poza wyżej wymienionymi cukrami, na etykietach produktów możesz znaleźć: dekstryny, dekstrozę, fruktozę, glukozę oraz maltodekstrynę. Niektóre z nich różnią się troszeczkę od sacharozy, lecz nadal są cukrami, czyli pustymi kaloriami, które sprzyjają powstawaniu stanów opisanych powyżej. Niezależnie od tego, czy jesz cukier stołowy, miód czy melasę, różnica jest niewielka. Cukier pod inną nazwą to wciąż cukier.

Fruktoza

Jeśli czytasz etykiety na produktach, często napotykasz słowo „fruktoza". Fruktoza jest składnikiem wszelkiego rodzaju żywności – od tzw. zdrowej, poprzez suplementy diety, aż do śmieciowego jedzenia i słodyczy. Fruktoza zyskała sobie kiedyś reputację „dobrego" cukru, ponieważ nie podnosi poziomu cukru i insuliny we krwi jak robi to cukier stołowy. Z tego powodu fruktoza jest często wybierana przez wielu diabetyków. Kolejny powód popularności fruktozy to postrzeganie jej jako bardziej naturalnego i zdrowszego cukru od sacharozy. Często nazywana jest cukrem „owocowym", sugerując, że pochodzi z owoców, a nie z trzciny cukrowej czy buraków, a więc jest mniej przetworzoną i naturalniejszą substancją słodzącą.

Niestety, większość z tych opinii mija się z prawdą. Fruktoza w żadnym wypadku nie jest cukrem „naturalnym". Nie pochodzi z ekstraktów owocowych i jest jedną z ostatnich substancji słodzących, jakich powinni używać diabetycy. Te błędne informacje o fruktozie i jej popularność w dużej mierze wynikają ze sprytnej taktyki marketingowej przemysłu cukrowego. Producenci żywności znacznie częściej od sacharozy wybierają fruktozę jako słodzik z bardzo prostej przyczyny: fruktoza jest tańsza. Chodzi tu o ekonomię, a nie zdrowie. Fruktoza jest dużo słodsza niż sacharoza, a zatem pokarmy dosładzane są tańszym kosztem.

Największy mit na temat fruktozy dotyczy jej pochodzenia z owoców, podczas gdy tak naprawdę, podobnie jak każdy inny cukier, uzyskuje się ją z syropu kukurydzianego, trzciny cukrowej oraz buraków cukrowych. Ale podobieństwo nazw fruktoza do angielskiego słowa „fruit", czyli owoc, pomaga rozpowszechniać ten mit. Sam słyszałem, jak wielu sprzedawców zdrowej żywności i suplementów diety mówiło, że ich produkty są lepsze od innych, ponieważ zawierają cukier owocowy, czyli fruktozę.

Fruktoza jest najbardziej rafinowanym cukrem ze wszystkich istniejących. Jedna cząsteczka sacharozy składa się z jednej molekuły fruktozy i jednej molekuły glukozy. W wyniku wiązania chemicznego tych dwóch cząsteczek powstaje sacharoza. Do wyrobu fruktozy potrzebny jest, oczyszczony do sacharozy, cukier trzcinowy lub kukurydziany. To pierwszy krok. Następnie poddaje się go procesowi dalszego przetwarzania i oczyszczania, oddzielając od siebie fruktozę i glukozę. Fruktoza jest tak silnie rafinowana, że nie można jej zredukować do cukru prostszej postaci. Jest tak oczyszczona jak tylko się da. Twierdzenie, że owoce zawierają fruktozę, jest nieprawdziwe pod względem technicznym. Naturalny cukier w owocach to przede wszystkim sacharoza, a każda sacharoza, niezależnie od tego czy w postaci syropu owocowego, czy kukurydzianego, w 50 procentach składa się z fruktozy.

Kolejny problem z fruktozą jest taki, że choć nie zmienia poziomu cukru i insuliny we krwi, ma bardzo szkodliwy wpływ na insulinooporność, tym samym zwiększając ryzyko wystąpienia wielu problemów zdrowotnych, tj. choroby serca, podwyższając ciśnienie krwi czy prowadząc do cukrzycy obu postaci. Badania naukowe na zwierzętach i ludziach wykazały, że spożywanie dużych ilości fruktozy upośledza zdolność organizmu do właściwego radzenia sobie z glukozą (cukrem we krwi), co w końcu prowadzi do hiperinsulinemii (podwyższonego poziomu insuliny) i rozwoju insulinooporności. Jest to obecnie tak bardzo potwierdzony fakt, że badacze naukowi posługują się fruktozą do umyślnego wywołania insulinooporności, by wywołać wysokie ciśnienie krwi i cukrzycę u zwierząt laboratoryjnych. Niektórzy lekarze obecnie twierdzą, że nadmierne stosowanie fruktozy w pokarmach w znacznej mierze odpowiada za niebotyczną liczbę zachorowań na cukrzycę obu typów, jaką zaobserwowaliśmy w ciągu ostatnich kilku lat.

Wykazano też, że fruktoza zwiększa częstotliwość, z jaką tłuszcze w naszym ciele przechodzą peroksydację, proces powstawania wolnych rodników. Niekorzystnie wpływa on na lipidy we krwi, zwiększając ryzyko chorób układu sercowo-naczyniowego i zakłócając proces wchłaniania składników odżywczych[7].

Od pewnego czasu specjaliści od żywienia mają świadomość szkodliwego wpływu sacharozy na zdrowie. Do niedawna fruktoza uważana była za jej zdrowszą alternatywę. Z chwilą pojawienia się pytań o bezpieczeństwo stosowania fruktozy, naukowcy chcieli wiedzieć, czy to fruktoza, czy też glukoza zawarta w sacharozie powoduje problemy zdrowotne. Stopień szkodliwości fruktozy ujawnił zespół naukowców z Amerykańskiego Departamentu Rolnictwa (USDA) pod kierunkiem doktor Meir'y Field. Przeprowadzili oni badania na dwóch grupach zdrowych szczurów. Jednej podano duże ilości glukozy, a drugiej – fruktozy w jedzeniu. U zwierząt w grupie „glukozowej" nie odnotowano zmian, natomiast w grupie „fruktozowej" wyniki były przerażające. Młode samice szczurów nie dożyły wieku dorosłego. Zwierzęta zachorowały na anemię, miały wysoki poziom cholesterolu we krwi i hipertrofię mięśnia sercowego (ich serca powiększały się, aż pękły), a jądra samców rozwijały się z opóźnieniem. Doktor Field wyjaśnia, że fruktoza w połączeniu z niedoborem miedzi u dorastających zwierząt zakłóca proces wytwarzania kolagenu. Kolagen tworzy matrycę białkową, na bazie której zbudowane są wszystkie organy i tkanki. Niedobór miedzi często występuje u osób spożywających dużo pokarmów przetworzonych, gotowych, a ze względu na wygodę większość ludzi tak robi. Ciała szczurów po prostu rozpadły się. Samice szczurów nie zachorowały aż tak mocno, ale nie były w stanie wydać potomstwa.

„Środowisko medyczne uważa, że fruktoza lepiej służy diabetykom niż cukier," – mówi doktor Field, „tymczasem każda komórka w ciele potrafi metabolizować glukozę". Jednak każda ilość fruktozy musi zostać zmetabolizowana w wątrobie. Wątroby szczurów na diecie wysokofruktozowej wyglądały jak wątroby alkoholików – były otłuszczone i marskie.

Kiedy spożywamy sacharozę, cząsteczki glukozy i fruktozy rozdzielają się. glukoza przedostaje się bezpośrednio do krwiobiegu, gdzie zostaje wchłonięta przez komórki i spożytkowana jako „paliwo". Fruktoza natomiast, zanim zostanie wykorzystana przez komórki, musi zamienić się w glukozę. Nie krąży po krwiobiegu, lecz przedostaje się bezpośrednio do wątroby, gdzie konwertowana jest w glukozę oraz kwasy tłuszczowe. Prawdę mówiąc, istnieje większe prawdopodobieństwo, że fruktoza zamieni się w tłuszcz niż w glukozę. Dlatego właśnie nie podnosi tak bardzo poziomu cukru we krwi jak sacharoza i pozostałe cukry. Ale za to podwyższa poziom trójglicerydów (tłuszczów) we krwi znacznie bardziej, niż samo jedzenie tłuszczów. Duża ilość tłuszczu powstałego w procesie metabolizmu fruktozy zatyka wątrobę, prowadząc do jej otłuszczenia, bardzo podobnego do zniszczeń spowodowanych nadużywaniem alkoholu. Lekarze nazywają tę chorobę niealkoholowym stłuszczeniem wątroby, dla odróżnienia tej postaci od wywołanej nadmiernym spożyciem alkoholu. Poza nadmiarem tłuszczu, fruktoza powoduje marskość wątroby (zapalenie) oraz fibrozę (powstawanie blizn)[9,10].

Fruktoza, zwłaszcza w formie wysokofruktozowego syropu kukurydzianego, występuje w szerokiej gamie produktów spożywczych i napojów, w tym w soku owocowym, napojach gazowanych, dżemach, deserach, płatkach śniadaniowych, pieczywie, dresingach do sałatek, ketchupie i majonezie. Amerykanie spożywają średnio ponad 27 kg wysokofruktozowego syropu kukurydzianego na osobę rocznie. W ciągu 40 lat od jego wprowadzenia jako taniego słodzika, wskaźniki otyłości stały się niebotyczne. Według Centrum Zwalczania i Zapobiegania Chorobom (Centers for Disease Control and Prevention [CDC]) w roku 1970, około 15 procent amerykańskiej populacji spełniało kryteria otyłości. Dziś mniej więcej jedną trzecią osób dorosłych w Stanach Zjednoczonych uważa się za otyłą. Niektórzy naukowcy przekonani są, że częściowo winny temu jest dramatyczny wzrost używania fruktozy do produkcji żywności.

Jeśli chodzi o przybieranie na wadze, jedna substancja słodząca nie równa się drugiej. Naukowcy z Uniwersytetu w Princeton (Princeton University) udowodnili, że szczury mające dostęp do wysokofruktozowego syropu kukurydzianego znacznie bardziej przybrały na wadze niż te, które miały dostęp do sacharozy, niezależnie od tego, że ich kaloryczność była identyczna[11]. Poza widocznym przybraniem wagi, długotrwałe jedzenie wysokofruktozowego syropu kukurydzianego doprowadziło także do nienaturalnego przyrostu tkanki tłuszczowej, zwłaszcza w okolicach brzucha, co wydaje się być logiczne, gdyż fruktoza najczęściej zamieniana jest przez wątrobę w tłuszcz.

„Niektórzy ludzie utrzymują, że wysokofruktozowy syrop kukurydziany niczym się nie różni od innych «słodzików», jeśli chodzi o przybieranie na wadze i otyłość, lecz wyniki przeprowadzonych przez nas badań jasno wykazują, że to nieprawda" – mówi doktor Bart Hoebel, specjalista neuronauki apetytu, wagi i uzależnienia od cukru w Princeton. „Kiedy szczury piją wysokofruktozowy syrop kukurydziany w ilościach dużo mniejszych, niż te zawarte w popularnych napojach gazowanych, stają się otyłe – każdy osobnik objęty badaniem – co nie ma miejsca nawet kiedy szczury są na diecie wysokotłuszczowej: nie przybierają na wadze".

W badaniu Princeton stężenie cukru w roztworze sacharozy było identyczne jak w większości napojów bezalkoholowych. Roztwór fruktozy był zaledwie w połowie tak stężony jak większość napojów gazowanych, wciąż jednak w porównaniu do tych ostatnich powodował większe tycie i gromadzenie tłuszczu w ciele.

W długoterminowych badaniach trwających ponad 6 miesięcy, zwierzęta na diecie z dodatkiem fruktozy miały oznaki choroby określanej u ludzi zespołem metabolicznym, do której objawów należą nienaturalny przyrost wagi, niepokojący wzrost poziomu trójglicerydów we krwi i odkładanie się tłuszczu w ciele, zwłaszcza trzewnego, w okolicach brzucha. Zwłaszcza samce szczurów osiągały nienaturalne rozmiary. Zwierzęta mające dostęp do fruktozy przytyły o 48 procent więcej od tych na standardowej diecie. Przekładając to na ludzi, osoba ważąca trochę ponad 90 kg przytyłaby kolejne 43,5 kg! Szczury nie tyły, ale stały się otyłe.

Następnym razem, kiedy czytając etykietę produktu spożywczego, zobaczysz fruktozę, pamiętaj, że jeśli go zjesz, fruktoza wyląduje w postaci oponki na twoim brzuchu.

Sztuczne słodziki

Nawet po całym procesie przetwarzania i oczyszczania, jakiemu poddawany jest cukier, nadal zawiera kalorie. Właśnie po to naukowcy wynaleźli słodziki o mniejszej zawartości kalorii. Na wypadek gdyby prawdziwy cukier nie był wystarczająco szkodliwy, teraz możemy „rozkoszować się" jego sztucznymi postaciami – aspartamem, sacharyną, itp. Podobnie jak cukier, te krystaliczne proszki tak samo uzależniają, a nawet bardziej szkodzą zdrowiu. To prawda, są mniej kaloryczne, lecz jak każde lekarstwo mają działania niepożądane – od bólów głowy aż po zgon.

Sztuczne słodziki wyglądają i smakują jak cukier, można ich też używać tak jak cukru, unikając tak ogromnej ilości kalorii jak w cukrze. Co więcej, w porównaniu z nim, sztuczne słodziki prawie wcale nie mają kalorii. Brzmi to jak marzenie każdego dietetyka, ale w rzeczywistości jest koszmarem. Ciemna strona sztucznych słodzików jest znacznie ciemniejsza od tej, jaką ma cukier.

Cukier bowiem, nawet przy całej rafinacji jaką przechodzi, pozostaje pożywieniem, które nasz organizm rozpoznaje i jest w stanie metabolizować, pomimo że proces ten wielce go obciąża i pozbawia składników odżywczych. Sztuczne słodziki to dla ludzkiego ciała zupełnie obce twory, w związku z czym nie jest ono zaprogramowane, by sobie z nimi skutecznie radzić. I tu powstają problemy. Choć używane przez naukowców produkty do wytwarzania sztucznych słodzików mogą pochodzić ze źródeł „naturalnych", w połączeniu ze sztucznymi substancjami chemicznymi powodują wszelkiego rodzaju stany chorobowe.

Aspartam jest najpopularniejszym ze wszystkich sztucznych słodzików, sprzedawany pod nazwami: NutraSweet, Equal, Spoonful, Equal-Measure oraz AminoSweet. Wynaleziony w 1965 roku, aspartam zyskał akceptację Amerykańskiej Agencji Żywności i Leków jako dodatek do żywności w początkach lat 80. Amerykańska Agencja

Żywności i Leków zezwoliła na jego stosowanie, nie bacząc na ostrą krytykę kilku naukowców, którzy przestrzegali przed niebezpieczeństwami jego stosowania. Pomimo obiekcji pozwolenie wydano, opierając się na wynikach badań naukowych ufundowanych przez producenta aspartamu (firmę Monsanto i jej firmę-córkę NutraSweet).

Amerykańska Agencja Żywności i Leków odnotowała, że od czasu jego akceptacji, aspartam przyczynił się do ponad 75 procent skutków ubocznych wywołanych dodatkami do żywności. Wiele z nich było poważnych, powodowało różnego rodzaju ataki, a nawet prowadziło do śmierci. Udokumentowano, że przynajmniej 90 procent objawów było wywołanych spożywaniem aspartamu. Wśród licznych objawów były bóle głowy/migreny, zawroty głowy, różnego rodzaju ataki, nudności, drętwienie ciała, skurcze mięśni, wysypka, depresja, zmęczenie, rozdrażnienie, tachykardia, bezsenność, zaburzenia widzenia, utrata słuchu, palpitacja serca, problemy z oddychaniem, napady złości, niewyraźna mowa, utrata smaku, szum uszny, zawroty głowy, utrata pamięci, bóle stawów oraz, choć trudno w to uwierzyć, przybieranie na wadze[12]. Co więcej, aspartam uaktywnił bądź pogorszył nowotwory mózgu, stwardnienie rozsiane, padaczkę, zespół przewlekłego zmęczenia, chorobę Parkinsona, Alzheimera, wady wrodzone, fibromialgię i cukrzycę obu typów.

Czy osoba przy zdrowych zmysłach, wiedząc o tym, jadłaby coś, co powoduje lub tylko przyczynia się do powstania takich problemów zdrowotnych? Uzasadnienie, by stosować aspartam, jest takie, że to niewielka cena za pozbycie się nadmiaru kilogramów. Potencjalne korzyści, jakie może on wywierać na proces chudnięcia, warte są ryzyka, a przynajmniej tak twierdzą producenci aspartamu oraz lekarze i naukowcy sponsorujący badania naukowe na ten temat. Oczywiste jest, że stosowanie aspartamu warte jest ryzyka dla osób czerpiących z tego korzyści finansowe, a nie dla tych, którzy w trakcie jego stosowania tracą zdrowie. Warto zauważyć, że jednym z odnotowanych skutków ubocznych używania tego słodzika jest tycie! Po co go zatem w ogóle stosować?

W porównaniu z sacharyną, aspartam jest nowalijką; odkryta w 1879 roku sacharyna była pierwszym sztucznym słodzikiem.

W roku 1937 pojawił się cyklamat, następnie w latach 60. XX wieku aspartam, ostatnio zaś acesulfam K oraz sukralozy. Te sztuczne słodziki są o wiele słodsze niż cukier. Sacharyna jest o 300 razy słodsza niż cukier stołowy; cyklamat o 30, zaś aspartam o 200 razy. Gram w gram, słodziki te zawierają prawie taką samą liczbę kalorii, ale ponieważ są o wiele słodsze, dla uzyskania takiego samego stopnia słodyczy potrzeba ich ułamkową zaledwie część. Cecha ta czyni sztuczne słodziki tak ekscytującymi dla dietetyków. Ich popularność nadwyrężyły powiększające się talie.

Sacharyna i cyklamat spadły z piedestału, kiedy to, u schyłku lat 60. XX wieku, odkryto, że powodowały rozrost nowotworów u zwierząt laboratoryjnych. W Stanach Zjednoczonych cyklamat został zakazany w latach 70. XX wieku, tymczasem w Wielkiej Brytanii i Kanadzie wciąż można go stosować w ograniczonych ilościach. W Kanadzie można go stosować wyłącznie z zalecenia lekarza i jako dodatek do leków.

W 1977 roku zaproponowano także zakazanie sacharyny, lecz z uwagi na fakt, że w tamtym czasie był to jedyny sztuczny słodzik w użytku, wiele osób sprzeciwiało się temu zakazowi, twierdząc, że takie postępowanie byłoby niesprawiedliwe wobec diabetyków i osób otyłych. W odpowiedzi na protesty opinii publicznej wstrzymano się z tym zakazem. Zamiast niego, wszelkie produkty zawierające sacharynę muszą być opatrzone ostrzeżeniem następującej treści: „Stosowanie tego produktu może być niebezpieczne dla zdrowia. Produkt zawiera sacharynę, która, jak potwierdzono, powoduje powstawanie nowotworów u zwierząt laboratoryjnych". W Kanadzie natomiast obowiązuje całkowity zakaz stosowania sacharyny.

Acesulfam K pochodzi z zasadniczo tej samej rodziny związków chemicznych co sacharyna. Jeśli chodzi o zachorowalność na nowotwory, ma takie same potencjalne wady co sacharyna. Podobnie jak ona, acesulfam K także stymuluje wydzielanie insuliny, co jest wielce niepożądane dla diabetyków.

Nowinką wśród słodzików jest sukraloza, której nazwa handlowa to Splenda. Jest ona 600-krotnie słodsza od cukru. Ten chemiczny słodzik jest tak obcy dla naszych organizmów, że układ trawienny nie wie co z nim zrobić; przechodzi przez przewód pokarmowy, nie wchłaniając się. Z tego powodu nie daje żadnych kalorii ani nie wpływa na poziom insuliny czy cukru, dzięki czemu uważany jest za bezpieczny dla diabetyków. Zbyt piękne żeby było prawdziwe? Sądząc po danych na temat pozostałych sztucznych słodzików, rzeczywiście jest to zbyt piękne, by było prawdziwe.

Splenda ma bardzo wyraźny wpływ na mikroflorę jelit i może mieć znaczenie w zespole jelita drażliwego (ZJN, ang. IBD)[13]. „Dobre" bakterie w jelitach na wiele sposobów wspomagają zdrowie: m. in. wytwarzają ważne dla organizmu witaminy, utrzymują równowagę pH, wspierają funkcje układu odpornościowego oraz wiele innych. Wykazano, że Splenda obniża poziom tych dobrych bakterii aż o 50 procent. A co zastępuje dobre bakterie, kiedy ich brak w organizmie? „Złe" bakterie, wirusy i grzyby, w tym drożdżaki, które mogą wywołać całą masę problemów trawiennych.

Ludzie stosują sztuczne słodziki, aby obniżyć całkowite spożycie kalorii, usiłując kontrolować masę ciała. Niektórzy są tak zdesperowani w zmniejszaniu ilości zjadanych kalorii, że ignorując ostrzeżenia zdrowotne dotyczące słodzików, stosują je i tak. Chętnie podejmują ryzyko zachorowania na raka lub uciążliwości przeróżnych objawów, aby móc cieszyć się słodyczą pożywienia. Zachcianki na słodycze mogą być bardzo silne. Ściśle mówiąc, mogą być potężne – na tyle, że odstawiamy na bok zdrowy rozsądek i gramy w ruletkę z naszym zdrowiem.

Sztuczne słodziki nie są odpowiedzią na problemy z wagą, ponadto nie przynoszą żadnych prawdziwych korzyści zdrowotnych. Wszelkie słodycze, ze sztucznymi słodzikami włącznie, utrzymują przy życiu zachcianki na słodycze – powodują pragnienie zjedzenia czegoś słodkiego, niezależnie od tego czy jesteśmy głodni, czy nie.

Sztuczne słodziki dają także fałszywe poczucie bezpieczeństwa. Pijemy dietetyczny napój gazowany, po czym czujemy, że możemy zjeść pokarmy, których nie powinniśmy. Według Serwisu Bezpieczeństwa Klientów Stosujących Aspartam (The Aspartame Consumer Safety Network), osoby używające sztucznych słodzików bardziej przybierały na wadze niż te, które ich unikały[14]. Jeśli chcesz schudnąć lub utrzymać obecną wagę, nie stosuj sztucznych słodzików: nie przynoszą pożądanych efektów, co więcej, mogą wyrządzić poważne szkody w organizmie.

Jeśli nie jesteś przekonany o szkodliwości sztucznych słodzików i stosujesz je w diecie wspomagającej kontrolę masy ciała, polecam ci lekturę książki pt. *Excitotoxins: The Taste That Kills* autorstwa dr. Rusella L. Blaylocka – profesora neurochirurgii Uniwersytetu Medycznego w Mississippi. Zawiera ona szczegóły medycznych badań naukowych, dokumentujące niebezpieczeństwa płynące ze stosowania aspartamu oraz innych dodatków do żywności.

Alkohole cukrowe

Alkohole cukrowe są grupą węglowodanów o składzie chemicznym podobnym zarówno do cukrów i alkoholi, lecz technicznie nie będąc ani tym, ani tym. Nie są sztucznymi słodzikami, nazywa się je „substytutami cukru", ponieważ występują w naturze i w niewielkich ilościach występują w różnego rodzaju owocach, warzywach i pozostałych roślinach.

Alkoholi cukrowych jest wiele. Do tych najczęściej spotykanych w pożywieniu należą: ksylitol, erytritol, glicerol, mannitol, a także sorbitol, wśród których ksylitol jest najpowszechniej stosowany. Najprostszych alkoholi cukrowych: glikolu etylenowego i metanolu nie stosuje się w pożywieniu. Chociaż mają słodki smak, powszechnie o nich wiadomo, że są toksyczne. Są podstawowym składnikiem płynów odmrażających (np. szyby samochodowe), który sprawia, że są one trujące. Pozostałe alkohole cukrowe uważa się za bezpieczne.

Alkoholi cukrowych używa się w produkcji ciast, ciastek, budyniów, cukierków, lodów i innych przekąsek. Tego rodzaju produkty często oznaczane są etykietą „bez cukru" albo „bez dodatku cukru". Alkohole cukrowe powszechnie dodaje się do produktów spożywczych zawierających sztuczne słodziki, ponieważ ich słodycz pomaga zamaskować gorzki posmak.

Ksylitol to najpopularniejszy alkohol cukrowy, ponieważ intensywność jego słodyczy porównywalna jest do sacharozy. Ma on o połowę mniej kalorii, a wygląda identycznie i może być stosowany jak cukier. Pozostałe alkohole cukrowe są odrobinę mniej słodkie, ale zawierają mniej więcej tyle samo kalorii co ksylitol.

W przeciwieństwie do cukru, ksylitol nie ulega rozkładowi przez bakterie znajdujące się w jamie ustnej, a zatem nie przyczynia się do powstawania próchnicy. Właśnie dlatego jest bardzo popularnym składnikiem past do zębów i bezcukrowych gum do żucia. Żaden z alkoholi cukrowych nie ulega całkowitemu rozkładowi przez układ pokarmowy człowieka, a więc są one tylko częściowo wchłaniane. Oto powód, dla którego są mniej kaloryczne. Podobnie jak inne węglowodany, alkohole cukrowe także podnoszą poziom cukru we krwi, choć w stopniu mniejszym niż cukier.

W porównaniu z aspartamem, sacharozą i innymi sztucznymi słodzikami, alkohole cukrowe są względnie bezpieczne, lecz niezupełnie nieszkodliwe. Najczęstsze działania niepożądane to wzdęcia, bóle brzucha, skurcze i biegunka. Objawy te występują często po nadmiernym spożyciu, jednak u niektórych osób już po jednej porcji pokarmu zawierającego alkohole cukrowe. Ponadto po ich zjedzeniu mogą nasilić się symptomy wcześniej istniejących schorzeń układu pokarmowego, tj. zespół jelita drażliwego czy celiakia.

Alkohole cukrowe powszechnie reklamuje się jako „naturalne" słodziki, bezpieczne w użyciu, oczywiście z umiarem. A ponieważ naturalnie występują w niektórych owocach i warzywach czy korze brzozy, często każe się nam wierzyć, że ekstrahuje się je bezpośrednio z tych źródeł, co w rzeczywistości znacznie mija się z prawdą. Zawartość alkoholi cukrowych w tych pokarmach jest tak niewielka, że ich ekstrakcja z tych źródeł jest niewykonalna pod względem ekonomicznym. I dlatego producenci syntetyzują je z włóknistych bądź zdrewniałych części roślin. Na przykład ksylitol wytwarzany jest z hemicelulozy kolb kukurydzy i pulpy drewnianej. Materiał ten jest miażdżony i przetwarzany za pomocą kwasu siarkowego, tlenku wapnia, kwasu fosforowego i innych substancji chemicznych. W rezultacie powstaje krystaliczny produkt, który jest tak samo przetworzony i rafinowany jak biały cukier, a więc tak samo „nienaturalny".

Główny problem z alkoholami cukrowymi jest taki, że dają słodki smak, co podtrzymuje żywotność i intensywność oraz uzależnienia od cukru. Jeśli słodzisz pokarmy alkoholami cukrowymi, nigdy nie przerwiesz koła uzależnienia od cukru i zawsze będziesz miał zachcianki na słodycze i inne węglowodany. Jedzenie ich ułatwi ci oszukiwanie siebie, zniechęci cię i w konsekwencji poddasz się.

Pomimo iż alkohole cukrowe nie wpływają na poziom cukru we krwi tak bardzo jak cukier, wciąż na niego oddziaływują, w związku z czym mogą zablokować uwalnianie się tłuszczu z komórek tłuszczowych, powstrzymując utratę wagi. U osób nadwrażliwych na cukier mogą również zahamować wytwarzanie ketonów i uniemożliwić chudnięcie.

Stewia

A kiedy już nabierasz przekonania, że wszystkie słodziki szkodzą, pamiętaj, że jest jeszcze stewia. To zupełnie inny rodzaj słodzika. Tak naprawdę jest to roślina pierwotnie pochodząca z Ameryki Południowej. Pod względem intensywności słodyczy jest identyczna ze sztucznymi słodzikami, czyli jest znacznie słodsza od cukru, lecz ma o wiele mniej kalorii. Z drugiej strony, w przeciwieństwie do pozostałych słodzików nie wywołuje żadnych skutków ubocznych i nie uzależnia, w związku z czym wiele osób traktuje stewię jak zastępnik cukru. Stewię pozyskuje się z niewielkiego krzewu rosnącego w Paragwaju i Brazylii, gdzie znana jest jako „słodka roślina". Jej liście są trzydziestokrotnie słodsze od cukru. Żyjący na terenach naturalnego występowania stewii Indianie Guarani używają jej od wieków. Uważają ją za doskonały słodzik jak i lekarstwo. Indianie ci używają stewii do słodzenia napojów, dezynfekcji ran oraz jako wody tonizującej, by wspomóc proces trawienia.

Podziemna część tej rośliny jak i całe liście są doskonałym słodzikiem herbat ziołowych i mocnych napojów. Liście stewii nie sprawdzają się w wielu sytuacjach pod względem praktycznym, ponieważ mają zbyt roślinny smak. Ekstrakt ze stewii jest znacznie praktyczniejszy. Wyciąg z niej jest koncentratem fitozwiązków (stewiozydów), które nadają roślinie słodyczy. Wyciąg ze stewii jest od 200 do 300 razy słodszy od cukru i nie ma roślinnego posmaku. W sprzedaży dostępna jest w formie proszku lub płynu. Ze względu na intensywność jej słodyczy, wystarczy bardzo niewielka ilość, by posłodzić jedzenie. Przeciętnie od około ¼ do ½ łyżeczki ekstraktu ze stewii zastępuje jedną filiżankę (200 g) cukru.

Od wielu lat ekstraktu ze stewii używano do słodzenia pokarmów w Japonii, Korei, Paragwaju, Brazylii i Izraelu. W Japonii już od połowy lat 70. XX wieku. Japończycy używają stewii zamiast aspartamu do słodzenia niskosłodzonych produktów spożywczych. Na dużą skalę stewię stosuje się do słodzenia gumy do żucia, cukierków, napojów bezalkoholowych, soków, deserów mrożonych i wyrobów piekarniczych. Stewia stanowi 50 procent używanych w Japonii słodzików o dużej intensywności słodyczy.

Czy jest bezpieczna? Na to wygląda. Wiemy o niej, że nie wywołuje niepożądanych skutków stosowania (tak jak cukier) ani też nie zagraża zdrowiu tak jak sztuczne słodziki. Stewię od wieków stosowali mieszkańcy Ameryki Południowej, a przez ostatnie ćwierćwiecze także Japończycy i inne narodowości, bez jakiegokolwiek uszczerbku dla zdrowia. Japończycy spożywają największe ilości tego słodzika na świecie, a mimo to nie odnotowano u nich żadnych stanów chorobowych z tego powodu. Na temat stewii przeprowadzono intensywne badania naukowe i testy kliniczne. Żadne z nich nie dały niepokojących wyników, nawet przy podawaniu jej ogromnych ilości zwierzętom laboratoryjnym. Niewiele substancji ma takie właściwości. Jak dotąd testy kliniczne wykazały, że roślina jak i sam ekstrakt z niej są zupełnie nietoksyczne i bardzo korzystne jako środek obniżający spożycie kalorii. Stewia w żaden sposób nie wpływa także na poziom cukru ani insuliny we krwi, a więc jest bezpieczna dla diabetyków. Jej spożywanie nie karmi drożdżaków, co sprawia, że jest wręcz idealnym słodzikiem dla osób cierpiących na choroby o tym podłożu. Pod wieloma względami ma zatem ogromną przewagę nad cukrem i sztucznymi słodzikami.

Trudno jest zjeść za dużo stewii. Jeśli to zrobisz, poczujesz w ustach gorzki, melasopodobny posmak. Warto zatem dodawać jej w sam raz do pokarmów, a mocnego posmaku nie będzie. Potrzeba trochę czasu i praktyki, by nabrać wyczucia w słodzeniu stewią. Rozpoczęcie nauki polecam od jednej z wielu dostępnych książek kucharskich na temat gotowania ze stewią.

Niewielka ilość stewii od czasu do czasu to idealna proporcja, należy jednak zachować ostrożność. U osób uzależnionych od cukru stewia może podtrzymywać „zachcianki na słodkie". Znam ludzi, którzy mocno nadużywają stewii, do tego stopnia, że rozwinęli u siebie tolerancję na jej gorzki posmak. Jedna z takich osób dała mi do spróbowania wody słodzonej stewią, której łyk prawie ściął mnie z nóg intensywnością słodko-gorzkiego posmaku. Wprawdzie jadłem i piłem wiele pokarmów i napojów słodzonych stewią, ale ta woda była ogromnie przesłodzona. Nie potrafiłem sobie wyobrazić nikogo, komu by smakowała, ale ta osoba piła taką wodę przez cały dzień. Kobieta ta także bardzo męczyła się podczas odchudzania.

6

TUCZĄCE WĘGLOWODANY

DLACZEGO WĘGLOWODANY TUCZĄ

Czy kiedykolwiek próbowałeś schudnąć, stosując konwencjonalną metodę ograniczenia kalorii i dietę niskotłuszczową? Jadłeś chude kawałki mięsa, odcinałeś nawet najcieńsze kawałki tłuszczu, usuwałeś skórki z kurczaka, wybierałeś wyłącznie białe mięso, rezygnowałeś z żółtka kurzego na rzecz białka, piłeś tylko odtłuszczone mleko, niskotłuszczowy jogurt, ziemniaki, makaron gotowałeś bez dodatku masła, sałatki przyrządzałeś bez oleju, twoje śniadania składały się z owsianki i granoli, a desery ze sztucznie słodzonego ciasta typu Murzynek. By mieć pewność, że się nie przejesz, liczyłeś każdą kalorię, która przeszła przez twoje usta. Robiłeś wszystko co powinieneś, żeby schudnąć, a mimo to utknąłeś w martwym punkcie, ponieważ powiedziano ci, że tylko stosując się do tych zasad, możesz schudnąć.

I chociaż wszyscy z twojego otoczenia cieszyli się, że podjąłeś taki wysiłek i chwalili twój zdrowy sposób odżywiania, nie czułeś się ani trochę lepiej. Brakowało ci energii, łatwo się męczyłeś, wciąż towarzyszyło ci uczucie głodu, a twoja waga zmniejszała się minimalnie, jeśli w ogóle. Pomimo twoich szczerych wysiłków była to walka. Wnet jadłeś tak samo jak przed rozpoczęciem diety i zanim się obejrzałeś, twoja waga powróciła do stanu poprzedniego. Przy całym włożonym w to wysiłku, nie udało ci się osiągnąć niczego poza uczuciem przygnębienia i przytyciem.

Powodem twojej porażki nie był brak silnej woli z twojej strony ani też niewłaściwe przestrzeganie zaleceń diety, lecz dieta sama w sobie. Każda dieta ograniczająca spożycie tłuszczu bez zmniejszenia ilości zjadanych węglowodanów z miejsca skazana jest na porażkę. Istotą rzeczy jest to, że nawet nie jedząc tłuszczów, przytyjesz od węglowodanów. Nigdy nie zdołasz zgubić nadmiernych kilogramów i utrzymać pożądanej wagi na diecie, która nie ogranicza spożycia węglowodanów, ponieważ uniemożliwia to ich natura. Przyjrzyjmy się teraz głównym powodom, dla których węglowodany sprawiają, że tyjemy.

Wydzielanie insuliny i gromadzenie tłuszczu

Węglowodany zjadane w nadmiarze w stosunku do kalorycznego zapotrzebowania organizmu *zawsze* przekształcają się w tłuszcz. Sytuacja jest inna w przypadku tłuszczów i białek, które organizm może spożytkować do wytworzenia energii, lecz woli wykorzystać je jako budulec komórek i tkanek, enzymów, hormonów, prostaglandyn oraz innych, istotnych dla zdrowia produktów. Tak naprawdę wcale nie potrzebujesz węglowodanów w swojej diecie, ale za to nie możesz obejść się bez tłuszczów i białek, bo bez nich umrzesz.

Węglowodany służą jedynie do produkcji energii. To, co nie zostało spożyte w ramach bezpośredniego zapotrzebowania, zamieniane jest w glikogen albo w tłuszcz, który odkłada się do wykorzystania w przyszłości. Zarówno glikogen jak i tłuszcz są kompaktowymi formami paliwa, które można pobrać z rezerwy zawsze wtedy, gdy potrzeba dodatkowej energii.

Węglowodany nie należą do niezbędnych dla organizmu składników odżywczych. Grupę tę stanowią: egzogenne kwasy tłuszczowe (zwane też niezbędnymi), czyli tłuszcze oraz aminokwasy egzogenne (białka), lecz nie ma czegoś takiego jak niezbędne węglowodany. Gdyby w twojej diecie nie było źródła węglowodanów, twoje ciało prawdopodobnie korzystałoby z tłuszczów i białek dla zaspokojenia wszelkich energetycznych potrzeb organizmu. Istnieje wiele populacji ludzi, którzy „kwitną" na diecie wolnej od węglowodanów. Najbardziej znaną są Eskimosi, których tradycyjna dieta w całości składa się z mięsa i tłuszczów.

Jedząc węglowodany, możesz przytyć, nawet jeśli wcale nie jesz tłuszczów. Tłuszczyk na biodrach i ramionach nie odłożył się tam od jedzenia steków i jajek, ale z chleba, pączków, ciast i picia napojów gazowanych. Składniki odżywcze pobrane ze steków i jajek powędrowały do budowy mięśni i kości, a nie tłuszczu.

Można jeść znacznie więcej tłuszczów i białek bez odkładania ich, ponieważ mogą one zostać wykorzystane do innych, ważnych celów. Nasze ciała zostały zaprojektowane tak, by spalać bądź przechowywać węglowodany (glukozę). Glukoza jest podstawowym paliwem napędzającym nasze komórki. Jednakże ciała nie mogą wchłaniać glukozy bezpośrednio z krwiobiegu. Aby otworzyć drzwi błony komórkowej i pozwolić glukozie wniknąć, potrzeba hormonu zwanego insuliną. Po posiłku węglowodany zamieniane są w glukozę i uwalniane do krwiobiegu. Wraz ze wzrostem poziomu glukozy we krwi, trzustka otrzymuje sygnał, by wydzielać insulinę. Działanie insuliny pozwala komórkom wchłaniać glukozę i obniżyć poziom glukozy we krwi. Wraz ze spadkiem poziomu cukru we krwi wydzielanie insuliny zmniejsza się.

Poziom glukozy we krwi zwiększa i zmniejsza się w zależności od tego jak często i co jemy. Zakres, w jakim te wahania odbywają się, jest precyzyjnie regulowany za pomocą insuliny i pozostałych hormonów. Przy niskim poziomie glukozy we krwi następuje uwalnianie kwasów tłuszczowych z komórek tłuszczowych w naszych organizmach. Podobnie jak glukoza, kwasy tłuszczowe mogą ulec spaleniu, by otrzymać energię.

Kiedy przestrzegamy diety niskokalorycznej lub stosujemy post czy głodówkę, poziom glukozy jest niski, a zatem by zapewnić potrzebną energię, organizm mocno polega na zapasach tłuszczu. Kiedy dochodzi do uwalniania i spalania kwasów tłuszczowych, spada masa ciała. Oto dlaczego na diecie chudniemy i tracimy tkankę tłuszczową. Jednak utrata nadmiernych kilogramów w ogromnej mierze zależy od rodzajów pokarmów w naszym jadłospisie. Insulina nie tylko „wprowadza" glukozę do komórek, ale także wyzwala proces konwersji glukozy w kwasy tłuszczowe i przenosi je do komórek tłuszczowych.

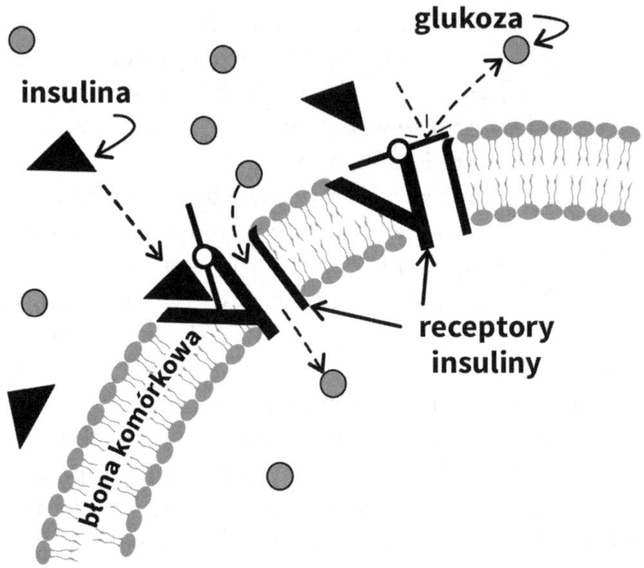

Insulina jest niezbędna, by glukoza mogła wniknąć do komórek.

Insulina jest hormonem składowania tłuszczu. Im więcej insuliny krąży w krwiobiegu, tym więcej tłuszczu odkłada się w komórkach tłuszczowych. Kiedy poziom insuliny we krwi jest wysoki, wówczas ciało zaczyna gromadzić tłuszcz i znowu tyjemy. Za każdym razem, kiedy jesz węglowodany, wzrasta poziom cukru we krwi, uruchamiając uwolnienie insuliny i odkładanie się tłuszczu. Jedzenie tłuszczów i białek ma bardzo niewielki wpływ na poziom glukozy we krwi, a zatem nie stymuluj przesadnej reakcji insulinowej i odkładania się tłuszczu.

Wysoki poziom insuliny nie tylko stymuluje wytwarzanie tłuszczu, lecz także zapobiega lub ogranicza uwalnianie tłuszczu z zapasów (rezerwy) w ciele. By uruchomić uwalnianie tłuszczu przy jednoczesnym jedzeniu węglowodanów, musisz zmniejszyć ilość spożywanych kalorii do absolutnego minimum. Jakiekolwiek węglowodany w diecie spowodują wydzielanie insuliny, która z kolei powstrzyma lub opóźni uwalnianie tłuszczu. Eliminując węglowodany z diety, ograniczasz wydzielanie insuliny, co pozwoli uwolnić nagromadzony tłuszcz i spowoduje spadek masy ciała.

Za każdym razem, kiedy jesz pokarmy zawierające węglowodany, w tym marchewkę, pomidory, jabłka czy inne owoce i warzywa, wzrasta poziom glukozy i insuliny. Oto przyczyna, dlaczego niektórzy ludzie będący na diecie wysokowęglowodanowej a jednocześnie niskokalorycznej tyją, jedząc wyłącznie zieleninę. Nawet przy ograniczonym spożyciu kalorii jedzenie węglowodanów podwyższy poziom insuliny we krwi, sprzyjając odkładaniu się tłuszczu. Oto dlaczego niektórzy przybierają na wadze przy dziennym spożyciu 1000 kalorii lub nawet mniej, jedząc zielone sałatki i zboża.

Produkty obfitujące w cukier i skrobię wyzwalają największą reakcję insulinową, a zatem najbardziej wpływa ona na odkładanie się tłuszczu. To właśnie dlatego pieczywo, makaron, ziemniaki, pączki, naleśniki, słodycze, napoje gazowane, soki owocowe, pizza oraz pozostałe produkty wysokowęglowodanowe bardziej przyczyniają się do tego, że tyjemy, niż pokarmy niskowęglowodanowe, lecz bogate w tłuszcze i białka.

Ściśle mówiąc, organizm człowieka może przyswoić bardzo niewielką ilość glicerolu z tłuszczów i przekształcić go w glukozę. Właściwie to ilość glukozy uzyskana z glicerolu jest tak niewielka, że aż nie ma znaczenia. Podobnie tylko do 50 procent spożywanego białka może być zamienione w glukozę, a dzieje się to wyłącznie wtedy, gdy zjadasz nadmierne ilości białka. Jest to jeden z powodów, dla których ludzie przybierają na wadze, stosując nieskowęglowodanowe, ale wysokobiałkowe diety. Chociaż ograniczają ilość zjadanych węglowodanów by nasycić głód, jedzą ogromne ilości mięsa i jaj. Spożywanie zbyt dużych ilości mięsa podnosi poziom glukozy we krwi, a w konsekwencji też poziom insuliny. Jeśli kiedykolwiek próbowałeś diety niskowęglowodanowej, ale wysokobiałkowej i zamiast chudnąć przybrałeś na wadze lub trudno było ci zrzucić zbędne kilogramy, prawdopodobnie działo się tak z tego powodu.

Jako że tłuszcz w żadnym stopniu nie ulega konwersji w glukozę, nie powoduje ani nie uruchamia uwolnienia insuliny. Jeśli zjadłeś wysokowęglowodanowy, niskotłuszczowy posiłek o wartości energetycznej 500 kalorii, twoje ciało szybko na niego odpowie, pompując duże ilości insuliny, przyczyniając się do syntezy i odkładania się tłuszczu. Jeśli jednak twój posiłek zawierał tyle samo kalorii, lecz był niskowęglowodanowy i wysokotłuszczowy, twój organizm uwolni bardzo niewielką ilość insuliny i w konsekwencji nie dojdzie do syntezy i gromadzenia tłuszczu w organizmie. Za każdym razem, kiedy jesz węglowodany, przyczyniasz się do odkładania się tłuszczu w ciele, a kiedy jesz tłuszcz, taka sytuacja nie ma miejsca.

Rozsądnie jest zatem jeść tłuste pokarmy, jednocześnie ograniczając węglowodany i białka. Najskuteczniejsza dieta odchudzająca to taka, która zachęca do jedzenia odpowiednich ilości tłuszczów, lecz nie za wielu białek i bardzo niewielu węglowodanów. Przy takiej diecie należy także ograniczyć całkowitą liczbę spożywanych kalorii, by pobudzić proces mobilizacji tłuszczów z komórek tłuszczowych.

Insulinooporność

Przekonuje się nas, że większość ludzi tyje po prostu dlatego, że zbyt dużo jedzą. Innymi słowy, są oni nieumiejącymi powstrzymać swoich apetytów żarłokami. Ale to nie zawsze prawda. Wiele osób otyłych, jeśli nie zdecydowana większość, nie je więcej niż osoby o prawidłowej masie ciała. Ludzie z nadwagą mają skłonności metaboliczne do gromadzenia tłuszczu w organizmie. Ich problemem nie jest obżarstwo, lecz przemiana materii. Prawie wszyscy otyli ludzie mają wrażliwość na węglowodany, czyli tzw. wrażliwość insulinową, tzn. że niezwłocznie po spożyciu węglowodanów są one zamieniane w tkankę tłuszczową.

Osoba o prawidłowej masie ciała może codziennie zjeść od 200 do 300 gramów węglowodanów praktycznie bez wpływu na wagę ciała. Osoba z wrażliwością insulinową może przybrać na wadze, jedząc nawet mniej niż 100 gramów węglowodanów co dzień. Przemiana materii osoby, u której rozwinęła się ta nadwrażliwość, została zaprogramowana na składowanie węglowodanów w postaci tkanki tłuszczowej w ciele. W tym przypadku niskokaloryczna, oparta na węglowodanach dieta na dłuższą metę nie przyniesie pożądanych efektów. Aby schudnąć na takiej diecie, osoba ją stosująca musi ograniczyć kalorie do bardzo niezrównoważonego, niskiego poziomu. W końcu głód i niedożywienie staną się nie do zniesienia i taka osoba wreszcie zmniejszy narzucone ograniczenia, a tym samym znów przytyje.

Wrażliwość insulinowa po części spowodowana jest wadliwym mechanizmem regulacji poziomu cukru we krwi. Komórki przestają odpowiadać lub też stają się odporne na działanie insuliny, utrudniając przeniknięcie glukozy do komórek. Zjawisko to nazywa się insulinoopornością. Jest ono znakiem rozpoznawczym cukrzycy typu 2 – najczęstszej postaci tej choroby. To właśnie z powodu insulinooporności poziom cukru u osób chorujących na cukrzycę jest zawsze powyżej normy.

Poziom glukozy we krwi można zmierzyć za pomocą analizy próbki krwi. Z uwagi na fakt, że jedzenie może w bardzo znacznym stopniu wpłynąć na jej wskazania, próbki krwi pobiera się od pacjentów będących na czczo przez przynajmniej 8 godzin. Jeśli jesteś przeciętną osobą, nie chorującą na cukrzycę, rankiem, tuż po przebudzeniu, poziom glukozy w twojej krwi wynosi od 65 do 100 mg/dl (3,6-5,5 mmol/l). Jest to wartość znana jako stężenie glukozy we krwi na czczo. Idealna jej wartość to 75-90 mg/dl (4,2-5,0 mmol/l).

Kiedy nie jesz i kiedy twoje komórki pobierają glukozę z krwi, jej stężenie w krwiobiegu stopniowo obniża się. Większość ludzi doświadcza uczucia głodu, kiedy poziom glukozy we krwi spada do dolnej granicy wartości prawidłowej. Wówczas naturalną reakcją jest zjedzenie czegoś, co oczywiście podnosi poziom cukru we krwi. Poziom ten nigdy nie powinien przekraczać 139 mg/dl (7,7 mmol/l) po posiłku – nazywany jest poposiłkowym poziomem glukozy we krwi. Podwyższone stężenia glukozy we krwi na czczo i po posiłku wskazują na insulinooporność.

Cukrzycę medycznie rozpoznaje się wówczas, gdy poziom cukru we krwi na czczo wynosi 126 mg/dl (7,0 mmol/l) lub więcej. Ma to miejsce przy ostrej insulinooporności. Osoby, u których poziom cukru we krwi na czczo waha się pomiędzy 101 a 125 mg/dl (5,6-6,9 mmol/l), uważa się za będące we wczesnej fazie cukrzycy, często zwanej stanem przedcukrzycowym. Poziom cukru we krwi na czczo wynoszący ponad 90 mg/dl (5,0 mmol/l) wskazuje na początkową fazę insulinooporności. Wraz z jej zwiększeniem się, wzrasta również poziom cukru we krwi.

O insulinooporności mówimy wówczas, gdy u danej osoby poziom cukru we krwi przekracza 90 mg/dl (5,0 mmol/l). Chociaż za normę ogólnie przyjmuje się poziom do 100 mg/dl (5,5 mmol/l), wskazanie to przyjęto wyłącznie dlatego, że większość osób zalicza się właśnie do tej kategorii. Taki poziom nie jest prawidłowy dla osoby zdrowej. Nawet dość łagodna postać insulinooporności powoduje wrażliwość insulinową. Za każdym razem, kiedy poziom cukru we krwi jest podwyższony, wyższe jest także stężenie insuliny, chyba że trzustka utraciła zdolność wytwarzania „normalnych" ilości insuliny. Pamiętajmy: insulina to hormon odpowiadający za odkładanie się tłuszczu w organizmie i, jeśli jej poziom jest podwyższony, powoduje wytwarzanie i gromadzenie się tłuszczu. U osób z rozwiniętą insulinoopornością (czyli tych, u których poziom glukozy we krwi na czczo przekracza 90 mg/dl lub 5,0 mmol/l), zwiększony poziom insuliny we krwi utrzymuje się przez 24 godziny na dobę, przyczyniając się tym samym do odkładania się tkanki tłuszczowej przy każdej nadarzającej się okazji. Osoba otyła chorująca na cukrzycę zazwyczaj wytwarza dwu lub trzykrotnie więcej insuliny niż osoba szczupła, niebędąca cukrzykiem. Z każdym spożyciem węglowodanów organizm stara się przechować je w postaci tłuszczu, niezależnie od ich zjedzonej ilości. U osób tych niskokaloryczne diety oparte na węglowodanach, a zwłaszcza diety niskotłuszczowe, nie przynoszą oczekiwanych efektów.

Syndrom pustego żołądka

Jedną z konsekwencji jedzenia wysokowęglowodanowych posiłków, a szczególnie obfitujących w węglowodany proste i rafinowane, jest stan, który nazywam *syndromem pustego żołądka* (głód wywołany węglowodanami). Charakteryzuje się on częstymi lub długotrwałymi okresami uczucia głodu wywołanymi zjedzeniem posiłku bogatego w węglowodany.

Głód jest siłą napędową, która zmusza nas do jedzenia i przejadania się. Pusty żołądek sprawia, że czujemy się przygnębieni i chcemy jeść. Jeśli nic nie zmusza nas do wstrzymywania się od jedzenia, będziemy przejawiali tendencję do przegryzania czegoś przez cały dzień, oprócz regularnych posiłków. Pokarmy pełne węglowodanów nie zaspokajają głodu, lecz go wywołują. Owszem, mogą cię tymczasowo nasycić, ale głód szybko powróci i będzie cię nękał. Kiedy jesz węglowodany bez odpowiednich tłuszczów i białek, zawsze będziesz głodny.

Kiedy jemy węglowodany, enzymy trawienne rozkładają połączenia utrzymujące cząsteczki cukru razem. Wtedy następuje uwolnienie pojedynczych cukrów, które przenikają do krwiobiegu. Nasze komórki wchłaniają glukozę i zużywają ją jako paliwo. Inne cukry, tj. fruktoza i laktoza, są wychwytywane przez wątrobę i zamieniane w glukozę. Wszystkie cząsteczki cukru w końcu przekształcane są w glukozę lub kwasy tłuszczowe (tłuszcz).

Węglowodany proste składają się z zaledwie jednej bądź dwóch cząsteczek cukru, które są natychmiast wchłaniane do krwiobiegu. Skrobia oraz pozostałe węglowodany złożone potrzebują więcej czasu, by ulec rozpadowi w pojedyncze cukry. Tak zwane „małe" skrobie, zawierające tylko 100 lub trochę więcej cząsteczek cukru, trawią się szybciej, niż te zawierające ich 1000 lub więcej. Im bardziej „złożony" węglowodan, tym więcej czasu organizm potrzebuje na jego konwersję w cukier. Pokarmy w swoich naturalnych postaciach, jak np. razowe, mają większą procentową zawartość „dużych" węglowodanów złożonych. Produkty przetworzone, tj. białe pieczywo, mają mniejszą złożoność i tym samym szybciej się trawią.

Kiedy jesz produkty obfitujące w węglowodany, bardzo szybko się trawią i błyskawicznie przechodzą i wychodzą z żołądka. Wraz z opróżnieniem żołądka powraca uczucie głodu. Oto dlaczego często godzinę lub dwie po zjedzeniu wysokowęglowodanowego, ale niskotłuszczowego i niskobiałkowego posiłku odczuwamy głód.

Wpływ, jaki pokarmy węglowodanowe mają na poziom cukru we krwi, jeszcze pogarsza całą tę kwestię. Kiedy spożywasz wysokowęglowodanowy posiłek, zwłaszcza przesycony rafinowanymi zbożami i cukrem, stężenie cukru we krwi wzrasta niebotycznie. A ponieważ wysoki poziom cukru we krwi może być niebezpieczny dla zdrowia, trzustka odpowiada gorączkowym wypompowywaniem insuliny w zawrotnym tempie. Poziom insuliny we krwi wzrasta bardzo gwałtownie. Z chwilą kiedy insulina zostaje wpompowana do krwiobiegu, znajdująca się we krwi glukoza gwałtownie wchodzi do komórek i wnet poziom insuliny we krwi wzrasta do niewiarygodnie wysokiego poziomu, tymczasem stężenie glukozy do nienaturalnie niskiego. Niewielka koncentracja glukozy to sygnał dla mózgu, że potrzeba jej więcej, przez co mózg inicjuje uczucie głodu, by zachęcić do jedzenia i w ten sposób wyrównać jej poziom we krwi. Pusty żołądek w połączeniu z niskim poziomem glukozy we krwi wywołuje uczucie dotkliwego głodu, na które zazwyczaj reagujemy na 3 sposoby: 1) mówimy o tym, że jesteśmy głodni, ale męczymy się, czekając do następnego posiłku, a wówczas jesteśmy już tak głodni, że przejadamy się; 2) poddajemy się i przegryzamy coś między posiłkami lub 3) wytrzymujemy tak długo jak możemy, i tak zjadając jakąś przekąskę, a przy następnym posiłku i tak się przejadamy. Każde z tych zachowań sabotuje podjęte przez nas wysiłki zgubienia zbędnych kilogramów.

Tłuszcze i białka trawią się wolniej, a więc żołądek dłużej pozostaje pełen. Nie powodują one także nagłej reakcji insulinowej prowadzącej do jej drastycznych skoków wywołanych węglowodanami. W rezultacie na dłuższy czas zapobiegamy uczuciu głodu, nie mając pokusy przegryzienia czegoś do następnego posiłku i nie przejadamy się przy nim. I tak pod koniec dnia okazuje się, że łącznie zjadłeś mniej kalorii, niż kiedy jesz węglowodany. Zastępowanie węglowodanów tłuszczami daje ci większe uczucie sytości przy mniejszym spożyciu kalorii. A ponieważ zostaliśmy uwarunkowani, by obawiać się jeść tłuszcz, warto powtórzyć to i w tym miejscu: tłuszcz nie sprawia, że tyjemy, czynią to węglowodany.

Nasz romans z węglowodanami

Węglowodany, szczególnie w postaci cukru, są smaczne. I w tym tkwi problem. Gdyby nie smakowały, ludzie nie jedliby ich i nie mielibyśmy epidemii otyłości.

Wprost kochamy smak cukru. To zdanie musi być prawdą, ponieważ przeciętnie jemy ponad 50 łyżeczek cukru dziennie. Niektóre nasze ulubione pokarmy obfitują w węglowodany proste i rafinowane: cukierki, pączki, ciasta, czipsy, desery, lody, czekolada, słodkie bułki i inne, a lista ta mogłaby być jeszcze dłuższa. Produkty te kuszą, a kiedy już „weźmiesz gryza", chcesz więcej i zanim się zorientujesz, zjadasz całe pudełko, np. czekoladek, niezależnie od tego, czy zanim uległeś pokusie byłeś głodny, czy nie. Zachowujemy się tak zwłaszcza w przypadku słodyczy. Dobrze wiesz o czym mówię. Sięgasz po kosteczkę czekolady i zanim rozpuści się w ustach, już chcesz następną. To jest jak wszechogarniająca cię siła, przejmuje nad tobą kontrolę i nie ustępuje, dopóki nie wchłoniesz przynajmniej 1000 kalorii tych słodyczy. Rozkoszny smak węglowodanów sprawia, że przejadamy się i w konsekwencji tyjemy.

Z drugiej strony, pokarmy wysokobiałkowe i tłuste nie mają w sobie tej fascynującej mocy. Choć wspaniale smakują, kiedy zdrowy rozsądek podpowiada ci, że już dosyć ich zjadłeś, nie masz problemu z przestaniem (jak to często bywa w przypadku słodyczy), zachowujesz nad tym kontrolę i ograniczasz ich ilość.

W odpowiedzi na zatroskanych o uzyskanie lub utrzymanie prawidłowej wagi ciała klientów, producenci żywności stworzyli całą gamę dekadencko rozkosznych produktów na bazie niskokalorycznych lub nie mających wcale kalorii substytutów cukru. Teraz klienci mogą cieszyć się tym samym smakiem z mniejszą ilością kalorii. Pomimo różnorodności obecnie dostępnych produktów niskokalorycznych, talie wielu osób nie zmniejszyły się nawet o centymetr, a wręcz powiększyły się. Nie spadła też ilość spożywanych kalorii. Prawdę mówiąc, w dzisiejszych czasach zjadamy o 600 kalorii dziennie więcej niż w roku 1970.

Produkty o obniżonej kaloryczności są tak słodkie i smaczne jak nigdy przedtem i wciąż kuszą ludzi do ich spożywania i objadania się nimi. Co gorsza, ponieważ produkty te mają mniej kalorii, ludzie często przejawiają tendencję do jedzenia ich w większych ilościach, myśląc że są zupełnie nieszkodliwe. W efekcie zjadają więcej kalorii, niż gdyby zjedli to samo pożywienie o pełnej kaloryczności.

Unikanie cukru poprzez stosowanie jego zastępników nie rozwiązuje problemu, a właściwie pogarsza go. Liczne badania naukowe wykazały, że słodziki o zerowej zawartości kalorii, stosowane jako wspomaganie przy diecie odchudzającej, tak naprawdę powodują przybieranie na wadze!

Ankieta przeprowadzona w 2005 roku w Naukowym Centrum Zdrowia na Uniwersytecie w Teksasie (University of Texas Health Science Center) dowiodło, że osoby, które piją dietetyczne napoje bezalkoholowe, tyją bardziej od pijących wersje „pełnocukrowe". W badaniu tym udowodniono, że z każdą puszką dietetycznego napoju gazowanego wypitą codziennie, ryzyko przytycia zwiększało się o 41 procent.

W serii eksperymentów przeprowadzonych na Uniwersytecie Purdue (Purdue University) naukowcy porównali efekty, jakie daje jedzenie pokarmów o zerowej zawartości kalorii, sacharyny i zwykłego cukru. Zwierzęta karmione sztucznie słodzonym jogurtem w ciągu 2 tygodni zjadły więcej kalorii i przytyły bardziej, niż zwierzęta jedzące jogurt słodzony cukrem[1]. Badanie to było kontynuacją pracy rozpoczętej wiele lat wcześniej przez grupę naukowców z Uniwersytetu Purdue, kiedy to zaobserwowali oni, że zwierzęta karmione płynami i pokarmem słodzonym sacharyną wykazywały tendencję do jedzenia większej ilości takiego pokarmu niż te, którym podawano wysokokaloryczne pokarmy słodzone cukrem.

Według pewnej teorii naukowej, gdyby słodki smak sztucznych słodzików nie wiązał się z określoną liczbą kalorii, prawidłowa, psychologiczna reakcja szczurów na kalorie ogólnie nie miałaby miejsca. Jak w przypadku psów Pawłowa, wytresowane tak, że śliniły się na dźwięk dzwoneczka, także inne zwierzęta i ludzie zostali zaprogramowani tak, że oczekują, spodziewają się dużej ilości kalorii, kiedy jedzą coś słodkiego – w naturze słodkie pokarmy zazwyczaj są pełne kalorii. W rezultacie jedzące je osoby zmuszone są jeść więcej, by zrekompensować puste kalorie. To wyjaśnia powód, dla którego osoby będące na diecie tuż po zjedzeniu pokarmów niezawierających cukru często rekompensują to sobie, rozkoszując się innym, kalorycznym jedzeniem.

Sztuczne słodziki nie tylko wywołują w mózgu pragnienie kalorii i węglowodanów, zmuszając ludzi, by jedli ich więcej, ale mają też wpływ psychologiczny. Gdyby całkowita liczba spożytych kalorii była stała, tak że nie byłoby potrzeby jedzenia dodatkowych pokarmów, ludzie jedzący pokarmy zawierające substancje zastępujące cukier nadal przybieraliby na wadze.

Badania naukowe dowiodły, że pokarmy zawierające niskokaloryczne zastępniki cukru zaburzają fundamentalne procesy homeostazy w organizmie. Na przykład kiedy siadamy do posiłku, nasz organizm, oczekując „zastrzyku" kalorii, natychmiast przygotowuje układ trawienny do poradzenia sobie z nimi poprzez zwiększenie przemiany materii. Nawet po kilku godzinach od strawienia posiłku metabolizm pozostanie na „zwiększonych obrotach". Zwiększoną przemianę materii można zauważyć poprzez wzrost temperatury ciała.

Sytuacja ta dotyczy również zwierząt. Naukowcy z Uniwersytetu Purdue udowodnili, że, jak można było się tego spodziewać, u szczurów karmionych cukrem nastąpił wzrost temperatury ciała podczas spożywania posiłku, odpowiadający wzrostowi przemiany materii w oczekiwaniu na przetworzenie „nadchodzących" kalorii. Z drugiej strony, u zwierząt karmionych sztucznie słodzonymi pokarmami nie odnotowano wzrostu temperatury ciała[2,3]. Zwierzęta, którym podaje się sztuczne słodziki, wykazują odmienną reakcję antycypacyjną. Nie spodziewają się przypływu aż tak wielu kalorii, co skutkuje wolniejszą przemianą materii, która raczej odkłada niż spala przychodzące, nadmierne kalorie. Problem spowolnionego metabolizmu dotyczy wielu osób z nadwagą. Nie muszą oni powiększać jego skali, jedząc sztuczne słodziki. Bez względu na to, jaki to słodzik: sacharyna, aspartam czy ksylitol – efekt będzie taki sam.

Badania te pomogą wyjaśnić dlaczego, pomimo ogromnej popularności niskokalorycznych produktów spożywczych i napojów, ważymy więcej niż kiedykolwiek.

Uzależnienie od cukru

Biały, rafinowany cukier to nie pokarm, ale raczej narkotyk. Ekstrahowany ze źródeł roślinnych w procesie wyłącznie chemicznym, pod wieloma względami przypomina kokainę. Kokainę ekstrahuje, rafinuje i oczyszcza się z liści krzewu kokainowego (krasnokrzewu pospolitego). Podobnie cukier pozyskuje się z buraków cukrowych lub trzciny cukrowej, a następnie rafinuje i oczyszcza. Tak samo jak w przypadku kokainy, otrzymuje się oczyszczony proszek krystaliczny (sacharozę), który mocno uzależnia.

Uzależnienie to coś więcej niż tylko świadomy wybór jakiegoś pokarmu ze względu na upodobanie jego smaku. Można je zdefiniować jako uporczywe, nałogowe stosowanie danej substancji, której zaprzestanie powoduje dyskomfort psychiczny bądź fizyczny. Łaknienie cukru wpasowuje się w tę definicję. Cukier może tak samo, lub nawet bardziej, uzależniać jak kokaina. Choć zdanie to może wydawać się przesadzone, jako że można przestać jeść cukier bez dokuczliwych objawów odstawienia, które często pojawiają się przy uzależnieniu od kokainy, niemniej jednak uzależnienie od cukru może wywołać zależność, silne stany lękowe, a nawet objawy fizyczne w wyniku odstawienia.

Badanie przeprowadzone przez francuskich naukowców wykazało jak uzależniający jest cukier. Postawione przed wyborem pomiędzy cukrem a kokainą, 94 procent szczurów wybrało cukier. Mając do wyboru te dwie substancje, cukru pragnęły bardziej niż kokainy. Nawet osobniki już uzależnione od kokainy, zmieniły swoje preferencje na cukier, jak tylko umożliwiono im taki wybór. Co więcej, szczury wolały pracować za cukier niż za kokainę[4].

Poza powyższymi obserwacjami, naukowcy odkryli także istnienie pewnej współtolerancji i współzależności pomiędzy cukrem a narkotykami. Na przykład u zwierząt, które od wielu lat karmione były cukrem, wykształciła się tolerancja (desentyzacja) na przeciwbólowe działanie morfiny.

Badanie przeprowadzone na Uniwersytecie Yale (Yale University) dowiodło, że uzależnienie od cukru i narkotyków wywołuje identyczną reakcję w mózgu. Uczestnicy badania wypełnili ankietę opracowaną według kryteriów ewaluacji uzależnienia od narkotyków, by zbadać ich uzależnienie od określonych produktów żywieniowych. Kwestionariusz ten zawierał stwierdzenia typu: „Kiedy zaczynam jeść określone produkty, okazuje się, że zjadam znacznie więcej niż zamierzałem" i respondenci oceniali jak bardzo tego rodzaju zdania są zbieżne z ich doświadczeniami.

Za pomocą rezonansu magnetycznego (MRI), czyli badania obrazującego pracę mózgu, naukowcy prześledzili pracę tego organu, w chwili kiedy uczestnicy badania zobaczyli, a następnie wypili czekoladowy koktajl mleczny. Odkryli, że w mózgach tych uczestników, którzy we wspomnianej ankiecie wyżej ocenili swoje uzależnienie od pokarmów, zaszła identyczna aktywność jak u osób uzależnionych od narkotyków, ze wzmożoną aktywnością w obszarach odpowiadających za „zachcianki", obniżoną zaś w obszarach ograniczających silne pragnienia[5].

Podobnie jak przy uzależnieniu od narkotyków, definitywne i całkowite zaprzestanie jedzenia cukru i węglowodanów może wywołać symptomy odstawienia, tj. silne łaknienie węglowodanów, bóle głowy, oszołomienie, irytację, nieracjonalne zachowanie, niezborne myśli i ogólne uczucie napięcia w ciele lub stresu.

Prawie każdy bez wyjątku, kto ma znaczną nadwagę lub jest otyły, uzależniony jest od węglowodanów. To nadmierne spożycie cukrów stanowi główną przyczynę problemu z wagą, a jedzenie słodzonych, niskowęglowodanowych pokarmów nie pomoże go rozwiązać.

Słodziki o zerowej bądź obniżonej zawartości kalorii nie pomagają przy odchudzaniu się czy pokonaniu uzależnienia od cukru. Jeśli starasz się zrzucić zbędne kilogramy, *zastępniki cukru są twoimi wrogami*. Dają ci bowiem fałszywe poczucie bezpieczeństwa, jednocześnie mocno zasilając uzależnienie od cukru. Te same badania, które wskazały, że cukier uzależnia bardziej niż kokaina, dowiodły także, że substancje zastępujące cukier są równie uzależniające[4]. Stosowanie zastępników cukru utrzymuje w mocy uzależnienie od niego, zachcianki na słodkie oraz złe nawyki.

Oto dlaczego nie zaleca się stosowania sztucznych słodzików i alkoholi cukrowych. Nawet stewii należy używać z umiarem. Jest to również przyczyna, z której tak wiele osób ponosi porażkę, stosując diety niskowęglowodanowe. Słodziki niskokaloryczne są powszechnie obecne w większości niskowęglowodanowych programów odchudzania się. Atkins i inni producenci niskowęglowodanowych produktów żywieniowych sprzedają tony batoników, koktajli, wyrobów piekarniczych i deserów o niskiej zawartości węglowodanów, które i tak sabotują twoje wysiłki w odchudzaniu się. Firmy wytwarzające te produkty odpowiadają na twoje uzależnienie od węglowodanów, produkując zastępniki o identycznym smaku, tym samym utrzymując je aktywnym i silnym. Wcześniej czy później pragnienie weźmie nad tobą górę i przegrasz z nim. Sukces wymaga przezwyciężenia uzależnienia od cukru, ale jest możliwy.

Kiedy potrafisz przełamać uzależnienie od słodyczy, zyskasz ogromną przewagę i kontrolę nad sobą i twoim życiem. Już nie będziesz niewolnikiem jedzenia. Co prawda od czasu do czasu możesz skusić się na słodycze, ale nie będą już one miały nad tobą kontroli jak kiedyś. Jednym z głównych założeń programu żywieniowego przedstawionego w tej książce jest uwolnienie cię od uzależnienia od cukru i węglowodanów. Na szczęście dieta wysokotłuszczowa pomaga skutecznie ograniczyć zachcianki na cukier i ułatwia ci zerwanie z uzależnieniem od cukru.

Leptynooporność

Na uczucie głodu, a także budowę ciała wpływają określone hormony. Jednym z nich jest leptyna. Odgrywa ona kluczową rolę w regulacji poboru i wydatkowania energii i współdziała z insuliną. Oporność na oba te hormony – insulinę i leptynę – wiąże się z otyłością. I tak jak nadmiar insuliny przyczynia się do tycia, tak samo na tycie ma wpływ niedobór leptyny.

Leptyna jest głównym regulatorem apetytu. Zmniejsza uczucie głodu. Leptynę wytwarzają komórki tłuszczowe. Jej ilość we krwi jest proporcjonalna do ilości tłuszczu w ciele. Leptyna oddziałuje na receptory mózgu. W tym zakresie komórki tłuszczowe komunikują się z mózgiem, byś wiedział jaką rezerwą zgromadzonej energii (tłuszczu) dysponujesz i co z nią zrobić. Kiedy sygnalizacja leptynowa działa prawidłowo, i jeśli jesteś zbyt szczupły i potrzebujesz odłożyć więcej tkanki tłuszczowej, wówczas poziom leptyny we krwi będzie niski. Obniżony poziom leptyny we krwi wywołuje uczucie głodu, prowadząc do przejadania się, a w rezultacie do odkładania się tkanki tłuszczowej. W miarę powiększania się komórek tłuszczowych wytwarza się więcej leptyny, sygnalizując mózgowi, by ograniczył jedzenie. Innymi słowy, niski poziom leptyny we krwi nie tylko wywołuje uczucie głodu, ale też zwiększa odkładanie się tkanki tłuszczowej, a jej wysoki poziom powstrzymuje głód i zmniejsza ilość gromadzonego tłuszczu w organizmie, dzięki czemu możliwe jest utrzymanie prawidłowej wagi ciała.

Stosowanie diet obniża stężenie leptyny we krwi, wzmagając tym samym uczucie głodu. Oto dlaczego przestrzeganie diety jest tak absurdalnie trudne. Co gorsza, u niektórych osób system sygnalizacji leptynowej działa opacznie, a zjawisko to nazywa się leptynoopornością. Chociaż ludzie ci mogą być przy tuszy, a więc mogą wytwarzać duże ilości leptyny, jej receptory w mózgu nie wychwytują tego. Sytuację tę mózg interpretuje jako niedobór leptyny wywołany brakiem tkanki tłuszczowej. W odpowiedzi mózg uruchamia mechanizm głodu i nigdy już całkowicie go nie wyłącza. Przejście na dietę i ograniczenie ilości wytworzonej leptyny zwiększa uczucie głodu, czyniąc z diety istną torturę. Jeśli nawet osobie stosującej dietę uda się wytrzymać na tyle długo, by zgubić zbędne kilogramy, leptynooporność utrzymuje się, powodując, że osoba ta stopniowo przejada się, a zgubione kilogramy powracają.

Jak powstaje leptynooporność? Zaczyna się od jedzenia nadmiernej ilości węglowodanów, zwłaszcza cukrów i rafinowanych zbóż. Po zjedzeniu wysokowęglowodanowego posiłku cukier napływa ogromną falą do krwi wraz z insuliną, która uwalnia konwersję cukru w tłuszcz i „pakuje go na przechowanie". Taki dodatkowy tłuszcz z kolei powoduje nagły przypływ leptyny. Z czasem stała ekspozycja na podwyższony poziom leptyny uniewrażliwia receptory leptyny, prowadząc do leptynooporności. Jest to proces bardzo podobny do rozwoju insulinooporności, powstającej w konsekwencji nadmiernego narażenia na wysoki poziom insuliny we krwi. Jeśli jesteś diabetykiem lub masz insulinooporność, istnieje spore prawdopodobieństwo, że rozwinęła się u ciebie także leptynooporność.

Sposobem na przywrócenie prawidłowej wrażliwości na leptynę (a także insulinę) jest zapobieżenie ich nagłym przypływom. Można to zrobić, zmniejszając spożycie węglowodanów, a w szczególności tych rafinowanych, które wywierają największy wpływ na poziom cukru we krwi. Niskowęglowodanowa, oparta na oleju kokosowym dieta ketogeniczna to najlepsze lekarstwo na leptynooporność.

Skrobia to inna postać cukru

Cukry rafinowane to nie jedyny problem. Skrobia jest prawie tak samo szkodliwa. Jest to węglowodan znajdujący się w zbożach, warzywach bulwiastych, fasolach i innych warzywach zawierających skrobię. Skrobia to cukier składający się z czystej glukozy. Jedyna różnica jest taka, że w skrobi wszystkie cząsteczki glukozy są ze sobą połączone w długi łańcuch. Jednak podczas jedzenia pokarmów zawierających skrobię, enzymy trawienne rozkładają te wiązania w pojedyncze cząsteczki cukru. Jak każde inne źródło cukru, skrobia również gwałtownie podwyższa jego poziom we krwi, zwiększa wydzielanie insuliny i odkładanie się tłuszczu, osłabia funkcje układu odpornościowego, a także ma szereg innych szkodliwych działań, wynikających z jedzenia cukru. Zjedzenie jednej kromki białego chleba równoznaczne jest ze spożyciem 3 łyżeczek cukru. Białe pieczywo zaczyna zamieniać się w cukier już w naszych ustach, jak tylko zaczynamy je przeżuwać. Ślina zawiera enzymy trawienne, które niezwłocznie przekształcają skrobię w cukier.

Osoby niejedzące dużo słodyczy lub nieużywające cukru uważają, że są odporne na szkodliwe działanie cukru. A jednak, jeśli zjedzą białe pieczywo, biały ryż, białe ziemniaki czy produkty z białej mąki, dostarczają sobie tak samo dużo cukru jak pozostali, a może nawet więcej. Białe pieczywo przyczynia się do tycia, powstawania insulinooporności i cukrzycy, obniża odporność zachorowania na nowotwory oraz stanowi podłoże dla chorób Alzheimera i Parkinsona*.

Biała mąka wytwarzana jest z rafinowanej mąki razowej. W procesie rafinacji wiele cennych składników odżywczych, w tym większość błonnika, zostaje usuniętych. Producenci białej mąki wprawdzie dodają ich kilka z powrotem, ale niestety nie błonnik, który odgrywa kluczową rolę w trawieniu skrobi. Błonnik spowalnia uwalnianie glukozy do krwiobiegu. Jest to niezwykle istotna funkcja, po-

---

* W jaki sposób zatrzymać lub cofnąć skutki chorób neurodegeneracyjnych przeczytać można w książce „Koniec Alzheimera" autorstwa Amy Berger. Publikacja dostępna jest w sklepie www.vitalni24.pl (przyp. wyd. pol.).

nieważ regulując poziom wydzielania insuliny, zmniejsza absorpcję cukru, czyniąc ją bardziej znośną dla organizmu.

Zawarta w pokarmach skrobia sama w sobie niekoniecznie jest zła. W końcu to glukozę ze skrobi nasze komórki wykorzystują jako źródło paliwa dla organizmu. Problemem jest jej nadmierne spożycie lub też dysproporcja skrobi w diecie w porównaniu z tłuszczami, białkami i błonnikiem. Organizm człowieka potrafi poradzić sobie z umiarkowaną ilością skrobi, a nawet cukru, jeśli tylko wraz z nimi jemy odpowiednie ilości tłuszczów, białek i błonnika.

Na typową dietę 2400 kalorii dziennie przeciętnie składa się około 350 gramów węglowodanów, co równa się 1400 kaloriom pochodzącym z cukru i skrobi, czyli prawie 60 procentom dziennego spożywanego zapotrzebowania na kalorie! Nic więc dziwnego, że otyłość, cukrzyca, choroba Alzheimera i inne choroby zwyrodnieniowe pojawiają się na skalę epidemii.

Z wszystkich dotąd wymienionych w tym rozdziale przyczyn przybierania na wadze, bardziej przytyjesz od węglowodanów niż od tłuszczów czy białek. A zatem powtarzam: to nie tłuszcze nas tuczą, a węglowodany.

POKONUJĄC SŁODKIE UZALEŻNIENIE OD CUKRU

Nasz romans ze słodyczami stworzył społeczeństwo cukroholików. Cukier oraz sztuczne słodziki niebezpiecznie uzależniają, bardzo podobnie do narkotyków. Tak jak kokaina i każdy inny narkotyk, stymulują one ośrodki przyjemności w mózgu. Pragnienie uczucia przyjemności może stać się tak silne, że kontroluje nasze myśli i zachowania, tak samo jak kokaina – uzależnionych. Możemy normalnie funkcjonować, aż tu nagle, ni stąd ni zowąd, ogarnia nas ochota, by zjeść coś słodkiego. Może to być kosteczka czekolady, guma do żucia lub napój gazowany – cokolwiek, oby tylko dostarczyć nam cukru. A ponieważ cukier stymuluje uczucie przyjemności, nawet kiedy jesteśmy najedzeni, często i tak jemy słodkie pokarmy. Sam przyznaj, ile razy, mimo że byłeś najedzony, po prostu musiałeś zjeść deser? Zdarzało się też, że nie byłeś głodny, ale zwyczajnie nie mogłeś oprzeć się pokusie słodkości znajdujących się w zasięgu twego wzroku? Albo też zacząłeś jeść coś słodkiego, np. ciasteczko, myśląc, że zjesz tylko jedno, a najwyżej dwa, tymczasem przestałeś je jeść dopiero po dziewięciu czy dziesięciu? Po prostu nie mogłeś zjeść jednego. Słodki smak często góruje nad dobrymi intencjami, zdrowym rozsądkiem i nawet najsilniejszą wolą. Jeśli choć jedna z tych sytuacji jest tobie bliska, stałeś się niewolnikiem cukru.

Słodycze nigdy nie były głównym źródłem pożywienia w jadłospisie człowieka. W dawnych czasach większość słodyczy to były owoce, a jako że były dostępne wyłącznie latem, jedzono je tylko przez kilka miesięcy w roku. Brak chłodziarkozamrażarek uniemożliwiał przechowywanie owoców przez dłuższy czas. I chociaż cukier dostępny był od kilku stuleci, nigdy nie stanowił głównej części diety.

Jednym z największych problemów używania zarówno cukru jak i sztucznych słodzików jest to, że ponieważ stymulują ośrodki przyjemności w mózgu, mamy tendencję do jedzenia ich w nadmiernych ilościach. Większość pokarmów słodzonych ma mnóstwo kalorii, ale niewielką wartość odżywczą. A zatem mamy w zwyczaju zapełniać się ubogimi pod względem odżywczym, wysokokalorycznymi produktami o sztucznie nadawanym smaku, pozostawiając niewiele miejsca na prawdziwie odżywcze, obfitujące w błonnik, pełnowartościowe jedzenie. Kiedy w okresie dorastania dzieci jedzą pokarmy ubogie w wartości odżywcze, wyrabiają w sobie upodobanie do takiego właśnie pożywienia. W efekcie jako dorośli nadal tak się odżywiają i cierpią z powodu konsekwencji wątłego zdrowia i otyłości. Z każdym następnym pokoleniem jemy coraz więcej rafinowanych, przetworzonych pokarmów, a coraz mniej pełnowartościowych i naturalnych. W dzisiejszych czasach i dzieci, i dorośli są bardziej otyli niż kiedykolwiek przedtem.

Innym problemem z jedzeniem dużych ilości słodzonego pożywienia jest to, że takie pokarmy powodują, że nasze receptory smaku stają się mniej wrażliwe i w rezultacie słodycze nie są już takie słodkie, a pozostałe jedzenie już nam tak nie smakuje. Być może zastanawiasz się teraz, dlaczego pod wpływem cukru kubki smakowe stają się mniej wrażliwe na smaki. Wyjaśnię to, posługując się analogią do jednego z naszych pozostałych zmysłów – zapachu. To tak jak wejście do zamkniętego pomieszczenia wypełnionego nieprzyjemnym zapachem. Kiedy po raz pierwszy wchodzimy do niego, przykry odór może być nie do zniesienia, ale jeśli dłużej pozostaniemy w tym miejscu, receptory w nosie przestają być tak wrażliwe i już nie czujemy brzydkiego zapachu. Odór ten wcale się nie zmniejszył, lecz nastąpiła desensytyzacja nosa. Jeśli na jakiś czas wyjdziemy z pokoju i pozwolimy nosowi odpocząć, odzyskuje swą wrażliwość, tak że kiedy powrócimy do pomieszczenia, w którym panuje silny odór, znów go poczujemy. W ten sam sposób receptory słodkiego smaku w naszych ustach stają się przytępione lub niewrażliwe, jeśli nieustannie „kąpane są" w pełnych cukrów pokarmach. Przesadna stymulacja powoduje ich niewrażliwość na słodycze. W odpowiedzi często zwiększamy intensywność słodyczy w spożywanym przez nas pożywieniu, co z kolei doprowadza do jeszcze większej desensytyzacji receptorów słodyczy.

Podobnie jak osoba uzależniona od narkotyków potrzebuje coraz większych dawek by uzyskać ten sam efekt, potrzebujemy coraz więcej cukru w pokarmach, aby móc wykryć tę samą intensywność przyjemności. Po pewnym czasie naturalne pożywienie staje się mniej atrakcyjne. Jest to jeden z powodów, dla których do mrożonych owoców dodaje się cukier, a owoce w puszkach zalewa się syropem – same owoce nie są już wystarczająco słodkie.

Pozbawianie kubków smakowych wrażliwości zmniejsza także zainteresowanie warzywami i innymi naturalnymi pokarmami. Obecnie dzieci nie lubią warzyw. Za czasów naszych dziadków dzieci jadły warzywa – nie krzywiły się na groszek zielony czy brokuły, tak jak dzieci w naszych czasach. Kiedy nasi dziadkowie byli dziećmi, nie pili napojów gazowanych, nie jedli cukierków ani unurzanych w cukrze płatków śniadaniowych każdego ranka. Dzisiaj dzieci nie lubią warzyw, ponieważ, z powodu jedzenia zbyt dużych ilości cukru i sztucznych polepszaczy smaku ich receptory smaku stały się niewrażliwe. Z tego samego powodu również wielu dorosłych nie dba zbytnio o obecność warzyw w jadłospisie. Jeśli świeże, niedosładzane owoce nie są dla ciebie smakołykiem, nie zjesz ich, a raczej wybierzesz mniej zdrowe pokarmy, które utrzymają „przy życiu" twoje pragnienie słodyczy.

Podstawowym składnikiem skutecznej diety odchudzającej jest uzyskanie kontroli nad swoim podejściem do słodkiego. Jeśli potrafisz powstrzymać zachcianki na słodkie, będziesz automatycznie jadł mniej. Jedynym skutecznym sposobem na zwalczenie pragnienia słodyczy jest „zduszenie go w zarodku", czyli w tym przypadku w kubkach smakowych (w oryginale gra słów: angielskie słowo „bud" oznacza „zarodek", „pączek" ale też „kubek smakowy" – przyp. tłum.). Jeśli pozbędziesz się żądzy słodyczy, stracą one moc kontrolowania cię. Jest to możliwe i wykonalne. Jak w przypadku wszystkich uzależnień, również i tu kluczem do sukcesu jest abstynencja. Na pewien czas powstrzymaj się od stosowania słodzików i jedzenia słodkich pokarmów. Zalecam okres przynajmniej 6 tygodni, ale lepiej by było to pół roku. Im dłużej potrafisz powstrzymać się od jedzenia jakiegokolwiek pożywienia bez dodanych substancji słodzących, tym bardziej zregenerują się twoje receptory smaku i w większym stopniu odzyskają wrażliwość. Wstrzemięźliwość od słodyczy można porównać do opuszczenia cuchnącego pomieszczenia i odzyskania zmysłu powonienia. Kiedy powstrzymasz się od jedzenia słodyczy, receptory smaku odzyskają swą dawną sprawność.

Jeśli jednak włączysz choć troszkę słodziku czy cukru w swój jadłospis, przekonasz się, że już nie potrzebujesz ich tak bardzo jak przedtem. Słodki smak nie tylko będzie słodszy, ale także odkryjesz, że wszystkie pokarmy są smaczniejsze. Zaczniesz doceniać naturalną słodycz groszku zielonego, kabaczka czy świeżych owoców. By cieszyć się smakiem określonych potraw, już nie będziesz potrzebował aż tak wiele słodzika jak wcześniej. Co więcej, komercyjnie słodzone produkty będą wówczas za słodkie. Zdałem sobie z tego sprawę jakiś czas temu. Po kilkumiesięcznym niejedzeniu jakichkolwiek słodzonych pokarmów (poza okazjonalnie jedzonymi owocami), razem z żoną zdecydowaliśmy się wynagrodzić sobie nasz wysiłek, kupując półkwartę, czyli w przybliżeniu porcję 473 ml lodów Haagen-Dazs i dzieląc się nią po połowie. Kupiliśmy waniliowo-migdałowe, ponieważ myśleliśmy, że nie będą aż tak sycące jak pozostałe smaki. Kiedy zaczęliśmy jeść te lody, oboje zauważyliśmy, jaki mają przesadnie słodki smak. W przeszłości wielokrotnie już jedliśmy ten smak, ale teraz wydawał się tak słodki, że stracił swój urok. Ani moja żona, ani ja nie daliśmy rady dokończyć swoich porcji. W końcu wyrzuciliśmy resztę. Czy możecie w to uwierzyć? Wyrzuciliśmy lody Haagen-Dazs. Sporadycznie jemy lody domowej produkcji, z prawdziwej śmietany, słodzone odrobiną stewii, podane ze świeżymi owocami. Nie są przesadnie słodkie i smakują wyśmienicie.

To samo zauważam, kiedy jem białe pieczywo, co zdarza się nieczęsto. Do komercyjnie produkowanego, białego pieczywa prawie zawsze dodawany jest cukier, przez co często jest ono przesadnie słodkie. Bardziej wtedy przypomina słodycze lub słodkie pieczywo niż zwykły chleb. Obecnie wszelkie produkty spożywcze wytwarzane na dużą skalę są dla mnie za słodkie i dla ciebie też takie będą, kiedy „zerwiesz z cukrem".

Sztucznych słodzików należy w ogóle unikać. Naturalne substancje słodzące, tj. surowy miód i melasą, powinniśmy wybierać częściej niż te wysoce rafinowane. Kiedy twoje receptory smaku odzyskają już swoją dawną wrażliwość, zniknie też pragnienie słodyczy i już nie będziesz miał „słodkich" zachcianek. A kiedy w rytmie codziennych obowiązków staniesz twarzą w twarz ze słodkościami, nie będzie już cię przyciągało ich słodkie wołanie. Będziesz miał w sobie siłę woli, by oprzeć się tej pokusie, jednocześnie nie czując się pozbawionym czegoś, ponieważ będziesz miał pełną kontrolę nad własnymi zachowaniami.

Cukier jest przyczyną numer jeden przybierania na wadze, jako że, podobnie jak narkotyki, uzależnia. Jeśli chcesz skutecznie schudnąć, *musisz* pokonać swoją słabość do słodyczy, a można to zrobić tylko poprzez abstynencję. Stosowanie tzw. naturalnych słodzików zamiast cukru rafinowanego nie załatwi sprawy, podobnie jak sztucznych słodzików. Należy zredukować spożycie wszelkich słodyczy.

Kiedy już wydostaniesz się ze „słodkiego" uścisku, w jakim trzymał cię cukier, pamiętaj, że uzależnienie od cukru jest jak alkoholizm. Osoba uzależniona od alkoholu, która wyszła z nałogu, może znów w niego popaść po wypiciu zaledwie kilku drinków. Uzależnienie może tak samo powrócić u cukroholika po zjedzeniu tylko kilku cukierków czy ciastek. Nawet po pozbyciu się nałogu jedzenia cukru słodycze nadal mogą cię kusić, lecz nie będą już, tak jak kiedyś, sprawowały nad tobą kontroli. Będziesz w stanie oprzeć się im, jeśli tylko nie padniesz ofiarą ich pokus.

Czy to oznacza, że już nigdy nie zjesz żadnych słodyczy? W przypadku niektórych osób może tak być. Innym być może uda się nie powrócić do nałogu po lekkim dosłodzeniu picia lub jedzenia czy też zjedzenia słodkiego deseru, jednak ze względu na łatwość ponownego popadnięcia w tę słodką niewolę, najlepiej trzymać się z dala od słodyczy tak długo, jak tylko to możliwe. Owoce czy też pokarmy słodzone odrobiną całych owoców są wskazane, zaś sok owocowy nie. Soki owocowe są za słodkie i niewiele różnią się od napojów firmy Kool-Aid czy napojów gazowanych. Picie soku owocowego może ogromnie wzmocnić uzależnienie od cukru. Słodziki „naturalne" też nie są dużo lepsze od innych substancji słodzących. Uzależnienie od słodkiego równie dobrze utrzymuje się na bazie naturalnych jak i innych słodzików. By skutecznie uchronić się przed tym nałogiem, trzeba powstrzymać się przed jedzeniem i piciem wszelkich dosładzanych produktów, z niewielkim wyjątkiem w postaci odrobiny świeżych owoców, a sporadycznie także stewii.

DIETA NISKOCUKROWA

Jedną z głównych przyczyn, dla których większość niskokalorycznych, niskotłuszczowych i w inny sposób ograniczających diet nie działa, jest to, że dopuszczają jedzenie cukru lub innych substancji słodzących. Pośród największych problemów z dietami odchudzającymi jest to, że skupiają się one na zmniejszeniu ilości spożywanych kalorii zamiast całkowicie wyeliminować głównego winowajcę, czyli węglowodany rafinowane. Ograniczenie kalorii nie powinno być torturą polegającą na walce ze sobą i głodzeniu się. Kiedy skupiasz się *wyłącznie* na obniżeniu kaloryczności, fundujesz sobie rozczarowanie i porażkę. Eliminacja *przyczyny* nadmiaru konsumpcji kalorii jest zdecydowanie lepszym rozwiązaniem. Kiedy pozbędziesz się pragnienia by się przejadać, automatycznie będziesz jadł mniej kalorii, poczujesz się bardziej najedzony bez uczucia pozbawienia się czegoś, będziesz zadowolony ze swoich wyborów żywieniowych i o wiele łatwiej schudniesz.

Większość diet dopuszcza słodycze, w takiej czy innej formie, ponieważ tak się od nich uzależniliśmy, że mnóstwo ludzi zniechęciłoby się do diety bez węglowodanów. Ale zastanów się teraz, czego tak naprawdę chcesz. Czy chcesz schudnąć i na stałe utrzymać uzyskaną wagę czy też chcesz zachować swoje upodobanie do słodyczy i tkankę tłuszczową? Wybór należy do ciebie. Jeśli przezwyciężysz uzależnienie od cukru, będziesz znacznie skuteczniej chudł, ponieważ będziesz jadł bardziej sycące i dające uczucie przyjemności pokarmy, które nie będą kusiły by się nimi przejadać i w rezultacie będziesz jadł mniej z własnego wyboru, a nie z powodu ograniczenia.

Jeśli stosowana przez ciebie dieta ma być skuteczna na dłuższą metę, musisz przejąć kontrolę nad swoim upodobaniem do słodyczy. Spotkałem rzesze ludzi tak uzależnionych od cukru, że nie chcieli oni albo też nie potrafili z nich zrezygnować. To cukier rządzi ich życiem. Wypróbowują oni dietę za dietą, jednocześnie zachowując swoje uwielbienie dla słodyczy, uzależnienie od cukru i wolę na łasce słodkich zachcianek.

Skuteczny program odchudzający to taki, który opiera się na niskiej zawartości cukru. Kiedy mówię o cukrze, mam także na myśli sztuczne słodziki. Nie pokonasz uzależnienia od cukru, zastępując jeden narkotyk innym. Efektywna dieta ogranicza także spożycie zbóż, zwłaszcza białej mąki i białego ryżu. Wszelkie węglowodany rafinowane uzależniają.

Dobry program odchudzający jest korzystny dla zdrowia, można go stosować przez całe życie i jest połączeniem pokarmów składających się z węglowodanów złożonych, białek i tłuszczów z różnorodnych, pełnowartościowych, naturalnych źródeł. Takie produkty będą przypominały te jedzone przez naszych pradziadków i ich rodziców – pełnowartościowe mleko, pełnotłusta śmietana i masło, mięso z naturalnym tłuszczem oraz wszelkiego rodzaju świeże owoce i warzywa. Są to pokarmy, które od tysięcy lat odżywiały naszych przodków. Stworzyła je natura, by dostarczyć nam potrzebnych składników odżywczych, a nie chemik czy jakaś korporacja.

7

KALORIA KALORII NIERÓWNA

KALORIE SPOŻYTE, A KALORIE ZUŻYTE

O przyczynach nadwagi i otyłości debatuje się nieustannie. Niektórzy twierdzą, że wynikają one z braku ćwiczeń fizycznych, inni, że są uwarunkowane genetycznie lub zależą od indywidualnej przemiany materii, ale w przypadku większości ludzi ich powodem jest zjadanie zbyt dużych ilości pokarmu. W każdym z tych stwierdzeń kryje się pewna prawda. Na nadwagę i otyłość składa się wiele czynników, jednakże jednym, o którym słyszę najczęściej, jest ilość kalorii dostarczonych organizmowi w zestawieniu z kaloriami spożytkowanymi. Jeśli zjadasz więcej kalorii niż spalasz, wówczas ich nadmiar „upychany jest w spiżarni" w postaci tłuszczu, niezależnie od wszystkich innych czynników.

Pokarm, którym się żywimy, zamieniany jest w energię, która zasila procesy metaboliczne zachodzące w naszym organizmie, a także aktywność fizyczną. Z wszelkiej nadwyżki energii powstaje tłuszcz, który zamykany jest w naszych komórkach tłuszczowych i tak powstaje cellulit na nogach, zapasowa oponka na brzuchu i biodrach oraz za duże „poduszeczki" do siedzenia na pośladkach. Tak więc im więcej jemy, tym bardziej tyjemy.

Jeśli zatem tylko o to chodzi, odpowiedź na kwestię nadwagi wydaje się być oczywista: jedz mniej. Taką odpowiedź nie zawsze witamy z entuzjazmem, często też niełatwo zastosować tę zasadę. Ile osób wypróbowało diety o obniżonej zawartości kalorii? Prawdopodobnie każdy, kto czyta tę książkę. Gdyby taka dieta przyniosła pożądane efekty, nie czytałbyś teraz tej książki, a ja nie musiałbym o tym pisać. W tym rozdziale dowiesz się, dlaczego niskokaloryczne diety w ostatecznym rozrachunku sprawiają, że *przybierasz* na wadze, dlaczego ludzie otyli tyją łatwiej od osób szczupłych, a także dlaczego, by na trwałe schudnąć, potrzebujesz czegoś więcej niż tylko prostej, niskokalorycznej diety.

Energię, jaką czerpiemy z pokarmów, mierzymy w kaloriach. Każdy człowiek potrzebuje określonej ilości energii (kalorii) dla zachowania podstawowych procesów metabolicznych – bicia serca, rozszerzania i kurczenia się płuc, trawienia pokarmu w żołądku, a także wszystkich innych procesów komórkowych utrzymujących funkcje życiowe organizmu.

Współczynnik, według którego organizm ludzki zużywa kalorie do wyżej wspomnianych czynności utrzymania człowieka przy życiu, nazywamy podstawową przemianą materii (PPM) (ang. basal metabolic rate BMR). Wskaźnik ten odpowiada ilości kalorii spalonych w pozycji leżącej, przy całkowitym braku czynności fizycznej, lecz nie śpiąc. Każda, nawet najprostsza czynność, wymaga dodatkowej ilości kalorii. Przynajmniej dwie trzecie zużywanych dziennie kalorii przeznaczonych jest na zapewnienie paliwa dla wykonania funkcji metabolicznych organizmu. Zaledwie jedna trzecia zużywana jest na aktywność fizyczną lub innego rodzaju.

Każda osoba ma odmienny wskaźnik wartości podstawowej przemiany materii. Na jego wskazania jak i na ilość kalorii, jakiej potrzeba naszemu organizmowi, składa się wiele czynników. Osoby stosujące posty, głodówki, a nawet tylko diety, spalają mniej kalorii, niż gdyby odżywiały się zwyczajnie. Ludzie otyli pożytkują mniej kalorii niż osoby szczupłe. Ostatnie dwa zdania zawierają najbardziej niepożądane wieści dla osób z nadwagą i będących na diecie, ponieważ oznaczają, że aby zauważyć różnicę, muszą jeść jeszcze mniej.

Przeciętnie jedna osoba potrzebuje około 2400 kalorii dziennie by utrzymać dotychczasową wagę, bez względu na to, czy jest ona otyła czy szczupła. Tylu kalorii potrzeba, by waga nie zmieniła się.

Dwie trzecie tej wartości lub inaczej 1600 kalorii potrzeba na zaspokojenie wyłącznie metabolicznych procesów organizmu. Pozostałe 800 kalorii zużywamy na czynności codzienne.

Podstawą teorii wszystkich diet niskokalorycznych jest idea, że otyłość wynika ze zjadania większej ilości kalorii, niż organizm spala. Na przykład, jeśli z wartości twojej PPR i poziomu aktywności fizycznej wynika, że potrzebujesz 2400 kalorii do utrzymania swojej dotychczasowej wagi, wszelka nadwyżka kalorii ponad tę wartość ulegnie konwersji w tłuszcz i odłoży się w ciele. Każdy, kto chce schudnąć, powinien jeść mniej kalorii. W podanym przypadku poniżej 2400, ponieważ organizm osoby, która chce schudnąć, musi sięgnąć po odłożony tłuszcz i spalić go w celu dostarczenia potrzebnej energii. Im mniej kalorii zjadasz, tym więcej tłuszczu organizm czerpie z zapasów i tym bardziej chudniesz. Proces ten powszechnie określa się „zależnością pomiędzy kaloriami spożytymi, a kaloriami zużytymi". Wagę ciała ustala się na podstawie ilości zjedzonych, w zestawieniu z ilością spalanych kalorii.

Kalorie spożyte > kalorie spalone = przyrost wagi
Kalorie spożyte < kalorie spalone = utrata wagi
Kalorie spożyte = kalorie spalone = waga bez zmian

Chociaż pilnowanie ilości spożytych kalorii jest ważne, skuteczne odchudzanie się wymaga czegoś więcej niż tylko ograniczenia konsumpcji kalorii. Osoba będąca na diecie często redukuje dzienną kaloryczność pokarmów do wartości poniżej 1000, a i tak tyje! Teoretycznie taka sytuacja nie może mieć miejsca. Jeśli przyjąć, że utratą wagi rządzi zasada „kalorie zjedzone versus kalorie spalone", wówczas osobie o przeciętnej masie ciała potrzeba 1600 kalorii dziennie tylko na zasilenie energią podstawowych funkcji przemiany materii. Każda wartość poniżej powinna być jednoznaczna z utratą wagi. A jednak znam ludzi, którzy spożywali tylko 800 kalorii dziennie, czyli połowę zapotrzebowania metabolicznego organizmu, a i tak tyli!

Niewątpliwie bardzo frustruje sytuacja, kiedy osoba z nadwagą nie je nic poza sałatą i marchewkami, a i tak przybiera na wadze.

Przyjaciele, rodzina, a nawet lekarz prowadzący podejrzewają wówczas taką osobę o oszukiwanie – wykradanie jedzenia, kiedy nikt nie widzi, czy też niedokładne liczenie zjedzonych posiłków, a raczej zawartych w nich kalorii. A jednak zjawisko to jest niezwykle powszechne. Mnóstwo ludzi z nadwagą tyje na dietach prawie głodowych. Najwyraźniej więc coś jest nie tak z tą zasadą „kalorie zjedzone versus kalorie spalone". Sukces w radzeniu sobie z wagą ciała nie polega wyłącznie na liczeniu kalorii.

DIETY SPRAWIAJĄ, ŻE TYJESZ

Usłyszałem kiedyś zdanie: W ciągu ostatnich kilku lat schudłem 91 kg. Gdybym zdołał utrzymać taki wskaźnik chudnięcia, teraz ważyłbym minus 9 kg". Myślę, że zdanie to wielu z nas może odnieść do siebie.

Tak jak na przykład Susan, która była podobna do wielu ludzi z nadwagą. Chciała schudnąć; ciężko nad tym pracowała. Wypróbowywała dietę za dietą. Większość z nich zdawało się działać – przynajmniej na początku. Przechodząc na dietę, zrzucała od 4,5 do 5,5 kg, lecz wnet kilogramy te powracały. Decydowała się więc na kolejną dietę i owszem, udawało się jej zrzucić do 9 kg, ale zawsze po jakimś czasie waga ta „wkradała się" z powrotem. Każda dieta, jaką próbowała stosować, kończyła się tak samo. Po latach ciągłych diet, nie tylko nadal miała nadwagę – ważyła więcej niż przedtem. Wszystkie wypróbowane przez nią diety nie pomogły jej zrzucić choćby pół kilograma. Na dodatek, stosując je, przytyła. Prawda jest taka, że to diety w znacznej mierze były jej problemem.

Według danych z Kliniki Mayo, 95 procent wszystkich osób będących na diecie odchudzającej powraca do wagi sprzed diety w ciągu 5 lat, a spora część tyje znacznie bardziej niż kiedykolwiek. Typowe diety odchudzające nie tylko nie przynoszą oczekiwanych rezultatów, ale pogarszają sytuację. Tak, tak, od przejścia na dietę możesz przytyć.

Wada wielu diet odchudzających polega na tym, że skupiają się one na ograniczeniu ilości spożywanych kalorii. I chociaż zwracanie uwagi na kaloryczność posiłków jest ważne, nie jest to jedyny czynnik mający wpływ na wagę ciała. Smutny jest fakt, że wszystkie niskokaloryczne i niskotłuszczowe diety od samego początku skazane są na porażkę. Niezależnie od rodzaju pożywienia jakie jesz, jeśli dieta polega wyłącznie na ograniczeniu ilości spożywanych kalorii, jej niepowodzenie jest więcej niż pewne.

Poza kaloriami należy wziąć pod uwagę inne czynniki. Jednym z nich jest metabolizm. Nie można ignorować kwestii przemiany materii i spodziewać się sukcesu w odchudzaniu. Pozwól, że wyjaśnię dlaczego.

Tempo przemiany materii zależy od wielu aspektów. Ilość zjadanego pokarmu to jeden z nich. Nasz organizm ma wbudowany mechanizm, którego celem jest zachowanie równowagi pomiędzy przemianą materii a środowiskiem zewnętrznym. Mechanizm ten był szczególnie istotny dla naszych przodków, którzy polegali na sezonowej dostępności pożywienia koniecznego do przetrwania. Kiedy jedzenia było pod dostatkiem, przemiana materii następowała w tempie górnej wydajności. Szybszy metabolizm jest zaletą ze względu na to, że podnosi poziom energii, utrzymuje czujność umysłu, usprawnia funkcje układu odpornościowego, a także przyspiesza proces leczenia oraz przyrost i regenerację tkanek. W zimie lub w czasie głodu, kiedy pożywienia było mniej, tempo przemiany materii zmniejszało się, czego zaletą było to, że wówczas do „napędzenia" procesów metabolicznych potrzebowano mniej energii (np. w postaci jedzenia). Tak więc w czasach niedostatku ludzie potrafili przetrwać na mniejszej ilości kalorii.

W dzisiejszych czasach, dzięki współczesnym metodom konserwacji pożywienia i metodom dostawy, zdobycie wystarczającej ilości jedzenia dla większości ludzi nie stanowi już problemu. Jedzenie dostępne jest w obfitości przez cały rok. Jednak bez względu na to, nasze ciała wciąż posiadają zdolność szybkiej adaptacji w razie głodu. Jeśli nagle zaczniemy jeść mniej, dzięki tej umiejętności nasze ciało otrzymuje sygnał, że pewnie zapanował głód i, jako środek samozachowawczy, nasza podstawowa przemiana materii zmniejszy się by oszczędzać energię. I tu powstaje problem: kiedy stosujemy dietę, ograniczamy spożycie kalorii, a wtedy organizm traktuje to jako czas głodu i obniża tempo przemiany materii. Spowolniony metabolizm oznacza także mniej energii i szybsze męczenie się.

Kiedy decydujesz się na dietę o ograniczonej kaloryczności, twój organizm reaguje tak, jakby doświadczał głodu. Przez kilka pierwszych dni, kiedy metabolizm wciąż jeszcze funkcjonuje normalnie, ograniczenie kalorii działa i chudniesz. Zawsze najwięcej kilogramów zrzucasz w pierwszych kilku tygodniach stosowania diety. Po pewnym czasie, kiedy twoje ciało przystosuje się do mniejszej ilości dostarczanych kalorii, metabolizm powoli zmniejsza tempo. Teraz ilość zjadanych kalorii równoważy się z ilością spalanych. Proces chudnięcia zatrzymuje się. Utknąłeś w martwym punkcie.

A zatem, żeby nadal chudnąć, musisz jeszcze bardziej zredukować ilość zjadanych kalorii. Jeśli to zrobisz, zgubisz jeszcze parę kilogramów, dopóki twój organizm ponownie przystosuje się, znów spowalniając przemianę materii. Dopóki będziesz ograniczał ilość przyjmowanych kalorii, twój metabolizm będzie zmniejszał się, by w ten sposób zrównoważyć ilość spożywanych względem zużywanych kalorii. Ale tym sposobem dieta stanie się bardzo restrykcyjna i niekomfortowa (niektórzy powiedzą, że nawet przykra). I już wiemy dlaczego, choć niektórzy ludzie jedzą dziennie mniej niż 100 kalorii, nie chudną.

Kiedy wreszcie zdecydujesz się zakończyć dietę, to nawet jeśli nadal jesz mniej, niż kiedy ją rozpoczynałeś, dodatkowe kalorie zaczynają przekładać się na większą masę ciała, ponieważ tempo przemiany materii jest zahamowane. Twój organizm wciąż uważa, że nastał czas głodu. Jeśli teraz zwiększysz ilość spożywanych kalorii, te niewykorzystane odłożą się w postaci tłuszczu, pomimo że jesz mniej kalorii niż przed rozpoczęciem diety. I zanim twój organizm zorientuje się, że czas głodu dobiegł końca, kilogramy, które zrzuciłeś, powrócą. Ponadto twoje ciało będzie miało tendencję, by dorzucić jeszcze kilka na wypadek ponownego okresu głodu. Tak więc po zakończeniu diety zrzucone kilogramy stopniowo powracają, „w towarzystwie" jeszcze kilku, tak na wszelki wypadek. W rezultacie ważysz więcej niż przed rozpoczęciem diety. Ten cały cykl może trwać przez kilka miesięcy lub ciągnąć się przez kilka lat. Efekt końcowy, a raczej jego brak, wciąż jest taki sam.

Następna dieta odchudzająca, jaką podejmujesz, kończy się tak samo, podobnie jak kolejna, a potem jeszcze jedna i jeszcze jedna. Z każdą dietą ważysz więcej, niż zanim ją zacząłeś. Zjawisko to nazywa się „otyłością wywołaną dietami" lub po prostu „efektem jo-jo".

Większość diet odchudzających uważa się za tymczasowe restrykcje dietetyczne i jak tylko następuje pożądana utrata kilogramów, osoba odchudzająca się powraca do „starych" nawyków żywieniowych. To właśnie one spowodowały problem nadwagi. W konsekwencji takich działań zrzucone kilogramy powracają. Nigdy nie będziesz szczupły, jedząc w sposób, do jakiego przywykłeś. Żeby skutecznie i trwale schudnąć, musisz dokonać permanentnej zmiany, a takiej z kolei większość ludzi nie chce. Któż bowiem, przy zdrowych zmysłach, chciałby zawsze być na diecie odchudzającej? Tego typu diety są zbyt ograniczające i w wielu przypadkach niezdrowe. Dieta skuteczna to taka, przy której czujesz się komfortowo; coś, co możesz kontynuować do końca życia. Musisz uczynić ją stałą częścią swojego życia, a zatem dieta, którą wybierzesz, powinna być zadowalająca, sycąca i zdrowa. Jeśli nie jest zadowalająca, nie potrwa długo.

Zauważ, proszę, że powiedziałem, że aby dieta okazała się sukcesem musi także być zdrowa. Dieta, w której brakuje składników odżywczych, jak to dzieje się w przypadku większości diet niskokalorycznych i niskotłuszczowych, negatywnie wpływa na przemianę materii i sprzyja przejadaniu się jako środkowi zaradczemu na głód i niedobór składników odżywczych. O metabolizmie przeczytasz szczegółowo w rozdziale 13.

NIE WSZYSTKIE KALORIE SĄ TAKIE SAME

Kalorie to jednostki pomiaru energii. Od strony ściśle technicznej, kaloria to ilość energii potrzebnej do podniesienia temperatury 1 grama wody o 1°C. Nasz organizm metabolizuje węglowodany, białka i tłuszcze w energię mierzoną w kaloriach.

Naukowcy ustalili, że 1 gram węglowodanów to 4 kalorie, gram białek to również 4 kalorie, tymczasem gram tłuszczu to już 9 kalorii

– ponad dwukrotnie więcej niż w przypadku pozostałych dwóch elementów każdego jadłospisu. Jesteśmy w stanie zjeść ponad dwa razy więcej węglowodanów lub białek, by dostarczyć takiej samej ilości kalorii, jaką dają tłuszcze. Jeżeli ograniczysz kalorie w celu schudnięcia, lecz wciąż zechcesz jeść tyle, żeby nie czuć głodu, ograniczenie do minimum spożycia tłuszczów i zastąpienia ich węglowodanami lub białkami wydawałoby się logiczne. Taki jest powszechny tok myślenia u podstaw wszystkich niskokalorycznych i niskotłuszczowych diet.

Zgodnie z tym modelem utraty wagi przyjmuje się, że wszystkie kalorie są sobie równe, niezależnie od ich źródła. Takie rozumowanie zrodziło powiedzenie: „Kaloria to kaloria, nieważne jaka", bez względu na to, czy pochodzi z tłuszczów, węglowodanów, czy białek. Założenie to jednak jest błędne i jest powodem nieskuteczności diet niskotłuszczowych i niskokalorycznych. Ze względu na fakt, że kaloria to jednostka miary, podobnie jak centymetry lub stopnie w pomiarze temperatury, powiedzenie, że kaloria to kaloria, wydawałoby się logiczne, ponieważ jak najbardziej logiczne jest stwierdzenie, że centymetr to centymetr, bez znaczenia, co mierzymy. Ale centymetry i stopnie to miary bezpośrednie. Możesz dokładnie określić wzrost danej osoby w centymetrach za pomocą, np. metrówki, czy też termometrem zmierzyć temperaturę ciała. Kalorie nie są jednostką pomiaru bezpośredniego. Nie istnieje przyrząd do pomiaru ilości kalorii w organizmie, a zatem właściwie nie ma sposobu na pomiar energii uwalnianej w naszym ciele z pożywienia, które jemy. Możemy tylko domyślać się na podstawie obliczeń.

Kalorie liczymy za pomocą urządzenia zwanego kalorymetrem bombowym. Umieszcza się w nim jedzenie zamknięte w szczelnym pojemniku stojącym w wodzie i całkowicie spala. Następnie mierzy się, o ile wzrosła temperatura wody. W ten oto sposób określa się kaloryczność węglowodanów, białek i tłuszczów, zaś na tej podstawie można obliczyć ilość kalorii w dowolnym pożywieniu złożonym z każdego z tych trzech składników odżywczych. Gdyby nasz organizm *zawsze* funkcjonował *dokładnie* tak jak kalorymetr bombowy, niezależnie od rodzaju zjedzonego pokarmu, wówczas kaloria równałaby się kalorii. Ale, niestety, na kaloryczną wartość netto jedzenia wpływa wiele innych czynników biologicznych. Na przykład niektóre hormony i enzymy bardziej sprzyjają spalaniu tłuszczów niż węglowodanów, a pewne tłuszcze przyspieszają przemianę materii. Zmienne te nie są brane pod uwagę podczas pomiaru w kalorymetrze bombowym. Wartości otrzymane w takim procesie niekoniecznie odpowiadają tym rzeczywistym, zachodzącym w organizmie człowieka podczas spalania kalorii. Źródło kalorii jest niezwykle istotne. Właśnie dlatego jedna osoba może jeść jak koń i być chuda jak szkapa, a inna je jak wróbelek i nadal tyje.

Wydano już mnóstwo książek na temat niskokalorycznych i niskotłuszczowych diet promujących zasadę „kaloria to kaloria". Tak naprawdę to na jej podstawie zbudowano cały przemysł zajmujący się odchudzaniem. Miliony ludzi przeczytały te książki, rezygnowały z tłuszczów, liczyły kalorie, a mimo to tyły coraz bardziej. Przytoczona tu teoria o kaloriach jest w pewnym sensie dość okrutna, ponieważ jeśli, ograniczając ilość spożywanych kalorii, przybierasz na wadze to ewidentnie coś tu jest nie w porządku. Większość ludzi z pewnością zgodziłaby się na pewno, że to nie z teorią jest coś nie tak. A zatem, jeśli to nie teoria szwankuje, to musisz być ty! Zapewne oszukujesz, wykradając jedzenie, gdy nikt nie patrzy i nie przyznajesz się do tego. Przecież nikt nie tyje od sałatek bez tłuszczu i warzyw na parze, prawda? Kiedy zaprzeczasz, osoby słuchające cię mrugają oczami lub tajemniczo uśmiechają się, dając ci do zrozumienia, że twój sekret jest z nimi bezpieczny.

Spora część tłuszczu w naszym ciele nie pochodzi z tłuszczów zawartych w pokarmach, lecz z węglowodanów, które jemy. Wszystkie spożywane węglowodany, których organizm nie zużywa natychmiastowo do produkcji energii, zamieniane są w tłuszcz i przechowywane w komórkach tłuszczowych. Oponka na twoim brzuchu była kiedyś górą naleśników, które pochłonąłeś na śniadanie, pączkiem na przekąskę i podwójną porcją frytek, zjedzoną z wilczym apetytem na obiad. Zdecydowana większość pokarmów, które jemy, zawiera węglowodany. Przeciętnie spożywamy 60 procent dziennego zapotrzebowania kalorycznego w postaci węglowodanów, a tylko 40 procent pochodzi z białek i tłuszczów. Znaczna ich ilość wykorzystywana jest jako materiał budulcowy do tworzenia i utrzymania w zdrowiu mięśni, kości i innych tkanek. Tylko niewielki ułamek zjadanych przez nas białek i tłuszczów zużywany jest do produkcji energii albo odkłada się jako tłuszcz w ciele. Organizm nie musi wykorzystywać białek i tłuszczy do uzyskania energii, ponieważ ma aż nadmiar węglowodanów do dyspozycji. A ich niewykorzystana nadwyżka magazynowana jest w formie tkanki tłuszczowej.

Badania naukowe wykazały, że dieta bogata w węglowodany jakie zwykle jemy zwiększa proces syntezy tłuszczu i cholesterolu. Kiedy niektóre węglowodany zastąpi się tłuszczami, wytwarzanie tłuszczu i cholesterolu w organizmie zmniejsza się[1-2]! Badania te obalają teorię mówiącą, że wszystkie kalorie są sobie równe. A zatem zastąpienie większości węglowodanów w jadłospisie tłuszczami spowoduje zmniejszone wytwarzanie tłuszczu i niższą masę ciała (poziom cholesterolu też się obniży). To naprawdę jest aż tak proste.

Kalorie pochodzące z węglowodanów nie tylko różnią się od tych z tłuszczów, również rodzaj węglowodanów może mieć inną kaloryczność. Na przykład cukry wcale nie są do siebie podobne, jeśli chodzi o kalorie. Wyniki badań naukowych dowiodły, że cukry mogą bardzo różnie oddziaływać na masę ciała, pomimo że ich wartość kaloryczna może być identyczna.

Bardziej przytyjesz, jedząc pokarmy słodzone fruktozą niż sacharozą czy glukozą. Naukowcy mogą wywołać otyłość u szczurów, karmiąc je wysokofruktozowym syropem kukurydzianym, przy czym szczury nie stają się otyłe, kiedy jedzą tę samą ilość kalorii w postaci sacharozy[3].

Choć fruktoza ma tyle samo kalorii co sacharoza, ich wpływ na przemianę materii jest zupełnie odmienny. Z badań naukowych wynika, że fruktoza zwiększa ilość wolnych kwasów tłuszczowych, które odkładają się w ciele w postaci tkanki tłuszczowej, wzmaga działanie greliny – hormonu sygnalizującego mózgowi głód, a także zakłóca prawidłowy przebieg transportu i sygnalizację leptyny, hormonu, który pomaga wywołać uczucie sytości[4-6]. Wszystko to przyczynia się do tycia i odkładania się tkanki tłuszczowej. Zasadniczo fruktoza ulega metabolizmowi w celu wytworzenia tłuszczu, tymczasem glukoza jest w dużej mierze zamieniana w energię lub też przechowywana w postaci glikogenu w wątrobie i mięśniach.

TROCHĘ MATEMATYKI

Naukowcy obliczyli, że jedzenie 3500 kalorii ponad to, co spalamy, powoduje przybranie na wadze o 0,45 kg. Niektórzy ludzie spożywają dużo ponad wspomniane, średnie 2400 kalorii dziennie i to aż o 1000 do 3000 więcej, nie spalając ich wzmożonym wysiłkiem fizycznym. Według teorii „wszystkie kalorie są równe", ludzie ci muszą jeść znacznie ponad „normę", by mieć nadwagę. Jedna porcja (2336 ml) czy też 2 kulki lodów waniliowych to 500 kalorii, tyle samo co 85 g czipsów ziemniaczanych lub kilka batoników. Spożycie 500 kalorii ponad to, co spalisz, spowoduje, że przytyjesz 0,065 kg. Niby niewiele, ale jeśli dostarczałbyś organizmowi 500 dodatkowych kalorii codziennie przez rok, przytyłbyś 23,6 kg! W ciągu 10 lat „urósłbyś" jak balon o 235 kg ponad wagę początkową! A jeśli jadłbyś 1000 kalorii ekstra dziennie? Nie byłoby to trudne, wystarczyłoby bowiem jeść tzw. śmieciowe jedzenie, przekąski lub pić napoje gazowane pomiędzy posiłkami. w ciągu pierwszego roku takiego odżywiania się przytyłbyś 47 kg, w ciągu 10 lat szokujące 472 kg! A więc jeśli na początku tej „antydiety" ważyłbyś 68 kg, 10 lat później byłoby to 544 kg.

I w tym leży istota problemu. Ilu bowiem ludzi je kilka przekąsek dziennie o wartości energetycznej 1000 kalorii czy więcej ponad „normę", a jednak nie waży 544 kg? Gdyby wszystkie kalorie były sobie równe, na ulicach byłoby dużo więcej osób ważących 544 kg, choć być może nie byliby w stanie poruszać się tak sprawnie by wyjść na ulicę, jednak byłoby ich znacznie więcej. Według listy najbardziej otyłych ludzi na świecie dostępnej w Wikipedii, dotąd tylko troje ludzi ważyło ponad 544 kg. Jestem pewien, że nie przytyli tak tylko od przekąsek, składających się z kilku batoników i czipsów ziemniaczanych pomiędzy posiłkami. Już sam ten fakt powinien dać ci do myślenia, że z tą teorią jest coś nie tak.

Dowodem na to jest Walter Hudson (1944-1991), rekordzista Księgi Guinnessa w kategorii najszerszy obwód w talii/pasie, w jego przypadku wynoszący 300 cm. Hudson jest czwartą najbardziej otyłą osobą na świecie odnotowaną w medycynie. Jego największa, odnotowana waga wynosiła 543 kg. Codziennie zjadał dwie porcje kiełbasek, 0,45 kg boczku, 12 jajek, bochenek chleba, 4 hamburgery, 4 podwójne cheeseburgery, 8 dużych porcji frytek, 3 steki z szynki lub 2 kurczaki, 4 pieczone i 4 słodkie ziemniaki, 4 brokuły i duże ciasto, a wszystko to popijał 17 litrami napojów gazowanych[7]. Dziennie spożywał ponad 30 000 kalorii! I to tylko z posiłków. Dodatkowo zjadał jeszcze całą masę rozmaitych przekąsek. Według teorii „kaloria równa kalorii", za swą olbrzymią wagę mógł winić wyłącznie przekąski pomiędzy posiłkami!

Przyjrzyjmy się zatem ponownie tej formule i dokładnie obliczmy, o ile kilogramów przytylibyśmy, spożywając dziennie 30 000 kalorii. W kalkulacji tej pominiemy przekąski. Zgodnie z tą teorią, Hudson powinien był przytyć codziennie 3,9 kg! W ciągu roku przytyłby 1424 kg i ważyłby 1966 kg, a w zaledwie 10 lat jego waga przekroczyłaby 19660 kg! Czy widzisz zatem niedorzeczność tej teorii?

Jej przeciwieństwo też jest prawdziwe. Jeśli zmniejszyłbyś spożycie kalorii o 1000 jednostek (powiedzmy z 3500 do 2500), można byłoby spodziewać się, że w ciągu roku schudniesz trochę ponad 47 kg. A jeśli ograniczyłbyś codzienną kaloryczność swoich posiłków do 1500 jednostek, jak robi to wiele osób będących na diecie niskotłuszczowej, w rok powinieneś zgubić 90,7 kg, oczywiście, jeśli taka ilość byłaby dla ciebie odpowiednia. Bardzo nieliczne osoby chudną skutecznie w tym przedziale czasowym. A więc znów coś musi być nie tak z tą teorią.

Sądząc po dowodach, przestarzały koncept „kaloria równa kalorii" odniósł kompletną porażkę. Źródło kalorii jest bowiem ważne, a raczej jest niezwykle istotne! W następnym rozdziale dowiesz się więcej o różnicy pomiędzy kaloriami pochodzącymi z tłuszczów a tym i z węglowodanów oraz w jaki sposób dodawanie tłuszczu do jadłospisu pomoże ci zrzucić zbędne kilogramy.

8

JEDZ TŁUSZCZ I CHUDNIJ

TŁUSZCZ TO NIE PROBLEM, LECZ ROZWIĄZANIE

Lekarz Herman Taller przez całe życie był pulchny. Przy 179 cm wzrostu ważył 120 kg. Wydawało się, że nic nie można na to poradzić.

Kiedy Taller poszedł na studia medyczne na Uniwersytecie w Pawii (University of Pavia) we Włoszech, bacznie analizował artykuły medyczne na temat żywienia, pytał też lekarzy o diety odchudzające. Usłyszał kilkadziesiąt teorii i zalecono mu tyleż samo diet. Wypróbował je wszystkie, ale żadna nie okazała się skuteczna w jego przypadku. Jedna z tych diet pozwalała jeść wyłącznie świeże owoce. Wprawdzie w ten sposób schudł kilka kilogramów, lecz kiedy skończył tę dietę, dotychczasowa waga powróciła, nawet z pewnym dodatkiem. Nie mógł cały czas odżywiać się zgodnie z jej zasadami, ponieważ dieta ta osłabiała go i denerwowała. Same owoce nie wystarczyły, by zaspokoić jego głód.

Próbował też ograniczyć swój jadłospis tylko do mleka i warzyw. Jadł tak przez cały miesiąc, by pod koniec tego czasu przekonać się, że przytył 1,4 kg. Przeszedł też na dietę wyłącznie białkową, opartą na różnego rodzaju mięsie i rybach, która okazała się kolejnym sposobem na zyskanie dodatkowej wagi. Przez cały okres studiów był na takiej bądź innej diecie, które sprawiały, że nieustannie był głodny. Do ukończenia studiów ważył o 16 kg więcej niż na początku.

Studia ukończył tuż przed wybuchem II wojny światowej. W obawie przed wiszącym w powietrzu konfliktem zbrojnym w Europie przyjął posadę lekarza w Chile i wyjechał do Ameryki Południowej. W końcu przeprowadził się do Stanów Zjednoczonych, gdzie w Nowym Jorku rozpoczął pracę położnika i ginekologa.

Będąc młodym lekarzem, nadal przybierał na wadze. Rozmawiał o kontroli wagi ciała i swoich niepowodzeniach w chudnięciu z innymi lekarzami. Niektórzy jego rozmówcy sugerowali, że „oszukiwał", jedząc sprytnie, nie przyznając się do tego, nawet przed sobą samym. Inni lekarze z nadwagą po prostu wzruszali ramionami.

Taller zaproponował pewnemu lekarzowi, który był szczególnie przekonany, że oszukuje, przeprowadzenie eksperymentu: mieliby wyjechać na dziesięciodniowe wakacje i spędzić je nieprzerwanie w swoim towarzystwie, jeść i pić to samo, i ocenić rezultaty. Jego kolega przystał na eksperyment i pojechali. Taller przestrzegał diety niskokalorycznej i niskotłuszczowej. Jadł głównie sałatki, unikał wszelkich tłuszczów i tłustych pokarmów, a ponieważ był na urlopie, codziennie przed kolacją pił drinka. Jego towarzysz (też lekarz), który był szczupły, jadł i pił dokładnie tak samo. Pod koniec urlopu okazało się, że ten drugi schudł około kilograma, tymczasem Taller przytył trochę ponad 4 kg! Nie umiejąc tego wyjaśnić, jego przyjaciel nazwał to zjawisko anomalią.

Prawdą jest, że restrykcyjne ograniczenie ilości jedzenia pomogło Tallerowi schudnąć, przynajmniej na początku. Gubił zbędne kilogramy za każdym razem kiedy prawie głodził się, lecz później powracały one nieuchronnie w towarzystwie jeszcze kilku. Ponadto te drakońskie diety miały nieprzyjemne skutki uboczne, zwłaszcza zmęczenie, drażliwość i ciągłe uczucie dokuczliwego głodu.

W 1995 roku lekarze zainteresowali się związkiem poziomu cholesterolu we krwi z chorobą wieńcową. W tym czasie wszystko wskazywało na powiązanie pomiędzy otyłością a cholesterolem, a jako że Taller miał nadwagę, zmierzono mu poziom cholesterolu we krwi. Wynik 350 mg/dl znacznie przekraczał, uznaną w tamtych czasach za normę, wartość 225 mg/dl. Teraz miał więc jeszcze dodatkowy powód do zmartwienia.

Lekarz, który wykonywał to badanie, powiedział Tallerowi, że chciałby, żeby spróbował czegoś, co pomoże mu obniżyć tak wysokie stężenie cholesterolu. A kiedy Taller zapytał go, co to takiego, tamten nie chciał mu powiedzieć, poprosił tylko o zaufanie. By udowodnić, że Tallerowi nic nie zagraża, sam wypił trochę oleistej substancji i powiedział mu, by przyjmował ją codziennie.

Z powodu wysokiego wskazania cholesterolu Taller chętnie zgodził się na ten eksperyment. Codziennie więc wypijał 88,8 ml tajemniczej substancji. Na kontrolę poziomu cholesterolu miał zgłaszać się co 2 tygodnie.

Tak jak spodziewał się tego jego lekarz, poziom cholesterolu we krwi Tallera zaczął spadać, a co jeszcze bardziej zaskakujące, również jego waga. Chociaż zupełnie nie zmienił diety, nadmierne kilogramy zaczęły topnieć. W ciągu 2-3 tygodni zauważył, że pasek u spodni zapinał o jedną dziurkę ciaśniej. Ta tajemnicza substancja redukowała nie tylko jego cholesterol, ale także zbędne kilogramy. Cóż to za cudowny płyn? Nie było to nic innego jak tylko olej roślinny, w zasadzie taki sam, jaki można kupić w sklepie spożywczym. Fakt ten wprawił Tallera w osłupienie. Poza posiłkami, które jadał jak dotychczas, spożywał 6 łyżeczek (89 ml) dodatkowego tłuszczu dziennie. Zjadał 5000 kalorii codziennie i chudł! Przeciętna, dzienna kaloryczność posiłków osoby dorosłej o prawidłowej masie ciała wynosi od 2000 do 3000 kalorii, tymczasem on jadł ich prawie dwukrotnie więcej.

Spadek wagi był stabilny i bardzo wyraźny. Taller czuł się lepiej. Męcząca go od lat przewlekła niedrożność zatok ustępowała. Wygląd jego cery poprawiał się. Po 8 miesiącach „kuracji" zrzucił 29 kg – i to bez żadnej diety. Przy wadze 91 kg nadal nie był szczuplutki, ale jednak pierwszy raz od wielu lat był znacznie szczuplejszy i szczęśliwszy.

Przez te wszystkie lata Taller starał się wyeliminować tłuszcz ze swego jadłospisu, ponieważ uważał, że sprzyja on tyciu. A teraz jadł tłuszcz i znacznie więcej kalorii, i chudł. Przez dziesiątki lat czytał, że żeby schudnąć trzeba jeść mniej kalorycznie. Przekonanie to uznano za wręcz niepodważalną zasadę. A jednak zwiększając ilość spożywanych kalorii, dzięki włączeniu w jadłospis większych ilości tłuszczu, ewidentnie gubił zbędne kilogramy. Zaczął wówczas myśleć, że nie wszystkie kalorie są takie same, jeśli chodzi o kwestię wagi ciała.

Taller spędzał cały swój wolny czas w bibliotece medycznej, szukając wszelkich materiałów na temat otyłości i przemiany materii. Podczas swoich poszukiwań natknął się na pracę doktora Alfreda W. Penningtona, który napisał artykuł pt. „Zastosowanie tłuszczu w diecie odchudzającej", opublikowany w kwietniowym wydaniu *Journal of the Medical Society of Delaware* z 1951 roku.

W artykule tym doktor Pennington stwierdził: „W przeciwieństwie do idei wyznawanych przez zwolenników «teorii o kaloriach», diety niskokaloryczne poddane najbardziej rygorystycznym warunkom eksperymentalnym nie zdały egzaminu. Diety niskokaloryczne oparte na zasadzie wymogów kalorycznych powstały w służbie przesadnych ułatwień i prostocie. Na tym świecie jest mnóstwo otyłych ludzi, którzy tak naprawdę mocno się głodzą".

Następnie przeczytał zdanie wyjaśnienia: „Zdolność komórek do oksydacji tłuszczu jest, w przeciwieństwie do węglowodanów, nieograniczona". Słowo „oksydacja" zostało tu użyte w znaczeniu spalania lub konwertowania energii. Proces ten można porównać do tego jak twój samochód spala benzynę, by wytworzyć energię napędzającą silnik. Twoje ciało spala pożywienie, aby uzyskać energię potrzebną do poruszania się i funkcjonowania. Doktor Pennington poczynił ciekawą uwagę. Jak utrzymywał, organizm człowieka jest w stanie spalić nieograniczoną ilość tłuszczu, potrafi przetransformować nieskończoną ilość tłuszczu w energię. Jeśli spalasz cały tłuszcz, który zjadasz, wówczas nie pozostanie żaden tłuszcz. A zatem to nie tłuszcz sprawia, że przybierasz na wadze, zakładając oczywiście, że masz wystarczająco dużo ruchu.

A jeśli chodzi o węglowodany? W ich przypadku doktor Pennington uważał, że gospodarka chemiczna w organizmie jest ograniczona. Może on spalić tylko pewną ilość węglowodanów, różniącą się w zależności od osoby. Co dzieje się z węglowodanami, które nie zostają spalone? Organizm przechowuje je w postaci tkanki tłuszczowej. U mężczyzn nadmiar tłuszczu koncentruje się w okolicach brzucha i określany jest mianem „tuszy, która pojawia się w wieku średnim" i na karku, zaś u kobiet na pośladkach, nad ramionami, na udach, piersiach i na brzuchu.

Doktor Pennington odkrył, że kiedy już są w organizmie, kalorie nie są sobie równe. Wraz z tym odkryciem stało się jasne, że to nie ilość spożywanego pożywienia liczy się tak bardzo jak jego rodzaj. Niemądrze jest twierdzić, że od określonej liczby kalorii przytyjesz, tak samo jak utrzymywać, że ścisła ilość mikrobów sprawi, że się rozchorujesz. Jaki rodzaj kalorii? Jaki rodzaj mikrobów?

Po zakończeniu II wojny światowej częstotliwość zachorowań na zawał serca szybko zwiększała się i do roku 1950 choroba ta stała się wiodącą przyczyną zgonów w Ameryce. Przybyło też ludzi otyłych. W tamtych czasach duże firmy często zatrudniały własny personel medyczny do opieki nad pracownikami. W 1948 roku szefostwo przedsiębiorstwa E.I. DuPont w Wilmington w Stanie Delaware coraz bardziej martwił fakt, że coraz większa liczba pracowników stawała się otyła i chorowała na serce. Diety niskokaloryczne już nie sprawdziły się jako remedium na ten problem. Pracujący wówczas w DuPont doktor Alfred Pennington postanowił podjąć inne kroki. Był przekonany, że otyłość nie wynikała z nadmiernego jedzenia. To spożywanie zbyt dużej ilości węglowodanów wywoływało otyłość u pracowników, a także przyczyniało się do chorób serca.

Dla sprawdzenia swojej teorii, 20 przełożonym przedsiębiorstwa, którzy borykali się z nadwagą, zalecił wysokotłuszczową, niskowęglowodanową dietę o nieograniczonej kaloryczności. Natychmiast po rozpoczęciu diety zaczęli zrzucać kilogramy, średnio 1 kilogram tygodniowo. Jak napisał Pennington: „Co warto zauważyć, między posiłkami nie odczuwali on głodu", a poza tym mięli więcej energii do działania i lepsze samopoczucie". W trzy i pół miesiąca przeciętnie schudli po 10 kilogramów każdy. Pozbywali się zbędnych kilogramów na diecie, która nie ograniczała kalorii. Jedli 510 g mięsa zawierającego 170 g tłuszczu (głównie nasyconego), podzielonego na 3 posiłki średnio przekraczające 3000 kalorii dziennie. Konsumpcję węglowodanów ograniczyli natomiast do 80 kalorii (20 g) na jeden posiłek. Jak zaobserwował Pennington: „W niektórych przypadkach nawet tak niewielka ilość węglowodanów hamowała proces chudnięcia, pomimo że nieograniczone spożycie białek i tłuszczów przyniosło pożądane rezultaty".

Pennington uważał diety niskokaloryczne za formę głodówki i za ubogie w składniki odżywcze i niezdrowe, jakim i w konsekwencji rzeczywiście są. Według niego najbezpieczniejszą i najskuteczniejszą metodą odchudzającą była całkowita eliminacja węglowodanów z diety, przy nieograniczonym spożyciu białek i tłuszczów. Zalecał jedzenie świeżego mięsa wraz z całą zawartością tłuszczu. Mówił, że większość mięsa sprzedawanego w sklepach jest za chuda, więc doradzał zjadanie go więcej lub jedzenie tłuszczu nerkowego. Zalecane przez niego proporcje to 225 g chudego mięsa na 85 g mięsa (po przygotowaniu) w każdym z trzech posiłków w ciągu dnia, pozostawiając pacjentowi możliwość zjedzenia więcej, jeśli chce – w proporcji: trzy kawałki chudego do jednej porcji tłustego. Łączna ilość zjedzonego pokarmu nie miała znaczenia, lecz proporcję 3:1 należało zachować, ponieważ wszelki spadek spożycia tłuszczu zmniejszyłby stopień chudnięcia. „Cały sukces tej diety tkwi w zjadaniu wystarczających ilości tłuszczu" – twierdzi Pennington. „W przeciwnym razie pacjent byłby po prostu na lichej diecie niskokalorycznej z jej wszystkimi niedogodnościami". Utrzymywał, że na zalecanej przez niego diecie utrata 5,5 kg miesięcznie jest czymś normalnym. Proces chudnięcia samoistnie zatrzymuje się, kiedy organizm osiągnie swoją prawidłową wagę.

Jedną z pierwszorzędnych zalet tej diety jest to, że utrzymuje ona produkcję energii, dzięki czemu organizm nigdy „nie myśli", że doświadcza głodu lub przechodzi głodówkę, więc metabolizm jest stabilny. Spalanie kalorii zachodzi w trybie normalnym. Eliminuje to ciągłą potrzebę mniejszego spożycia kalorii, by dotrzymać kroku zmniejszającej się przemianie materii, która ma miejsce na diecie o ograniczonej kaloryczności.

Wieści o niskowęglowodanowym i wysokotłuszczowym podejściu Penningtona do tematu odchudzania rozniosły się i w początkach lat 50. stały się popularne jako dieta DuPont. Jednak, pod koniec dziesięciolecia, tłuszcz, w szczególności nasycony, okrzyknięto winowajcą podwyższonego poziomu cholesterolu we krwi i uznano za przyczyniający się do chorób serca. Ludzie ze strachu zaczęli usuwać tłuszcze ze swoich jadłospisów. Tym sposobem bogata w tłuszcze nasycone dieta DuPont w końcu straciła zwolenników i przeszła w zapomnienie.

Wykorzystując wiedzę pochodzącą z odkryć Penningtona, doktor Taller zaczął zalecać niskowęglowodanową i wysokotłuszczową dietę wszystkim swym otyłym pacjentom. Z obawy przed tłuszczami nasyconymi zastąpił je olejami roślinnymi, zwłaszcza słonecznikowym, ponieważ zawiera on w sobie bogactwo tłuszczów wielonienasyconych. Swoim pacjentom zalecał spożywanie 90 ml oleju i 60 ml margaryny dziennie. Ponadto przed każdym posiłkiem pili oni 2 łyżki stołowe (30 ml) płynnego oleju roślinnego, a do przygotowania każdego posiłku zużywali 57 g margaryny. Dieta ta przyniosła oczekiwane rezultaty. Pacjenci z nadwagą z łatwością zrzucali niechciane kilogramy, nie ograniczając przy tym spożycia kalorii. W 1961 roku doktor Taller napisał książkę *Calories Don't Count*. Jak już wiemy z rozdziału 3 niniejszej książki, chociaż stosowanie oleju słonecznikowego i margaryny zamiast tłuszczów nasyconych wciąż przynosiło efekty odchudzające, wysoka zawartość kwasu linolowego w oleju słonecznikowym i obecne w margarynie kwasy tłuszczowe trans przy dłuższym stosowaniu wyrządziłyby więcej szkody niż pożytku. Początkowo dieta Tallera zyskała popularność, jednak powszechna obawa przed tłuszczem stała się wszechogarniająca i ludzie przestali ją stosować.

JEDZ TŁUSZCZ, BY POZBYĆ SIĘ TŁUSZCZU

Taller i Pennington nie byli jedynymi, którzy odkryli, że do skutecznego schudnięcia potrzeba tłuszczu. Już w roku 1928 naukowcy z Instytutu Russella Sage'a (Russell Sage Institute) w mieście Troy w stanie Nowy Jork dokonali tego samego odkrycia. W teście kalometrem okazało się, że mężczyzna jedzący codziennie 2000-3000 kalorii pochodzących z tłustych mięs, chudł. Z uwagi na fakt, że 80 procent kalorii w diecie czerpał z tłuszczu, ewidentne stało się, że jego organizm miał zdolność spalania większej ilości pokarmu na tej diecie niż na niskokalorycznej[1].

Jednym z pierwszych naukowców, którzy dostrzegli związek pomiędzy konsumpcją tłuszczów i węglowodanów a masą ciała, był słynny endokrynolog, dr n. med. Broda Barnes. Tuż po ukończeniu studiów medycznych w 1938 roku rozpoczął współpracę z doktorem Robertem W. Keetonem na Uniwersytecie Stanu Illinois (University of Illinois). Z racji kierunkowego wykształcenia Barnesa (miał stopień doktora nauk medycznych z dziedziny endokrynologii – nauki o tarczycy i pozostałych gruczołach, doktor Keeton polecił mu zająć się badaniem związku pomiędzy układem wewnątrzwydzielniczym a otyłością.

Barnes zebrał grupę otyłych ochotników i przez 3 miesiące prowadził skrupulatny rejestr każdego kawałka pożywienia, jakie zjedli. Analiza rodzajów spożywanych przez ochotników pokarmów doprowadziła do zupełnie nieoczekiwanego odkrycia. Chociaż jadłospis każdego z ochotników był inny, składnikiem wspólnym dla nich wszystkich była wysoka konsumpcja węglowodanów. Białka jedli w umiarkowanych ilościach, lecz tłuszczu unikali jak ognia. Starannie wycinali wszelki tłuszcz z mięsa i rezygnowali z masła oraz tłustych pokarmów. Doktor Barnes nie miał najmniejszej wątpliwości, że przyczyną ich otyłości była niskotłuszczowa, ale wysokowęglowodanowa dieta.

W tym samym czasie jeden z kolegów Barnesa badał wpływ diety wysokotłuszczowej na szczury. Zaobserwował, że szczury z nadwagą chudły, kiedy były na diecie wysokotłuszczowej. Zasugerował Barnesowi wypróbowanie identycznej diety na ochotnikach wśród ludzi.

Doktor Barnes opracował dietę o umiarkowanej zawartości białek, niskiej ilości węglowodanów, ale wysokotłuszczową. Składała się ona z 50 gramów węglowodanów, 70 gramów białek i 90 gramów tłuszczów, co przekładało się na około 1300 kalorii dziennie. Była to w pewnym sensie też dieta niskokaloryczna, ponieważ przeciętne, dzienne spożycie kalorii wahało się od 2000 do 2800 jednostek. 63 procent wszystkich kalorii pochodziło z tłuszczów.

Na śniadanie uczestnicy eksperymentu zwykle jedli 2 jajka na boczku, szynce lub kiełbasie, pili 60 ml soku owocowego i, jeśli chcieli, napoju ze śmietanką, ale nie jedli ani cukru, ani tostów. Ich obiady i kolacje składały się z tłustych mięs, warzyw z dodatkiem masła, sałatki obficie polanej dresingiem na bazie oleju, szklanki surowego mleka oraz małej porcji świeżych owoców na deser.

Najczęściej spożywano warzywa i owoce o stosunkowo niskiej zawartości węglowodanów. Sporadycznie ochotnikom podawano zmniejszoną porcję warzyw o wyższej zawartości węglowodanów. Całkowicie zaś wyeliminowano warzywa i kasze.

Pozostawali oni na obserwacji w szpitalu. W okresie tym stabilnie chudli – średnio 4,5 kg miesięcznie, a jeszcze bardziej zdumiewał fakt, że uczestnicy cieszyli się jedzeniem i nie odczuwali głodu, choć dieta ta była mniej kaloryczna od standardowej. Wszyscy biorący udział w eksperymencie uczestnicy czuli się komfortowo i nie mieli napadów głodu. Zdarzało się nawet, że nie dali rady dokończyć swych porcji.

Na początku badania wszyscy uczestnicy, z wyjątkiem jednego, ważyli ponad 136 kg każdy. Tylko jedna kobieta ważyła 132 kg, ale włączono ją do tej grupy, ponieważ miała zaledwie 18 lat. Przez całe życie była „większych rozmiarów" i bardzo się tego wstydziła. Za każdym razem, kiedy przychodzili do niej znajomi lub przyjaciele, chowała się pod łóżkiem do czasu, aż wyszli. Do przychodni przywieziono ją, ponieważ utyła tak bardzo, że już nie była w stanie wcisnąć się pod łóżko. Pozostała w szpitalu przez 13 miesięcy i schudła 50 kg, najbardziej z brzucha i bioder. Doktor Barnes zauważył też, że jej twarz nie stała się pociągła i mizerna, jak to się często dzieje w przypadku osób, które dużo schudły.

Wiedząc jak się odżywiać, kontynuowała dietę i po powrocie do domu schudła kolejne 22 kg. Jedenaście miesięcy później ważyła 61 kg. W zaledwie dwa lata schudła 72 kg!

Przez następne 35 lat doktor Barnes zalecał tę wysokotłuszczową dietę swoim pacjentom z nadwagą. Wszyscy, którzy jej przestrzegali, skutecznie schudli.

W latach 50. XX stulecia dwóch brytyjskich naukowców, Alan Kekwick oraz Gaston L. S. Pawan, odkryło, że kalorie nie są sobie równe i że źródło kalorii odgrywa znaczącą rolę w kwestii kontroli wagi. Kekwick i Pawan mieli na celu zbadanie relatywnego wpływu tłuszczów, białek i węglowodanów na proces odchudzania w diecie niskokalorycznej. W tym celu, na przestrzeni pewnego odcinka czasu, 14 otyłym pacjentom wprowadzili kolejno cztery różne diety. Każda z nich dostarczała 1000 kalorii dziennie, lecz różniła się pod względem zawartości tłuszczów, białek i węglowodanów. Pierwsza dieta w 90 procentach składała się z tłuszczów, druga z 90 procent białek, trzecia z 90 procent węglowodanów, a czwarta była standardową dietą mieszaną. Pacjenci przechodzili na każdą z tych diet po kolei. Na czas badania jej uczestnicy przebywali w szpitalu, a zatem byli pod ścisłą obserwacją, by zapewnić ich ścisłe przestrzeganie.

Gdyby wszystkie kalorie były sobie równe, jak wierzyło wówczas większość naukowców, wtedy dieta 1000 kalorii powinna była spowodować identyczny spadek wagi u każdego z pacjentów. A jednak stało się inaczej. Najwięcej schudli pacjenci stosujący dietę w 90 procentach składającą się z tłuszczu (wysokotłuszczową, a niskowęglowodanową), tuż za nimi byli ci, którzy przestrzegali diety wysokobiałkowej. Na kolejnym miejscu znaleźli się pacjenci odżywiający się według diety mieszanej. Na ostatnim miejscu znaleźli się ci na diecie bardzo niskotłuszczowej, ale o 90 procentach zawartości węglowodanów[2]. Zasadniczo im wyższa zawartość węglowodanów w diecie, tym mniej chudniemy, zaś im więcej tłuszczu w jadłospisie, tym szybciej gubimy zbędne kilogramy.

W badaniu kontrolnym Kekwick i Pawan porównali stopień chudnięcia otyłych uczestników badania, będących na diecie wysokowęglowodanowej, z ilością zgubionych kilogramów przez badanych przestrzegających diety wysokotłuszczowej, którzy jedli dwukrotnie więcej kalorii niż w poprzednim badaniu. Osoby na diecie wysokowęglowodanowej o zawartości 2000 kalorii w ogóle nie schudły, ale kiedy ci sami badani zmienili dietę na wysokotłuszczową na diecie 2000 kalorii – chudli nawet przy spożyciu 2600 kalorii dzienie[3]! BJ jest przykładem typowego uczestnika tego badania. Po ośmiu dniach na wysokowęglowodanowej diecie 2000 kalorii nie schudł ani kilograma, ale na diecie wysokotłuszczowej o kaloryczności 2600 jednostek, w 3 tygodnie zrzucił 4,1 kg.

Kekwick i Pawan odkryli obecność substancji hormonalnej w moczu, określanej „substancją mobilizującą tłuszcz” (ang. FMS).

Substancja ta ewidentnie stymuluje rozkład i spalanie tkanki tłuszczowej, powodując utratę wagi. Jej ilość wzrasta wraz ze zwiększoną ilością tłuszczu spożywczego. A zatem dodawanie tłuszczu do jadłospisu stymuluje spalanie tkanki tłuszczowej. Okazuje się, że jedzenie tłuszczu zwiększa zużycie tłuszczu zgromadzonego w organizmie, prowadząc do chudnięcia. Fakt ten dostarczył powodu, dla którego jedzenie tłuszczu przyczyniało się do większej utraty wagi, niż jedzenie węglowodanów czy białek, a także wyjaśnił, dlaczego nie wszystkie kalorie są sobie równe.

Dieta wysokotłuszczowa jest skuteczniejsza od głodówek. W latach 60. XX wieku doktor Frederick Benoit wraz z zespołem lekarzy z Medycznego Instytutu Badawczego Marynarki Wojennej Stanów Zjednoczonych (US Naval Medical Research Institute) porównał dwie grupy pacjentów z nadwagą. Jedna grupa odżywiała się według diety wysokotłuszczowej, a druga w ogóle nie jadła. Po pewnym czasie zmierzono poziom utraty wagi w obu grupach badanych. Grupa będąca na diecie wysokotłuszczowej spożywała 1000 kalorii dziennie, z których 90 procent pochodziło z tłuszczów. Źródłem pozostałych kalorii było około 15 gramów białek i 10 gramów węglowodanów. Druga grupa nic nie jadła, piła wyłącznie wodę. Po 10 dniach grupa stosująca głodówkę schudła średnio o 9,5 kg, lecz w większości była to utrata pozbawionej tłuszczu tkanki ciała, czyli mięśni, oraz woda, a tylko 3,5 kg stanowiła tkanka tłuszczowa. Dla porównania, w grupie pacjentów na diecie wysokotłuszczowej badani schudli średnio o 6,6 kg, z czego aż 6,4 kg to była tkanka tłuszczowa[4]. Grupa, która spożywała 1000 kalorii dziennie w zdecydowanej większości pochodzących z tłuszczu, straciła dwa razy więcej tkanki tłuszczowej niż grupa, która nic nie jadła! Poza tym straciła bardzo niewiele wody i mięśni. Okazało się, że dieta o obniżonej kaloryczności z odpowiednią ilością tłuszczu i bardzo ograniczonej zawartości węglowodanów powoduje efektywniejsze chudnięcie niż jakakolwiek dieta niskotłuszczowa, bez względu na ilość spożywanych kalorii – nawet jeśli jest to zero! Tak więc wystarczająco obfita ilość tłuszczu w diecie jest niezbędna dla zrzucenia większej ilości kilogramów. By zgubić tkankę tłuszczową, musisz jeść tłuszcz. Odkrycia Kekwicka, Pawana oraz Benoita obaliły powszechne przekonanie, że kaloria równa się kalorii, bowiem to ich źródło jest istotne.

W oparciu o pracę tych i innych naukowców, doktor Robert Atkins opracował niezwykle skuteczną metodę odchudzania, którą opisał w książce *Dr. Atkins' Diet Revolution*, po raz pierwszy wydaną w latach 70. XX wieku. To właśnie ta książka tak naprawdę wprowadziła koncept niskowęglowodanowej diety pośród „zwykłych" ludzi. W 1992 roku doktor Atkins uaktualnił ją i wydał ponownie pod tytułem *Dr. Atkins' New Diet Revolution* [*Nowa rewolucyjna dieta dra Atkinsa*, wydawnictwo: Amber]. Stała się ona międzynarodowym bestsellerem.

Jednym z głównych powodów krytyki diet niskowęglowodanowych jest wysoka zawartość tłuszczu, który tak naprawdę jest kluczowym składnikiem tak wysokiej efektywności diety. Przy ograniczeniu ilości spożywanych węglowodanów wzrasta konsumpcja białek i tłuszczów. Z obawy przed spożywaniem zbyt dużych ilości tłuszczów, krytycy tej diety twierdzili, że diety niskowęglowodanowe podnoszą poziom cholesterolu we krwi i zwiększają ryzyko wystąpienia chorób serca. Jednak, opierając się na doświadczeniach w pracy z ponad 25 000 pacjentów, doktor Atkins odkrył, że dzieje się odwrotnie: stężenie cholesterolu we krwi zmniejsza się pod wpływem diety niskowęglowodanowej a wysokotłuszczowej. Brak ograniczenia w spożyciu tłuszczów nasyconych zirytował przeciwników tej diety. Zjadano więc dowolne ilości tłuszczów zwierzęcych i nie wywoływało to żadnych działań szkodliwych dla zdrowia. Dieta ta także korzystnie oddziaływała na poziom cholesterolu we krwi, a u diabetyków również na stężenie cukru. Ludzie nie tylko chudli, ale także poprawiali swoje zdrowie dzięki tej diecie.

Doktor Kevin Vigilante, współautor książki *Low-Fat Lies,* mówi: „Jak się powszechnie uważa, diety niskotłuszczowe nie działają, mogą szkodzić zdrowiu i dla wielu ludzi nie są najlepszym sposobem na odchudzanie, zwłaszcza jeśli chcą oni na stałe pozbyć się zbędnych kilogramów".

Doktor Vigilante przyznaje, że ogólnie wiedza lekarzy na temat odżywiania się jest cząstkowa. „A więc jak większość Amerykanów przez lata byłem fanatykiem niskotłuszczowego sposobu odżywiania się" – mówi. „Zalecałem ją swoim otyłym pacjentom i sam ją stosowałem. Ale było mi niezwykle trudno jej przestrzegać, bo albo nie znosiłem zalecanego w niej jedzenia, albo cały czas byłem głodny". Pomimo własnych doświadczeń nadal nakłaniał swoich pacjentów, by unikali tłuszczu.

Aż zdarzyło się coś, co kompletnie odmieniło jego podejście do diet. Pojechał na urlop do Włoch, a będąc tam, przestał ograniczać się w jedzeniu tłustych posiłków i jadł je z czystej przyjemności, nie bacząc na zawarty w nich tłuszcz. „Wszystko, co jadłem, skąpane było w oliwie z oliwek" – mówił. „Wszystkie posiłki były pełne tłuszczów: sery, śmietana, sosy – nic nie było wyprodukowane ze składników niskotłuszczowych. Sądząc po rodzaju spożywanych pokarmów, spodziewał się dodatkowych centymetrów w pasie, jednak po powrocie do domu „poczułem, że moje ubrania stały się luźniejsze. Stanąłem wówczas na wagę i okazało się, że schudłem 2,3 kg!"

Tym niezwykłym doświadczeniem podzielił się z zaprzyjaźnioną dietetyczką, doktor Mary Flynn. Wcale nie była tym zaskoczona: „Jasne, trochę tłuszczu pomaga schudnąć".

Vigilante był w szoku. „To zbyt piękne, żeby było prawdziwe" – powiedział. „Po prostu nie potrafiłem uwierzyć, że można schudnąć bez ogromnych wyrzeczeń i cierpienia".

„Nie wierzę w diety niskotłuszczowe" – powiedziała doktor Flynn. „Po prostu nie działają. Tłuszcz nadaje jedzeniu smak i uczucie sytości. Bez odrobiny tłuszczu zawsze będziesz głodny".

Jak mówiła, cały sekret polegał na tym, by jeść właściwy rodzaj tłuszczu w odpowiednich ilościach. Doktor Vigilante był pod takim wrażeniem tej informacji, że w 1999 roku dołączył do doktor Flynn i razem napisali książkę obalającą mit diet niskotłuszczowych, zatytułowaną *Low-Fat Lies*[5].

ZASPOKÓJ GŁÓD

Problemem większości diet niskotłuszczowych jest to, że nie dają uczucia sytości. A czym jest sytość? To uczucie pełności lub najedzenia tuż przed zakończeniem posiłku, uczucie, że już nie jesteś głodny.

Im dłużej jesteś w stanie zachować to uczucie, tym dłużej będziesz mógł funkcjonować bez przejadania się przy następnym posiłku. Niektóre pokarmy dają większe, a przez to dłuższe, uczucie sytości. Stek wołowy T-bone zapewni większe uczucie sytości niż kawałek arbuza, a omlet z szynką i serem bardziej napełni żołądek niż miska sałaty z pomidorami. Uczucie sytości jest jednym ze składników skutecznego odchudzania.

Kiedy ilość zjadanego przez nas pokarmu nie daje nam uczucia sytości, albo też kiedy jedzenie szybko się trawi, stajemy się głodni na długo przed kolejnym posiłkiem. Powoduje to chęć podjadania między posiłkami, a ciągłe uczucie głodu sprawia, że dieta staje się nie lada wyzwaniem.

Prawdą jest, że jedzenie zbyt dużej ilości kalorii przyczynia się do tycia. Niestety większość diet odchudzających skupia się wyłącznie na tym aspekcie. W takich dietach ilość pokarmów wysokokalorycznych (np. zawierających najwięcej tłuszczu) jest ograniczona, by jeść więcej produktów niskokalorycznych. Teoretycznie, jeśli zmniejszymy ilość wysokokalorycznych posiłków, wtedy będziemy mogli zjeść więcej tych niskokalorycznych i będziesz czuł się najedzony przy mniejszej ilości kalorii. I choć brzmi to logicznie, w rzeczywistości idea ta nie działa. Wada takiego podejścia polega na tym, że większość niskokalorycznych pokarmów nie daje uczucia nasycenia. Na przykład, jak długo nie odczuwasz głodu po zjedzeniu sałaty z pomidorami? Zapewne jak większość ludzi już po kilku godzinach. Takie niskokaloryczne pożywienie bardzo szybko się trawi, pozostawiając pusty żołądek, który domaga się jedzenia. I znów albo musisz coś zjeść, albo wytrzymać głód do następnego posiłku. Większość z nas stara się wstrzymać od podjadania tylko chwilę i zanim się obejrzymy, wracamy do starych nawyków żywieniowych.

Dieta, która pozwala ci jeść do syta i sprawia, że nie czujesz się głodny aż do następnego posiłku, jest znacznie lepszym sposobem na kontrolowanie całkowitego spożycia kalorii. Z pełnym żołądkiem nie myślisz o jedzeniu, nie marzysz o zjedzeniu czegoś, nie cierpisz i nie czujesz potrzeby oszukiwania, by zaspokoić napady głodu.

Jeśli pożywienie, które jesz, daje ci uczucie długotrwałej sytości, jesteś w stanie łatwiej sprawować kontrolę nad ilością zjadanych kalorii. Potrzebujesz diety, która pozwala ci jeść zadowalającą ilość pokarmu przy jednoczesnym równoważeniu konsumpcji kalorii z zapotrzebowaniem energetycznym. Rzecz w tym, że większość pokarmów, które najbardziej nasycają, jest wysokokaloryczna.

Na szczęście nie jemy, kierując się kalorycznością, lecz uczuciem sytości, które zależy od ilości pożywienia, nie zaś od zawartych w nim kalorii. To proste: przy pełnym żołądku nie ma uczucia głodu. A im dłużej jedzenie pozostaje w żołądku, tym dłużej nie odczuwamy głodu pomiędzy posiłkami. I właśnie dlatego, pomimo że spożywane pokarmy są bardziej kaloryczne, jeśli tylko zaspakajają głód i powstrzymują przed przejadaniem się, całkowite spożycie kalorii jest mniejsze i zaczyna się proces chudnięcia.

Istnieje grupa produktów, które dają uczucie sytości i utrzymują je przez kilka godzin. Są też takie, które szybko się trawią, powodując przez to szybszy powrót uczucia głodu. Oba rodzaje omówię poniżej.

Błonnik pokarmowy

Gdybyś miał wybierać pomiędzy dwoma, prawie identycznymi kawałkami ciasta, z których jedno miałoby o połowę mniej kalorii od drugiego, który kawałek wybrałbyś? Jeśli troszczysz się o swoją wagę, prawdopodobnie wybrałbyś ten mniej kaloryczny.

Gdyby zjadane przez nas pożywienie miało mniej kalorii, jedlibyśmy tyle co zazwyczaj, jednocześnie chudnąc i nie cierpiąc z powodu uczucia głodu. Jednym ze sposobów na obniżenie kaloryczności w pożywieniu, bez potrzeby rezygnowania z jego ilości, jest jedzenie pokarmów wysokobłonnikowych. Błonnik nie ma kalorii, ale spożyty pęcznieje w żołądku, dając uczucie sytości. Produkty wysokobłonnikowe są także doskonałym źródłem substancji odżywczych.

Pożywienie bogate w błonnik zwykle ma niewiele kalorii, a dzięki temu, że pęcznieje w żołądku, bardziej nasyca. Kromka pełnowartościowego chleba, na przykład, zapewnia pięciokrotnie większe uczucie sytości niż takiej samej wielkości kromka białego chleba. Identyczna ilość pełnowartościowego chleba dostarcza mniej skrobi (węglowodanu wytwarzającego kalorie) i więcej błonnika (węglowodanu niekalorycznego) niż pieczywo białe. Trzydzieści gramów pełnowartościowego pieczywa ma mniej kalorii niż taka sama ilość pieczywa białego, ponieważ zawiera więcej błonnika (oraz witamin i minerałów).

Błonnik daje nie tylko objętość, ale także opóźnia uczucie głodu. Ma zdolność pozostawania w żołądku, spowalniając jego opróżnienie. Ponadto błonnik opóźnia proces wchłaniania węglowodanów i tłuszczów przez jelito cienkie, co zapewnia uczucie sytości i najedzenia. Jedząc więcej błonnika, przekonasz swój żołądek i mózg, że jesteś pełny, nawet jeśli zjadłeś mniej kalorii.

Potrzeba około 20 minut, by uczucie sytości „powiedziało nam", że już dosyć zjedliśmy. Tyle czasu potrzeba, bez względu na to czy jesz szybko, czy wolno. W dzisiejszym świecie, w którym wszystko dzieje się w zawrotnym tempie, niewiele osób je niespiesznie. Ludzie zwykle pochłaniają posiłki w mgnieniu oka i pędzą dalej. Badania naukowe wykazują, że kiedy jemy w szybkim tempie, szybciej ponownie odczuwamy głód, niż kiedy tę samą ilość pokarmu spożywamy wolniej[6]. Tak więc tempo jedzenia ma wpływ nie tylko na to ile pokarmu zjadasz, ale także na długość odstępów pomiędzy posiłkami. Zgodnie z tą zasadą ci, którzy jedzą szybko, zwykle zjadają więcej od tych, którzy jedzą powoli. Kilka badań naukowych wykazało, że ludzie otyli zwykle jedzą szybciej niż szczupli. I w tej kwestii z pomocą przychodzi błonnik, ponieważ dzięki „ciągnącej się strukturze" jedzenie pokarmów z jego zawartością zajmuje więcej czasu. Wolniej jemy i w rezultacie jemy mniej.

Wysokobłonnikowe pokarmy to bardzo ważny element każdego efektywnego programu odchudzającego. Podsumowując, posiłki o wysokiej zawartości błonnika powodują niskokaloryczne nasycenie, na dłużej dają uczucie pełnego żołądka, spowalniają proces trawienia pozostałych węglowodanów oraz wydłużają czas zjedzenia kolejnego posiłku, więc w efekcie jesz mniej. Nawet niewielkie zwiększenie ilości spożywanego błonnika daje takie rezultaty. Badanie naukowe przeprowadzone w Anglii dowiodło, że szczupłe osoby dorosłe spożywały średnio 19 gramów błonnika dziennie, zaś otyłe zaledwie 13. To różnica zaledwie 6 gramów codziennie. Najlepszym źródłem błonnika są owoce, warzywa i orzechy.

Białka

Odpowiednia ilość protein w jadłospisie pomaga w odchudzaniu, ponieważ niweluje uczucie głodu na dłużej niż węglowodany. Poza tym białka trawią się dłużej niż węglowodany i dzięki temu pokarm dłużej pozostaje w żołądku, dając uczucie nasycenia.

Jeśli na śniadanie zjesz jajka na szynce, nie odczujesz głodu aż do obiadu. Niskobiałkowe śniadanie, np. w postaci jednego tosta, szklanki soku owocowego i połowy grejpfruta nie wystarczy na długo. Do czasu obiadu będziesz tak głodny, że zjesz za dużo (jeśli wcześniej nie przekąsiłeś pączkiem czy cukierkiem). Kalorie, których nie dostarczyłeś sobie na śniadanie, uzupełnisz przy obiedzie, jedząc szybciej, a w ten sposób nie doznasz uczucia sytości dopóki nie „naładujesz się" większą ilością kalorii niż zwykle. A jeśli obiad też zjesz niskobiałkowy, sytuacja powtórzy się przy kolacji: albo łącznie spożyjesz większą ilość kalorii, albo przez cały dzień będziesz przygnębiony.

Jak wykazały badania, wysokobiałkowe posiłki zmniejszają uczucie głodu i w konsekwencji zjada się mniej kalorii całościowo w ciągu dnia. Uczestniczący w tych badaniach ochotnicy byli w stanie poczekać dłużej na następny posiłek i jedli mniejsze porcje. W badaniu przeprowadzonym w Kanadzie przez 6 dni mężczyznom podawano posiłki albo wysoko-, albo umiarkowanie białkowe, pozwalając im jeść do woli. Ci jedzący więcej białek dziennie spożywali mniej kalorii. Takie obserwacje potwierdzają ideę mówiącą o tym, że dieta bardzo wysokobiałkowa może zredukować całkowite spożycie kalorii, a fakt ten przyczynił się do popularności wysokobiałkowych diet odchudzających.

Tłuszcze

Już lata temu tłuszcze okrzyknięto główną przyczyną lub przynajmniej głównym czynnikiem nadwagi i otyłości. Eliminuje się go ze wszystkich diet odchudzających. Nawet diety wysokobiałkowe ograniczają spożycie tłuszczów. W zasadzie to żadna renomowana dieta odchudzająca nie zaleciłaby spożywania tłuszczów. Aż do teraz.

Podobnie jak białka, tłuszcze także spowalniają proces trawienia pokarmów, dzięki czemu uczucie sytości w żołądku trwa dłużej i nie pojawiają się napady głodu. Tłuszcze stymulują uwalnianie hormonów opóźniających tempo, w jakim pokarm opuszcza żołądek, dając długotrwałe odczucie najedzenia. Jelito cienkie posiada także receptory tłuszczu, które działają w bardzo podobny sposób. Kiedy jesz tłuste pokarmy, dłużej czujesz się syty i nie masz potrzeby przekąszenia czegoś czy przejedzenia się przy następnym posiłku. Oto dlaczego tłuszcze w jadłospisie pomagają schudnąć!

Po latach wykluczenia, teraz ze spokojem możemy z powrotem powitać tłuszcze w codziennej diecie. Już nie musimy kupować chudych porcji mięsa ani też wycinać każdej drobinki tłuszczu. Koniec z piciem odtłuszczonego mleka bez smaku i jedzeniem niskotłuszczowego sera. Teraz możesz śmiało dodać trochę masła do warzyw i ugotować je z olejem. Dodawanie tłuszczów do pożywienia i spożywanie pełnotłustych pokarmów pomoże ci jeść mniej i chudnąć.

W pewnym badaniu ochotnikom serwowano wysoko- lub niskotłuszczowe śniadania o identycznej wartości kalorycznej. U osób, które jadły te wysokotłuszczowe, uczucie sytości utrzymywało się dłużej i wydłużyło odstęp pomiędzy następnym posiłkiem, zapobiegając tym samym podjadaniu między posiłkami[5].Wyniki tego badania wykazały, że kiedy ludzie głodnieją wkrótce po posiłku, wówczas mają tendencję jeść zbyt dużo przy następnym. Tak więc wysokotłuszczowe śniadanie zapobiega zarówno podjadaniu pomiędzy posiłkami jak i przejadaniu się przy posiłkach. W efekcie końcowym całkowita liczba spożytych kalorii jest mniejsza. Jeśli tylko spożywane w odpowiednich ilościach, tłuszcze są ważnym czynnikiem wspomagającym proces pozbywania się zbędnych kilogramów i utrzymania prawidłowej wagi ciała.

Jedzenie pozbawione tłuszczu nie jest tak sycące, w związku z czym, by uzyskać taki sam poziom najedzenia, zwykle przejadamy się. Co więcej, produkty niskotłuszczowe niekoniecznie są niskokaloryczne. Tłuszcz nadaje jedzeniu smak. Jeśli pozbawisz je tłuszczu, będzie mdłe i mniej pożądane, więc producenci żywności dodają cukier, by poprawić ich smak i w rezultacie tworzą produkt niskotłuszczowy, ale o takiej samej zawartości kalorii co jego pełnotłusta wersja. Pokarm pozbawiony tłuszczu jest mniej sycący i łatwiej trawi się, sprawiając, że szybciej odczuwasz głód. Teraz już wiesz, dlaczego tak wiele pokarmów niskotłuszczowych lub odtłuszczonych tak naprawdę przyczynia się do podjadania i przejadania się, a w końcu do tycia!

W innym badaniu grupie kobiet podawano przedpołudniową przekąskę w postaci jogurtu, a następnie obiad i kolację. Do wyboru były dwa rodzaje jogurtu: typowy – pełnotłusty i niskotłuszczowy. Każdy z nich miał etykietę, lecz nie było na niej informacji o całkowitej zawartości kalorii, która nota bene była identyczna w obu jogurtach, różniły się wyłącznie zawartością tłuszczu. Uczestniczki badania mogły same wybierać, który jogurt wolą. Kiedy później podano im obiad, te, które zjadły jogurt wysokotłuszczowy, zjadły też mniej na obiad od tych, które wybrały wersję niskotłuszczową. Dodatkowy tłuszcz w przekąsce z jogurtu na dłużej zaspokoił ich głód i spowodował, że zjadły mniej na obiad.

Badacze chcieli także wiedzieć, czy kobiety, które zjadły mniej na obiad, w końcu zrekompensują to sobie podczas kolacji. Ale przy kolacji te, które zjadły jogurt z wysoką zawartością tłuszczu i mniej na obiad, nie zjadły więcej niż pozostałe. Nie były bardziej głodne z powodu zjedzenia mniejszego obiadu. A zatem pod koniec dnia kobiety, które wybrały jogurt wysokotłuszczowy, w sumie spożyły mniej kalorii, niż te, które zjadły przekąskę o niskiej zawartości tłuszczu[7].

Niektóre tłuszcze zapewniają większe uczucie sytości niż inne. Na czele listy tych bardziej sycących znajduje się olej kokosowy. Potwierdzono to w badaniach przeprowadzonych na zwierzętach i na ludziach. Na przykład w badaniu przeprowadzonym w Japonii szczury karmiono pokarmem zawierającym albo pochodzący z oleju kokosowego olej na bazie trójglicerydów średniołańcuchowych (ang. MCT), albo olej roślinny. Co godzinę określano ilość zjedzonego pożywienia. Już po godzinie od karmienia u szczurów karmionych MCT ogólne spożycie pokarmu znacznie zmalało. Następnie zwierzętom pozwolono wybierać pomiędzy dwoma wariantami jedzenia, dla zbadania czy jego smak miał jakiekolwiek znaczenie. Nie odnotowano żadnej różnicy[8]. Badanie to wykazało, że olej zawierający trójglicerydy średniołańcuchowe był bardziej sycący od pozostałych olejów, przynajmniej w przypadku szczurów.

Sytuacja wygląda tak samo, jeśli chodzi o ludzi. W badaniu z uczestnictwem ludzi, kobietom podawano do picia albo olej zawierający trójglicerydy średniołańcuchowe, albo olej roślinny. Po 30 minutach od wypicia zaproponowano im obiad, na który mogły zjeść, co tylko chciały i ile chciały. Kobiety, które przed obiadem wypiły olej zawierający MCT, zjadły mniej i jak to ujęli autorzy badania: „znacząco obniżyły spożycie kalorii przy obiedzie[9]".

Inne badanie było trójetapowe. Na każdym etapie jego uczestnicy przez 14 dni mieli wolny dostęp do pokarmów wysokotłuszczowych. Poszczególne etapy badania różniły się ilością trójglicerydów średniołańcuchowych (z oleju kokosowego) oraz trójglicerydów długołańcuchowych (ang. LCT) w dostępnym pożywieniu. W pierwszej fazie w pożywieniu tym było 20 procent MCT i 40 procent LCT energii całkowitej. W drugiej, ilości MCT i LCT były identyczne. Natomiast w trzeciej fazie badania zawartość MCT wynosiła 40 procent, zaś LCT 20 procent. Odnotowano łączną ilość pokarmu zjedzonego przez każdego uczestnika badania i odkryto, że wraz ze zwiększoną zawartością MCT w jedzeniu, w ostatecznym rozrachunku badani zjedli mniejsze ilości pokarmu[10].

W innym badaniu mężczyznom o prawidłowej masie ciała podawano śniadania różniące się wyłącznie rodzajem tłuszczu, a następnie odnotowano ilość zjedzonego pokarmu na obiad i kolację. Mężczyźni, którzy dostali śniadanie z zawartością trójglicerydów długołańcuchowych, zjedli mniej na obiad. Przy kolacji nie zauważono różnicy. Badanie to pokazało, że kiedy jeden posiłek w ciągu dnia zawiera MCT, uczucie sytości utrzymuje się dłużej i odstęp pomiędzy posiłkami jest większy. Co równie istotne, pomimo że badani jedli wówczas mniej na obiad, nie rekompensowali sobie tego większą kolacją. Łączne dzienne spożycie pokarmu i kalorii okazało się mniejsze[11]. Badania wykazują, że osoby poddane tym testom jedzą średnio o 62,5 kalorii dziennie mniej, kiedy w podanych im posiłkach znajdują się MCT zamiast LCT[12].

Te oraz inne badania sugerują, że zastąpienie innych olejów kokosowym na dłużej nasyca, chroniąc przed uczuciem głodu, co w rezultacie powoduje mniejsze spożycie kalorii łącznie. Z tego i innych powodów olej kokosowy znany jest jako tłuszcz niskokaloryczny. Idea, że każdy tłuszcz można uważać za niskokaloryczny, rzeczywiście jest dziwna, niemniej jednak określenie to jest odpowiednie.

Innym powodem, dla którego olej kokosowy określany jest mianem niskokalorycznego jest to, że rzeczywiście ma mniej kalorii od pozostałych tłuszczów. Ogólnie z jednego grama tłuszczu uzyskujemy 9 kalorii. Gram oleju kokosowego dostarcza 8,6 kalorii, czyli o 0,4 kalorii mniej, ponieważ jego cząsteczki są mniejsze. Może się to wydawać niewiele, lecz jeśli wziąć pod uwagę łączną ilość tłuszczu w jadłospisie, wówczas wartość ta staje się znacząca. Weźmy na przykład typowe, dzienne spożycie 2400 kalorii łącznie, z którego 30 procent pochodzi z tłuszczu. Przyjmijmy też, że połowa tego tłuszczu pochodzi ze źródeł dodatkowych, tzn. oleje do przyrządzania potraw, dressingi do sałatek, itp. Jeśliby zastąpić je wszystkie olejem kokosowym, łączna liczba spożytych dziennie kalorii zmniejszyłaby się o 16 jednostek. A jeśli połączymy te 16 z 62,5 kalorii, których spożyliśmy mniej dzięki efektowi nasycenia (opisanemu powyżej), będzie to o 78,5 kalorii dziennie mniej. W skali miesiąca jest to o 2355 spożytych kalorii mniej, a taka liczba zdecydowanie ma znaczenie!

DIETY NISKOTŁUSZCZOWE PRZYCZYNIAJĄ SIĘ DO POWSTAWANIA TKANKI TŁUSZCZOWEJ

Organizm człowieka potrzebuje tłuszczu. Jeśli nie otrzymuje go ze spożywanego pokarmu, sam go wytworzy (z wyjątkiem niezbędnych kwasów tłuszczowych). Jeśli nie jemy wystarczających ilości tłuszczów, organizm wyczuwa ich niedobór i zwiększa produkcję enzymów tłuszczotwórczych. U osób na dietach bardzo niskotłuszczowych występuje bardzo intensywna produkcja tłuszczu, a zatem zmniejszenie jego ilości w jadłospisie może tak naprawdę spowodować jego wzmożone wytwarzanie i gromadzenie.

Naukowcy z Uniwersytetu w Kolorado (University of Colorado) odkryli, że kiedy ludzie przechodzą na diety niskotłuszczowe, następuje wzmożona aktywność lipazy lipoproteinowej – enzymu odpowiadającego za odkładanie tłuszczu w organizmie – powodując łatwiejsze gromadzenie się nawet niewielkiej ilości spożywanego tłuszczu w ciele[5]. To niebywała ironia, że unikamy tłuszczu by schudnąć, a w rezultacie takiego zachowania wytwarzamy jeszcze więcej tkanki tłuszczowej.

Im mniej tłuszczu jemy, tym więcej nasz organizm stara się go wytworzyć i odłożyć „do przechowalni", nic więc dziwnego, że diety niskotłuszczowe nie działają! Potwierdziło to najnowsze badanie naukowe. Naukowcy ze Szpitala dla Kobiet w Brigham (Brigham and Women's Hospital) oraz Uniwersytetu Medycznego Harvarda (Harvard Medical School) dowiedli, że osoby na diecie o umiarkowanej ilości tłuszczu chudły skuteczniej od tych będących na diecie niskotłuszczowej, pomimo że obie grupy badanych spożywały identyczną ilość kalorii. Procentowa zawartość tłuszczu w diecie niskotłuszczowej nie przekraczała 20 jednostek dziennego spożycia kalorii, a w tej o umiarkowanej zawartości tłuszczu wynosiła 35 procent dziennego zapotrzebowania kalorycznego w postaci tłuszczu. Należy też pamiętać, że obecne, zalecane przez Amerykańskie Stowarzyszenie Chorób Serca i innych, spożycie tłuszczu nie powinno przekraczać 30 procent kalorii, a wielu lekarzy i organizacji zdrowotnych zaleca nawet nie więcej niż 20 procent, tak więc 35 procent, które zastosowano w tym badaniu, można w zestawieniu z tymi wartościami rozpatrywać w kategoriach diety wysokotłuszczowej. Według diety wysokotłuszczowej badani schudli przeciętnie 5 kg, zaś ci na diecie niskotłuszczowej przytyli średnio 3 kg[13]! I tak uczestnicy badania, którzy odżywiali się tłuszczem, średnio zrzucili kilogramy, a ci na diecie niskotłuszczowej przybrali na wadze przeciętnie 3 kg[13]! Obie grupy jadły identyczną ilość kalorii, a jednak grupa na diecie wysokotłuszczowej chudła, tymczasem grupa „niskotłuszczowa" tyła. Wygląda na to, że jeśli chcesz przybrać na wadze, powinieneś ograniczyć ilość zjadanych tłuszczów! Nic więc dziwnego, że w ciągu ostatnich dziesięcioleci chorujące na fobię przed jedzeniem tłuszczu społeczeństwo amerykańskie coraz bardziej tyło.

Na przestrzeni kilku ostatnich lat szereg innych badań naukowych potwierdził fakt, że diety niskowęglowodanowe, ale wysokotłuszczowe powodują większą utratę wagi oraz pozytywne zmiany poziomu cholesterolu i glukozy we krwi niż diety niskotłuszczowe.

Dla przykładu – prestiżowy periodyk medyczny *Journal of the American Medical Association* opublikował wyniki trwającego rok, bezpośredniego badania porównawczego pomiędzy dietami: Atkinsa, strefową (Zone), Ornisha a dietą LEARN*. Ta ostatnia (LEARN**) przestrzega zaleceń rządu amerykańskiego w zakresie diety opartej na niewielkiej ilości tłuszczu, ale wysokowęglowodanowej. Dieta Ornisha także wymaga kilku zmian stylu życia, ograniczenia ilości kalorii, a także bardzo obniżonej ilości tłuszczu w jadłospisie. Pod koniec rocznego badania dieta Atkinsa okazała się zdecydowanym zwycięzcą zarówno w kategorii utraty wagi jak i pod względem ogólnej poprawy mierzalnych parametrów zdrowotnych, tj. poziomu cholesterolu i glukozy we krwi. Uczestnicy badania, stosujący dietę Atkinsa, schudli ponad dwukrotnie więcej niż ci przestrzegający którejkolwiek innej diety, bez objawów niepożądanych skutków ubocznych. U badanych z „grupy Atkinsa" odnotowano większy spadek masy ciała, tkanki tłuszczowej, poziomu trójglicerydów i ciśnienia tętniczego, a także wzrost stężenia cholesterolu HDL (dobrego) we krwi, czyli wszystkie symptomy polepszenia pracy układu sercowo-naczyniowego oraz ogólnego stanu zdrowia[14].

Dieta Atkinsa dała lepsze rezultaty w każdym badanym aspekcie niż pozostałe, popularne diety. „Jak dotąd jest to najlepsze badanie porównujące popularne diety" – powiedział Walter Willett, Kierownik Wydziału Żywienia Katedry Zdrowia Publicznego na Uniwersytecie Harvarda. Jak to ujął, odkrycia te potwierdzają, że zredukowanie ilości spożywanych węglowodanów „zwłaszcza zawierających rafinowaną skrobię i cukier, jak te w jadłospisie tysięcy Amerykanów, ma wpływ na przemianę materii, a ponadto wykazuje, że zastąpienie węglowodanów tłuszczami „poprawia wskazania poziomu cholesterolu we krwi i ciśnienia tętniczego".

Również wiele innych badań naukowych potwierdziło, że diety niskowęglowodanowe i wysokotłuszczowe powodują większy spadek masy ciała, mniejsze stężenie cholesterolu i trójglicerydów we krwi, stabilny poziom cukru w krwiobiegu oraz niższe markery stanu zapalnego, niż diety niskotłuszczowe[15-17]. Obecnie w środowisku medycznym ujawnia się tendencja do uznawania wyższości diet ni-

* gra słów: akronim LEARN układa się w angielskie słowo „naucz się"
**z ang. Lifestyle, Exercise, Attitudes, Relationships and Nutrition – styl życia, ćwiczenia fizyczne, podstawa, związki i odżywianie się

skowęglowodanowych nad niskotłuszczowymi, jednakże pomimo niezbitych dowodów wielu specjalistów w dziedzinie medycyny, wiele organizacji i przedsiębiorstw nadal popiera i promuje niskotłuszczowy sposób odżywiania się z powodów albo ideologicznych (np. wegetarianizm), albo ekonomicznych.

Na diecie niskotłuszczowej też możesz schudnąć, ale jest to prawdziwa walka. Masz wówczas poczucie bycia pozbawionym czegoś i przez cały czas jesteś przygnębiony. Zastępując węglowodany tłuszczami, możesz czerpać większą radość z jedzenia, być sytym, a jednocześnie chudnąć! Na diecie niskowęglowodanowej, połączonej z odpowiednimi tłuszczami, możesz zrzucać zbędne kilogramy, spożywając tę samą ilość kalorii co wówczas, kiedy tyłeś. Najistotniejsze jest to, że licząc według zasady „kaloria równa kalorii", więcej schudniesz na diecie niskowęglowodanowej, ale z obfitą (lecz nie przesadną) ilością tłuszczu, niż na jakiejkolwiek innej. Poza zrzuceniem nadmiernych kilogramów doświadczysz także poprawy gospodarki krwi oraz ogólnego stanu zdrowia.

9

KETOZA POKARMOWA

SCHUDNĄĆ BEZ UDRĘKI

Gdybyś żył w Europie w średniowieczu i został postawiony przed władzami jako oskarżony za występek, mógłbyś skończyć na sali tortur, gdzie zostałbyś przywiązany do stojaka i rozciągany do momentu, aż twoje kończyny prawie zostałyby wyrwane z nasady, albo też twoje ciało mogłoby zostać potraktowane rozgrzanym do czerwoności żelazem. Dziś jesteśmy bardziej cywilizowani. Nie zsyłamy już ludzi na tortury, lecz zalecamy im niskotłuszczowe diety, choć cierpienie może być równie intensywne.

Zasadniczo większość diet odchudzających jest do siebie podobna. W celu obniżenia ilości spożywanych kalorii, osoba stosująca dietę zostaje ograniczona do skromnych porcji jedzenia, z którego usunięto wszelkie ślady tłuszczu nadającego pożywieniu smak. Bez tłuszczu jest to głodowa porcja jakiejś kompletnie pozbawionej smaku papki. Być może chodzi o to, że jeśli jedzenie jest odpowiednio niesmaczne, znika na nie ochota, a zatem ilość wchłanianych kalorii obniża się. Moje wyobrażenie sycącego posiłku to nie grillowany pasztet z tofu na kiełkach fasoli. Gdybym musiał tak jeść, wolałbym być gruby.

Większość diet odchudzających nie przynosi upragnionych efektów, ponieważ wywołuje uczucie głodu. Niskokaloryczne pokarmy, które są dozwolone na takiej diecie, nie dają uczucia sytości. Bądźmy szczerzy, jak długo pozostajesz nasycony po zjedzeniu miski sałaty z dodatkiem świeżego ogórka? Niskotłuszczowe diety od samego początku stosowania skazane są na nieuchronną porażkę z powodu błędnego przekonania, że aby zmniejszyć ilość zjadanych kalorii, należy zredukować spożycie tłuszczu do absolutnego minimum.

Być może powiesz, że przecież na niskotłuszczowej diecie zrzuciłeś 23 kilogramy lub też znasz kogoś, kto schudł tyle na takiej diecie. Pozwól zatem, że zadam ci pytanie: czy uzyskana w ten sposób waga nadal się utrzymuje? Jeśli zrzucone kilogramy powróciły, dieta ani trochę nie przysłużyła ci się. Jeśli dieta odchudzająca nie powoduje trwałej, pożądanej utraty kilogramów, jest bezużyteczna. Co więcej, może być gorsza w skutkach niż tylko bezużyteczna, ponieważ diety powodujące efekt jo-jo sprzyjają tyciu. Według statystyk, 95 procent osób stosujących diety odchudzające w końcu tyje do swoich poprzednich rozmiarów. To niezwykle wysoki wskaźnik porażki!

Dlaczego tak znaczna ilość tych diet kończy się niepowodzeniem? Dzieje się tak dlatego, że wszystkie one są istną torturą! Przestrzeganie ich to nic więcej jak powolne głodzenie się – dosłownie. Przez cały czas takiej diety jesteś głodny i przygnębiony. Rzadko czujesz się najedzony i nieustannie myślisz o jedzeniu. Kiedy starasz się nie jeść, ciągłe burczenie w brzuchu przypominające ci o jedzeniu jest prawdziwą męczarnią.

Idealna dieta to taka, która pozwala ci jeść do momentu nasycenia i powstrzymuje głód aż do następnego posiłku. Poza tym jedzenie zalecane w tej diecie powinno być pełne smaku, a wręcz pyszne. Mówisz, że to niemożliwe? Tak, jeśli trzymasz się błędnego przekonania, że niskotłuszczowa dieta jest jedynym sposobem na schudnięcie. Jeśli włączysz tłuszcz do swego jadłospisu, jednocześnie unikając tych, które powodują prawdziwe kłopoty, możesz jeść do woli aż się najesz, a i tak będziesz chudł. A skoro możesz jeść sycące posiłki i nie jesteś nieustannie głodny (lub inaczej mówiąc, przygnębiony), jesteś w stanie bez trudu stosować tę dietę tak długo jak zechcesz, a będąc konsekwentnym, na trwałe utrzymasz uzyskaną wagę.

Metabolizm energii

Podstawowym źródłem energii dla wszystkich komórek organizmu człowieka jest glukoza. Dostarczamy jej sobie głównie z węglowodanów zawartych w jedzeniu. Kiedy przez jakiś czas nic nie jemy, tj. pomiędzy posiłkami, w czasie snu, czy też kiedy stosujemy głodówkę, poziom glukozy obniża się, ograniczając jej ilość dostępną do wytwarzania energii. Tymczasem nasz organizm domaga się nieprzerwanej dostawy energii, 24 godziny na dobę. W celu utrzymania energii na określonym poziomie tkanka tłuszczowa ulega przemianie materii, a kwasy tłuszczowe uwalniane są z komórek tłuszczowych. W ten sposób nasz organizm ma nieustający dostęp do glukozy lub do kwasów tłuszczowych, by zaspokoić swe ciągłe zapotrzebowanie na energię.

Chociaż proces ten dobrze sprawdza się dla naszego organizmu, niezbyt służy mózgowi, który nie jest w stanie korzystać z kwasów tłuszczowych, by dostarczyć potrzebnej sobie energii, więc wymaga jej alternatywnego źródła. Takie alternatywne źródło „paliwa" stanowią ciała ketonowe lub ketony. To specjalny rodzaj wysokoenergetycznego „paliwa" wytwarzany w wątrobie przez kwasy tłuszczowe. Wszystkie komórki w organizmie człowieka, z wyjątkiem tych w wątrobie oraz krwinek czerwonych, posiadają zdolność spalania ketonów dla wytworzenia energii, jednak ich głównym zadaniem jest „nakarmienie" mózgu oraz układu nerwowego. Kiedy pomiędzy posiłkami spada poziom glukozy, w wątrobie rozpoczyna się proces konwersji kwasów tłuszczowych w ketony i wówczas zwiększa się stężenie ketonów we krwi. Po posiłku zawierającym węglowodany podnosi się poziom glukozy we krwi, sygnalizując wątrobie, by zaprzestała produkcji ketonów i wtedy ich stężenie we krwi spada. W ten sposób mózg otrzymuje nieprzerwane dostawy energii pochodzącej albo z glukozy, albo z ketonów.

Mózg dorosłego człowieka zużywa około 100 do 150 g glukozy dziennie. Gdyby polegał wyłącznie na glukozie jako źródle energetycznym, w czasie całkowitej głodówki, kiedy pije się tylko wodę, mózg zmuszony byłby czerpać glukozę, zjadając białko organizmu człowieka, do którego należy. Wyprodukowanie 100 do 150 g glukozy dziennie na potrzeby mózgu wymagałoby rozłożenia około 172 do 259 g białka każdego dnia.

Przy tak niestabilnym wskaźniku rozkładu białek w ciągu 2 tygodni nastąpiłaby śmierć. A jednak ludzie stosowali i nadal stosują głodówki, przez ponad 2 miesiące pijąc tylko wodę. Jak to możliwe? Mogą nic nie jeść tak długo dzięki pewnej ilości kwasów tłuszczowych, uwalnianych z zapasów, które ulegają konwersji w ketony, co pozwala zaspokoić potrzeby energetyczne mózgu, nie naruszając tkanek i mięśni do tego procesu[1].

Jeśli w diecie brakuje tłuszczów, więcej mięśni ulega rozkładowi, ponieważ ketony powstają z tłuszczu. Ludzie, którzy stosują diety niskotłuszczowe, sporo chudną z powodu rozkładu mięśni. Na diecie niskowęglowodanowej, ale wysokotłuszczowej mięśnie są chronione od spalania, a niższa masa ciała wynika głównie z redukcji tkanki tłuszczowej. Z kwasów tłuszczowych pochodzą 3 ciała ketonowe: beta-hydroksybutanowy (BHB), acetylooctowy (AcAc) i aceton. Podobnie jak glukoza, ketony przez cały czas obecne są we krwi.

Wątroba zdrowego, dorosłego człowieka wytwarza aż 185 g ciał ketonowych dziennie. Ketony dostarczają od 2 do 6 procent zapotrzebowania energetycznego całego organizmu po całonocnym niejedzeniu, a po trzydniowej głodówce 30 do 40 procent. O ketozie mówimy wtedy, gdy organizm przechodzi od spalania glukozy do kwasów tłuszczowych i ketonów.

Wzmożona produkcja ketonów rozpoczyna się kilka godzin po opuszczeniu posiłku. Prawidłowy poziom ketonów we krwi po całonocnym niejedzeniu zwykle wynosi 0,1 do 0,2 mM/l, ale może też sięgnąć wartości tak wysokiej, jaką jest 0,5 mM/l. Kiedy głodówka (lub drastyczne ograniczenie spożycia cukru) jest kontynuowane, ilość wytwarzanych ketonów wzrasta. Po 2 dniach niejedzenia stężenie ketonów we krwi wzrasta do około 1,0 do 2,5 mM/l. Ketoza wywołana postem jest nieznaczna do upływu 3-5 dni. U nie-diabetyków poziom ketonów po przynajmniej tygodniowej głodówce wynosi od około 5 do 7 mM/l. Po osiągnięciu tego poziomu, podczas głodówki pozostaje on w miarę stabilny i nie wzrasta, niezależnie od długości jej trwania.

Stan ketozy jest możliwy wyłącznie przy bardzo niskim spożyciu węglowodanów. Dla większości osób oznacza to poniżej 40 gramów dziennie. Dla podkreślenia różnicy: zwykle ludzie spożywają 300 gramów węglowodanów dziennie, a niektórzy nawet więcej. Post lub głodówka oznacza całkowitą rezygnację z węglowodanów, a zatem przejście ze spalania głównie glukozy do spalania tłuszczu. Stan ketozy można osiągnąć w zaledwie 2 lub 3 dni, a na diecie niskowęglowodanowej troszkę dłużej, bo od 5 do 7 dni, zależnie od tego, ile węglowodanów oraz pożywienia łącznie jesteś w stanie zjeść.

Maksymalna ilość węglowodanów, jaką można zjeść i wciąż pozostać w stanie ketozy, różni się w zależności od osoby. Niektórzy są bardziej wrażliwi na węglowodany od innych, w związku z czym, by osiągnąć ketozę, zmuszeni są jeszcze bardziej obniżyć spożycie węglowodanów. Większość ludzi wchodzi w łagodny stan ketozy dzięki ograniczeniu dziennej porcji węglowodanów do 40-50 g dziennie. Osoby wrażliwe na węglowodany, do których zaliczamy większość osób otyłych, by uzyskać ten sam efekt, zmuszone są obniżyć ilość spożywanych węglowodanów do 20-30 g dziennie.

Dieta ketogeniczna

Ketoza wywołana sposobem odżywiania się określana jest mianem ketozy pokarmowej lub ketozy żywieniowej. Dr Robert Atkins nazwał ją dobroczynną ketozą pokarmową. Słowo „dobroczynna" dodał dla odróżnienia od ketokwasicy cukrzycowej będącej poważnym powikłaniem występującym przy cukrzycy typu 1. Kiedy znajdujesz się w stanie ketozy pokarmowej, to znak, że twoje ciało mobilizuje odłożony w organizmie tłuszcz i zużywa go do zaspokojenia jego potrzeb energetycznych. Inaczej mówiąc, twój organizm spala zgromadzony tłuszcz, a ty zrzucasz kilogramy.

Dieta ketogeniczna wywołuje stan ketozy, czyli spalanie tłuszczu. By dieta była ketogeniczną, musi być niskowęglowodanowa, wysokotłuszczowa i z umiarkowaną, lecz nie przesadną ilością białek.

Diety ketogeniczne to nic nowego – stosuje się je od ponad 90 lat. Pierwszą, naukowo opracowaną dietą ketogeniczną była opracowana w latach 20. minionego stulecia jako remedium na epilepsję. W tamtych czasach lekarze często stosowali głodówki terapeutyczne, by leczyć trudne choroby, tj. nowotwory, artretyzm, nieżyty żołądka i choroby neurologiczne. Głodówki dały znakomite rezultaty w leczeniu epilepsji. Głodówka trwająca od dwudziestu do trzydziestu dni o samej wodzie, znacznie i na długo zmniejszyła częstotliwość ataków. Zaobserwowano także, że ciągły, wysoki poziom ketonów w organizmie przynosił bardzo wyraźne rezultaty terapeutyczne, działał wyjątkowo korzystnie zwłaszcza na mózg i układ nerwowy.

Lekarze odkryli, że im dłużej pacjentom udało się stosować głodówkę, tym lepsze były jej wyniki. Oczywiście istniała granica czasowa, do której pacjent mógł nie jeść, więc lekarze opracowali dietę, która naśladowała metaboliczne efekty głodówki, jednocześnie dostarczając wszelkich składników odżywczych, jakich organizm potrzebuje dla zachowania dobrego zdrowia. I tak powstała dieta ketogeniczna, która okazała się być niezwykle skuteczną w leczeniu nawet ostrej postaci padaczki lekooopornej.

Z uwagi na fakt, że dieta ta była sprawdzonym, skutecznym lekarstwem na defekty w mózgu związane z epilepsją, naukowcy rozpoczęli badanie jej wpływu na inne zaburzenia pracy mózgu i układu nerwowego. Badania wstępne dotyczące chorób neurozwyrodnieniowych, tj. choroby Alzheimera, Parkinsona, stwardnienia zanikowego bocznego (ang. ALS), choroby Huntingtona, urazowego uszkodzenia mózgu (ang. TBI) oraz udaru bardzo dobrze ustępowały w wyniku stosowania diety ketogenicznej[2-5].

Poprawa dotyczy nie tylko chorób mózgu i układu nerwowego, ale także wielu innych parametrów, którymi oznaczamy ogólny stan zdrowia człowieka, np. poziomu lipidów we krwi (cholesterolu i trójglicerydów), ciśnienia krwi, poziomu cukru insuliny oraz białka C-reaktywnego we krwi (wskaźnika stanu zapalnego w organizmie) czy ilości tkanki tłuszczowej[6-9]. Wykazano, że dieta ketogeniczna ma ogólnie dobroczynny, leczniczy wpływ na cały organizm.

Według klasycznej diety ketogenicznej spożycie węglowodanów stanowi około 2 procent całkowitego spożycia kalorii. Taka wartość ma na celu wywołanie terapeutycznego poziomu ketonów w organizmie. Przy standardowym sposobie odżywiania się zwykle 60 procent dziennego zapotrzebowania kalorycznego pochodzi z węglowodanów, a kiedy liczbę tą obniży się do 2 procent, powstała w ten sposób próżnia musi zostać zastąpiona innym składnikiem odżywczym będącym źródłem energii. W diecie ketogenicznej węglowodany zastępuje się tłuszczem, jest on budulcem przy produkcji ketonów, stanowiącym 90 procent wszystkich kalorii. Pozostałe 8 procent pochodzi z białek.

Ten rodzaj diety stosowany jest w leczeniu stanów ciężkich, tj. epilepsji, natomiast utratę wagi można uzyskać, stosując znacznie mniej rygorystyczną dietę, która dopuszcza spożycie znacznie większej ilości białek i węglowodanów, a mniej tłuszczów. Ograniczenie dziennej ilości węglowodanów do 40 gramów nadal powoduje stan ketozy.

W leczeniu padaczki oraz innych chorób pacjentowi, który zwykle jest dzieckiem, podaje się pożywienie kaloryczne zapewniające prawidłowy wzrost i rozwój. Natomiast w programie utraty zbędnych kilogramów, czyli na zmodyfikowanej diecie ketogenicznej, całkowita ilość spożytych kalorii podlega ścisłym ograniczeniom. Nie jest to jednak problem, ponieważ zmodyfikowana dieta ketogeniczna, w której można jeść mięso, jajka, ser i śmietanę, jest bardziej sycąca niż jakakolwiek inna. Uczucie sytości pojawia się po zjedzeniu mniejszej ilości pokarmu i w ten sposób spożywasz mniej kalorii.

Czy dieta wysokobiałkowa jest ketogeniczna?

Istnieje mnóstwo diet niskowęglowodanowych, lecz nie wszystkie z nich są ketogeniczne. Dotyczy to zwłaszcza diet, które dopuszczają spożywanie nieograniczonych ilości pokarmów mięsnych oraz bogatych w białka. W latach 20. XX wieku badacze naukowi odkryli, że u Eskimosów zamieszkujących Kanadę, odżywiających się w sposób tradycyjny, czyli mięsem i tłuszczem z praktycznie nieistniejącą ilością węglowodanów, poziom ketonów był identyczny jak u osób będących na typowych dietach węglowodanowych. Kiedy otoczenie obfitowało w zwierzynę łowną, wówczas głównym pożywieniem Eskimosów była dziczyzna. Ilość glukozy uzyskana w procesie rozkładu mięsa wystarczyła, by zapobiec ketozie[10].

Podobne rezultaty przyniosło badanie kliniczne, którego uczestnicy przez wiele miesięcy odżywiali się według diety pozbawionej węglowodanów, za to bogatej w mięso (dieta w stylu eskimoskiej), pozostając pod ścisłą obserwacją szpitalną na oddziale chorób wewnętrznych[11]. Jego wyniki doprowadziły do konkluzji, że u osób będących na dietach bardzo niskowęglowodanowych, poziom ketozy w organizmie zależy w sposób odwrotnie proporcjonalny od ilości spożytych białek. Dzieje się tak głównie dlatego, że około 48 do 58 procent aminokwasów w większości białek spożywczych ulega konwersji w glukozę. Średnio na każde 2 gramy białka spożytego w diecie pozbawionej węglowodanów od 1 do 1,2 grama zamienianych jest w glukozę. A zatem by skutecznie schudnąć na niskowęglowodanowej diecie ketogenicznej, należy ograniczyć ilość pokarmów bogatych w białka. Zrozumienie tej zasady jest niezwykle istotne, ponieważ wiele osób stosujących diety niskowęglowodanowe zakłada, że mięso oraz inne wysokobiałkowe pokarmy mają niewielki lub wręcz żaden wpływ na proces odchudzania. „Zapychają się" więc do granic możliwości wysokobiałkowym jedzeniem, dziwiąc się przy tym, że nie chudną tak, jak się tego spodziewali, a może nawet przybierają na wadze. W rezultacie skarżą się, że dieta niskowęglowodanowa na nich nie działa.

Dieta oparta głównie na mięsie może być niskowęglowodanowa, ale niekoniecznie jest przy tym ketogeniczna. Dieta ketogeniczna to taka, w której spożycie węglowodanów jest bardzo niskie, a tłuszczów – wysokie, jednak przy odpowiedniej, ale nie nadmiernej ilości białek. Tłuszcz stanowi 60 procent lub więcej całkowitej ilości spożytych kalorii.

Problem z chudym białkiem

Wszędzie słyszymy, że należy jeść chude białko, wycinać tłuszcz, odrzucać skórę, jeść wyłącznie chude, białe mięso, wybierać kurczaka i rybę zamiast mięsa czerwonego, ponieważ jest mniej tłuste, jeść niskotłuszczowe sery, pić odtłuszczone mleko, etc., aż do znudzenia. Dlaczego kładzie się taki nacisk na chude białko? Najwyraźniej jest to pozostałość po histerii antytłuszczowej, jakiej doświadczaliśmy przez ostatnie dziesięciolecia. Nawet wielu zwolenników diet niskowęglowodanowych oraz kuchni Paleo powtarza jak mantrę: wybieraj chude mięso. Liczni autorzy książek na temat diet niskowęglowodanowych, a nawet ci, którzy wychwalają zalety jedzenia tłuszczów, instruują swoich czytelników, by wybierali chude porcje mięsa. Nie ma w tych zaleceniach najmniejszego sensu. Tłuszcz nie jest wrogiem! Jego właściwe rodzaje są twoimi sprzymierzeńcami. Naturalne tłuszcze znajdujące się w nabiale i różnego rodzaju mięsie, w tym w czerwonym, korzystnie wpływają na organizm człowieka. Nie należy odrzucać tłuszczu ani unikać mięsa z jego zawartością. Tłuszcz poprawia smak mięsa. Nigdy nie powinieneś mieć wyrzutów sumienia, że jesz tłuszcz.

Dieta ketogeniczna, w tym Ketogeniczna Dieta Kokosowa, nie jest wysokobiałkowa. Jest to dieta o wysokiej zawartości tłuszczu z odpowiednią, jednak nie nadmierną, ilością białek. Tajemnicą sukcesu tej diety jest tłuszcz, a nie białko. Ściśle mówiąc, przy diecie tej należy ograniczyć ilość spożywanego białka - przyniesie to nie tylko efekty w odchudzaniu, ale też przyczyni się do lepszego ogólnego stanu zdrowia.

Jedzenie chudego mięsa bez adekwatnej ilości tłuszczu tak naprawdę może być szkodliwe dla zdrowia! Doskonały tego przykład miał miejsce w latach 70. ubiegłego stulecia i dotyczył szaleństwa na punkcie płynnego białka nazywanego „głodówką eksperymentalnie modyfikowaną proteinami". Idea tej diety opierała się na tym, że ograniczanie kalorii powoduje nie tylko utratę tkanki tłuszczowej, ale także mięśni. W jej myśl, jeśli tylko osoba pozostająca na diecie je odpowiednie ilości białek, będąc na diecie niskowęglowodanowej i niskokalorycznej, proteiny obecne w mięśniach nie ulegną rozkładowi. Teoretycznie więc osoba stosująca tę dietę straci wyłącznie tkankę tłuszczową bez uszczerbku dla mięśni. W tamtych czasach uważano, że najlepszym sposobem na jedzenie białek jest ich postać płynna. I tak w ciągu zaledwie jednego dnia szaleństwo to rozpowszechniło się i sklepy zapełniły się dietetycznymi napojami zawierającymi płynne białko.

Białko w tych koktajlach pochodziło z żelatyny, oczyszczonego produktu białkowego pochodzącego ze ścięgien, chrząstek i skóry bydła. Chociaż żelatyna jest dobrym źródłem białka, jej mieszanka z aminokwasami ma niższą jakość, tzn. nie jest tak zbalansowana jak ta, której dostarczasz sobie z pożywienia w postaci jajek, mleka, mięsa i ryb. Jednak nie na tym polegał główny problem tej diety. Całkowity brak tłuszczu był znacznie poważniejszym jej aspektem. Bez tłuszczów, proteiny (aminokwasy) nie mogą zostać odpowiednio zmetabolizowane – niezależnie od ich jakości. Tłuszcz jest niezbędnym składnikiem w procesie pełnej przemiany białek. W konsekwencji braku tłuszczu w diecie, osoby stosujące ją przez dowolny czas stały się niedożywione i rozchorowały się, a wiele zmarło z powodu niewydolności serca, chociaż nie wykazywało objawów jakiejkolwiek choroby serca. Nie pomogło przyjmowanie witamin i suplementów, a nawet suplementacja diety niewielkimi porcjami chudego mięsa. Ludzie nadal umierali, szacuje się, że łącznie przynajmniej 60 osób, a tysiące rozchorowało się. Dieta szybko odeszła w niepamięć, choć koktajle i posiłki białkowe nadal są dostępne.

Choroba wywołana jedzeniem chudego białka bez jednoczesnego spożywania odpowiednich ilości tłuszczów to „zatrucie białkowe", znane także pod nazwą „królicza głodówka". Do jej objawów należą: biegunka, bóle głowy, zmęczenie, niskie ciśnienie krwi i ogólne uczucie dyskomfortu. Bez odpowiedniej ilości tłuszczu, białka mogą stać się toksyczne. Jest to fakt znany od wieków i udokumentowany. W minionych stuleciach nasi przodkowie, myśliwi-zbieracze nie jedli chudego mięsa, wręcz unikali go jak mogli. Jedli za to potrawy możliwie najtłustsze, a tłuszcz z organów i szpik kostny były łakomymi kąskami. Nie jedli chudego mięsa, ponieważ wiedzieli, że bez właściwego źródła tłuszczów jest ono szkodliwe i to nawet śmiertelnie. Eskimosi północnokanadyjscy i alaskańscy znali zjawisko zatrucia białkowego. Ich tradycyjny jadłospis prawie w całości składał się z mięsa, przy czym doskonale znali wagę odpowiedniej ilości tłuszczu w tej diecie. Zawsze mieli przy sobie foczy olej lub inne tłuszcze, by w ten sposób suplementować swoje posiłki. Wszelkie mięso przed spożyciem zanurzali w foczym oleju, jak w dipie sałatkowym. Poza połowem ryb i polowaniem na foki urządzali łowy na karibu, łosie, lisy, niedźwiedzie, gęsi, pardwy i inne dzikie zwierzęta, ale unikali zajęcy. Zające polarne (dosłownie króliki – przyp. tłum.) są bardzo chude, więc nie polowali na nie, chyba że mieli do dyspozycji dostatek tłuszczu jako dipu do niego. Nauczyli się, że jedząc zbyt duże ilości zajęczego mięsa, rozchorują się. Nawet jeśli mieliby dostęp do tego mięsa w takich ilościach, że najedliby się do syta, w tym podrobów, które stanowiły źródło wysokiej jakości, pełnowartościowego białka, bez dodatku tłuszczu byłoby ono szkodliwe dla ich zdrowia. Dłużej przeżyłbyś tylko o wodzie, nic nie jedząc, niż na diecie składającej się z zajęczego mięsa i wody. Eskimosi i Indianie kanadyjscy dobrze wiedzą, że jedzenie zajęczego mięsa szybciej sprowadzało śmierć „głodową", niż całkowite powstrzymanie się od jedzenia, stąd określenie „królicza głodówka". To samo stałoby się w przypadku jedzenia zbyt dużych ilości dowolnego chudego mięsa, w tym karibu, które w okresie letnim utraciły swój zapas tłuszczu na lato i były przesadnie chude.

Badacz Arktyki i antropolog, Vilhjalmur Stefensson (1879-1962), obszernie opisał lata mieszkania na ziemiach kanadyjskiej części Arktyki w identycznych warunkach jak prości Eskimosi. Opisał na przykład jak pewnego razu wraz z towarzyszami ekspedycji, z braku innego pożywienia, zostali zmuszeni do upolowania i zjedzenia chudego karibu. Był świadom niechęci Eskimosów do jedzenia chudego mięsa, lecz brak pożywienia przekonał jego oraz towarzyszących mu ludzi do zjedzenia karibu mimo wszystko. W ciągu zaledwie kilku następnych tygodni wszyscy śmiertelnie się rozchorowali. Uratował ich tłuszcz, którego źródło odkryli. Innym razem, kiedy pożywienia mieli jak na lekarstwo, ale za to sporo oleju foczego, przetrwali, żywiąc się wyłącznie nim. W przeciwieństwie do chudego mięsa, żywienie się tylko olejem w żaden sposób im nie zaszkodziło. Kiedy Stefensson pisał o żywieniu się wyłącznie mięsem i tłuszczem, bez jakichkolwiek pokarmów warzywnych, i zachowaniu dobrego zdrowia, współcześni mu lekarze krytykowali go. Twierdzili, że to niemożliwe, że w ten sposób nabawi się szkorbutu lub innej choroby wywołanej niedoborem. By udowodnić, że się mylą, Stefensson i jeden z towarzyszy jego arktycznych wędrówek, zgodzili się przez rok jeść wyłącznie mięso i tłuszcz pod obserwacją zespołu medycznego na oddziale szpitala Bellevue w Nowym Jorku. Było to w 1928 roku. Obaj mężczyźni przeżyli roczny okres eksperymentu bez żadnych chorób i zakończyli go w doskonałym zdrowiu. Chociaż historia ta jest często przytaczana, by zobrazować bezpieczeństwo jedzenia mięsa, tak naprawdę udowadnia bezpieczeństwo jedzenia tłuszczu. Chociaż mężczyźni żywili się różnymi porcjami różnego rodzaju mięs, żadne z nich nie było chude, a 79 procent zapotrzebowania energetycznego ich diety pochodziło z tłuszczów – głównie nasyconych[12]. Ciekawy tego, co Stefansson napisał o żywieniu się chudym mięsem, dr Eugene Dubois, będący kierownikiem tego eksperymentu, chciał przekonać się, jakie skutki przyniesie dieta polegająca na jedzeniu wyłącznie chudego mięsa. Stefansson niechętnie przystał na tymczasowe ograniczenie swego jadłospisu do chudego mięsa, tymczasem Anderson jadł połączenie dowolnego mięsa z tłuszczem. Ten eksperyment w ramach większego badania przeprowadzono na samym początku, jednak nie trwał on długo. Po zaledwie 2 dniach pojawiły się objawy zatrucia białkiem. Stefansson wyjaśnia: „Symptomy, które pojawiły się w wyniku podawanej pacjentom szpitala Bellevue niekompletnej diety mięsnej (chudego, bez tłuszczu), były dokładnie takie same jak na Arktyce, z tą tylko różnicą, że nastąpiły szybciej, w postaci biegunki i przytłaczającego uczucia dyskomfortu. W czasie naszego pobytu na Północy, Eskimosi i ja wyleczyliśmy się natychmiast po zjedzeniu tłuszczu. Teraz doktor Dubois wyleczył mnie w identyczny sposób, podając mi tłuste steki z polędwicy, móżdżki smażone na tłuszczu z bekonu i inne tego rodzaju pokarmy. Wyzdrowiałem w ciągu 2 czy 3 dni i do tego sporo schudłem".

Będący na diecie mięsno-tłuszczowej Anderson nie miał żadnych kłopotów zdrowotnych. Objawy zatrucia białkiem pojawiły się w ciągu kilku dni od rozpoczęcia pobytu badanych w szpitalu Bellevue. Na Arktyce trwało to od 2 do 3 tygodni. Stefensson spekulował, że powód tej różnicy czasowej był taki, że jedząc karibu na Arktyce dostarczyli sobie odrobiny tłuszczu z miejsc za gałkami ocznymi i ze szpiku kostnego, który to zapewne opóźnił wybuch choroby. W szpitalu nie miał żadnego źródła tłuszczu, objawy pojawiły się więc szybciej.

Kiedy ludy prymitywne polowały na zwierzynę dziką, nie zabijały chudych zwierząt, lecz najtłustsze jakie zdołali spotkać. Tłuszcz był przysmakiem, a zatem zjadali go do ostatniej drobinki. Znali oni zagrożenia płynące z jedzenia chudego mięsa. Diety niskowęglowodanowe i Paleo, nawołujące do jedzenia chudego mięsa, wycinania wszelkich śladów tłuszczu z mięsa, jedzenia niskotłuszczowego nabiału i innych produktów niskotłuszczowych, szkodzą zdrowiu. Diety wysokobiałkowe nie są kluczem do skutecznego i zdrowego chudnięcia, a tłuszcz – tak.

SEKRET NIEZWYKLE SKUTECZNEGO ODCHUDZANIA

Zmniejszone uczucie głodu

Spożywanie zbyt wielu kalorii, bez względu na źródło ich pochodzenia, może przyczyniać się do tycia. Niezależnie od tego, czy uzyskujemy kalorie, czyli energię, z węglowodanów, białek czy tłuszczów, ich ilość ponad zapotrzebowanie organizmu jest natychmiast zamieniana w tkankę tłuszczową. I choć jedzenie tłuszczu ma ogromną zaletę pod względem metabolicznym, konsumpcja tłuszczu wraz z przesadną ilością węglowodanów sprawia, że zaleta ta zostaje zniwelowana. Również spożywanie zbyt dużych ilości tłuszczu względem dziennego zapotrzebowania na ten składnik odżywczy może sabotować wysiłki włożone w odchudzanie. Wspólną cechą wszystkich diet odchudzających jest obniżenie ilości spożywanych kalorii. Nawet odchudzanie według diety ketogenicznej przynosi najlepsze efekty przy redukcji konsumpcji kalorii.

Co jest największą przeszkodą skutecznego odchudzania? Który aspekt diety jest najbardziej uciążliwy i przyczynia się do porażki bardziej niż którykolwiek inny? Odpowiedź to *głód*. Ciągły, dokuczliwy głód sprawia, że odchudzanie staje się torturą i wręcz skazane jest na porażkę. Gdyby wyeliminować napady głodu, odchudzanie byłoby o wiele łatwiejsze i znacznie efektywniejsze.

Dieta ketogeniczna zapewnia takie rozwiązanie. Stan ketozy ma działanie hamujące apetyt[13]. Jeśli potrafisz pokonać nieustające uczucie głodu, jakie towarzyszy większości diet, nie będziesz miał pokusy sięgnięcia po przekąskę czy też przejedzenia się przy kolejnym posiłku, a może nawet bez trudu z niego zrezygnujesz. Hamujące apetyt działanie diety ketogenicznej jest tajną bronią niezwykle skutecznego odchudzania. W stanie ketozy uczucie głodu praktycznie znika, nawet przy spożyciu mniejszej ilości kalorii. Możesz więc ograniczyć całkowite spożycie kalorii i zrzucać zbędne kilogramy bez cierpienia, uczucia głodu, braku energii, nerwowości, irytacji lub innych powszechnie występujących objawów diety niskokalorycznej, a które w końcu i tak sabotują większość diet. Ponadto możesz rozkoszować się jedzeniem wszelkiego rodzaju mięs, jajek, serów, śmietany, sosów oraz innych, bogatych w składniki odżywcze tłustych pokarmów do syta. Takie jedzenie wyśmienicie smakuje i zaspokaja głód do tego stopnia, że możesz spokojnie odżywiać się w ten sposób do końca życia.

Hamujące apetyt właściwości diety ketogenicznej zostały bardzo jasno wykazane w badaniu przeprowadzonym przez naukowców pracujących dla koncernu Kraft Foods i opublikowanym w *American Journal of Clinical Nutrition*[14]. W badaniu tym uczestników podzielono na dwie grupy. Jedna przestrzegała typowej diety niskotłuszczowej o ograniczonej kaloryczności, w której totalne spożycie kalorii zmniejszono do 500-800 jednostek dziennie. Druga grupa była na diecie niskowęglowodanowej i wysokotłuszczowej, bez jakichkolwiek restrykcji co do łącznej ilości kalorii dziennie. Grupie pierwszej polecono jeść 3 posiłki dziennie plus przekąski, aż do nasycenia głodu, ale bez przejadania się. W zasadzie tylko jedna grupa była „na diecie", druga zaś po prostu zmodyfikowała rodzaj spożywanych pokarmów, jedząc głównie tłuszcz, mięso i niskowęglowodanowe warzywa, bez liczenia kalorii. Po 12 tygodniach grupa na diecie niskotłuszczowej schudła średnio 2,5 kg, tymczasem grupa na diecie niskowęglowodanowej – przeciętnie 4,9 kg, czyli dwukrotnie więcej niż grupa „niskotłuszczowa". W tej pierwszej odnotowano także prawie dwukrotne zmniejszenie obwodu talii/pasa, wynoszące 4,3 cm w porównaniu do 2,8 cm w grupie drugiej.

Pomimo tego, że grupa „niskowęglowodanowa" mogła jeść, co tylko chciała, jej członkowie zaspokajali głód mniejszą ilością pożywienia, a w konsekwencji zjadali mniej kalorii niż grupa „niskotłuszczowa". Na początku badania przeciętne spożycie kalorii w obu grupach wynosiło odpowiednio 2050 i 1961 jednostek. Po upływie 12 tygodni grupa „niskowęglowodanowa" spożywała średnio 1343 kalorie w porównaniu do 1500 kalorii w grupie „niskotłuszczowej". Dieta niskowęglowodanowa zaspokajała głód uczestników badania bez zmuszania ich do ograniczania kalorii, robili to w sposób naturalny, wybierając pokarmy według własnego uznania. Jest to naturalny sposób odchudzania się – niewymuszony, któremu nie towarzyszy uczucie ciągłego głodu i dyskomfortu.

Kilka badań wykazało, że ketoza hamuje głód i zmniejsza spożycie kalorii. W pewnym badaniu, by uzyskać ten sam poziom głodu, spożycie kalorii u osób będących na diecie ketogenicznej obniżono o 1000 w porównaniu do tych, którzy przestrzegali diety niskotłuszczowej[15]. Inne badanie, studiujące zjawisko głodu i ograniczenia jedzenia za pomocą umysłu dowiodło, że po tygodniu na diecie niskowęglowodanowej uczucie głodu zmniejszyło się o 50 procent w porównaniu z osobami będącymi na diecie niskotłuszczowej[16].

Niektórzy naukowcy sugerują, że powodem obniżonego apetytu w wyniku stosowania diety niskowęglowodanowej może być niższe stężenie insuliny we krwi. Wygląda na to, że to insulina odpowiada za uczucie głodu. Wyniki badań naukowych wskazują na to, że pokarmy o wyższej reakcji na insulinę są mniej sycące, a podwyższony poziom insuliny sprawia, że jemy więcej. Osłabienie funkcji wydzielania insuliny za pomocą określonych leków spowodowało także osłabienie uczucia głodu i sprzyjało odchudzaniu[17].

Stan ketozy oznacza, że tłuszcz wydostaje się z komórek tłuszczowych i ulega spalaniu dla pozyskania energii. Poziom insuliny we krwi pozostaje niski, lecz w granicach normy, co oznacza, że żadnym sposobem nie wytwarza się w krwiobiegu jej nadmiar, który mógłby napełniać komórki tłuszczowe tłuszczem. Twój organizm przechodzi od stanu metabolicznego, w którym spalasz cukier i gromadzisz tłuszcz, do takiego, który wydobywa tłuszcz z zapasów i spala go. W rezultacie tego procesu następuje utrata wagi.

Ketony stanowią wysokiej jakości źródło paliwa dla organizmu, które wytwarza znacznie więcej energii niż glukoza. Różnica jest taka jak przy spalaniu węgla w porównaniu do papieru. Zasilany węglem ogień daje więcej ciepła na dłużej. Nawet przy obniżonym spożyciu kalorii organizm nie odczuwa głodu, a w konsekwencji poziomy energii i przemiany materii utrzymują się w normie, a nawet mogą wzrosnąć. Możesz stosować tę dietę tak długo jak chcesz, bez obawy przed spadkiem przemiany materii, jaki często towarzyszy dietom o ograniczonej kaloryczności. A ponieważ poziomy metabolizmu i energii pozostają w normie, więcej schudniesz na diecie ketogenicznej, niż stosując głodówkę wodną.

Na diecie ketogenicznej łatwo rozpoznasz, kiedy jesteś w stanie ketozy, bo nie będziesz odczuwał głodu. Wejście w ten stan zwykle trwa od 5 do 7 dni. Choć wydaje się to dziwne, jeśli na odchudzającej diecie ketogenicznej odczuwasz głód, to znaczy, że za dużo jesz! Zredukowanie ilości spożywanego jedzenia wprowadzi cię w głębszy stan ketozy i uwolni od głodu.

Pozwól, że podzielę się z tobą doświadczeniami tych, którzy stosowali zalecenia zawarte w tej książce:

> „Ważyłem nieco ponad 80 kg, niby niewiele, lecz w stosunku do mojego wzrostu o 10 kg za dużo. Moja żona robiła mi uwagi na temat mojego dużego brzucha, tam bowiem skupiła się większość mojej nadwagi. Próbowałem schudnąć, lecz nieustanne napady głodu rujnowały każde staranie. Przechodziłem na dietę, ograniczałem tuczące pokarmy, jadłem więcej sałatek i obniżałem dzienne spożycie kalorii. Początkowo zrzucałem kilka kilo, lecz wnet stawało się to coraz trudniejsze. Musiałem więc coraz bardziej redukować ilość zjadanych kalorii. Po kilku tygodniach głodzenia się dochodziłem do wniosku, że nie warto przeżywać takiego dyskomfortu i wracałem do starych nawyków żywieniowych".

> „Kiedy dowiedziałem się o Ketogenicznej Diecie Kokosowej, byłem podekscytowany. To była dieta, która obiecywała mi schudnięcie bez dyskomfortu i uczucia nieustannego głodu. Przeszedłem na bardzo niskowęglowodanową, wysokotłuszczową dietę ketogeniczną z początkowo trzema posiłkami dziennie. Tłuszcz zaspokajał mój głód i już nie czułem potrzeby jedzenia tak dużo jak przedtem. Moje posiłki stały się mniejsze, ale wciąż nasycały mnie. Po mniej więcej tygodniu mój głód tak bardzo się zmniejszył, że zacząłem opusz-

czać posiłki. Jadłem śniadanie, które zwykle składało się z 2 jajek i od 300 do 600 g mięsa (boczku lub kiełbasy) z dużą ilością tłuszczu. Jajka gotowałem w 3 łyżkach stołowych oleju kokosowego i polewałem je nim przed zjedzeniem. Od czasu do czasu włączałem do swojego śniadania kubek pełnotłustego mleka z dodatkiem odrobiny śmietany dla podniesienia jego wartości. Ten wysokotłuszczowy posiłek był tak sycący, że kiedy nadeszła pora obiadu, prawie nie byłem głodny. Wtedy albo całkowicie rezygnowałem z obiadu, albo jadłem coś bardzo lekkiego, co można by uznać za przekąskę. Zwykle był to twarożek wymieszany z 2 łyżkami oleju kokosowego. Obiad opuszczałem prawie zawsze. Naprawdę nie byłem głodny ani nawet nie miałem pokusy, by coś zjeść w porze obiadu. Uczucie sytości towarzyszyło mi aż do kolacji, na którą jadłem 170 g tłustego mięsa z niewielką porcją warzyw, znów z dodatkiem tłuszczu w postaci oleju kokosowego, masła, oleju z czerwonej palmy, tłuszczu z bekonu, itp. Posiłki były przepyszne! Teraz jadłem o wiele mniej, niż przed rozpoczęciem diety. Dieta ketogeniczna naprawdę zmniejszyła mój apetyt. W trakcie jej stosowania nigdy nie doświadczyłem takiego głodu jak przy innych dietach odchudzających. Ta dieta w porównaniu z innymi była tak lekka do przestrzegania jak poranna bryza".

„Zalecana dzienna kaloryczność posiłków przy mojej budowie ciała i poziomie aktywności fizycznej to 2500 kalorii by utrzymać dotychczasową wagę. Pomimo że jadłem ogromne ilości tłuszczu, łączna wartość energetyczna spożywanych posiłków wynosiła 1700 kalorii, z czego 1300 pochodziło z tłuszczów. Już po pierwszym tygodniu stosowania tej diety poziom mojej energii znacznie wzrósł. Mogłem ćwiczyć 3 dni w tygodniu tak jak zwykle, lecz bez najmniejszego spadku siły czy energii. Co więcej, miałem więcej energii. W 3 miesiące schudłem 11 kilogramów – średnio kilogram tygodniowo. Udało mi się osiągnąć wagę, jaką zamierzałem, czyli 70,3 kg. Od lat nie miałem takiej wagi".

„Od 2 lat jestem na diecie ketogenicznej i jest to najlepsza rzecz jaka mnie w życiu spotkała. Mam 55 lat i przez całe życie miałem problem z kontrolą prawidłowej wagi ciała. Miara się przebrała, kiedy ważyłem 240 kg. W niespełna 2 lata zrzuciłem ponad 57 kg i nadal chudnę. Nigdy nie czuję głodu, mam więcej energii, a mój przepływ krwi jest coraz lepszy".

BRIAN C.

„Dietę ketogeniczną stosuję od 4 lat i zamierzam stosować ją do końca życia (mam 72 lata). Dietę zacząłem, kiedy zdiagnozowano u mnie cukrzycę. Kontrolowałem poziom glukozy wyłącznie dietą i ziołami. Wszystkie moje wskaźniki zdrowia są na idealnym poziomie i czuję się wspaniale. Dziennie spożywam do 25 gramów cukru – przeważnie w produktach o niskim indeksie glikemicznym. Jem warzywa jakie chcę, z wyjątkiem skrobiowych. Dużych ilości błonnika dostarczają mi warzywa i siemię lniane, świeżo zmielone w młynku do kawy. Nie liczę kalorii i nigdy nie jestem głodny. Już nie chudnę, ale utrzymuję bardzo zdrową wagę 75 kg, czyli o 23 kg mniej od mojej największej wagi".

ROY H.

Motywacja do trzymania się diety

Opowieści innych, którzy odnieśli sukces w odchudzaniu za pomocą diety ketogenicznej, pomagają utrzymać entuzjazm i motywację do przestrzegania diety. Ale jest jeszcze jeden czynnik motywujący. Związek stanu ketozy z głodem, a raczej jego brakiem, może być doskonałym narzędziem motywacyjnym powstrzymującym cię przed oszukiwaniem. Potrzeba 3 dni głodówki wodnej, by wejść w stan ketozy do poziomu, w którym głód jest znacznie zahamowany. Na diecie ketogenicznej osiągnięcie i utrzymanie takiego stanu trwa dwa razy dłużej i wymaga ścisłego trzymania się bardzo niskowęglowodanowej, wysokotłuszczowej diety o umiarkowanej zawartości białek.

Zaledwie jeden posiłek lub wysokowęglowodanowa przekąska (kawałek ciasta, batonik, napój gazowany, sok owocowy, etc.) wystarczą, by wytrącić się z ketozy i wtedy trzeba zaczynać wszystko od początku. Powrót do stanu ketozy na poziomie mocnego zahamowania głodu wymaga kilku dni niskowęglowodanowego odżywiania się z napadami głodu.

Często jesteśmy kuszeni, by odbiec od diety, będąc z wizytą u przyjaciół, przechodząc obok restauracji czy czując zapachy jedzenia na przyjęciu, itp. Staramy się wówczas usprawiedliwić nasze oszukiwanie, mówiąc: „Taki mały kawałeczek mi nie zaszkodzi". To duży błąd! Zaszkodzi. Jeden niewielki kawałek ciasta wytrąci cię ze stanu ketozy (i może nawet sprawić, że przytyjesz) i będziesz musiał zacząć wszystko od nowa. A kiedy nie jesteś w stanie ketozy, napady głodu powrócą! Będziesz czuł się głodny i doznasz pokus jedzenia więcej. Nawet jeśli nie zjesz niczego wysokowęglowodanowego, będziesz tak głodny, że zjesz za dużo dozwolonych pokarmów, czyli mięsa i warzyw, a w konsekwencji spożyjesz nadmierną ilość kalorii, które zatrzymają proces twojego chudnięcia.

Za każdym razem, kiedy masz pokusę, żeby zjeść jakiekolwiek wysokowęglowodanowe jedzenie czy wypić tego rodzaju napój, zatrzymaj się na chwilę i pomyśl o konsekwencjach. Jeśli je zjesz, zaprzepaścisz cały wysiłek włożony w osiągnięcie ketozy i będziesz zmuszony zacząć wszystko od początku (pamiętaj, że wejście w stan ketozy to proces trwający 3-7 dni). Poza tym zjedzenie tej „słodkiej pokusy" wywoła większy głód i pragnienie zjedzenia jeszcze więcej. Same te myśli powinny wystarczyć, byś nie stracił motywacji, trzymał się zaleceń diety i nie oszukiwał – choćby troszkę.

CZY DIETA WYSOKOTŁUSZCZOWA JEST BEZPIECZNA?

Niektórzy ludzie krytykują diety ketogeniczne ze względu na wysoką ilość zalecanego w niej tłuszczu, zwłaszcza nasyconego. Obawiają się, że spożywanie takich ilości tłuszczu może być szkodliwe i przyczyniać się do arteriosklerozy (stwardnienia tętnic), ataków serca i innych problemów zdrowotnych. Twierdzą, że u ludzi otyłych, którzy już znajdują się w grupie podwyższonego ryzyka zachorowania na chorobę serca, dodatkowa ilość tłuszczu w diecie jeszcze bardziej zwiększy to ryzyko.

Jak dowiedzieliśmy się z poprzednich rozdziałów, tłuszcze pochodzące z pokarmów nie wywołują chorób serca. Teoria ta została obalona całkowicie, a naukowcy obecnie uznają to za fakt. Większość ludzi czułaby się znacznie lepiej, jeśli włączyłaby więcej tłuszczów do jadłospisu. Dieta ketogeniczna została zbadana i przetestowana, i udowodniono, że od prawie 100 lat przynosi korzyści, nie wywołując żadnych szkodliwych reakcji. Pacjenci epileptyczni kontynuują tę dietę przez 2 lata lub więcej. Tysiące ludzi od lat przestrzegało zasad diety ketogenicznej, w której podstawowym źródłem tłuszczu są tłuszcze nasycone, i nie doznało ataku serca czy udaru w wyniku jej stosowania.

W największym jak dotąd badaniu analitycznym na temat bezpieczeństwa i skuteczności klasycznej diety ketogenicznej, naukowcom nie udało się znaleźć jakiegokolwiek negatywnego jej działania przy długotrwałym stosowaniu, pomimo że do 90 procent spożywanych przez pacjentów kalorii dostarczały tłuszcze – wszystkie skutki tej diety były korzystne. „Od zawsze podejrzewaliśmy, że dieta ketogeniczna jest względnie bezpieczna, nawet przy długotrwałym stosowaniu, a teraz mamy na to dowód" – mówi dr Eric Kossoff, neurolog pracujący na Uniwersytecie Johnsa Hopkinsa (Johns Hopkins University), który uczestniczył w tym badaniu. „Przeprowadzone przez nas badanie powinno pomóc pokonać pewne nie dające spokoju wątpliwości o bezpieczeństwie długotrwałego stosowania diety ketogenicznej[18]". Efekty stosowania diety ketogenicznej okazały się niezbicie pozytywne, niezależnie od tego czy stosowano ją w leczeniu zaburzeń pracy mózgu, usprawnienia przemiany materii, czy też by zrzucić zbędne kilogramy.

Wysokotłuszczowa dieta ketogeniczna nie tylko jest bezpieczna, ale także korzystnie wpływa na ogólny stan zdrowia, jeśli zestawić ją z dietami niskotłuszczowymi. Na przykład naukowcy z Uniwersytetu w Connecticut (University of Connecticut) porównali czynniki ryzyka zachorowania na choroby układu sercowo-naczyniowego w dwóch grupach otyłych mężczyzn: pierwszej przestrzegającej bardzo niskowęglowodanowej, wysokotłuszczowej diety, a drugiej stosującej dietę niskotłuszczową. Na początku eksperymentu i ponownie po 6 tygodniach, przed samym jego zakończeniem, wykonano badanie krwi. Obie diety poprawiły ogólny poziom cholesterolu i insuliny we krwi, a także wskaźnik insulinooporności, lecz różnice tych wskazań nie były znaczące, co pokazuje, że dieta wysokotłuszczowa jest równie dobra jak niskotłuszczowa. Jednakże tylko w grupie niskowęglowodanowej odnotowano znacznie obniżony poziom trójglicerydów na czczo, niższy poziom współczynnika trójglicerydów względem cholesterolu HDL oraz niższy poziom glukozy we krwi, co wykazało przewagę diety niskowęglowodanowej.

W grupie będącej na diecie niskowęglowodanowej także odczyty poziomu cholesterolu LDL były lepsze. Cholesterol LDL często określa się mianem „złego", ponieważ uważa się go za ten, który zostawia złogi w tętnicach. Jednakże rozróżniamy dwa rodzaje cholesterolu LDL: jeden duży i puszysty, a drugi mały i gęsty. Ten pierwszy jest nieszkodliwy, a tak naprawdę korzystny dla organizmu człowieka, ponieważ wchodzi w skład błon komórkowych, nadaje im wytrzymałość, a także wykorzystywany jest do wytwarzania wielu hormonów. To ten „mały i gęsty" cholesterol LDL wiąże się z podwyższonym ryzykiem chorób serca. Badanie morfologii krwi zwykle nie różnicuje pomiędzy tymi dwoma rodzajami cholesterolu, a tylko podaje wartość całkowitą, przez co liczba ta jest zupełnie nieprzydatna. W badaniu tym dwa wspomniane rodzaje cholesterolu LDL zmierzono oddzielnie. Całkowita wartość cholesterolu LDL znacząco obniżyła się pod wpływem diety niskotłuszczowej, lecz nie niskowęglowodanowej. Na pierwszy rzut oka może wydawać się, że dowodzi to przewagi diety niskotłuszczowej, jednak nie w tym przypadku. Całkowita wartość cholesterolu LDL niewiele się zmieniła na diecie niskowęglowodanowej, zmienił się za to rodzaj cholesterolu LDL, zmniejszając ilość niepożądanego, „małego", a zwiększając „dużego" cholesterolu LDL. Chociaż dzięki diecie niskotłuszczowej spadł całkowity poziom cholesterolu LDL, wartość procentowa „dobrego" cholesterolu LDL nie uległa poprawie[19].

Poza lepszymi wskazaniami poziomu lipidów i cukrów we krwi, osoby na diecie niskowęglowodanowej znacznie bardziej schudły:

6,1 kg w porównaniu do 3,9 kg. Wszystkie te zmiany wskazują na dużo większe obniżenie ryzyka zachorowania na choroby serca i cukrzycę w porównaniu do diety niskotłuszczowej.

Naukowcy z Uniwersytetu Duke (Duke University) przeprowadzili podobne badanie[20]. Do udziału w badaniu zgłosiło się 120 otyłych, hiperglikemicznych osób (np. takich z wysokim poziomem cholesterolu we krwi). Połowa badanych odżywiała się według diety niskowęglowodanowej, ketogenicznej (jedząc mniej niż 20 gramów węglowodanów dziennie), o nieograniczonej kaloryczności. Mogli oni jeść tyle mięsa, tłuszczów i jaj, ile tylko chcieli. Druga połowa badanych natomiast przestrzegała diety niskotłuszczowej, niskocholesterolowej o ograniczonej kaloryczności (zmniejszonej o 500-1000 kalorii dziennie).

Po 24 tygodniach grupa osób będących na diecie niskotłuszczowej zrzuciła 4,8 kg tkanki tłuszczowej, zaś grupa stosująca dietę ketogeniczną schudła 9,4 kg, czyli dwukrotnie więcej. Ciśnienie krwi, które u osób badanych było odrobinę wyższe, obniżyło się w obu grupach badanych. W grupie „niskotłuszczowej" ciśnienie skurczowe („górne") oraz rozkurczowe („dolne") obniżyło się o odpowiednio 7,5 i 5,2 mmHg, zaś w grupie „ketogenicznej" – o odpowiednio 9,6 oraz 6,0 mmHg. Im wyższe ciśnienie krwi, tym większe ryzyko wystąpienia chorób serca. I znów przewagę zyskuje tu dieta ketogeniczna.

Poziom trójglicerydów we krwi traktuje się jak niezależny i całkowicie oddzielny, związany z cholesterolem czynnik ryzyka zachorowania na chorobę serca. Im wyższe wskazanie poziomu trójglicerydów we krwi, tym większe ryzyko. Zawartość trójglicerydów w krwiobiegu spadła o 27,9 mg/dl w grupie „niskotłuszczowej" oraz oszałamiające 74,2 mg/dl w grupie ketogenicznej, co oznacza 2,5 raza większy spadek niż w grupie niskotłuszczowej. Uważany za „dobry", cholesterol HDL podobno pomaga chronić organizm przed chorobami serca. Im wyższa jego wartość, tym lepiej. W grupie „niskotłuszczowej" jego liczba spadła o 1,6 mg/dl, tymczasem w grupie „ketogenicznej" wzrosła o 5,5 mg/dl.

Współczynnik cholesterolu (cholesterol całkowity względem HDL) uważa się za dużo bardziej precyzyjny wskaźnik ryzyka zachorowania na choroby serca niż cholesterol całkowity czy wartość cholesterolu LDL. Im niższy współczynnik, tym niższe wspomniane ryzyko. W grupie „niskotłuszczowej" wskazanie cholesterolu zmniejszyło się o 0,3, a w grupie „ketogenicznej" dwukrotnie w porównaniu z grupą pierwszą.

Innym, niezależnym czynnikiem ryzyka, jest współczynnik trójglicerydów względem cholesterolu HDL. Im mniejszy, tym lepiej. W grupie badanych będących na diecie niskotłuszczowej zaobserwowano spadek o 0,6, a w grupie badanych przestrzegających diety ketogenicznej – o 1,6, tzn. prawie trzykrotnie wyższy. Zależność trójglicerydy/HDL to współczynnik uważany za jeden z najdokładniejszych wskaźników ryzyka wystąpienia chorób serca. Wskazanie w wysokości 6 lub powyżej oznacza bardzo wysokie ryzyko, 4 lub więcej – wysokie, zaś 2 i mniej to idealny współczynnik lub inaczej niskie ryzyko. Tuż przed zakończeniem badania współczynnik ten w grupie „niskotłuszczowej" wynosił średnio 3,4 lub, mówiąc inaczej, był w stopniu umiarkowanym, a w grupie „ketogenicznej" – przeciętnie 1,6, wskazując na bardzo niewielkie ryzyko zachorowania na choroby serca. Dieta ketogeniczna okazała się mieć zdecydowaną przewagę nad dietą niskotłuszczową pod względem każdego badanego czynnika, potwierdzając tym samym wyniki wcześniej opisanego badania.

Wyniki obu tych badań opublikowano w 2004 roku. Od tego czasu każde kolejne badanie potwierdzało je. W porównaniu z dietami niskotłuszczowymi o ograniczonej kaloryczności, niskowęglowodanowe i wysokotłuszczowe diety ketogeniczne dają lepsze wyniki w odchudzaniu, utracie tkanki tłuszczowej, poprawie ciśnienia krwi, poziomu cholesterolu HDL, współczynnika trójglicerydów względem cholesterolu HDL, rozmiarów cząsteczki LDL, poziomu cukru oraz insuliny we krwi, a także insulinooporności[21-26]. Nawet wyniki uzyskane w badaniach długoterminowych, trwających do 2 lat potwierdziły to samo[27]. Wysokotłuszczowe diety ketogeniczne są bez wątpienia nie tylko bezpieczne, ale również lepiej niż niskotłuszczowe chronią przed chorobami serca i cukrzycą.

KETOKWASICA

Zarówno w środowisku lekarskim jak i wśród laików istnieje pewne niezrozumienie różnicy pomiędzy pojęciami diety ketogenicznej a ketozy. Wielu lekarzy wyraża swoje obawy na temat zastosowania ketozy pokarmowej, uważając, że prowadzi ona do kwasicy – przesadnie niskiego pH we krwi (zbyt kwasowego). Przekonanie to wywodzi się z obserwacji stanów zagrażających życiu występujących czasem w nieleczonych przypadkach cukrzycy typu 1, zwanej ketokwasicą ketonową bądź cukrzycową (ang. DKA), która może wywołać śpiączkę u diabetyka. Lekarze poznają to zjawisko na studiach, ale niewiele dowiadują się na temat ketozy pokarmowej czy diety ketogenicznej i dlatego mają tendencję do postrzegania każdego rodzaju ketozy jako znaku ostrzegawczego przed ketokwasicą, przez co często przestrzegają pacjentów przed dietą ketogeniczną.

Bez względu na to, co na ten temat słyszałeś od swojego lekarza lub wyczytałeś w Internecie, stosowanie diety ketogenicznej nie spowoduje ketokwasicy w twoim organizmie. Ketoza pokarmowa to nie to samo co ketokwasica, stany te nie są nawet do siebie podobne. Ta pierwsza to prawidłowy stan metaboliczny organizmu, który można zmieniać za pomocą diety, tymczasem ketokwasica to stan chorobowy występujący wyłącznie przy cukrzycy typu 1, który nie podlega wpływom diety.

Do transportu glukozy z krwiobiegu do komórek potrzebna jest insulina. Przy cukrzycy typu 1 organizm nie jest w stanie wyprodukować odpowiedniej ilości insuliny. Z tego powodu osoby chorujące na cukrzycę typu 1 muszą przyjmować zastrzyki z insuliny. Do ketokwasicy może dojść w wyniku zjedzenia wysokowęglowodanowego posiłku. Bez zastrzyku z insuliny glukoza nie może dostać się do komórek, przez co poziom glukozy we krwi może niebezpiecznie wzrosnąć. A wysoki poziom glukozy we krwi nie tylko jest toksyczny dla organizmu, ale bez glukozy może on dosłownie zagłodzić się na śmierć. Jest to stan zagrażający życiu, który wpływa na mózg, serce, płuca i wszystkie pozostałe organy. By uniknąć rychłej śmierci, organizm przechodzi w „tryb awaryjny" i zaczyna gorączkowo pompować ketony do krwiobiegu, w ten sposób zapewniając komórkom paliwo potrzebne do przeżycia. Komórki potrafią absorbować ketony bez pomocy insuliny, a ponieważ żadna komórka nie ma dostępu do glukozy, ketony są nieustannie pompowane do krwiobiegu jako alternatywne źródło energii. Ich poziom staje się tak wysoki, że krew ma odczyn kwasowy i tak powstaje kwasica.

Kwasica ketonowa występuje wyłącznie w przypadku nieleczonej cukrzycy typu 1 oraz w niezwykle rzadkich przypadkach w bardzo ostrych stadiach choroby alkoholowej. Sama dieta nie wywołuje jej. Niskowęglowodanowe diety ketogeniczne powodują stężenie od 1 do 2 mm/l ketonów we krwi. Dłuższe okresy całkowitego postu zwiększają ten poziom do 5-7 mm/l. Tylko taki poziom można uzyskać w wyniku stosowania diety, ponieważ organizm bardzo precyzyjnie reguluje wytwarzanie ketonów. Jednakże w stanie ketokwasicy poziom ten może przekroczyć 23 mm/l. Organizm człowieka jest w stanie buforować skutki wywołane poziomem ketonów we krwi w czasie głodówki, jednak kiedy przekroczy on poziom 20 mm/l, wówczas zdolność ta ustaje.

TEST PASKOWY NA POZIOM KETONÓW

Najprostszym sposobem na określenie, czy organizm znajduje się w stanie ketozy, jest wykonanie testu paskowego na poziom ketonów w moczu, znany także pod nazwą testu paskowego lipolizy. Paski do tego typu badania wykonane są z cienkich włókien chemicznie preparowanego materiału. Jeden koniec paska testowego zanurza się w świeżej próbce moczu, wówczas, w zależności od stężenia ketonów we krwi, pasek zmienia kolor. Za pomocą takiego paska można określić, czy w organizmie badanej osoby znajduje się śladowa, mała, umiarkowana, czy duża ilość ketonów. Test okazuje się być bardzo przydatny w określeniu, czy wprowadzone zmiany w diecie powodują produkcję ketonów i w jakim stopniu.

Inną metodą na sprawdzenie poziomu ketonów jest użycie gleukometru. W tym celu należy nakłuć igłą opuszkę palca, by uzyskać próbkę krwi. Metoda ta jest znacznie skuteczniejsza od badania moczu, ponieważ bezpośrednio bada krew. Odczyt podawany jest w liczbach i jednostkach mm/l, a zatem otrzymuje się bardzo dokładną wartość. Takie badanie jest jednak znacznie droższe.

Kiedy znajdujemy się w stanie ketozy spożywczej, oznacza to, że tkanka tłuszczowa rozpuszcza się i ulega spaleniu w energię. W pewnym sensie jest to wyznacznik, jak dużo tkanki tłuszczowej zgubiliśmy. Test ten może przydać się w określeniu, kiedy jesteśmy w stanie ketozy, a także w przybliżeniu do jakiego stopnia. Dzięki temu można też zaobserwować, w jaki sposób zmiany w jadłospisie wpływają na poziom ketonów. Jeśli będzie w nim więcej węglowodanów, poziom ketonów zmniejszy się. Dla osiągnięcia większego stanu ketozy należy ograniczyć spożycie węglowodanów. Z pewnością okaże się to pomocne w upewnieniu się, czy aby na pewno nie jesz za dużo węglowodanów.

Testy paskowe na poziom ketonów zdają się być wspaniałym narzędziem zalecanym przy niektórych dietach niskowęglowodanowych, jednak nie są one ani bardzo dokładne, ani też przydatne w programie odchudzania, ponieważ powstały jako test na ketokwasicę, a nie ketozę pokarmową.

Kilka czynników może mieć wpływ na odczyt poziomu ketozy pokarmowej. Na przykład poziom ketonów może różnić się w zależności od dnia i poziomu aktywności fizycznej. Po porannym spacerze lub po dłuższym siedzeniu w jednym miejscu odczyty są niższe, niż podczas aktywności fizycznej czy tuż po ćwiczeniach fizycznych. Także ilość wypitej wody wpływa na odczyt wartości testu paskowego na poziom ketonów w moczu. Jeśli pijesz dużo wody, rozcieńcza ona mocz oraz zawarte w nim ketony, zaniżając ich stężenie.

Ilość i rodzaj tłuszczu w jadłospisie również przyczynia się do tego. Kiedy jesteśmy w stanie ketozy, spora część zjedzonego tłuszczu zostaje bezpośrednio przekształcona w ketony, co podnosi ich poziom we krwi. Jeśli jesz dużo tłuszczu, poziom ketonów we krwi będzie podwyższony w wyniku takiej diety (zjawisko to zachodzi wyłącznie w organizmie już znajdującym się w stanie ketozy lub w czasie głodówki). Ponadto także trójglicerydy średniołańcuchowe

(MCT) ulegają bezpośredniej przemianie w ketony, więc jeśli jesz olej kokosowy, on też podniesie stężenie ketonów we krwi. Trójglicerydy średniołańcuchowe wytwarzają ketony niezależnie od pozostałych pokarmów w jadłospisie. Możesz na przykład być na typowej diecie węglowodanowej, a po spożyciu oleju kokosowego otrzymać pozytywny wynik testu na ketozę. W takim wypadku wejdziesz w stan ketozy tymczasowej, średniołańcuchowej lub też ketozy spożywczej, a nie metabolicznej, ponieważ wówczas ketony pochodzą z tłuszczów pokarmowych, a nie z tłuszczu uwolnionego z komórek tłuszczowych. Dieta bogata w tłuszcze i trójglicerydy średniołańcuchowe może spowodować znacznie wyższy odczyt zawartości ketonów w moczu i krwi, przez co badania te stracą swój sens, jeśli chodzi o wskazanie utraty wagi/tkanki tłuszczowej.

Test paskowy oceniający ilość spalonego tłuszczu przez organizm jest wierny tylko i wyłącznie przy całkowitym poście o samej wodzie. Co więcej, nawet ilość wypitej wody wpływa na odczyt wyniku testu paskowego na obecność ketonów w moczu. A jeśli cokolwiek zjesz, wskazania odzwierciedlą to, co zjadłeś, a nie ilość spalonego tłuszczu. Jest to jeden z powodów, dla którego poranne odczyty po 8 do 12 godzin postu są zwykle niższe niż w ciągu dnia, kiedy jesteś aktywny i jesz.

Test paskowy na obecność ketonów jest przydatny, ponieważ pomaga ustalić, kiedy znajdujemy się w stanie ketozy, a także do pewnego stopnia – czy jest to ketoza łagodna, umiarkowana czy znaczna. Test paskowy nie jest jednak koniecznością, sam możesz określić, czy znajdujesz się w stanie ketozy, a im mniejszy głód odczuwasz, w tym głębszej jesteś ketozie. Jeśli chcesz wykonać test paskowy, tanie paski do badania moczu w zupełności do tego wystarczą. Absolutnie nie ma potrzeby kupowania kosztownego zestawu do badania krwi, ponieważ i tak nie dostarczy on dodatkowych informacji.

WCIŚNIJ „KLAWISZ RESTARTU"

Czy kiedykolwiek zdarzyło ci się, że komputer, na którym pracowałeś, zawiesił się lub też wpadłeś w pułapkę programu, który nie pozwolił ci z niego wyjść? Rozwiązaniem w tej sytuacji jest naciśnięcie klawisza „reset" lub zrestartowanie komputera, by zacząć od początku. Po ponownym uruchomieniu komputera problem znika i wszystko działa prawidłowo.

Nasze ciała są jak taki komputer, blokują się i czasem nie działają właściwie. Takie zakłócenia manifestują się w postaci objawów takich jak wysokie ciśnienie krwi, wysoki poziom cukru we krwi, insulinooporność, leptynooporność, wysoki poziom trójglicerydów we krwi, niska zawartość cholesterolu HDL we krwi, niestrawność, słaba odporność układu immunologicznego, obolałość całego ciała, sztywność i suchość stawów, stany zapalne w organizmie, niska czynność tarczycy, przewlekłe bóle głowy, zatwardzenie, brak energii, bezsenność, otyłość i szereg innych chorób. Środki farmakologiczne zwykle nie pomagają w tych stanach, ponieważ większość z nich powstała, by łagodzić objawy, a nie naprawić istniejące problemy, więc zamiast dotrzeć do ich prawdziwej istoty, maskują tylko objawy.

Symptomy same w sobie nie są chorobami, lecz wskaźnikami, że coś niewłaściwego zachodzi w organizmie. To jak lampka wskazująca poziom oleju w twoim samochodzie. Może cię denerwować swym miganiem, ale zakrycie jej skrawkiem papieru czy też wyjęcie żaróweczki z deski rozdzielczej nie załatwi sprawy. Symptom, jakim jest – jaskrawoczerwone światło – można usunąć, ale prawdziwy problem, czyli w tym wypadku niski poziom oleju, nadal istnieje. Jeśli zignorujesz światełko ostrzegawcze, silnik w końcu przegrzeje się, wypali i zepsuje całkowicie. To samo dzieje się z naszym organizmem, kiedy bagatelizujemy znaki ostrzegawcze lub maskujemy je lekami.

Często zdarza się też, że kiedy już zaczniesz brać jakieś lekarstwo by złagodzić jakiś objaw, wywołuje ono powstanie drugiego. Wówczas lekarz przepisuje kolejne lekarstwo, by przeciwdziałać skutkom ubocznym pierwszego, ale to drugie też może powodować inne skutki uboczne, co doprowadzi do przepisania kolejnego leku, i tak w nieskończoność. Wnet więc zaczniesz przyjmować całą garść pigułek na te wszystkie objawy i nadal będziesz czuł się przygnębiony, ponieważ głęboko tkwiąca, prawdziwa przyczyna, nie została usunięta. To tak jak komputer, w którym działa tak wiele programów na raz, że aż się blokuje. Próby instalacji lub uruchomienia nowego programu nie naprawią tego problemu, co więcej mogą go nawet pogorszyć.

Czyż nie byłoby wspaniale, gdybyśmy w naszych ciałach mieli taki przycisk resetujący, dzięki któremu nasze ciało oczyszczałoby się ze wszystkich objawów, co umożliwiłoby powrót do pełnej harmonii? Prawdę mówiąc, mamy taki przycisk. Możemy go aktywować za pomocą Ketogenicznej Diety Kokosowej.

Pierwotnie dieta ketogeniczna powstała z myślą o leczeniu epilepsji i rzeczywiście jest w tym zakresie niezwykle skuteczna. Mówiąc językiem potocznym, „restartuje" umysł, umożliwiając organizmowi człowieka na nowo „nawinąć" zwoje nerwowe i naprawić głęboko tkwiącą przyczynę problemu[28]. Dieta ketogeniczna daje też obiecujące rezultaty w leczeniu chorób Alzheimera, Parkinsona, stwardnienia zanikowego bocznego (ang. ALS), pląsawicy Huntingtona, autyzmu, stwardnienia rozsianego, urazów mózgu, wylewów oraz innych chorób mózgu[29-36]. W każdej z tych chorób dieta ketogeniczna okazała się mieć niezwykle korzystne działanie. Nawet u osób zdrowych, nie cierpiących na schorzenia neurodegeneracyjne, dieta ta zwiększa bystrość i jasność umysłu.

Dowiedziono także niezwykłej skuteczności diety ketogenicznej w leczeniu diabetyków. Obniża ona wysoki poziom cukru oraz insuliny we krwi, cofa objawy cukrzycowe, tj. neuropatię i nefropatię, które kiedyś uważano za będące nie do pokonania[37-41].

Dieta ta pomaga także zachować zdolność prokreacji, poprawiając witalność i motorykę nasienia, tak ważnych dla udanego zapłodnienia[42-43]. Ponadto ogromnie zwiększa zdolności immunologiczne organizmu i chroni przed nowotworami[44-45].

Dieta ta także poprawia pracę serca dzięki zwiększeniu jego wydajności i wytrzymałości, przy jednoczesnym mniejszym zużywaniu tlenu. Serce „rozkwita" na ketonach, zdecydowanie bardziej woli je od glukozy jako źródła paliwa. Mając do dyspozycji ketony, „wydajność hydrauliczna" serca wzrasta o 25 procent w porównaniu do tej „napędzanej" glukozą[6, 46]. Ketony łagodzą stany zapalne, które występują przy prawie każdej chorobie, w tym w chorobach serca, cukrzycy i arteriosklerozie. Złagodzenie stanu zapalnego w organizmie może być pomocne w złagodzeniu szkodliwych skutków wielu problemów zdrowotnych[6, 9, 47].

Dieta ketogeniczna zmniejsza powstawanie destrukcyjnych wolnych rodników w organizmie człowieka[48-49]. Podobnie jak w przypadku stanu zapalnego, wolne rodniki utożsamia się z większością chorób – przyczyniają się one do zniszczeń w organizmie i powodują ból w ciele.

Dieta ketogeniczna pomaga zrównoważyć gospodarkę chemiczną organizmu. Resetuje i pozbawia nadwrażliwości receptory hormonów, cofając leptyno- i insulinooporność, a także wspomaga kontrolę apetytu. Poprawia także funkcjonowanie gruczołu tarczycy i całego tego układu, poprawia poziom lipidów we krwi, równoważy poziom cukru we krwi, normalizuje ciśnienie tętnicze i powoduje większą utratę masy ciała od innych diet.

Oto niektóre zmiany, jakich możesz się spodziewać po przejściu na Ketogeniczną Dietę Kokosową:

- Utrata nadwagi/tkanki tłuszczowej
- Mniejszy obwód talii/pasa
- Zmniejszone uczucie głodu, lepsza kontrola apetytu
- Więcej energii
- Brak popołudniowych spadków energii
- Większe panowanie nad spożywanymi pokarmami, mniej zachcianek żywieniowych, koniec z uzależnieniem od jedzenia
- Lepszy poziom cukru we krwi
- Niższe ciśnienie krwi, jeśli jest za wysokie (w przypadku ciśnienia w normie, dieta nie zmieni go)
- Wyższy poziom cholesterolu HDL
- Niższy poziom trójglicerydów
- Niższy współczynnik cholesterolu
- Obniżony stan zapalny całego organizmu (niższy odczyt białka C-reaktywnego)
- Lepszy sen
- Lepsze trawienie
- Ostrzejszy, bardziej świadomy umysł
- Mniej różnego rodzaju dolegliwości bólowych
- Lepsze objawy związane z niską czynnością tarczycy (patrz: wykaz na stronach 246-247)
- Lepsze ogólne samopoczucie

Dieta ketogeniczna nie powoduje żadnych szkodliwych działań. Większość ludzi pragnie jeść więcej tłuszczów, tymczasem ogromnie nadużywa węglowodanów. Zastąpienie kalorii pochodzących z węglowodanów może mieć niezwykle pozytywny wpływ na wagę ciała i ogólne zdrowie całego organizmu. Poniżej przytaczam kilka komentarzy osób, które zwiększyły dzienne spożycie tłuszczu, wprowadzając do swojej niskowęglowodanowej diety olej kokosowy lub olej kokosowy z pierwszego tłoczenia (ang. virgin coconut oil [VCO]).

„Mam niedoczynność tarczycy i nawet przyjmując Synthroid jej wartość była graniczna, było to przed rozpoczęciem włączenia VCO do jadłospisu, jakieś pół roku temu. Obecnie mój poziom hormonu tarczycy znajduje się w połowie normy, co jest ponad dwukrotnie większą wartością niż było 6 miesięcy temu. W zeszłym tygodniu zrobiono mi badania krwi. Poziom cholesterolu był w porządku, ale poziom „dobrego" cholesterolu był po prostu wspaniały, a stosunek „złego" do „dobrego" wynosił 2,7. Poziom trójglicerydów obniżył się o 50 jednostek. Czuję się znacznie lepiej, wiedząc o tym wszystkim i nadal będę kontynuowała tę dietę… co więcej, nie ma ani śladu stłuszczenia wątroby".

PAT

„W tym VCO musi coś być, mówię wam. Moje ciśnienie krwi spadło z 210/142 do 134/77, a osiągnąwszy takie wskazania, zaczęłam schodzić z leków na nadciśnienie!"

ALICE

„Rozpoczynając lekturę Pańskiej książki, zaczęłam jeść olej kokosowy. Po 2 tygodniach zbadano mi krew. Poziom TSH znacznie się poprawił, tak jak zależność cholesterolu HDL/LDL. Poprawa tego współczynnika była tak wielka, że w mojej przychodni powiedziano mi, że nigdy dotąd nie zdarzyło się coś takiego. Na dodatek znacznie lepiej się czuję, od lat nie czułam się tak dobrze. Te wszystkie, wspaniałe zmiany mogę przypisać tylko olejowi kokosowemu. Jestem taka wdzięczna losowi, że natknęłam się na Pańską książkę".

MARGARET

„Choruję na cukrzycę i obecnie codziennie dodaję VCO do posiłków. Już nie potrzebuję tabletek od cukrzycy, chyba że nieroztropnie zjem coś takiego jak rożek lodowy, wówczas jestem zmuszona sięgnąć po tabletkę. W innych wypadkach VCO doskonale nadzoruje poziom cukru w moim organizmie".

BONNIE

Zjadam 3 łyżki stołowe oleju dziennie, o różnych porach przed posiłkami i moja niedoczynność tarczycy znacznie się poprawiła, a morfologia krwi, którą właśnie ostatnio wykonałam, jest lepsza niż kiedykolwiek. Oznacza to, że poziom mojego cholesterolu, HDL i trójglicerydów znacznie się poprawił, odkąd zaczęłam jeść VCO. Przez rozpoczęciem stosowania tego oleju zrobiono mi badania krwi, było to około 6 miesięcy temu, a teraz właśnie zrobiłam morfologię krwi i odczyty są doskonałe. Mój lekarz prowadzący powiedział mi, bym kontynuowała, cokolwiek teraz robię. Jedyną różnicą w moim jadłospisie było pojawienie się oleju kokosowego. Czuję się lepiej, mam energię jakiej dotąd nie miałam i nie potrafię znaleźć wystarczająco dobrych słów, by wyrazić, jak bardzo pozytywnie wpływa to na poczucie mojego ogólnego stanu zdrowia... A do tej pory byłam ciągle obolała i zmęczona".

PATRICIA

„Poziom mojego cholesterolu jest stabilny i zdrowy. Wartość glukozy też jest stabilna, co oznacza, że nie muszę polegać na tych nieprzyjemnych igłach insulinowych. Cukrzyca jest chorobą powszechną w mojej rodzinie, a kontrolując poziom glukozy we krwi, prawdopodobnie uniknę cukrzycy albo przynajmniej opóźnię jej pojawienie się. Świąd skóry zniknął tak jak moje migreny. W minionym listopadzie brałam udział w biegu na 5 km i w ten sposób pożegnałam 49. rok życia i wkroczyłam w pięćdziesiątkę. W tym roku też pobiegnę w listopadzie, by powitać 5. dekadę swojego życia. Dzięki diecie niskowęglowodanowej dowiedziałam się o zdrowotnych korzyściach oleju kokosowego. Zastanawiam się, kiedy pozostałe, „zdrowsze" diety też zaczną go zalecać. Kobiety w moim wieku zwykle spodziewają się osteoporozy. Kilka lat temu musiałam mieć wykonane prześwietlenie kości, które wykazało zdrową masę kostną. Wynik ten bardzo zaskoczył mojego lekarza prowadzącego. Sama nie byłam zdziwiona, ponieważ stosuję zdrową dietę niskowęglowodanową. Nigdy dotąd nie byłam tak beztroska w kwestii mojego zdrowia".

MARY

„Schudłam 15 kg i czuję się, jakbym była po trzydziestce, kiedy tak naprawdę przekraczam 65. rok życia. Już nie przyjmuję leków przeciwbólowych i mam tyle energii, że nawet o takiej nie marzyłam. Obniżyło się też ciśnienie krwi, a koledzy i koleżanki z pracy zdumieni są tym, jak dobrze wyglądam i czuję się – już nie narzekam, że coś mnie boli! Zawsze czuję się świetnie i to bez tabletek!"

WENDY

„Schudłam już 25,5 kg i mam do zrzucenia jeszcze od 9 do 23 kg. Wiem, że mi się to uda. Do diety niskowęglowodanowej włączyłam olej kokosowy i teraz stosuję go już od 11 miesięcy. Nie zażywam teraz żadnych, przepisanych mi wcześniej tabletek na wysokie ciśnienie krwi, astmę czy alergie. Również poziom mojego cholesterolu uległ znacznej poprawie – trójglicerydy wynosiły 940 jednostek, a w trzy miesiące poziom ten obniżył się do 247 jednostek. Znów jestem pełna energii i mogę ćwiczyć, a rok temu nie byłam w stanie bez odpoczynku chodzić po centrum handlowym. Dziś codziennie chodzę na piesze wycieczki z moim mężulkiem. Olej kokosowy doskonale wpasowuje się w tego rodzaju dietę. Odzyskałam swoje życie!"

DABS

W ciągu zaledwie trzech miesięcy poziom mojego cholesterolu spadł z 270 do 200 jednostek, przy czym poziom HDL wzrósł z 30 do 56 jednostek. Zniknęła nadczynność tarczycy. Lekarze z niedowierzaniem drapią się po głowach, ponieważ nie mogą zrozumieć, jak bez leków mogę mieć poziom hormonu tarczycy w normie".

EDIE

Włączenie oleju kokosowego do swojego jadłospisu może przynieść bardzo korzystne zmiany dla zdrowia. Połączenie oleju kokosowego z niskowęglowodanowym, ketogenicznym sposobem odżywiania się może dać zadziwiające efekty. Jest to podstawa Ketogenicznej Diety Kokosowej.

10

CZY TARCZYCA SPRAWIA, ŻE TYJESZ?

Stajemy wobec poważnego problemu. Plaga ogromnych rozmiarów zakrada się do cywilizowanego świata, pociągając za sobą miliony ofiar. Możesz być jedną z nich. W przeciwieństwie do uderzających szybko plag z przeszłości, ta nowa plaga jest znacznie bardziej podstępna. Skrada się do swoich ofiar „na paluszkach" i bardzo powoli, często będąc niezauważoną przez całe lata. Zanim zaczniesz podejrzewać, że coś jest nie tak, objawy są już w bardzo zaawansowanym stadium. Czym jest ta podstępna, nowa plaga? Nie jest to choroba zakaźna. Jest to spektrum zaburzeń metabolicznych, które oddziałują na funkcje tarczycy, do których należą: niedoczynność i nadczynność tarczycy, wole, choroba Gravesa, choroba Hashimoto oraz inne, a najpowszechniejszą z nich jest niedoczynność tarczycy.

Szacuje się, że 20 milionów Amerykanów cierpi na jakąś postać choroby tarczycy, z czego aż 60 procent jest tego nieświadoma. Kobiety są od 5 do 8 razy bardziej podatne na choroby tarczycy. Przynajmniej 1 na 8 kobiet ma zdiagnozowane zaburzenia tarczycy, a wiele pozostałych ma je nierozpoznane. Syntetyczny hormon tarczycy – lewotyroksyna (np. Synthroid) to czwarte najlepiej sprzedające się lekarstwo w Stanach Zjednoczonych. Trzynaście spośród 50 najlepiej sprzedających się leków w Ameryce jest pośrednio lub bezpośrednio związanych z niedoczynnością tarczycy. Liczba osób dotkniętych zaburzeniami tarczycy z roku na rok zwiększa się.

Tarczyca to hormon o motylkowatym kształcie, znajdujący się w szyi, tuż pod jabłkiem Adama. Gruczoł tarczycy wytwarza dwa ważne hormony: trójjodotyroninę (T3) oraz tyroksynę (T4). Każdy organ i komórka w organizmie człowieka wymagają odpowiedniej ilości hormonu tarczycy do właściwego funkcjonowania. Hormony te regulują temperaturę ciała, szybkość przemiany materii, funkcje płciowe, wzrost i rozwój, produkcję komórek krwi, funkcje nerwów i mięśni, wykorzystanie wapnia przez organizm i wiele, wiele innych. Wpływają na zdolność komórkową do korzystania z cukru i insuliny we krwi oraz określają współczynnik, z jakim kalorie ulegają metabolizmowi, a zatem mają znaczący wpływ na wagę ciała.

Przysadka mózgowa oraz podwzgórze kontrolują wskaźnik, z jakim hormony tarczycy są wywarzane i uwalniane. Proces ten rozpoczyna się w chwili, kiedy podwzgórze – gruczoł u podstawy mózgu spełniający rolę termostatu dla całego układu – daje sygnał przysadce mózgowej, by wytwarzała hormon znany pod nazwą hormonu stymulującego tarczycę (ang. TSH). Także znajdująca się u podstawy mózgu przysadka mózgowa uwalnia określoną ilość TSH, w zależności od tego, ile T3 i T4 znajduje się aktualnie we krwi. Z kolei gruczoł tarczycy reguluje wytwarzane przez siebie hormony na podstawie ilości TSH, jaką otrzymuje od przysadki mózgowej. Jeśli tarczyca nie wytwarza odpowiedniej ilości hormonu tarczycy, powstaje stan niskiej ilości hormonu tarczycy w organizmie, określany mianem niedoczynności tarczycy. Wrażliwość na zimno, brak energii, przybieranie na wadze to najczęstsze objawy. Jeśli gruczoł tarczycy wytwarza zbyt dużo hormonów, powstaje stan nadaktywności, czyli nadczynność tarczycy. Do jego objawów zaliczają się: nieregularne bicie serca, drażliwość, nerwowość, słabość mięśni, niewyjaśniony spadek wagi, zaburzenia snu i problemy ze wzrokiem.

Na funkcjonowanie tarczycy wpływa wiele czynników: uwarunkowania genetyczne, dieta, narażenie na substancje chemiczne, promieniowanie, infekcje i inne. W pewnych okolicznościach gruczoł tarczycy może zostać zaatakowany przez układ odpornościowy własnego organizmu, wywołując stan zapalny i opuchliznę (wole). Stan ten nazywamy zapaleniem tarczycy. Choć stosunkowo rzadkie, choroba Gravesa i Hashimoto to dwa najczęstsze stany zapalne tarczycy. W przypadku choroby Gravesa, antyciała wytwarzane przez układ odpornościowy człowieka atakują gruczoł tarczycy, sprawiając, że produkuje on nadmierną ilość hormonu tarczycy (nadczynność). Taka nadmierna stymulacja powoduje opuchnięcie tarczycy. Przy chorobie Hashimoto, atak antyciał uszkadza gruczoł tarczycy, powodując jego osłabione funkcjonowanie, czyli niedoczynność.

Lekarze nie znają dokładnej przyczyny, dla której układ odpornościowy atakuje własny organizm, prowadząc do choroby autoimmunologicznej. Istnieje wiele teorii. Według dr. n. med. Davida M. Derry'iego, uznanego endokrynologa i badacza naukowego w tej dziedzinie oraz autora książki *Breast Cancer and Iodine*: „W przebiegu mniej poważnych chorób zniszczone komórki tarczycy wyrzucają swą zawartość do krwiobiegu. Kilka białek pochodzących z obumarłych komórek jest obcych dla układu odpornościowego człowieka. Układ immunologiczny, wytworzywszy antyciała do tych białek, teraz atakuje zdrowe tkanki tarczycy, wywołując stan zapalny, a następnie obumarcie komórek gruczołu tarczycy. Oto mechanizm odpowiedzialny za powstawanie choroby Gravesa i Hashimoto[1]".

NIEDOCZYNNOŚĆ TARCZYCY

Kiedy słyszymy, że ktoś ma niską przemianę materii lub niską funkcjonalność tarczycy, możemy mieć pewność, że ludzie w ten sposób mówią ogólnie o niedoczynności tarczycy. Jak można rozpoznać, czy masz niedoczynność tarczycy? Do objawów niedoczynności tarczycy należą: otyłość, wrażliwość na zimno, brak energii, osłabienie mięśniowe, spowolnione bicie serca, sucha, łuszcząca się skóra, wypadanie włosów, zatwardzenie, irytacja, depresja, spowolniona bądź niewyraźna mowa, opadające i opuchnięte powieki, opuchnięta twarz, nawracające infekcje, alergie, bóle głowy, problemy z metabolizmem wapnia, a także problemy kobiece, tj. obfite i bolesne miesiączki czy skurcze. Łysienie często kojarzone jest z problemami z tarczycą. Jedną dziwną cechą charakterystyczną lub też znakiem rozpoznawczym problemów z tarczycą jest ścienienie brwi, zwłaszcza na zewnętrznej krawędzi, która może nawet zaniknąć. Brak owłosienia na zewnętrznej krawędzi brwi to jeden z bardzo wyjątkowych objawów wskazujących dokładnie na niedoczynność tarczycy. Po eliminacji problemów z tarczycą, brwi często odrastają. Jeśli niedoczynność tarczycy zachodzi w dzieciństwie i pozostaje nieleczona, może opóźnić proces wzrastania, dojrzałość płciową, a także zahamować prawidłowy rozwój mózgu.

Jeśli masz niedoczynność tarczycy, nie musisz koniecznie mieć wszystkich, czy nawet większości z wyżej wymienionych objawów. Nasilenie symptomów zależy od stopnia niedoboru hormonu tarczycy. Łagodny niedobór może nie powodować żadnych zauważalnych objawów, poważny niedobór natomiast może wywołać wiele z wcześniej wspomnianych stanów chorobowych.

Hormony tarczycy regulują przemianę materii. Ta z kolei kontroluje częstotliwość, z jaką organizm zużywa energię do zasilania procesów zachodzących w żywych komórkach. Kiedy komórki spożywają energię, wytwarza się ciepło. Powstałe w procesach metabolicznych ciepło jest stosunkowo stałe i zazwyczaj waha się mniej niż o stopień lub troszkę więcej w ciągu dnia. Najniższą wartość ma, kiedy jesteśmy w stanie spoczynku (kiedy zapotrzebowanie na energię jest mniejsze) i wzrasta wraz z podjęciem aktywności fizycznej (kiedy zapotrzebowanie na energię jest większe). Pełna wigoru aktywność fizyczna może podnieść temperaturę ciała aż o dwa lub trzy stopnie.

Prawidłowa temperatura ciała wynosi 37°C i może wzrastać lub spadać w ciągu dnia. Za prawidłową można też uznać temperaturę w wysokości 36,4°C, w zależności od warunków, w jakich dokonano pomiaru. Jeśli przemiana materii jest niska w wyniku niewystarczającego wydzielania hormonu tarczycy, wówczas temperatura ciała będzie niższa od „normalnej", a oczywistym objawem niedoczynności tarczycy będzie wrażliwość na zimno. Łatwe wychłodzenie ciała i częste doświadczanie zimnych dłoni i stóp to typowe objawy niedoczynności tarczycy.

Kolejną konsekwencją słabej przemiany materii jest nadwaga. Kiedy metabolizm zostaje spowolniony, zużywa się mniej energii. Jeśli organizm nie pożytkuje całej energii dostarczonej ze zjedzonego pożywienia, zamienia się w tłuszcz. A zatem im powolniejsza przemiana materii, tym większe prawdopodobieństwo, że organizm będzie odkładał tłuszcz, a osoba będzie miała skłonności do tycia. Z tego powodu samo spożycie kalorii nie jest przyczyną nadwagi. Osoby z wolniejszą funkcją hormonu tarczycy mogą jeść normalne ilości pożywienia i dalej przybierać na wadze.

Jest wiele czynników, które mogą przyczyniać się do rozwoju niedoczynności tarczycy, a wśród nich dziedziczność, styl życia, sposób odżywiania oraz środowisko, w którym żyjemy. W większości przypadków spowolnione funkcje tarczycy można poprawić albo środkami farmakologicznymi, albo zmianą diety i stylu życia. W następnej części omówię niektóre powszechne czynniki przyczyniające się do niedoczynności tarczycy oraz sposoby radzenia sobie w tych stanach.

NIEDOŻYWIENIE

Z nadwagą, lecz niedożywiony

Możesz wierzyć bądź nie, powodem twojej nadwagi może być niedożywienie. Tak, dobrze przeczytałeś. Możesz mieć nadwagę z powodu niedożywienia. Kiedy to mówię, nie sugeruję, żebyś pobiegł i zjadł więcej. Musisz nauczyć się mądrze wybierać jedzenie.

Niedożywienie jest jedną z głównych przyczyn leżących u podstaw otyłości. Jak ktoś, kto się przejada, może być niedożywiony? Ilość zjadanego pożywienia nie determinuje statusu odżywczego. Możesz codziennie „zapychać się" 4,5 kg pączków i nadal być niedożywiony. Pączki nie są dobrym źródłem składników odżywczych. Wprawdzie dostarczają wielu kalorii, ale dają bardzo niewiele pod względem witamin i minerałów.

Większości pokarmów, które spożywamy w dzisiejszych czasach, brakuje składników odżywczych. Cukier na przykład nie ma w ogóle witamin i minerałów. Zawiera za to kalorie, które sprawiają, że tyjemy. Podobnie biała mąka – została pozbawiona bogatych w witaminy i minerały otrębów i zarodków, tak by została tylko sama skrobia, która jest niczym więcej jak tylko cukrem. Tak samo sytuacja przedstawia się odnośnie białego ryżu. Usunięto z niego obfitujące w witaminy otręby, pozostawiając tylko jego białą, skrobiową część. Również ziemniaki prawie w 100 procentach składają się ze skrobi. Obierki zawierają najwięcej składników odżywczych, ale bądźmy szczerzy: kto z nas zawsze je ziemniaki ze skórką?

Większość pokarmów, które zazwyczaj jemy, jest z cukru, białej mąki, białego ryżu albo ziemniaków. Takie pożywienie zapewnia mniej więcej 60 procent dziennego zapotrzebowania na kalorie dla większości osób. Pozostałe 20-30 procent pochodzi z tłuszczów i olejów, co samo w sobie nie jest niczym złym, poza tym że większość popularnych olejów to margaryna, tłuszcz spożywczy oraz przetworzone oleje roślinne, np. sojowy czy kukurydziany. Oleje są często ukryte w spożywanych przez nas pokarmach. Gotowe do spożycia, zapakowane, wygodne produkty, jak i jedzenie w restauracjach, zawierają całe mnóstwo niskiej jakości tłuszczy, w tym wysokie stężenie tłuszczów utwardzanych. Ohyda!

Nasza typowa dieta w większości składa się z pożywienia, które ma w sobie puste kalorie: skrobię, cukier oraz przetworzone oleje roślinne. Niewielu z nas je owoce i warzywa, a kiedy już to robimy, są to zwykle dodatki – pikle i listek sałaty na kanapce czy sos pomidorowy i cebula na pizzy. Nasze jedzenie przesycone jest kaloriami, lecz pod względem wartości odżywczych jest bardzo ubogie. Zjadamy bardzo dużo kalorii, ale bardzo niewiele substancji odżywczych. W rezultacie potrafimy jeść i jeść, i jeść, bez końca, aż dojdziemy do stanu nadwagi, lecz nadal będziemy niedożywieni pod względem składników odżywczych.

Departament Rolnictwa Stanów Zjednoczonych utrzymuje, że większość z nas nie dostarcza sobie wystarczającej ilości (100 procent dziennej zalecanej porcji) przynajmniej 10 podstawowych składników odżywczych. Zaledwie 12 procent populacji otrzymuje 100 procent siedmiu najważniejszych składników odżywczych. Mniej niż 10 procent z nas zapewnia sobie zalecane dzienne porcje warzyw i owoców. Czterdzieści procent z nas nie jada żadnych owoców, zaś 30 procent – żadnych warzyw. Najczęściej spożywamy warzywa w postaci smażonych ziemniaków (przyrządzonych w utwardzanym oleju roślinnym).

The Journal of the American Dietetic Association opublikował wyniki badania naukowego, z którego wynikało, że w dniu przeprowadzenia badania 40 procent dzieci nie jadło żadnych warzyw poza ziemniakami i sosem pomidorowym (ketchupem); 20 procent w ogóle nie jadło warzyw, a 36 procent zjadło przynajmniej cztery różne rodzaje wysokokalorycznych i ubogich pod względem odżywczym przekąsek. Nic więc dziwnego, że w obecnych czasach dzieci tyją[2].

Już sam fakt, że jemy produkty ubogie w składniki odżywcze, jest wielce niepokojący, lecz problem pogłębia się jeszcze bardziej, kiedy zdamy sobie sprawę, że pokarmy te niszczą także składniki odżywcze, które czerpiemy z innych pokarmów. Cukier na przykład nie ma składników odżywczych, ale zużywa ich trochę w procesie metabolicznym. Jedzenie słodkich czy skrobiowych pokarmów może pozbawić organizm chromu – pierwiastka niezwykle istotnego w produkcji insuliny. Bez niej pojawiają się problemy z poziomem cukru we krwi, podobne do tych, jakie mają diabetycy. Im bardziej przetworzone jedzenie, tym więcej składników odżywczych potrzebujemy do ich przemiany. Oleje wielonienasycone, będące jeszcze innym źródłem pustych kalorii, „zjadają" witaminy E i A oraz cynk, a pewne dodatki do żywności spalają witaminę C. Dieta o dużej ilości produktów z białej mąki, cukru i oleju roślinnego szybko wyczerpuje rezerwy składników odżywczych, jeszcze bardziej pogłębiając niedożywienie. Zdrowo funkcjonująca tarczyca wymaga dobrego odżywienia – bez niego funkcje tarczycy są upośledzone.

Spożywanie przesadnych ilości węglowodanów także przyczynia się do powstawania insulinooporności. Funkcje tarczycy są wewnętrznie powiązane z działaniem insuliny. Jeśli praca tarczycy jest spowolniona, bardzo prawdopodobne jest, że rozwinął się pewien stopień insulinooporności[3]. Nawet jeśli wytwarzanie hormonu tarczycy jest na poziomie dolnej normy, ryzyko wystąpienia insulinooporności jest znacznie podwyższone[4].

Niedobór witaminy C

Jeśli dziennie spożywasz ponad 200 mg węglowodanów (300 mg jest ilością typową), w większości w postaci rafinowanych zbóż i cukru, a przy tym nie jesz dużych ilości świeżych owoców i warzyw, mogę prawie zagwarantować, że cierpisz na niedobór witaminy C. Jest to niezwykle istotna kwestia, ponieważ witamina C jest niezbędnym składnikiem w produkcji hormonów tarczycy.

Kiedy jesz spore ilości rafinowanych węglowodanów, powodujesz niedobór witaminy C, nawet jeśli dostarczasz sobie zalecaną dzienną dawkę witaminy C (w Stanach Zjednoczonych jest to 60 mg/dziennie). Jeśli zaś jesteś cukrzykiem lub w stanie przedcukrzycowym, takie ryzyko jest znacznie większe.

Cząsteczki glukozy i witaminy C mają bardzo podobną strukturę. Większość zwierząt potrafi wytwarzać własną witaminę C z glukozy uzyskanej ze spożytego pokarmu. To bardzo prosty proces, a jednak ludzie tego nie potrafią. Nie mamy enzymów potrzebnych do tego typu konwersji, a zatem musimy czerpać witaminę C bezpośrednio z pokarmów, które zjadamy. Podobieństwo pomiędzy glukozą i witaminą C wykracza poza strukturę cząsteczkową i dotyczy również sposobu, w jaki są przyciągane i wnikają w komórki. Obie cząsteczki potrzebują wsparcia insuliny, zanim mogą przeniknąć błony komórkowe.

Glukoza i witamina C współzawodniczą ze sobą o wejście do komórek, lecz nie jest to równe współzawodnictwo. Nasze organizmy bowiem wolą, by to glukoza w nie wniknęła kosztem witaminy C. Kiedy mamy podwyższony poziom glukozy, wchłanianie witaminy C jest bardzo ograniczone. Za każdym razem, kiedy jesz posiłek zawierający węglowodany, zostanie on zamieniony w glukozę, która zakłóci absorpcję witaminy C. Im więcej jesz węglowodanów, tym wyższy poziom glukozy we krwi i tym mniej witaminy C organizm zużywa. Jak na ironię, możesz pić dosładzany sok pomarańczowy lub jeść słodzone płatki śniadaniowe z dodatkiem witaminy C, ale cukier w tych produktach prawie całkowicie blokuje wchłanianie witaminy C. Dieta wysokowęglowodanowa może prowadzić do niedoboru witaminy C. Jeśli jesteś diabetykiem lub masz insulinooporność (nawet nieznaczną), poziom glukozy we krwi jest podwyższony przez dłuższy czas i w ten sposób jeszcze bardziej blokuje wchłanianie witaminy C.

Z tej przyczyny wysokowęglowodanowe diety mogą przyczyniać się do niedoboru witaminy C w organizmie, a w konsekwencji zaś do osłabionego funkcjonowania tarczycy. Wpływ węglowodanów na zablokowanie wchłaniania witaminy C ma ogromne znaczenie, a jednak jest wielce niedoceniany w środowisku medycznym. Ostry niedobór witaminy C może powstać, nawet jeśli w diecie dostarczamy, naszym zdaniem, wystarczających ilości witaminy C.

Skrajny deficyt witaminy C prowadzi do szkorbutu, który może objawić się jako anemia, depresja, częste infekcje, krwawienie z dziąseł, wypadające zęby, osłabienie oraz bóle mięśni i stawów, powolne gojenie się ran i urazów oraz postępująca arterioskleroza (stwardnienie tętnic), co z kolei może prowadzić do ataku serca i wylewów, a w końcu do śmierci. Prawdopodobieństwo wystąpienia ataku serca lub udaru w wyniku stosowania diety wysokowęglowodanowej, okradającej organizm z witaminy C, jest wyższe niż przy stosowaniu diety wysokotłuszczowej.

Szkorbut był powszechną chorobą przed XX wiekiem, zanim wykryto jego przyczynę. Za najbardziej podatnych na nią uważano marynarzy. W czasie długich rejsów świeże produkty spożywano w pierwszej kolejności, na resztę podróży zostawiając bardzo niewiele ponad solone mięso i suchary. Suchary to suche ciastka zrobione z mąki, soli i wody. Były one głównym pożywieniem większości marynarzy. A ponieważ mąka i mięso nie obfitują w witaminę C, w wyniku takiej diety często pojawiał się szkorbut. W zależności od rozmiarów rezerwowej ilości witaminy C w organizmie człowieka, szkorbut może pojawić się w ciągu miesiąca do trzech od rozpoczęcia diety ubogiej w witaminę C.

Wraz z odkryciem, że świeże produkty zapobiegają tej chorobie, do jadłospisu marynarzy włączono cytryny i limonki. Brytyjska marynarka wojenna była pierwszą, która zaopatrywała swoje załogi w owoce cytrusowe i stąd wziął się przydomek „limetki", często używany wobec brytyjskich marynarzy.

Pod koniec XIX i na początku XX wieku wielu odkrywców podróżowało w poszukiwaniu północno-zachodniego szlaku morskiego prowadzącego przez kanadyjską Arktykę, lub by być pierwszymi, którzy dotrą na Biegun Północny. W celu zapobieżenia rozwoju szkorbutu standardowe zapasy żywieniowe w postaci mąki, cukru, kawy i solonego mięsa wzbogacali owocami i warzywami. Ale ich zapasy nie ochroniły ich, bo i tak ich wojaże kończyły się tragedią szkorbutu.

We wczesnych latach XX wieku antropolog Vilhjalmur Stefansson podróżował do Arktyki kanadyjskiej, by tam badać życie Eskimosów. Szczególnie interesowali go pierwotni Eskimosi, z którymi mieszkał przez wiele lat. W czasie swoich odkryć zabierał ze sobą zapasy żywieniowe, które wystarczyły tylko na miesiąc lub dwa. Po tym czasie zapasy kończyły się, a on wraz ze swymi towarzyszami żyli wówczas całkowicie poza stałym lądem, dokładnie jak tamtejsi Eskimosi. Jak donosił, Eskimosi w ogóle nie jedli pokarmu roślinnego, całkowicie za to polegali na mięsie dzikiej zwierzyny. Sam też przez kilka lat tak się żywił.

Podobnie jak miejscowi Eskimosi, z którymi mieszkał, Stefansson nigdy nie doświadczył szkorbutu. Kiedy później o tym napisał, spotkał się z ostrą krytyką. Wówczas uważano bowiem, że całkowicie mięsna dieta była zupełnie pozbawiona witamin i z całą pewnością wywoła szkorbut. By zamknąć usta krytykom, Stefansson wraz z kolegą przez cały rok żywili się wyłącznie mięsem i nie mieli ani śladu szkorbutu.

Powodem, dla którego Stefansson i Eskimosi nie mieli szkorbutu, było to, że w ogóle nie jedli węglowodanów. Pomimo tego, że ich dieta była niezwykle uboga w witaminę C, ta ilość witaminy, którą otrzymywali z pożywienia, była od razu przyswajana, ponieważ nie musiała współzawodniczyć z glukozą. Po wprowadzeniu pieczywa lub białej mąki do diety, szkorbut postępuje dość szybko. Stefansson donosił, że inni członkowie jego zespołu odkrywców, którzy jedli mąkę i cukier, szybko nabawili się szkorbutu, a pozbyli się go dopiero wówczas, kiedy powrócili na dietę bez węglowodanów, ale z dużą zawartością tłuszczów.

Znaczna część osób będących na diecie wysokowęglowodanowej nie ma objawów w pełni rozwiniętego szkorbutu, jednak nadal może u nich występować niedobór witaminy C i mogą cierpieć na łagodną bądź podkliniczną jego postać. Taki niedobór może by bardziej podstępny niż szkorbut w pełni objawowy, ponieważ niełatwo jest rozpoznać jego objawy. Stan zdrowia pogarsza się stopniowo, przez co nie jest wystarczającym ostrzeżeniem, że coś jest nie tak, aż jest już za późno. Z czasem znacznie pogarsza się stan uzębienia, pojawia się bolesność całego ciała, arterioskleroza, a funkcjonowanie tarczycy jest znacznie słabsze. Oto więc kolejny dobry powód, by ograniczyć spożycie węglowodanów.

Niedożywienie podkliniczne

Zaawansowane stany niedożywienia mogą się ujawnić szeregiem charakterystycznych chorób, tj. szkorbutem (wywołany niedoborem witaminy C), chorobą beri-beri (niedobór tiaminy) czy pelagrą (niedobór niacyny). Choroby te pozostawiają organizm człowieka bezbronnym na infekcje, osłabiają odporność, opóźniają proces leczenia, zaburzają prawidłowy wzrost i rozwój, a także przyczyniają się do degeneracji tkanek i narządów, a nieleczone są śmiertelne.

Według danych Światowej Organizacji Zdrowia (WHO), 70-80 procent mieszkańców krajów rozwiniętych umiera z powodu stylu życia jaki prowadzą, bądź też na choroby powstałe w wyniku niewłaściwego odżywiania się. Większość nowotworów wywołana jest tym, co wkładamy w swoje ciała. Choroby serca, wylew, arterioskleroza, czyli najwięksi mordercy wśród państw uprzemysłowionych, to choroby związane ze sposobem odżywiania się. Cukrzyca to choroba, u której podstaw leży jadłospis. Liczne badania naukowe wykazały, że witaminy, minerały oraz inne składniki odżywcze zawarte w pożywieniu chronią nas przed tego typu chorobami cywilizacyjnymi.

Kiedy myślimy o niedożywieniu, w naszym umyśle zwykle pojawia się obraz wychudzonych ofiar suszy w Afryce lub wygłodzonych mieszkańców Indii. W bardziej zamożnych krajach problem ten ma subtelniejszą naturę, bowiem objawy niedożywienia nie są tak ewidentne. Ludzie z nadwagą nie wyglądają na niedożywionych, a dostępne metody diagnostyki chorób wywołanych niedoborem wymagają jego ostrej postaci, by można je było wykryć.

Przy dostępności różnorodnych pokarmów, objawy niedożywienia dają się zaobserwować u nielicznych osób, nawet jeśli ich sposób odżywiania się jest bardzo ubogi pod względem odżywczym. W takich przypadkach mówimy o niedożywieniu podklinicznym. Jest to stan chorobowy, w którym osoba zjada dokładnie wystarczającą ilość niezbędnych składników odżywczych, by zapobiec rozwojowi pełnoobjawowej, ostrej postaci niedożywienia, przy czym organizmowi nadal brakuje składników odżywczych, w związku z czym wciąż jest podatny na powolny, przedwczesny rozpad. Stan ten może trwać w nieskończoność jako niezauważony. W krajach zachodnich problem niedożywienia podklinicznego sięgnął rozmiarów epidemii. Pokarmy, które spożywamy, niestety pozbawiane są wszelkich składników odżywczych. Jemy dużo, a nawet za dużo, lecz nadal możemy być niedożywieni, ponieważ nasze jedzenie nie zawiera wszystkich niezbędnych składników, jakich potrzebuje nasz organizm do optymalnego funkcjonowania. W rezultacie układ odpornościowy ciągle pracuje nie w pełni swojej mocy, organizm nie potrafi definitywnie zwalczyć infekcji, a łaknące substancji tkanki i komórki powoli ubożeją. Wyczuwając brak odżywienia, organizm człowieka może przełączyć się na wolniejszy bieg, spowalniając metabolizm, by w ten sposób oszczędzić zgromadzone substancje.

Stan, w którym organizm łaknie substancji odżywczych, stanowi podłoże dla rozwoju spowolnionej czynności tarczycy i przybierania na wadze. Aby gruczoł tarczycy i jego hormony funkcjonowały prawidłowo, organizm człowieka potrzebuje odpowiednich ilości witamin: A, B_{12}, C, D oraz E; minerałów: jodu, selenu, cynku i miedzi oraz aminokwasów (podstawowego budulca białek). Deficyt któregokolwiek z tych składników może spowodować obniżoną funkcję tarczycy. Na przykład dla wytworzenia hormonu tarczycy, jakim jest tyroksyna, gruczoł tarczycy potrzebuje jodu i aminokwasu – tyrozyny. Dieta, w której brak białek zawierających tyrozynę lub jod, zahamuje czynność tarczycy. Z uwagi na ogromną wagę, jaką jod ma względem funkcjonowania tarczycy, w rozdziale tym przyjrzymy się temu zjawisku szczegółowo. Mięso oraz inne produkty pochodzenia zwierzęcego są niezwykle istotne, ponieważ nie tylko dostarczają protein, ale także witamin A oraz B_{12}. Witamina A powstaje z beta-karotenu, obecnego w pokarmach roślinnych, lecz organizmy niektórych ludzi mają pewne trudności z dokonaniem odpowiedniej konwersji. Witamina B_{12} występuje wyłącznie w pokarmach pochodzenia zwierzęcego i nie ulega syntezie z innych składników odżywczych. Suplementacja witaminami i minerałami może wówczas okazać się koniecznością, by mieć pewność, że organizm jest odpowiednio odżywiany.

Dodatki do żywności

Omówiłem już wpływ cukru, sztucznych słodzików i wysokofruktozowego syropu kukurydzianego na masę ciała człowieka. Również wiele innych dodatków do żywności przyczynia się do „bitwy o brzuszek".

Jeśli chcesz przytyć, niezawodnym na to sposobem jest jedzenie produktów zawierających glutaminian sodu (ang. MSG), który jest polepszaczem smaku oraz „powiększaczem" tkanki tłuszczowej na brzuchu. Kiedy naukowcy chcą przeprowadzić badania na temat otyłości na myszach, najpierw muszą je utuczyć. W przyrodzie nie istnieje gatunek naturalnie otyłych myszy lub szczurów, więc naukowcy wstrzykują tym zwierzętom tuż po urodzeniu glutaminian sodu. Substancja ta potraja ilość insuliny jaką wywarza trzustka, sprawiając, że szczury tyją[5]. Kiedy jemy pokarmy zawierające glutaminian sodu, to samo spotyka nas. Glutaminian sodu może być jednym z głównych winowajców odpowiedzialnych za napędzanie panującej obecnie w naszej kulturze epidemii otyłości. Substancję tę można znaleźć we wszystkim: od zupki w puszce, przez dania obiadowe, po czipsy ziemniaczane i dresingi do sałatek. Zawierają ją tysiące gotowych produktów, które są opakowane, zapuszkowane, zamknięte w pudełkach czy zamrożone. Jeśli glutaminian sodu nie został wymieniony jako składnik produktu na jego etykiccie, nie oznacza, że go tam nie ma. Producenci żywności stosują całą gamę składników zawierających glutaminian sodu bez szczególnej konieczności wymieniania ich na etykiecie. Do pozostałych składników zawierających glutaminian sodu należą m. in.: hydrolizowane białko roślinne, bulion, kwas glutaminowy, glutaminian, glutaminian wapnia, autolizowane drożdże, ekstrakt z drożdży, białko teksturowane, proteiny sojowe, izolat białek serwatkowych oraz naturalne substancje smakowe. Lista ta jest zdecydowanie dłuższa, ale i tak nie spamiętamy tych wszystkich różnych nazw.

Wszystkie te dodatki do żywności stosowane są do pożywienia gotowego i opakowanego. Najbezpieczniejszym sposobem uniknięcia glutaminianu sodu i innych szkodliwych dodatków do żywności jest po prostu niejedzenie tego rodzaju żywności. Zamiast tego typu pokarmów należy wybierać produkty świeże: mięsa, jaja i nabiał – tak zwane „prawdziwe jedzenie". Są to pokarmy, które dostarczają najlepszych składników odżywczych z najmniejszą ilością substancji dodanych. Za każdym razem, kiedy czytasz etykietę produktu, sprawdź, czy wymieniono na niej glutaminian sodu i pomyśl o nim jak o substancji tuczącej, która zamieni wszystko co zjesz w tkankę tłuszczową.

Tłuszcze i oleje to bardzo powszechne dodatki do żywności. Kiedy oleje roślinne są hydrogenizowane, w procesie chemicznym naturalne kwasy tłuszczowe zamieniają się w dziwne twory zwane kwasami tłuszczowymi trans. Po spożyciu te toksyczne, sztuczne tłuszcze dostają się do komórek i organów tak samo jak tłuszcze naturalne, jednak nie funkcjonują jak one i mogą zaburzyć prawidłowe procesy komórkowe. Tłuszcze te mogą dokonać prawdziwego spustoszenia tarczycy, przysadki i innych gruczołów zaangażowanych w zarządzanie i nadzorowanie procesów metabolicznych w organizmie i wagi ciała. Częściowo hydrogenizowany olej roślinny jest popularnym dodatkiem do żywności. Jeśli zobaczysz go na etykiecie, nie jedz tego produktu, a ucieszysz tym swoją tarczycę.

Również niehydrogenizowane oleje roślinne mogą stanowić problem, zwłaszcza kiedy użyto ich do sporządzenia gotowego, opakowanego jedzenia lub do smażenia w głębokim tłuszczu (np. frytek, czipsów ziemniaczanych lub kukurydzianych, krążków cebulowych, smażonej ryby, skrzydełek z kurczaka, pączków, etc.). Chociaż potrzebujemy niewielkich ilości tłuszczów wielonienasyconych w naszej diecie, spożywane w nadmiarze tłuszcze te mogą potencjalnie przyczynić się do tycia. Mogą na przykład zahamować aktywność tarczycy, tym samym obniżając zdolność przemiany materii. Każdy wielonienasycony olej roślinny, który został dodany do zapakowanego, przetworzonego, gotowego pożywienia, uległ zniszczeniu. Powodem, dla którego oleje roślinne mogą być pewnego rodzaju problemem, jest ich szybka oksydacja, a w konsekwencji jełczenie. Utlenione oleje roślinne blokują wydzielanie hormonu tarczycy, jego wędrówkę przez układ krążenia, a także reakcję tkanek na ten hormon[6].

Jak już wiemy z rozdziału 3, wielonienasycone oleje roślinne są ogromnie podatne na oksydację. Narażenie na wysoką temperaturę, a nawet przygotowywanie posiłków w stosunkowo niskich temperaturach, przyspiesza proces utleniania i powstawania wolnych rodników. Z uwagi na toksyczną naturę wolnych rodników nasze organizmy mają wbudowane mechanizmy obronne – enzymy antyoksydacyjne. Antyoksydanty neutralizują wolne rodniki. Materiał budulcowy dla enzymów antyoksydacyjnych czerpiemy z pożywienia. W procesie syntezy obronnych enzymów antyoksydacyjnych w naszych organizmach niezwykle istotną rolę odgrywają witaminy A, C i E, a także minerały: selen, miedź i cynk. Te ostatnie dwa na przykład konieczne są do stworzenia dysmutazy ponadtlenkowej, jednego z najsilniejszych enzymów antyoksydacyjnych. Poza witaminami i minerałami, rośliny zawierają też szereg fitozwiązków o potężnych właściwościach antyoksydacyjnych, tj. beta-karoten, luteinę, likopen, antocyjany i inne.

Nadmierna konsumpcja olejów wielonienasyconych, zwłaszcza tych potraktowanych zbyt wysoką temperaturą, może wytworzyć tak znaczną ilość wolnych rodników, iż zapasy antyoksydantów w naszych organizmach szybko wyczerpują się. To z kolei prowadzi do niedoboru istotnych antyoksydacyjnych składników odżywczych. Służą one nie tylko do produkcji enzymów antyoksydacyjnych, ale także korzystają z nich tysiące innych enzymów niezbędnych do właściwej regulacji i funkcjonowania naszych organizmów.

Witaminy C oraz E, selen i inne antyoksydacyjne substancje odżywcze są konieczne do produkcji i korzystania z hormonów tarczycy. Kiedy dochodzi do ich deficytu albo z powodu ubogiej diety, albo z nadmiernego spożywania olejów wielonienasyconych, funkcje tarczycy są zaburzone. Według badań naukowych przesadna ilość olejów wielonienasyconych w jadłospisie zaburza pracę gruczołu tarczycy i całego układu hormonalnego, prowadząc do niedoczynności tarczycy [7-8].

Selen jest niezbędny zarówno do produkcji T4 w gruczole tarczycy oraz do konwersji T4 w T3[9]. Prawdopodobnym powodem, dla którego jadłospis obfitujący w oleje wielonienasycone zaburza proces przejścia T4 w T3, jest to, że oleje te wyczerpują zapasy selenu[10]. Niedobór któregokolwiek składnika antyoksydacyjnego może doprowadzić do dysfunkcji tarczycy. Również wolne rodniki same w sobie mogą bezpośrednio zakłócać konwersję T4 w T3. Zmniejszenie ilości olejów wielonienasyconych w diecie, a także wzbogacenie jej antyoksydacyjnymi składnikami odżywczymi, poprawia funkcję tarczycy[11-13].

Oksydowane, wielonienasycone oleje roślinne nie są jedynym źródłem wolnych rodników atakujących nasz organizm. Mogą one także powstać z chemicznych dodatków do żywności, alkoholu, dymu tytoniowego, toksycznych metali (np. rtęci, ołowiu, aluminium), zanieczyszczonego powietrza oraz pozostałych nieczystości środowiskowych. Nawet jeśli unikamy wszelkich źródeł tłuszczów wielonasyconych, nadal jesteśmy narażeni na działanie wolnych rodników.

Spożywanie pokarmów będących dobrym źródłem antyoksydantów jest niezbędne dla utrzymania prawidłowych funkcji tarczycy. Niektóre antyoksydanty uzupełniają bądź rewitalizują inne, więc najlepszą ochronę stanowi spożywanie ich całej gamy. Chociaż przyjmowanie spożywczych suplementów antyoksydacyjnych może okazać się korzystne dla zdrowia, badania naukowe wciąż wykazują, że antyoksydanty są skuteczniejsze, kiedy pochodzą z „prawdziwego" pożywienia zawierającego kilkadziesiąt antyoksydacyjnych substancji odżywczych, niż z tabletki, która dostarcza zaledwie kilku.

Kiedy oleje roślinne utleniają się i jełczeją, uruchamiają reakcje chemiczne, które wpływają na smak i skracają okres przydatności do spożycia. Starając się jak najbardziej go wydłużyć, producenci żywności dodają do niej antyoksydanty jako środki konserwujące. Często stosowaną, naturalną antyoksydacyjną substancją konserwującą jest witamina E, lecz najpowszechniejsze są antyoksydanty syntetyczne: butylowany hydroksytoluen (ang. BHT), butylowany hydroksyanizol (BHA) oraz Tert-butylohydrochinon (ang. TBHQ). Prawie wszystkie płatki śniadaniowe do zalewania zimnym mlekiem zawierają jeden lub więcej takich syntetycznych antyoksydantów. Znajdziesz je również w różnego rodzaju ciastkach (typu słonego, np. pasztecikach, ale nie tylko), ciastach, pieczywie, ciasteczkach, dresingach do sałatek, gumie do żucia, pomadkach, nawilżających kosmetykach do ciała i innych kosmetykach. Prawie każde gotowe jedzenie, które zawiera tłuszcz, prawdopodobnie zostało zakonserwowane jednym z takich antyoksydantów. Dodaje się je do tego typu produktów umyślnie, by opóźnić proces utleniania tłuszczów wielonienasyconych; czasem też dodaje się je do przetworzonych olejów roślinnych i margaryn.

Chociaż antyoksydanty syntetyczne spowalniają proces oksydacji tłuszczów i wydłużają okres przydatności produktu do spożycia, wywołują też pewne problemy. Badania naukowe wykazały, że długi termin przydatności do spożycia (90 dni i więcej) może być toksyczny dla wątroby, płuc, nerek, pęcherza moczowego i gruczołu tarczycy, a także przyczyniać się do powstawania nowotworów – jednego z głównych tematów zainteresowania naukowców[14]. Jakby tego było mało, te substancje chemiczne mają tendencję do gromadzenia się w organizmie człowieka. Co prawda ilość tych substancji chemicznych w porcji płatków śniadaniowych nie wyrządzi wielkiej krzywdy, jednak jedzone regularnie akumulują się w organizmie i wówczas naprawdę mogą okazać się szkodliwe.

Jest jeszcze wiele innych dodatków do żywności: barwników, emulgatorów, sztucznych substancji smakowych, środków konserwujących, itp. Niektóre, takie jak witamina E, kwas cytrynowy, sól morska czy proszek do pieczenia bez aluminium, są stosunkowo niegroźne. Jednak wiele innych, a w szczególności te zawierające substancje chemiczne o długich, trudnych do wymówienia nazwach, wzbudzają nasz ogólny niepokój ze względu na potencjalne zagrożenie wystąpienia działań niepożądanych. Najlepszym rozwiązaniem jest unikanie wszelkiego gotowego jedzenia zawierającego nieznane ci składniki.

11

JOD A ZDROWIE

NIEZBĘDNY SKŁADNIK ODŻYWCZY

Jod to niezbędny składnik odżywczy znajdujący się i używany przez każdą komórkę organizmu człowieka. W gruczole tarczycy znajduje się jego większe stężenie niż w jakimkolwiek innym organie czy tkance w ciele. Gruczoł ten wchłania aż 6 mg jodu cyrkulacji w organizmie dziennie, by skorzystać z niego przy produkcji hormonów tarczycy. Potrzeba trzech cząsteczek jodu, by powstała trójjodotyronina (T3) i czterech do produkcji tyroksyny (T4) – dwóch kluczowych hormonów wytwarzanych w gruczole tarczycy. Hormony te ulegają syntezie, a następnie są przechowywane i uwalniane z tarczycy wedle potrzeb. Idealna sytuacja to taka, w której zawsze dostępna jest odpowiednia ilość hormonu tarczycy, by zaspokoić dzienne zapotrzebowanie organizmu, nawet jeśli są to różne ilości każdego dnia. Jeśli jednak dzienne spożycie jodu nie jest w stanie zachować zdolności składowania lub zaspokoić dziennego zapotrzebowania organizmu, wówczas może dojść do niedoboru prowadzącego do obniżonej funkcji tarczycy lub niedoczynności tarczycy.

Powszechne, błędne przekonanie na temat jodu jest takie, że jego jedynym zadaniem w organizmie jest produkcja hormonów tarczycy. Gruczoł tarczycy to nie jedyny organ, który gromadzi i korzysta z jodu. Większość jodu w organizmie nie jest wykorzystywana w procesie syntezy hormonów, lecz lokowana w tkankach poza gruczołem tarczycy. Duże ilości jodu znajdują się w ślinankach, płynie mózgowo-rdzeniowym, mózgu, piersiach, jajnikach, nerkach, stawach, tętnicach, kościach i ciele rzęskowym oka.

Jod jest niezbędny w każdej komórce ciała ludzkiego. Potrzebujemy go dla zachowania aktywności i struktury gruczołów sutkowych; pełni on rolę antyoksydantu ochronnego, wykazuje właściwości antynowotworowe, działa jak czynnik detoksyfikacyjny, wspiera czynności odpornościowe organizmu, a także chroni przed bakteriami patogenicznymi.

Niedobór jodu powoduje całą masę zaburzeń, w tym powstawanie wola, niedoczynność tarczycy, opóźnienie umysłowe, kretynizm i różne stopnie innych anomalii wzrostowo-rozwojowych u dzieci. Według danych Światowej Organizacji Zdrowia (WHO), choroby wywołane niedoborem jodu dotyczą 740 milionów ludzi na całym świecie, a 35 procent, czyli około 2 miliardy populacji światowej, cierpi na niedobór jodu[1]. Ponadto niedobór jodu zwiększa ryzyko zachorowania na nowotwory tarczycy, piersi, endometrium, jajników czy prostaty, a także nagłej śmierci łóżeczkowej (ang. SIDS), stwardnienia rozsianego oraz innych chorób[2-4].

Piersi są, tuż po gruczole tarczycy, następnym miejscem składowania i wykorzystywania jodu. Jest on niezastąpionym składnikiem rozwoju i zachowania prawidłowej struktury piersi, zwłaszcza u kobiet. Mleko pochodzące z piersi w czasie laktacji zawiera czterokrotnie więcej jodu od ilości wchłanianej przez gruczoł tarczycy[5]. Mleko z piersi matki jest jedynym źródłem jodu dla niemowląt. Niedobór jodu w tkankach piersiowych może prowadzić do raka piersi czy mastopatii. W stanach niedoboru jodu gruczoły tarczycy i piersiowe współzawodniczą ze sobą o każdą, nawet najmniejszą dostępną ilość jodu, a w konsekwencji brakuje go w obu tych miejscach.

Jod pełni rolę antyoksydantu ochronnego, zapobiegającego powstawaniu szkodliwych wolnych rodników pochodzących z wielonienasyconych i jednonienasyconych kwasów tłuszczowych. Jod łączy się z podwójnymi i potrójnymi wiązaniami tłuszczów nienasyconych, chroniąc te delikatne kwasy tłuszczowe przed oksydacją, kiedy są transportowane do właściwych obszarów mózgu, oczu i innych części ciała[6].

Lipidy (tłuszcze) tworzą błony komórkowe w całym ciele. Jod przyłącza się do tworzących błony komórkowe lipidów. Powstałe substancje to jodolipidy. Jod pomaga ustabilizować (wzmocnić) błonę komórkową i bierze udział w regulacji prawidłowego cyklu egzystencji komórki.

Prawidłowo funkcjonujące komórki mają bardzo wyraźny cykl żywotności, obumierają po pewnym czasie i są zastępowane nowymi. Na przykład komórki wyściełające przewód pokarmowy żyją od 3 do 4 dni, krwinki czerwone do 4 miesięcy, a komórki skóry od 2 do 3 tygodni. Taki proces zaprogramowanej śmierci komórek to apoptoza. W przeciwieństwie do zdrowych komórek, komórki nowotworowe nie mają normalnego cyklu życia – program apoptozy został wyłączony, przez co nieustannie się namnażają, nigdy nie obumierając. W rezultacie rozmnażają się w niekontrolowanych ilościach, a w końcu stają się tak liczne, że „przejmują" otaczającą tkankę.

Jednym z zadań jodu w błonach komórkowych jest monitorowanie cyklu życia komórkowego i zainicjowanie apoptozy w odpowiednim czasie. W tkankach obficie nasyconych jodem ryzyko przekształcenia się w komórki nowotworowe jest znikome. Kiedy dochodzi do zachorowania na raka piersi, zwiększone spożycie jodu okazuje się przywracać zdrowie komórek i tkanek piersiowych[7]. Populacje, w których spożywa się dużo jodu, tak jak w Japonii, charakteryzują się niskim odsetkiem osób chorujących na raka piersi, a także znacznie rzadziej występującymi chorobami tarczycy.

Prawdopodobieństwo rozwinięcia się chorób tarczycy jest do ośmiu razy wyższe u kobiet niż u mężczyzn. Dlaczego kobiety są bardziej podatne na zachorowanie na niedoczynność tarczycy od mężczyzn? Jednym z powodów jest to, że kobiety potrzebują większych ilości jodu niż mężczyźni. Oszacowano, że jeśli tylko dostępna jest odpowiednia ilość jodu, tarczyca wchłania 6 mg dziennie. W przypadku kobiety o masie ciała 50 kg, piersi wchłoną około 5 mg dziennie. Większe kobiety lub kobiety z większymi piersiami przyswoją go jeszcze więcej, zaś pozostałe narządy i tkanki zaabsorbują kolejne 3 mg. Wszystkie te tkanki współzawodniczą ze sobą o wszelką dostępną ilość jodu. A ponieważ mężczyźni mają znacznie mniejsze piersi niż kobiety, mają też mniejsze zapotrzebowanie na jod. W konsekwencji niedobór jodu w jadłospisie uwidoczni się najpierw u kobiet, a później u mężczyzn.

NIEDOBÓR JODU

Chociaż jod jest niezwykle istotny dla zdrowia człowieka, nie występuje w wystarczających ilościach w pożywieniu. Rośliny wchłaniają jod z gleby, a my dostarczamy go sobie, zjadając je, a także spożywając mięso zwierząt, które wcześniej zjadły wspomniane rośliny. Zawartość jodu w jadłospisie jest zróżnicowana i zasadniczo odzwierciedla jego ilość w glebie. Pomimo że jod obecny jest w całej skorupie ziemskiej, nie występuje zbyt obficie. Pod względem ilości występowania zajmuje miejsce w „dolnej trzydziestce" elementów składowych skorupy ziemskiej.

Największą ilość jodu zawierają wody oceanu. Obszary lądowe, które kiedyś znajdowały się pod wodą, przykryte są skałami osadowymi oraz ziemią bogatą w jod. Gleba pochodząca ze skał pierwotnych i wulkanicznych jest bardzo ubogim źródłem jodu. Dziesięciolecia ciągłych upraw pozbawiły jodu większość gleb śródlądowych. Gleby przybrzeżne zostały zasilone wodami oceanu, ale nawet po takim odżywieniu uprawy z tych ziem mają niską zawartość jodu. Zwierzęta hodowlane karmione uprawami pochodzącymi z ziem obfitujących w jod gromadzą go w komórkach i tkankach całego organizmu. Podobnie jak ludzie, zwierzęta z tzw. żywego inwentarza zbierają jod w gruczołach sutkowych i wzbogacają nim wytwarzane przez siebie mleko. Pełnotłuste mleko, śmietana, masło i inne produkty nabiałowe to dobre źródła jodu, pod warunkiem, że jadłospis zwierząt, od których one pochodzą, zawierał ten składnik odżywczy. Niskotłuszczowe mleko i nabiał są kompletnie pozbawione jodu, podobnie jak margaryna i oleje roślinne. Bardzo dobrym źródłem jodu są żółtka jaj kurzych. Również tłuszcze zwierzęce dostarczają pewnych ilości jodu, jeśli zwierzęta miały tyle szczęścia, by jeść uprawy rosnące na glebach obfitujących w jod lub też podawano im jod w postaci suplementów. Najobfitszym źródłem jodu są owoce morza – ryby oceaniczne, skorupiaki i wodorosty. Zwłaszcza te ostatnie są doskonałym źródłem jodu, ponieważ wychwytują go z otaczających wód oceanicznych i zatrzymują oraz koncentrują go w sobie z siłą około 20 000 razy większą niż ocean.

Niedobór jodu dotyka najczęściej obszarów, w których glebach i wodach brakuje tego pierwiastka. W ostrych stanach niedoboru jodu, komórki gruczołu tarczycy zaczynają się powiększać, by w ten sposób pochwycić jak najwięcej atomów jodu. Jeśli gruczoł widocznie spuchnie, wówczas mówimy o wolu prostym. W skrajnych przypadkach gruczoł może rozrosnąć się do rozmiarów grejpfruta. Około 200 milionów ludzi na całym świecie ma wole, większość z nich to mieszkańcy Afryki. W 96 procentach tych przypadków przyczyną jest niedobór jodu.

Deficyt jodu dotyczy niektórych obszarów, ponieważ w wielkim stopniu pokryte są skałami i glebami wulkanicznymi, jak na przykład śródlądowe doliny Oregonu czy Idaho, lub też zostały pozbawione gleb zawierających jod przez lodowce w czasach epoki lodowcowej, jak na przykład Kraina Wielkich Jezior Stanów Zjednoczonych czy środkowa część Kanady.

Przez wiele lat rolnicy mieszkający na terenach ubogich w jod intuicyjnie podawali swym zwierzętom hodowlanym bloki soli kamiennej. Ta sól, wydobyta z dna prastarych oceanów, dostarczała zwierzętom jodu. Jod z tych bloków kamiennych, a także w śladowych ilościach z paszy, gromadził się w tłuszczu mleka bydła, a masło zrobione z takiego mleka zapewniało ludziom wystarczających ilości jodu, by zapobiec powstaniu wola. O ile tylko ludzie jedli odpowiednie ilości masła, problem wola ich nie dotyczył.

W czasach Wielkiej Depresji bardzo brakowało pieniędzy, więc ludzie zaczęli zastępować masło tańszą margaryną. Dla wielu osób masło było podstawowym źródłem jodu. I chociaż wole na pewnych obszarach było już problemem, kiedy ludzie przestawili się na margarynę, nagle wybuchła epidemia tej choroby. Usiłując zapobiec powstawaniu wola, zaczęto dodawać jod do soli kuchennej.

Jod jest niezwykle skutecznym środkiem dezynfekującym, ale w połączeniu z pewnymi organicznymi pierwiastkami może stać się bardzo toksyczny. Już na początku XIX wieku jod uznano za niezbędny element diety, lecz ze strachu, że w nadmiernych ilościach może być szkodliwy, podejście do suplementacji jodem było skrajnie konserwatywne. Za standard przyjęto najniższą, potrzebną dziennie dawkę jodu, by zapobiec powstaniu wola. Zalecanie dzienne spożycie jodu w Stanach Zjednoczonych dla osób dorosłych wynosi 150 mcg (0,15 mg). Z uwagi na fakt, że w czasie ciąży i laktacji zapotrzebowanie na jod jest większe, zalecane ilości jodu wynoszą odpowiednio 220 mcg o 290 mcg dziennie. Większość krajów również przyjęła takie wartości za standardowe. I choć wystarczą one, by zapobiec powstawaniu wola, do tej pory nie ustalono optymalnej ilości spożywanego jodu.

Jodowana sól nie była jedynym dodatkowym źródłem jodu. Jakiś czas po wprowadzeniu do sprzedaży jonizowanej soli, piekarnie zaczęły stosować jodek potasu jako środka spulchniającego ciasto drożdżowe. Jodek potasu zwiększa elastyczność ciasta drożdżowego, pozwalając zatrzymać w nim więcej pęcherzyków powietrza, nadając tym samym pieczywu lekkości. Jedna kromka takiego pieczywa zapewniała 150 mcg jodu, czyli dziennej ilości rekomendowanej przez rząd. Od czasu jonizacji soli kuchennej i dodania jodu do wyrobów piekarniczych, liczba przypadków osób z wolem prostym tarczycy w Stanach Zjednoczonych i Kanadzie została prawie całkowicie wyeliminowana.

W 1965 roku Narodowy Instytut Zdrowia doniósł, że średnie dzienne spożycie jodu z pieczywa wynosiło 726 mcg, a w latach 70. XX wieku wzrosło do ponad 800 mcg dziennie. Z obawy przed tym, że ludzie jedzący dużo soli i pieczywa przedawkują jod, rząd zakazał dodawania jodku potasu do produktów piekarniczych. We wczesnych latach 80. XX wieku piekarnie zaprzestały praktyki stosowania jodu do wypieków, zastępując jodek potasu bromkiem potasu.

Mniej więcej w tym samym czasie zaczęto krytykować sól jako czynnik podwyższający ciśnienie krwi. Lekarze zaczęli mówić swoim cierpiącym na choroby serca pacjentom, by unikali soli, i zaczęli zalecać im diety o ograniczonej ilości soli. Nawet osoby zdrowe zaczęły ograniczać spożycie soli z obawy przed nadciśnieniem tętniczym i chorobami serca. Producenci żywności zaczęli więc wytwarzać żywność o zmniejszonej zawartości soli lub całkowicie bez jej dodatku. Przez ponad 30 lat konsumpcja soli spadła o około 65 procent. W konsekwencji wprowadzenia zakazu stosowania jodu w wyrobach piekarniczych oraz ograniczenia spożycia soli, w ciągu minionego trzydziestolecia dawki jodu uzyskiwane z pożywienia drastycznie zmniejszyły się. Jakby tego było mało, nasze narażenie na ilość wolotwórczych substancji, które zaburzają wchłanianie jodu, zwiększyło się, sprzyjając tym samym większemu ryzyku niedoboru jodu.

Wraz z powszechnym stosowaniem jodowanej soli, niedobór jodu uznano za nieistniejący już problem, kwestię z przeszłości. Pomimo że wole proste tarczycy niezwykle rzadko dotyczy osób spożywających jodowaną sól, niedobór jodu nadal ma rozmiary niemal epidemii. Doktor David Brownstein, autor książki *Iodine: Why You Need It, Why You Can't Live Without It*, pisze, że „niedobór jodu ma ogromne rozmiary". Po przebadaniu 4000 pacjentów cierpiących na różne choroby, Brownstein twierdzi, że u ponad 95 procent badanych testy laboratoryjne wykazały niedobór nieorganicznego jodu. W badaniu przeprowadzonym przez naukowców w Centrum Zapobiegania i Kontroli Chorób (ang. CDC) stwierdzono, że w latach 1971-1994 poziom spożywanego jodu w populacji Amerykanów zmniejszył się o 50 procent[9]. Spożycie jodu w dzisiejszych czasach jest nawet mniejsze. W ciągu minionego trzydziestolecia liczba osób z niedoczynnością tarczycy stopniowo rośnie.

Niski poziom jodu hamuje funkcje tarczycy. Ostry niedobór jodu prowadzi do powstania wola i poważnej niedoczynności tarczycy. Łagodny deficyt jodu może spowodować podkliniczną postać niedoczynności tarczycy, uwidaczniając niektóre objawy tej choroby, przy jednoczesnym, powszechnie uznanym za prawidłowe, wskazaniu poziomu hormonów tarczycy. Zahamowany metabolizm i łatwość przybierania na wadze to bardzo częste cechy niedoczynności tarczycy, w tym jej postaci podklinicznej.

HALOGENY, CZYLI FLUOROWCE

Czy woda, którą masz w kranie, sprawia, że tyjesz? Choć brzmi to niesłychanie dziwnie, picie „kranówki" może przyczyniać się do tycia. Być może zapytasz: „Ale w jaki sposób?". Woda nie zawiera żadnych substancji odżywczych, tłuszczu ani kalorii, jak więc może powodować przybieranie na wadze? Winowajcą w tym przypadku nie jest woda, ale halogeny. Fluorowce to grupa powiązanych ze sobą pierwiastków, w skład których wchodzą: fluor, chlor, brom i jod.

Mówiąc o tych pierwiastkach, ludzie często określają je na dwa różne sposoby, np. fluor i fluorek. Fluor (z końcówką „-or") określa jon fluoru zwykle w połączeniu z innymi pierwiastkami, np. kiedy sód łączy się z fluorem, razem tworzą fluorek sodu. Pomimo różnic, pierwiastki i nazwy jonów (fluor/fluorek, chlor/chlorek, brom/bromek, jod/jodek) często używane są zamiennie. W swej czystej postaci halogeny są toksyczne, ale w połączeniu z innymi pierwiastkami są mniej toksyczne, a nawet nieszkodliwe, a w przypadku chlorku i jodku stają się niezbędnymi składnikami odżywczymi. Z drugiej strony, nawet w połączeniu z innymi pierwiastkami fluorek i bromek mogą być wysoce toksyczne. Właśnie dlatego te toksyczne halogeny wykorzystuje się jako środki dezynfekujące oraz aktywne składniki w środkach owadobójczych, grzybobójczych i trutkach na szczury.

Wszystkie halogeny mają identyczną strukturę i do pewnego stopnia podobne właściwości chemiczne. W organizmie człowieka fluor i brom współzawodniczą ze sobą o receptory, które wychwytują jod. W procesie syntezy hormonów tarczycy, na przykład, te toksyczne halogeny mogą zostać wykorzystane zamiast jodu. Kiedy tak się dzieje, hormony te stają się dysfunkcyjne i bezużyteczne. Spada stopień absorpcji jodu, a zwiększa się jego wydalanie przez nerki. W rezultacie spożywanie fluoru i bromu może prowadzić do niedoboru jodu, niedoczynności tarczycy, a nawet wola[10].

Fluor i brom znajdują się w wodzie z kranu. Brom czasem dodawany jest do niej jako substancja dezynfekująca, a fluor, by obniżyć ewentualne ryzyko powstania próchnicy zębów. Oba pierwiastki mogą zanieczyścić wodę w obszarach, gdzie występują naturalnie w glebie lub jako odpady przemysłowe. Codzienne picie i kąpiele w wodzie zawierającej te halogeny mogą przyczynić się do obniżonej czynności tarczycy, a w konsekwencji prowadzić do tycia. A zatem w taki oto sposób picie wody z kranu może być czynnikiem sprzyjającym przybieraniu na wadze.

Fluor jest chyba najbardziej kłopotliwym pierwiastkiem ze wszystkich halogenów, ponieważ odznacza się największą bliskością z miejscami wiązania jodu w organizmie, przez co szybko wyprze jod, jeśli taki znajduje się w organizmie. Fluor stosowano też jako lekarstwo w leczeniu nadczynności tarczycy, tzn. zbyt aktywnej, ponieważ tak skutecznie blokuje wytwarzanie hormonu tarczycy.

Fluor sprzedawany jest jako środek w zapobieganiu próchnicy zębów, ponieważ jest wchłaniany w zęby (a także w kości i inne tkanki) oraz wzmacnia szkliwo. I chociaż faktycznie sprawia, że szkliwo zębowe staje się mocniejsze, nigdy nie udowodniono, że chroni przed powstawaniem ubytków, co więcej niektóre badania naukowe wskazują na to, że fluor przyczynia się do powstawania większej ilości zmian próchniczych w jamie ustnej. Udowodniono, że w ilościach zwykle dodawanych do wody pitnej powoduje szereg problemów zdrowotnych, w tym osteoartretyzm, fluorozę (przebarwienia zębów), zaburzenia pamięci, opóźniony rozwój umysłowy u dzieci i zaburzenia psychiczne, oczywiście poza niedoczynnością tarczycy[11-12].

Nawet jeśli nie należysz do społeczności, która dodaje fluor do ujęć wody, wciąż możesz być narażony na fluoryzowaną wodę. Produkowane na ogromną skalę napoje gazowane, soki owocowe, napoje energetyzujące dla sportowców, piwo oraz inne trunki są zwykle przetwarzane z użyciem wody fluoryzowanej. Wszelkie produkty w puszkach lub butelkach, które przygotowuje się z wodą, mogą zawierać fluor. Dotyczy to także warzyw i owoców z puszki. A ponieważ na etykietach produktów dostępnych w sklepach nie podaje się rodzaju wody stosowanej do ich produkcji, nie masz pojęcia, który produkt zawiera fluor, a który nie.

Głównym źródłem fluoru jest herbata, nawet jeśli woda, która jest zaparzana, nie zawiera chloru. Większość czarnych i zielonych herbat zawiera fluor. Herbatowiec już w czasie wzrostu pobiera fluor z gleby i gromadzi go w liściach, skutkiem czego liście herbaty zawierają duże ilości fluoru. Najbezpieczniejszym rozwiązaniem są herbatki ziołowe.

Fluor dodawany jest także do pasty do zębów, płynu do płukania ust, gumy do żucia i wielu innych produktów. Należy czytać etykiety na produktach i wybierać te bezfluorowe.

Teflon stosowany w nieprzywierających naczyniach kuchennych powstaje z chloroformu i fluorowodoru. Podczas gotowania jedzenia pewna ilość fluoru uwalnia się do pożywienia i w powietrze. Być może uważasz, że w bardzo niewielkiej ilości, lecz takie gotowanie może nasycić fluorem wodę bez jego zawartości w stopniu dwukrotnie wyższym niż woda fluoryzowana, a w wodzie już fluoryzowanej – potroić ilość fluoru. Ilość fluoru uwalnianego w powietrze z patelni o teflonowych powłokach, zwłaszcza kiedy się przegrzewają, może być wystarczająco wysoka, by zabić ptasiego pupilka w domu, który jest znacznie wrażliwszy na toksyny od ludzi. Firma DuPont utrzymuje, że powłoka ta pozostaje całkowicie bezpiecznie nienaruszona przy temperaturze do 260°C, jednak właściciele ptasich pupili zgłaszali ich śmierć już przy temperaturze 160°C.

Z uwagi na swą toksyczność, zarówno fluor jak i brom są powszechnie stosowane jako składniki pestycydów do zabijania owadów i gryzoni. Owoce i warzywa prawie zawsze zawierają osad pestycydowy i dlatego powinno się je dokładnie myć. A ponieważ niektóre produkty wchłaniają pestycydy, jedzenie naturalnie (organicznie) wyhodowanych owoców i warzyw byłoby najlepszym rozwiązaniem.

Brom można znaleźć w różnych miejscach. Wraz z chlorem używa się go przy gorących kąpielach leczniczych i na pływalniach. Dodawany jest także do past do zębów i płynów do ust, gdzie pełni rolę środka antyseptycznego i ściągającego. Bromowanego oleju roślinnego używa się do produkcji napojów bezalkoholowych, tj. Mountain Dew, Squirt, Sun Drop czy Fresca, a także napojów dla sportowców o smakach cytrusowych, tj. cytrynowa limonka czy Gatorade o smaku pomarańczowym. Bromowany olej roślinny dodaje się do napojów cytrusowych, by utrwalić smak napoju.

Począwszy od lat 80. XX wieku, w piekarniach zastąpiono jodek potasu bromkiem potasu. W latach 70. XX wieku jedna kromka chleba zawierała 150 mcg jodu, co zapewniało dzienną zalecaną dawkę tego pierwiastka. Dziś chleb zawiera prawie tyle samo bromu, co oznacza, że jeśli jesz kilka kromek chleba dziennie, zjadasz ogromne ilości bromu. Jeśli jesz powszechnie dostępny chleb kanapkowy, bułki do hamburgerów, pączki oraz pozostałe wypieki, czy też pieczywo w restauracjach, twoja tarczyca może krzyczeć: „Już nie chcę więcej bromu!”.

Chlor (Cl_2), podobnie jak jod (I_2), są wysoce toksyczne. W swych czystych postaciach zarówno chlor jak i jod stosuje się jako substancje dezynfekujące. Kiedy jednak zostaną połączone z potasem, sodem lub innymi pierwiastkami metalicznymi, tworzą sole, które są całkowicie nieszkodliwe, a nawet korzystne. Sól stołowa składa się z chlorku sodu (NaCl). Podobnie jak jod (I^-), również chlor (Cl^-) jest bardzo ważnym składnikiem odżywczym. Chlor jest niezbędny wszystkim znanym żywym istotom. Wraz z sodem jest on piątym, pod względem obfitości pierwiastkiem w organizmie człowieka. W przeciwieństwie do fluoru i bromu, chlor nie zakłóca wchłaniania jodu czy jego wykorzystywania przez organizm.

W połączeniu z wodorem i/lub tlenem, chlor może stać się silnym utleniaczem i wytworzyć pewne bardzo trujące związki. Przykładem są nadchlorki – powszechne substancje zanieczyszczające środowisko, gromadzące się na powierzchni wód, w wodach gruntowych i niestety w wodzie pitnej (z kranu). Nadchlorki składają się z jednego atomu chloru otoczonego 4 atomami tlenu. W formie nadchlorku chlor może wyprzeć jod z organizmu. Zanieczyszczenie ujęć wody nadchlorkami w naszym społeczeństwie jest zjawiskiem powszechnym i wciąż powiększającym swoje rozmiary.

Na działanie toksycznych halogenów najczęściej jesteśmy narażeni, jedząc wyroby piekarnicze i pijąc skażoną wodę z kranu. Pokarmy i napoje wysokowęglowodanowe, tj. napoje gazowane, różnego rodzaju pieczywo i inne wypieki przemysłowe mogą być źródłem fluorowców (halogenów) hamujących pracę tarczycy. Przejście na niskowęglowodanową dietę ketogeniczną wyeliminujc tych „winowajców". Filtrowanie wody przed piciem usuwa z niej chlor, brom i nadchlorki. Mycie warzyw i owoców przed spożyciem oraz jedzenie organicznie wyhodowanych pokarmów znacznie pomoże wyeliminować pozostałości pestycydów zawierających fluorowce.

GOITROGENY W PRODUKTACH SPOŻYWCZYCH

Niektóre pokarmy, które zjadamy na co dzień, mogą hamować pracę tarczycy i przyczyniać się do jej niedoczynności. Pokarmy te zawierają substancje antytarczyczne zwane goitrogenami. Goitrogeny zakłócają wchłanianie jodu oraz produkcję i funkcje hormonu tarczycy, a ponadto mogą także spowodować powstanie wola. Wole wywołane toksynami z pokarmów zwane jest wolem toksycznym.

Jak na ironię, pokarmy, które niektórzy ludzie uważają za zdrowe, zawierają najwięcej goitrogenów. Wszystkie rośliny z rodziny krzyżowych (kapustowate) zawierają goitrogeny. Należą do nich: kapusta, kalafior, brukselka, kapusta sitowata, brokuły, kapusta właściwa chińska, rzepa, kalarepa, jarmuż, kapusta warzywna pastewna, rzodkiewka i chrzan. Osiem milionów ludzi na całym świecie, w większości mieszkańców Afryki, cierpi na wole toksyczne z powodu spożywania nadmiernych ilości warzyw krzyżowych. Także rośliny strączkowe zawierają goitrogeny. Są to: soja, groszek zielony, soczewica, fasola zwykła, etc. Jeszcze dwa produkty sprzedawane w sklepach ze zdrową żywnością są goitrogeniczne: rzepak i siemię lniane. Olej rzepakowy jest składnikiem wielu produktów, zwłaszcza pieczonych, natomiast siemię lniane jest nie tylko suplementem diety, ale także dodatkiem do różnego rodzaju pokarmów.

Czy to oznacza, że powinieneś wystrzegać się tych wszystkich pokarmów? Na szczęście większość goitrogenów jest wrażliwa na wysoką temperaturę i ulega neutralizacji podczas gotowania. Także proces fermentacji obniża aktywność goitrogeniczną. W czasie gotowania lub fermentacji toksyny goitrogeniczne ulegają znacznemu zmniejszeniu lub wręcz całkowitej eliminacji, czyniąc je bezpieczniejszymi do spożycia.

Dla większości ludzi, którzy dostarczają sobie odpowiednich ilości jodu z pożywienia, jedzenie niewielkich ilości tych warzyw na surowo nie jest szkodliwe. Jednak, jeśli podejrzewasz, że możesz mieć jakiekolwiek problemy z tarczycą, najlepiej będzie, jeśli nie będziesz ich jadł, chyba że w postaci gotowanych lub sfermentowanych (kiszonych).

Ze wszystkich pokarmów goitrogenicznych, strączkowe stanowią największe zagrożenie. Substancje antytarczyczne zawarte w soi nie ulegają zniszczeniu podczas gotowania. Produkty sojowe, tj. tofu czy teksturowane białko roślinne zyskały ogromną popularność, zwłaszcza jako alternatywa lub substytut mięsa. Mówisz, że nie jesz soi? Zastanów się. Jeśli odżywiasz się jak większość ludzi, jesz soję w takiej bądź innej postaci każdego dnia, niezależnie czy o tym wiesz, czy nie. Odkąd soja używana jest w szerokim asortymencie produktów spożywczych, zetknięcie z nią może nastąpić z wielu źródeł. Pochodne produkty sojowe znalazły swoje zastosowanie w zadziwiająco dużej ilości produktów spożywczych, które jemy na co dzień. Soję często stosuje się jako substytut mięsa i nabiału. Może imitować prawie każde jedzenie – od sera, mleka, burgerów i hot dogów po lody, jogurt czy napoje proteinowe. Jest nawet w pokarmach dla dzieci. Przynajmniej 60 procent produktów spożywczych na półkach w sklepach całej Ameryki stanowią pochodne soi. Można więc kupić: mąkę sojową, teksturowane białko roślinne, olej roślinny, olej częściowo hydrogenizowany, izolat białka sojowego, itp. Prawie każdy gotowy do spożycia, opakowany produkt obecnie dostępny w sklepach zawiera soję w takiej lub innej postaci. Ta wszechobecność soi sprawia, że zastanawiam się, czy po części powodem, dla którego obecnie borykamy się z wciąż narastającym problemem niedoczynności tarczycy i nadwagi, nie jest rosnąca zawartość soi w spożywanych przez nas produktach.

Mnóstwo produktów z zawartością soi sprzedaje się jako niskotłuszczowe, nienabiałowe lub wysokobiałkowe substytuty mięsa przeznaczone dla osób dbających o swoją wagę. Ludzie, którzy kupują te produkty, zupełnie nie zdają sobie sprawy, że jedząc te „niskotłuszczowe", dietetyczne pokarmy rujnują sobie przemianę materii, przygotowując grunt pod otyłość.

Przez tak długi czas byliśmy dosłownie bombardowani przypuszczalnymi korzyściami płynącymi z jedzenia soi, że obecnie wiele osób nie może wprost uwierzyć, iż soja przyczynia się do tycia, zaburzając funkcje tarczycy. Istnieją jednak konkretne dowody w postaci wyników badań naukowych, wykazujące goitrogeniczne, a nawet kancerogenne (nowotworowe) skutki jedzenia produktów sojowych[13]. Wiele raportów donosi o goitrogenicznych skutkach u dzieci, wywołanych podawaniem pożywienia dla niemowląt na bazie soi[14,15]. Nawet u osób dorosłych mogą pojawić się problemy z tarczycą po rozpoczęciu jedzenia soi[16]. Naukowcy niezbicie udowodnili, że proteiny sojowe (izoflawony) hamują zdolność tarczycy do wytwarzania hormonów[17]. Proteiny sojowe połączono nawet z autoimmunologiczną chorobą tarczycy – kolejnym mechanizmem wywołującym niedoczynność tarczycy[18].

Białko proteinowe nie jest jednak jedynym złoczyńcą. Także olej sojowy atakuje tarczycę. Nie musi wprawdzie powodować powstania wola, lecz jest równie toksyczny, ponieważ zakłóca wytwarzanie i korzystanie z hormonów tarczycy. Około 80 procent olejów w naszym jadłospisie pochodzi z soi: olej sojowy częściowo hydrogenizowany, olej sojowy, margaryna i tłuszcz spożywczy. Poszukaj oleju sojowego w takiej bądź innej formie na etykiecie dowolnego produktu spożywczego. Jeśli zauważysz, że ów zawiera go – nie kupuj tego produktu. Jedynym wyjątkiem są produkty sojowe, które przeszły proces długiej fermentacji. Sfermentowane produkty sojowe to miso, sos sojowy czy tempeh. Pokarmy te w niewielkich ilościach, i spożywane sporadycznie, nie szkodzą. Wszystkich pozostałych produktów sojowych, w tym tofu, należy unikać. Nie daj się przekonać argumentem, że produkty sojowe muszą być bezpieczne, ponieważ Azjaci jedzą je od wieków. W przeciwieństwie do tego, w co przemysł sojowy chciałby, żebyś uwierzył, soja nigdy nie była „kulinarną wizytówką" Azji. Badanie na temat historii soi w Azji wykazało, że była ona pożywieniem ludzi ubogich w czasach srogiego głodu. Później zaś zaczęto uważnie przygotowywać soję, w procesie fermentacji niszcząc zawarte w niej toksyny. Ludzie pojęli niebezpieczeństwo płynące z jedzenia soi. Nawet w czasach obecnych większość Azjatów je bardzo niewielkie ilości soi, poniżej 1-2 procent całkowitej kaloryczności dziennego zapotrzebowania. Stosują ją głównie jako przyprawę do dań, zupełnie inaczej niż na Zachodzie, gdzie soję je się w stosunkowo dużych ilościach zamiast mięsa, nabiału – jako źródło białka[19].

LEKI FARMACEUTYCZNE

Istnieją dosłownie setki lekarstw mogących zaburzać funkcje gruczołu lub hormonów tarczycy. Jeśli to tylko możliwe, należy je stosować bardzo sporadycznie lub kompletnie unikać.

Wiele leków zawiera fluor lub brom, które blokują wchłanianie jodu oraz syntezę T4. Niektóre z nich zawierają potencjalnie śmiertelne dawki tych pierwiastków. Najpopularniejszymi lekami tego typu są Redux i Fen-Phen, stosowane na obniżenie apetytu oraz Baycol – lek z grupy statyn obniżający poziom cholesterolu we krwi. Każde z tych lekarstw zostało wycofane z rynku po tym, jak odnotowano szereg zgonów i poważnych niepełnosprawności w następstwie ich stosowania.

Betablokery, kortykosteroidy, kortyzon i inne sterydy wpływają na sposób, w jaki organizm radzi sobie z hormonami tarczycy, blokując konwersję T4 w T3. Duże dawki kortykosteroidów tak skutecznie obniżają poziom T3, że często stosuje się je umyślnie dla zahamowania czynności tarczycy w leczeniu niezwykle ostrych postaci nadczynności tarczycy (nadmiernego funkcjonowania tarczycy).

Fenobarbital (lek antydrgawkowy, uspokajający), fenytoina (lek antypadaczkowy), karbamazepina (kolejny lek antypadaczkowy) oraz ryfampina (antybiotyk) wywołują metaboliczny rozpad T3 i T4.

Niedoczynność tarczycy oraz podkliniczną postać niedoczynności tarczycy rozpoznano u 5 do 20 procent badanych, i aż u 50 procent osób przyjmujących węglan litu – lek stosowany w leczeniu zaburzeń psychicznych. Powstanie wola tarczycy zaobserwowano u prawie 60 procent pacjentów otrzymujących lit w okresie od 5 miesięcy do 2 lat – przy czym niedoczynność tarczycy może nie nastąpić.

Oto niepełna lista innych leków mających wpływ na funkcje tarczycy: sulfonamidy, antyhistaminy (Livostin), antydepresanty (Prozac, Luvox, Paxil), leki na nadkwasotę (Prevacid), antybiotyki (Cipro), leki na obniżenie poziomu cholesterolu we krwi (Lipitor), leki przeciw arytmii serca (Cordaron), leki do inhalacji przy chorobach układu sercowo-naczyniowego i astmie (Atrovent), leki do chemioterapii, leki na wrzody (Pro-Banthin) oraz niesterydowe leki przeciwzapalne (Celebrex, Arava, Clinoril, aspiryna).

Nie wszystkie leki z każdej z tych kategorii mają niekorzystny wpływ na funkcje tarczycy. Na przykład ibuprofen (Motrin, Advil) należy do niesterydowych leków przeciwzapalnych, a jednak nie zaburza czynności tarczycy. Aspiryna, kolejny przykład leku z tej grupy, to jeden z najczęściej stosowanych leków na świecie, przepisywany także jako lek rozrzedzający krew oraz środek przeciwbólowy. Pomimo iż uważa się go za stosunkowo nieszkodliwy, udowodniono, że obniża poziom T3 i T4 we krwi. Zauważalny spadek poziomu hormonów tarczycy można wykryć po jednej dawce aspiryny[20]. Długotrwałe zażywanie aspiryny może spowodować obniżoną czynność układu hormonalnego, w tym tarczycy.

Udowodniono, że niektóre leki, np. żelazo oraz produkty zawierające glin (tj. sukralfaty, leki na nadkwasotę czy didanozyna), sól sodowa sulfonianu polistyrenu, żywice jonowymienne oraz węglan wapnia zaburzają wchłanianie lekarstw na hormony tarczycy i obniżają ich skuteczność. Jeśli stosujesz leki od tarczycy, powinieneś przyjmować je na pusty żołądek, by jak najwięcej mogło się wchłonąć.

Paradoksalnie, jeśli przyjmujesz leki na tarczycę, możesz mieć niedobór jodu w organizmie. Leczenie tarczycy pogłębia niedobór jodu. Lekarstwa na tarczycę zwiększają przemianę materii, co zwiększa zapotrzebowanie komórek na jod. Jeśli przyjmując leki od tarczycy, nie dostarczasz swemu organizmowi odpowiednich ilości jodu, jeszcze bardziej pogłębiasz istniejący już niedobór. Niektóre objawy niedoczynności tarczycy mogą ustąpić, a inne nie – jest to powszechne zjawisko wśród pacjentów na lekach od tarczycy.

DAWKOWANIE JODU

Czy masz niedobór jodu?

Według doniesień amerykańskich instytucji zdrowotnych, większość ludzi ma „wystarczającą" ilość jodu w organizmie, tzn. dostarczają sobie odpowiednią ilość tego pierwiastka z pożywienia, głównie w postaci jodowanej soli. Założenie to oparto na dziennej rekomendowanej dawce (ang. RDA), 150 mcg. Stwierdzenie to budzi jednak kontrowersje. Zgodnie z opiniami wielu lekarzy, którym udało się skutecznie wyleczyć tysiące pacjentów z różnymi schorzeniami tarczycy, zalecana dawka 150 mcg dziennie jest zdecydowanie za niska. Owszem, pomoże ona zapobiec powstaniu wola, lecz nie wystąpieniu niedoczynności tarczycy zwyczajnej lub podklinicznej postaci tej choroby, przy czym częstotliwość zachorowań na obie sięga rozmiarów epidemii.

Dzienną rekomendowaną dawkę jodu ustalono na najniższym poziomie pozwalającym zapobiec powstawaniu wola tarczycy. Nawet nie wzięto pod uwagę ilości jodu potrzebnego dla optymalnej pracy tarczycy ani też zapotrzebowania na jod pozostałych obszarów organizmu człowieka. Po prostu przyjęto, że dzienna rekomendowana dawka wystarcza całemu organizmowi. Nigdy nie ustalono optymalnej dawki jodu.

Jeśli twoja tarczyca funkcjonuje zbyt wolno lub też jeśli masz takie objawy jak słaba przemiana materii czy łatwe przybieranie na wadze, powodem może być niski poziom jodu w organizmie. Jeśli jak zarazy unikasz soli, nie jesz owoców morza i do tego mieszkasz ponad 160 km od najbliższego brzegu morza lub oceanu, wówczas możesz mieć niedobór jodu. Ponadto, jeśli jesz sporo pieczywa lub innych wypieków, pijesz dużo napojów gazowanych lub napojów dla sportowców (izotonicznych), lub jeśli pijesz fluoryzowaną wodę z kranu, też może brakować ci jodu, nawet jeśli jesz owoce morza i mieszkasz na wybrzeżu.

Doktor David Brownstein, który przez ostatnie dwudziestolecie prowadził badania nad jodem, twierdzi, że ponad 95 procent pacjentów, którzy leczą się w jego klinice, ma niedobór jodu w organizmie. Wielu innych specjalistów – endokrynologów – zgadza się z nim. Obecne zapotrzebowanie na jod jest większe niż kiedyś, ponieważ mniej dostarczamy go sobie z pożywienia, a ponadto jesteśmy narażeni na większą ilość i różnorodność substancji blokujących jod. Skutki nieprawidłowego odżywiania się, dodatki do żywności, fluorowce (halogeny), goitrogeny, lekarstwa farmaceutyczne oraz inne czynniki osłabiające funkcje tarczycy nasilają się przy niedoborze jodu.

Niezależnie od tego czy cierpisz na niedoczynność tarczycy, czy nie, istnieje prawdopodobieństwo, że brak ci jodu. Chociaż jodowana sól kuchenna jest najpopularniejszym źródłem jodu, nie zalecam dostarczania sobie jodu z tego źródła. Sól stołowa została poddana procesom rafinacji i oczyszczania, co oznacza, że usunięto z niej wszelkie korzystne pierwiastki śladowe, które pierwotnie się w niej znajdowały. Jako środek przeciwzbrylający do soli kuchennej dodaje się glinokrzemian sodu. Istnieją niezbite dowody na to, że glin jest neurotoksyną i został powiązany ze zwiększonym ryzykiem wystąpienia demencji. Nie chcesz przecież ratować swojej tarczycy kosztem zniszczenia sobie mózgu. Polecam sól morską. Nierafinowana sól morska zawiera jod oraz wiele innych, ważnych pierwiastków śladowych występujących naturalnie w wodzie morskiej. Niestety, nie dostarcza ona pełnej, dziennej dawki jodu, a zatem potrzebne są jeszcze inne źródła jodu w jadłospisie.

Możesz zwiększyć ilość spożywanego jodu, jedząc algi morskie (np. krasnorosty morskie czy nori) oraz ryby oceaniczne. Ryby słodkowodne nie są dobrym źródłem jodu. Dostępne są również suplementy diety. Najbardziej naturalne suplementy jodu to wysuszone i sproszkowane krasnorosty morskie. Chociaż precyzyjna ilość jodu w takich suplementach różni się, jako że jest to produkt naturalny, dorośli bez najmniejszych obaw mogą przyjmować od jednej do trzech kapsułek dziennie o zawartości 600 mg każda. Warto zwrócić uwagę na to, że wielkość kapsułki nie świadczy o zawartości jodu. Kapsułka o wadze 600 mg nie zawiera 600 mg jodu. Zawartość jodu w danej kapsułce podana jest na etykiecie takiego suplementu, więc aby się tego dowiedzieć, należy je czytać. Krasnorosty morskie to tradycyjne pożywienie jedzone od tysięcy lat i niewywołujące żadnych niepożądanych reakcji. Suplementy z krasnorostów morskich są niezwykle bezpieczne – można przyjmować po kilka zalecanych dawek dziennie bez jakiegokolwiek uszczerbku na zdrowiu.

Krasnorosty morskie to także bogate źródło ważnych pierwiastków śladowych, tj. miedzi, cynku, manganu, chromu i dziesiątków innych. Pierwiastki śladowe są tak ważne, ponieważ wchodzą w skład różnych enzymów, z których korzysta nasz organizm. Większość ludzi czerpie korzyści z zawartych w suplementach diety pierwiastków śladowych, ponieważ zazwyczaj w typowym jadłospisie brakuje tych cennych substancji. Niektóre firmy produkują krasnorosty morskie w granulkach, którymi można posypywać dania podobnie jak przyprawami.

Płyn Lugola

Większość suplementów jodu zawiera jod wyłącznie w jednej postaci: jodku. Nasz organizm potrzebuje jednak jodu w dwóch postaciach. Jedną z nich jest jod (I^2), a drugą jodek (I^-). Różne komórki organizmu potrzebują i wchłaniają inne postacie jodu. Gruczoł tarczycy korzysta głównie z jodku. Z tego powodu jodek potasu dodawano do soli kuchennej. Komórki gruczołów piersiowych wolą jod. Niedobór jodu może zmienić strukturę i czynność tkanki piersiowej, co może prowadzić do nowotworu piersi. Badania przeprowadzone na zwierzętach wykazały, że jodek (w formie soli stołowej) nie przynosi rezultatów w odwracaniu zmian przednowotworowych w tkankach piersiowych zwierząt, tymczasem jod jest znacznie skuteczniejszy. Jod, a nie jodek, także blokuje oksydację tłuszczów wielonienasyconych w tkankach piersiowych[21]. To ważne, ponieważ w procesie oksydacji tłuszczów powstają wolne rodniki, które uszkadzają komórki, w tym misterne DNA, prowadząc do nowotworów.

Gruczoł prostaty gromadzi jod. Skóra woli jodek. Niektóre tkanki, tak jak te w nerkach, śledzionie, wątrobie, krwi, gruczołach ślinowych i jelitach wykorzystują obie postacie jodu. Jako że różne tkanki koncentrują inne formy jodu, najlepszym rozwiązaniem jest stosowanie suplementów zawierających i jod, i jodek. Taki rodzaj suplementu jodu znany jest jako płyn Lugola. Nie jest to nazwa handlowa, lecz nazwa wodnego roztworu czystego jodu w jodku potasu, znana i używana od prawie 200 lat.

W 1829 roku francuski lekarz Jean Lugol (1786-1851) prowadził badania nad substancjami mogącymi wyleczyć gruźlicę oraz inne choroby, i tak zainteresował się jodem. Eksperymentował z różnymi postaciami jodu. Sam jod niezbyt dobrze rozpuszcza się w wodzie. Lugol odkrył, że połączenie jodku potasu z jodem zwiększa jego rozpuszczalność w wodzie. Zaczął używać roztworu o nazwie Jodyna Lugola, będącego mieszaniną 5–procentowego jodu, 10–procentowego jodku potasu i 85–procentowej wody destylowanej. Dwie krople roztworu Lugola (0,1 ml) zawierały 5 mg jodu i 7,5 mg jodku. Lugol zalecał 2 krople tego roztworu dziennie w leczeniu chorób zakaźnych, co dawało mieszaninę jodu i jodku o wadze 12,5 mg. Płyn doktora Lugola był szeroko dostępny w aptekach i przepisywany rutynowo jako panaceum na wiele różnych chorób. Stosowano go także jako płyn antyseptyczny i dezynfekujący do wody pitnej. W początkach XX wieku w każdym szpitalu stosowano go jako środek dezynfekujący. Przez lata był bardzo powszechnie i bezpiecznie stosowany w medycynie w leczeniu zarówno niedoczynności jak i nadczynności tarczycy. Zalecana dzienna dawka płynu Lugola wynosiła od 2 do 6 kropli, które dostarczały od 12,5 to 37,5 mg jodu/jodku łącznie. Płyn Lugola można kupić również i w dzisiejszych czasach, lecz jest to wersja o niższym stężeniu jodu (2 procent jodu i 4 procent jodku potasu), tak więc potrzeba 5 kropli, by uzyskać wspomniane 12,5 mg jodu/ jodku, jakie uzyskiwało się z pierwotnego roztworu. Powodem rozcieńczenia tej formuły było zniechęcenie do stosowania tego płynu w celu nielegalnej produkcji metaamfetaminy. Płyn Lugola jest suplementem diety, który można nabyć w sklepach ze zdrową żywnością lub przez Internet. Roztworu tego nie należy jednak mylić z jodyną, która składa się z jodu elementarnego i soli jodku rozpuszczonych w alkoholu. Powszechnie sprzedawana jako podstawowy środek odkażający jodyna przeznaczona jest wyłącznie do użytku zewnętrznego.

Znawca jodu, doktor David Brownstein, mówi, że kiedyś leczył swoich pacjentów z chorobami tarczycy suplementem, który zawierał wyłącznie jodek, i obserwował wówczas nieznaczną poprawę ich zdrowia. Stan niektórych polepszał się, lecz wielu nie zauważyło szczególnej poprawy stanu zdrowia. Kiedy zaczął stosować płyn Lugola zawierający mieszaninę jodu i jodku, wyniki leczenia znacznie się poprawiły. Doktor twierdzi, że ta postać jodu jest niezwykle bezpieczna, w związku z czym przepisuje dawki od 6 mg do 50 mg dziennie.

Płyn Lugola wypija się w formie roztworu kilku kropel na szklankę wody. W zależności od ilości wody, roztwór może nadać wodzie delikatnie nieprzyjemny, metaliczny smak. A ponieważ nawet wielkość kropli może za każdym razem być troszkę inna, dozowanie za pomocą zakraplacza może czasem być niewymierne. Dlatego wynaleziono Iodoral – płyn Lugola w tabletkach. Iodoral jest częściej wybierany i przepisywany pacjentom przez lekarzy ze względu na łatwość jego stosowania i pewność dostarczania organizmowi stałej dawki jodu. W sprzedaży dostępne są tabletki o dwóch dawkach jodu: 12,5 mg i 50 mg.

Zauważmy tu, że obecna zalecana dawka jodu to zaledwie 150 mcg (mikrogramów) dziennie, co odpowiada 0,15 mg (miligrama). Jedna kropla płynu Lugola dostarcza 2,5 mg jodu/jodku lub 2500 mcg, prawie 17-krotnie więcej niż dzienna zalecana dawka. Pięć kropli zapewnia 12,5 mg jodu/jodku lub 12500 mcg, czyli 83 razy więcej niż dzienna rekomendowana dawka. W latach 30. XX wieku, w czasach wielkiej epidemii wola tarczycowego w Stanach Zjednoczonych lekarze skutecznie leczyli pacjentów za pomocą 36 mg płynu Lugola dziennie. Przez prawie 200 lat lekarze podawali swoim pacjentom takie, a nawet większe dawki, nie wyrządzając im żadnej krzywdy, tym samym ukazując zupełną nieszkodliwość jodu w tej postaci, a także nieadekwatność rekomendowanej dziennej dawki jodu.

Początkowo doktor Brownstein przepisywał ilości zbliżone do zalecanej dziennej dawki. Wahał się, czy zalecać powyżej 1 mg, ponieważ pewne badania naukowe, z którymi się zapoznał, spekulowały, że suplementacja jodem w większych ilościach może niekorzystnie wpłynąć na zdrowie pacjentów, a nawet wywołać objawy nadczynności tarczycy. Jednakże dalsze, bardziej wnikliwe badania naukowe przedstawione w dostępnej literaturze medycznej nie potwierdziły, że jod w dawkach miligramowych kiedykolwiek okazał się szkodliwy lub wywołał objawy nadczynności tarczycy.

Obecne zapotrzebowanie naszego organizmu na jod jest wyższe, niż było kilkadziesiąt lat temu, z powodu znaczącego wzrostu ilości halogenów i goitrogenów w środowisku naturalnym, przy jednoczesnym spadku zawartości jodu w spożywanych pokarmach. Doktor Brownstein i wielu innych specjalistów endokrynologii sugerują, że potrzebujemy około 12,5 mg dziennie lub 83 razy większej ilości niż dzienna zalecana dawka. Taką ilość zaleca nie tylko w oparciu o własne doświadczenie w leczeniu chorób tarczycy, lecz z obserwacji populacji ogólnoświatowej, która spożywa duże ilości jodu z pożywienia i ma znikome problemy z tarczycą.

Japończycy mieszkający na lądzie spożywają 13,8 mg jodu dziennie, co równa się 92-krotnie wyższej ilości niż dzienna rekomendowana dawka. Japończycy mieszkający na obszarach przybrzeżnych jedzą nawet więcej jodu, którego przeważające ilości pochodzą z wodorostów w ich jadłospisie. Tak wysoka dawka spożywanego jodu wydaje się nie mieć żadnych skutków ubocznych, a wręcz przeciwnie. W porównaniu do mieszkańców USA, u Japończyków odnotowuje się znacznie mniej przypadków niedoczynności tarczycy, wola czy mastopatii, a także niższą zachorowalność na nowotwory piersi, endometrium, jajników bądź prostaty. Należą oni do najzdrowszych ludzi na świecie, o najdłuższej średniej długości życia.

Wiemy, że jod odgrywa ważną rolę w zapobieganiu nowotworów piersi i innych. Japonki, które spożywają najwięcej jodu na świecie, najrzadziej chorują na raka piersi. Amerykanki jedzące zaledwie ułamek takich ilości jodu jak Japonki chorują na nowotwory piersi najczęściej. Nie jest to uwarunkowanie genetyczne. Kiedy Japonki przeprowadzają się do Stanów Zjednoczonych i zmieniają sposób odżywiania się na taki o niższej zawartości jodu w jadłospisie, częstotliwość zachorowań na raka wśród nich zwiększa się w porównaniu do ich rodaczek mieszkających w Japonii[2].

W Stanach Zjednoczonych ryzyko zachorowania na raka piersi w latach 60. XX wieku wynosiło 1:20. Od tamtej pory spożycie jodu zmalało o ponad 50 procent, tymczasem ryzyko zachorowań na nowotwory wzrosło na 1:7.

Sam gruczoł tarczycy potrzebuje 6 mg jodu dziennie[22,23]. Jest to ilość znacznie przekraczająca 150 mcg dziennie zalecanej dawki. Oto dlaczego taka zalecana ilość jest nieodpowiednia.

Nadmiar jodu

Wielu lekarzy i autorów publikacji medycznych ostrzega przed niebezpieczeństwem spożywania zbyt dużych ilości jodu, twierdząc, że każda ilość powyżej 1,1 mg (1100 mcg) może zaszkodzić. Powołują się oni na wyniki badań naukowych, według których zmniejszenie ilości spożywanego jodu łagodzi objawy tarczycowe pacjentów lub też opowiadają historie, w których objawy chorób tarczycy nasiliły się u pacjentów przyjmujących suplementy jodu. W niektórych przypadkach dodatkowa ilość jodu wywołała objawy nadczynności tarczycy u osób, u których wcześniej rozpoznano niedoczynność tarczycy. Nawet osoby nie mające żadnych problemów z tarczycą ostrzega się, że zbyt duża dawka jodu (400 mcg dziennie lub więcej) może doprowadzić do niedoczynności tarczycy[24]. Co ciekawe, ilość podawana jako wystarczająca, by wywołać niedoczynność tarczycy u osób o prawidłowych funkcjach tarczycy, wynosi tylko 400 mcg

(0,4 mg). Wydaje się więc dziwne, że u niektórych osób dodatkowy jod wywołuje niedoczynność tarczycy, a u innych wręcz przeciwnie.

Równie dziwne wydaje się, że płyn Lugola stosowały miliony ludzi w dawkach do 50 mg dziennie przez ostatnie 200 lat i nie odnotowano żadnych negatywnych skutków. W rzeczywistości z powodzeniem stosowano go w leczeniu niedoczynności i nadczynności tarczycy. Mieszkańcy lądowych obszarów Japonii spożywają przeciętnie 13,8 mg jodu dziennie i nie doznają niedoczynności czy nadczynności tarczycy ani absolutnie żadnych innych niepokojących stanów. Japończycy mieszkający na przybrzeżnych obszarach tego kraju zjadają dziennie aż 80 mg jodu bez jakiegokolwiek uszczerbku dla zdrowia[25]. Badania naukowe wykazały, że tarczyca absorbuje do 6 mg jodu dziennie, kiedy dostarcza się jej wystarczających ilości. Na podstawie obserwacji tysięcy pacjentów przyjmujących suplementy jodu, doktor Brownstein i inni lekarze zalecali od 6 do 12,5 mg jodu dziennie, a w dawkach terapeutycznych do 50 mg dziennie. Ograniczenie do ilości 1,1 mg opiera się w znacznej mierze na teorii i przypuszczeniach, zaś dawka 12,5 mg wynika z obserwacji prawdziwych ludzi w życiu codziennym.

Istnieje szereg powodów takich rozbieżności. Pamiętaj, że ostrożność w stosowaniu jodu w dużej mierze wynika z nieprzyjemnych objawów, jakich doznały osoby zażywające jod. Jednym z najczęstszych jest twierdzenie, że powoduje nadczynność tarczycy. Ustalono ponad wszelką wątpliwość, że jeśli w organizmie występuje niedobór jodu powodujący obniżone funkcjonowanie tarczycy, dodatkowe dawki jodu w jadłospisie poprawią jej czynność. Koncept ten rozszerzono o sugestię, że nadmiar jodu sprawi, że tarczyca będzie działała zbyt aktywnie, wprowadzając organizm w stan nadaktywności tarczycy.

Ideę mówiącą, że zbyt dużo jodu spowoduje nadczynność tarczycy można porównać do tej, że nadmiar wapnia spowoduje za dużą gęstość i wytrzymałość kości, czy też, że jedzenie zbyt dużych ilości białka przyczyni się do zbyt dużego rozrostu i siły mięśni. Organizm człowieka potrzebuje wapnia do budowy mocnych kości, ale jedzenie znacznych ilości wapnia nie rozbuduje ich przesadnie. Podobnie potrzebujemy białka, lecz spożywanie nadmiernych jego ilości nie sprawi, że magicznie wsiąknie w mięśnie i da nam posturę Arnolda Schwarzeneggera. Jedzenie zbyt dużych ilości jodu nie spowoduje szybszej pracy tarczycy. Medycznie uznane objawy nadmiaru jodu w organizmie to wola tarczycy i obniżona aktywność tarczycy – takie same jak przy niedoborze jodu. Innymi słowy, zbyt duża dawka jodu nie sprawi, że tarczyca będzie działała lepiej czy szybciej, ale gorzej – tak samo jak przy niedoborze jodu.

Kiedy ludzie donoszą o powstałej u nich nadczynności tarczycy w wyniku przyjmowania jodu, prawdopodobnie już zażywają lekarstwa na niedoczynność tarczycy, a ponieważ borykają się z tą chorobą, oznacza to, że przypuszczalnie mieli niedobór jodu. Przyjmowanie suplementów tego pierwiastka dostarczyło im go, pozwalając gruczołom tarczycy na bardziej prawidłowe funkcjonowanie i wytwarzanie większej ilości hormonów. Jeśli jednak w tym samym czasie ludzie ci przyjmują leki farmaceutyczne na tarczycę, wówczas są one za silne i spowodują objawy nadczynności tarczycy. To nie jod wywołał nadczynność tarczycy, ale lekarstwa. A zatem kiedy osoba przyjmująca leki od tarczycy włączy do swego jadłospisu suplementy jodu, należy monitorować zażywanie środków farmakologicznych.

Niektórzy pacjenci z niedoczynnością tarczycy zgłaszali zachorowania lub doświadczenie nasilonych objawów choroby po włączeniu suplementów jodu do jadłospisu, dolewając w ten sposób przysłowiowej oliwy do ognia i utrwalając stereotyp, że jod może być niebezpieczny dla zdrowia. Według niektórych z nich, już tak niska dawka, jaką jest dzienna zalecana porcja, wystarczyła, by spowodować problem. Jak to możliwe?

I ponownie, to nie jod jest tu przyczyną, wręcz przeciwnie – jest on częścią rozwiązania problemu. Osobom z niską czynnością tarczycy często brakuje jodu; mają one też nierzadko ogrom substancji goitrogenicznych w organizmie, tj. fluorowców i leków farmaceutycznych. Uzupełnienie jadłospisu wystarczającą ilością jodu może zainicjować detoks lub oczyszczanie organizmu. Jod współzawodniczy z innymi halogenami o wiązanie się w organizmie. Przy odpowiednich ilościach tego pierwiastka może dojść do silnego odtruwania organizmu z innych halogenów. Spożywanie od 12,5 mg do 50 mg jodu dziennie usuwa pozostałe halogeny, ogromnie zwiększając wydalanie fluoru, bromu i nadchloranów[26,27].

Poza usuwaniem toksycznych fluorowców, suplementacja jodem może również oczyścić organizm z metali ciężkich. W pewnym badaniu mającym na celu określenie optymalnej dawki jodu u kobiet, którym podawano 12,5 mg jodu elementarnego dziennie, zaobserwowano podwyższony poziom rtęci, ołowiu i kadmu w moczu po zaledwie jednym dniu stosowania[28]. W jaki sposób jod zwiększa usuwalność toksycznych metali z organizmu? Jod poprawia funkcjonowanie tarczycy, pobudzając metabolizm, co z kolei zwiększa odporność organizmu. W efekcie jod może mieć bardzo wyraźny efekt detoksykacyjny na cały organizm człowieka. Podczas usuwania tych toksyn z organizmu mogą pojawić się różne objawy przypominające chorobę: biegunka, wycieki z nosa, mdłości, a także nasilone symptomy niedoczynności tarczycy. Jest to stan przejściowy, trwający od kilku dni do kilku tygodni, lecz po ich ustąpieniu poczujesz się znacznie lepiej, a w twoim organizmie będzie znacznie mniej szkodliwych, trujących substancji.

Zgodnie z wynikami pewnych badań naukowych, pacjenci chorujący na tarczycę, których stan pogarszał się po suplementacji jodem, czuli się gorzej z powodu efektu detoksykacji. Innym powodem może być dieta niskotłuszczowa, która stała się standardem w naszym społeczeństwie w ciągu minionych trzydziestu kilku lat. Jod jest liofilowy, co oznacza skłonność do rozpuszczania się w tłuszczach. Oto dlaczego masło, żółtko jaja kurzego i inne tłuszcze zwierzęce stanowią dobre źródło jodu. Tak jak w przypadku bardzo chudego białka, spożywanie jodu bez odpowiednich ilości tłuszczów może przynieść efekt przeciwny do zamierzonego (patrz: strony 164-165). Wchłanianie jodu jest lepsze w obecności tłuszczu spożywczego i analogicznie jest słabsze przy jego braku. Organizm ludzki potrzebuje tłuszczu do właściwego wykorzystania jodu. Dodanie jodu bez dodatkowej ilości tłuszczów, przy diecie niskotłuszczowej, może nasilić objawy niskiej aktywności tarczycy, dając nieprawdziwe wrażenie, że jod, nawet w niewielkich ilościach, jest szkodliwy. Podejrzewam, że większość, jeśli nie wszystkie badania naukowe wykazujące szkodliwe skutki suplementacji jodem, wynikają z połączenia jej z dietą niskotłuszczową.

W ciągu ostatniego trzydziestolecia liczba przypadków niedoczynności i nadczynności tarczycy gwałtownie wzrosła i rośnie nadal. Jednocześnie spożycie jodu oraz tłuszczów zmalało. Gdyby spożycie jodu powyżej 400 mcg dziennie naprawdę przyczyniało się do zaburzeń tarczycy, doświadczylibyśmy spadku liczby tych chorób, a nie jej wzrostu.

TEST NA ZAWARTOŚĆ JODU W ORGANIZMIE

Jeśli nie brakuje ci jodu, z pewnością nie potrzebujesz jego suplementów w swoim jadłospisie. Jedynym sprawdzonym sposobem na sprawdzenie, czy masz niedobór jodu w organizmie, jest wykonanie testu na jego poziom. Najpopularniejszą metodą jest pomiar zawartości jodu w moczu. Metoda ta nie jest jednak zbyt wiarygodna, ponieważ określa wyłącznie ilość jodu wydalanego z organizmu, nie zaś ilość, jaką organizm zatrzymuje w sobie. Narażenie na substancje goitrogeniczne, tj. brom i fluor, ma wpływ na ilość wchłanianego przez organizm jodu, a zatem badanie moczu nie daje wiarygodnych rezultatów.

Znacznie skuteczniejszą metodą jest pomiar poziomu jodu w teście na poziom jodu w organizmie (ang. iodine load test). Badanie to opiera się na koncepcji, że im większy niedobór jodu, tym więcej tego pierwiastka organizm zatrzymuje w sobie i tym mniej wydala z moczem. Jod wiąże się z receptorami całego organizmu. Jeśli receptory ciała mają w sobie wystarczającą ilość jodu, duża wartość procentowa jodu ze spożywanego pokarmu będzie wydalana z moczem.

Test na poziom jodu w organizmie wymaga zażycia 50 mg jodu/jodku w postaci suplementu (Iodoralu), po którego przyjęciu zbiera się mocz z 24 godzin. Kiedy organizmowi nie brakuje jodu, wówczas około 90 procent zażytej dawki jodu/jodku (45 mg) zostanie wydalona, zaś 10 procent (5 mg) pozostanie w organizmie. Wszelkie wartości poniżej 90 procent wydalania w moczu wskazują na niedobór jodu w organizmie.

Doktor Jorge Flechas, który jest jednym z wiodących lekarzy pracujących w oparciu o tę metodę, zaobserwował po przeprowadzeniu tego testu u ponad 4000 pacjentów, że średnie wydalanie jodu z moczem w Stanach Zjednoczonych wynosi poniżej 40 procent, przy czym prawidłowa wartość powinna wynosić 90 procent i więcej. Według tych danych większości Amerykanów nie tylko brakuje jodu – mają oni poważny niedobór jodu. Istnieje 95-procentowe prawdopodobieństwo, że tobie też brak jodu. Jeśli rzeczywiście tak jest, twoja tarczyca nie działa pełnią swych możliwości, twoja przemiana materii jest stłamszona, a schudnięcie i utrzymanie upragnionej wagi ciała będzie trudnym zadaniem niezależnie od rodzaju stosowanej diety. Właśnie dlatego szczerze zalecam wykonanie testu na poziom jodu w organizmie.

Obecnie tego typu badania wykonuje się w 3 laboratoriach w Stanach Zjednoczonych:

Doctor's Data, Inc.
3755 Illinois Avenue
St. Charles, IL 60174-2420, USA
Telefon: 630-377-8139
Infolinia (bezpłatna): 800-323-2784
Fax: 630-587-7860
http://www.doctorsdata.com

FFP Laboratories
576 Upward Rd. Suite 8
Flat Rock, NC 28731, USA
Telefon (bezpłatny): 877-900-5556
Fax: 828-697-9020
Email: ffp_lab@yahoo.com

Labrix Clinical Services, Inc.
16255 SE 130th Avenue
Clackamas, OR 97015, USA
Telefon: 503-656-9596
Infolinia (bezpłatna): 877-656-9596
Fax: 877-656-9756
Email: info@labrix.com

Po skontaktowaniu się z którymkolwiek z tych 3 laboratoriów otrzymasz zestaw do wykonania testu wraz z instruktarzem. Zbierzesz cały mocz z pełnego okresu 24 godzin i wyślesz go do laboratorium. Tam, po poddaniu analizie, otrzymane wyniki zostaną z tobą omówione. Jeśli okaże się, że masz niedobór jodu, prawdopodobnie otrzymasz zalecenie przyjmowania dawki 50 mg suplementu jodu (Iodoralu) dziennie aż do momentu, kiedy poziom wydalanego przez ciebie jodu z moczem wyniesie więcej niż 90 procent, wówczas zmniejszysz dawkę do rekomendowanej dziennej ilości. Zwykle potrzeba od 3 do 6 miesięcy suplementacji jodem w dawce 50 mg dziennie, zanim osiągnie się nasycenie komórek jodem. Większość pacjentów o prawidłowej masie ciała, którzy nie są narażeni na nadmiar goitrogenów, osiąga pełne „nasycenie organizmu" jodem w ciągu 3 miesięcy. W zależności od stopnia niedoboru zostaniesz poproszony o powtórzenie tego testu za kilka miesięcy w celu oceny postępów i określenia aktualnego poziomu jodu w twoim organizmie.

Jeśli teraz przyjmujesz leki na tarczycę, musisz poprosić lekarza prowadzącego, by ściśle kontrolował dawkę tych leków, kiedy rozpoczniesz przyjmowanie Iodoralu. Dodatkowy jod prawdopodobnie poprawi funkcjonowanie tarczycy. Jeśli doznasz nagłego, nieregularnego bicia serca, nerwowości, stanów lękowych, irytacji, drżenia całego ciała, pocenia się, nadwrażliwości na temperaturę, trudności z zasypianiem, zmęczenia, osłabienia mięśni, zmiany cyklu miesiączkowego lub innych symptomów wskazujących na nadczynność tarczycy, będzie to znak, że należy zmniejszyć dawkę przyjmowanych leków farmaceutycznych.

Dodatkowy jod spowoduje wzmożone wydalane fluoru, bromu, nadchloranów, rtęci, ołowiu i innych toksyn. W tym procesie detoksykacji możesz doświadczyć nieprzyjemnych objawów związanych z usuwaniem tych trujących substancji. Nie wszyscy doznają tych objawów. Jeśli jednak należysz do grupy „mniejszych szczęśliwców", po prostu pozwól procesowi przebiegać własnym torem. Nie doświadczasz choroby, a tylko oczyszczania. Nie jest ono szkodliwe. Odczuwane objawy są naturalnym skutkiem procesu oczyszczania.

Wszystkim polecam wykonanie testu na obecność jodu w organizmie, by w ten sposób ustalić aktualny jego poziom. Tylko w ten sposób można dowiedzieć się, czy twemu organizmowi brak jodu, czy nie. Jeśli tak, musisz podjąć kroki, by to naprawić. Jeśli tego nie zrobisz, twój stan utrudni proces odchudzania. Zalecam wykonanie wspomnianego testu przed rozpoczęciem Ketogenicznej Diety Kokosowej.

12

ZABURZENIA CZYNNOŚCI TARCZYCY

Uleczalna choroba tarczycy

Linda zaczęła przybierać na wadze po rzuceniu palenia. Jej waga wzrosła do tego stopnia, że wiedziała już, że należy coś z tym zrobić. Próbowała utracić zbędne kilogramy na własną rękę, jednak bez efektu. Było to frustrujące. Zdała sobie sprawę z tego, że potrzebuje pomocy, więc wybrała się do kliniki odchudzania i rozpoczęła odpowiedni program. Bez efektu. Posądzono ją nawet o oszukiwanie na diecie, ponieważ w ogóle nie traciła na wadze. Linda wybrała się do kolejnej kliniki, gdzie program diety był jeszcze bardziej surowy. Po 6 miesiącach, ograniczając się jedynie do 800 kalorii dziennie, zrzuciła jedynie 2 kilogramy.

Rozczarowana i bardzo przygnębiona Linda zwróciła się o pomoc do endokrynologa. Lekarz postawił diagnozę, z której wynikało, że cierpi na niedoczynność tarczycy i przepisał Synthroid, syntetyczny hormon tarczycy. Lek zbyt wiele nie pomógł. Po upływie roku Linda była jeszcze bardziej przygnębiona, chronicznie zmęczona, każdego dnia miewała bóle głowy i nadal miała nadwagę. W końcu lekarz zakomunikował jej, że będzie musiała z tym żyć – z nadwagą i stale zmęczona. Linda nie zgodziła się na taki standard życia. Lekarz polecił jej wizytę u psychiatry, który pomógłby jej w pogodzeniu się z jej sytuacją. To sprawiło, że poczuła się jeszcze bardziej bezsilna, przygnębiona i zniechęcona.

W końcu dowiedziała się o chorobie zwanej zespołem temperatury Wilsona (ang. Wilson's temperature syndrome [WTS]), znanej również jako zespół tarczycowy Wilsona, która może powodować spowolnienie przemiany materii. Rozpoczęła leczenie i w ciągu kilku tygodni poczuła się bardziej energiczna i mniej przygnębiona. Po kilku miesiącach utraciła 18 kilogramów wagi, a po zmęczeniu nie było śladu. Depresja, przemęczenie, bóle głowy przestały być częścią codziennego życia Lindy.

Pięć lat temu Debbie była pod wpływem ogromnego stresu. W tym czasie zaczęły jej dokuczać bóle głowy, skóra stała się sucha i łuszcząca, odczuwała utratę energii, przygnębienie i przybrała na wadze. Waga wzrastała nawet wtedy, gdy ilość spożywanego pokarmu malała. Jej organizm zatrzymywał wodę, a jej stopy i kostki stały się tak spuchnięte i bolące, że stanie i chodzenie było dyskomfortem. Wiedziała, że coś jest nie w porządku.

Postanowiła więc poszukać pomocy medycznej. Udała się do dwóch różnych lekarzy, gdzie otrzymała tę samą odpowiedź. Nic jej nie dolegało. Badanie krwi było w normie. Również tarczyca i metabolizm były w porządku. Lekarze nie mogli jej w niczym pomóc.

Wtedy to dowiedziała się o Centrum Leczenia Zespołu Tarczycy Wilsona (ang. Wilson's Thyroid Syndrome Treatment Center) i umówiła się na wizytę. Wypełniając formularz informacyjny pacjenta i zaznaczając wszystkie symptomy w nim zawarte, Debbie poczuła się nieswojo z powodu tak dużej ilości objawów z listy, które jej dotyczyły. Zmierzono jej temperaturę i zauważono, że jest poniżej normy. Powiedziała do pielęgniarki: „To nic takiego. Zawsze jest niska". Właśnie jej niska temperatura była wskazówką do znalezienia przyczyny jej kłopotów zdrowotnych i narastającego problemu nadwagi.

Chociaż badanie krwi wykazało, że tarczyca działała poprawnie, nie była to prawda. Wyniki badania krwi osób z zespołem tarczycy Wilsona często wykazują, że wszystko jest w normie, jednakże gruczoł tarczycowy nie funkcjonuje jak należy.

Debbie rozpoczęła leczenie i w ciągu tygodnia symptomy choroby zniknęły. Jej rodzinie i przyjaciołom trudno było uwierzyć w natychmiastowe zmiany, jakich doświadczyła. Mówiła, że już prawie zapomniała, jak to jest czuć się dobrze.

W przypadku Lindy postawiono diagnozę niedoczynności tarczycy, jednakże środki farmakologiczne niewiele mogły pomóc w zniwelowaniu symptomów. Debbie nie miała stwierdzonego niedoboru hormonu tarczycy, ale ona również cierpiała na problemy z czynnością tarczycy. Obie stały się ofiarami zespołu tarczycy Wilsona (WTS). Zespół Wilsona jest zestawieniem odwracalnych symptomów wywołanych przez dysfunkcję tarczycy. WTS nie jest łatwo rozpoznawalny przez lekarzy, ponieważ nie jest wykazywany przez z standardowe badania krwi przeprowadzane w przypadku problemów z gruczołem tarczycy.

Wiele tysięcy osób z nadwagą cierpi na WTS, nie zdając sobie z tego sprawy. Różnego rodzaju bóle oraz przybieranie na wadze występujące w przypadku zespołu tarczycy Wilsona są często określane jako typowe w procesie starzenia się. Ludzie mogą cierpieć całymi latami z powodu tych symptomów, nie wiedząc, że istnieje odpowiedni sposób kuracji.

Leczenie jest bardzo proste i w większości przypadków trwałe. Pacjenci z niedoczynnością tarczycy są zmuszeni przyjmować środki farmakologiczne do końca życia. Natomiast symptomy zespołu tarczycy Wilsona są odwracalne i mogą być wyleczone w ciągu kilku miesięcy. Po zakończeniu leczenia zwykle żadne lekarstwa nie są potrzebne. Osoby cierpiące na nadwagę i inne przypadłości przez 10, 20, 30 lat lub dłużej, są w stanie pokonać swój problem, wejść na drogę do zdrowia i utracić wagę na stałe.

Zaburzenia układu tarczycowego

Wiele osób z nadwagą podejrzewa w swoim organizmie występowanie problemu z tarczycą, który powoduje nadwagę lub przynajmniej przyczynia się do niej. Gdy ktoś mówi, że ma problem z tarczycą, odnosi się to zwykle do funkcjonowania gruczołu tarczycowego. Jednakże gruczoł tarczycowy jest tylko częścią całego układu tarczycowego. U danej osoby gruczoł tarczycowy może funkcjonować normalnie, a mimo wszystko problem układu tarczycowego może występować.

W zasadzie funkcjonowanie gruczołu tarczycowego jest kontrolowane przez inny gruczoł nazywany przysadką mózgową – organ wielkości ziarenka grochu usytuowany u podstawy twojego mózgu. Jest on często nazywany mistrzowskim gruczołem z tego powodu, że produkuje hormony, które regulują aktywność większości twoich pozostałych hormonów. Jeden z hormonów produkowanych przez przysadkę mózgową nazywany jest hormonem tyreotropowym TSH. Hormon ten stymuluje tarczycę do produkcji i uwalniania jej własnych hormonów (T4 i T3)

Ilość hormonów tarczycowych krążących w twoim krwiobiegu jest pieczołowicie kontrolowana poprzez samoregulujący się proces znany jako negatywne sprzężenie zwrotne. Gdy poziom TSH wzrasta, stymuluje to produkcję T4 i T3. Gdy poziom T4 i T3 idzie w górę, produkcja TSH zwalnia, po czym następuje spadek hormonów tarczycowych, co z kolei powoduje wzrost TSH, a cały proces powtarza się. W taki oto sposób zachowana jest równowaga hormonalna. W pewnym sensie przysadka mózgowa działa jak termostat dla organizmu produkującego TSH, według potrzeby aby podwyższyć lub obniżyć poziom hormonu tarczycowego, a w konsekwencji kontroluje przemianę materii i temperaturę ciała.

Podczas badania krwi na poziom hormonu tarczycowego zakłada się, że hormony te są odpowiednio absorbowane i użytkowane przez komórki. Jeśli TSH i poziom hormonów tarczycowych mieszczą się w normalnych parametrach, przyjmuje się, że hormon tarczycowy (i przysadka mózgowa) funkcjonuje prawidłowo i że nie ma żadnych problemów z tarczycą.

Jedne z klasycznych objawów niedoczynności tarczycy to: zmęczenie, depresja, przybieranie na wadze, zimne dłonie i stopy, sucha skóra i włosy oraz zaparcia. Pacjenci cierpiący z powodu owych symptomów mogą podejrzewać niedoczynność tarczycy i decydują się na wizytę u lekarza, aby otrzymać diagnozę. Standardową metodą diagnozowania niedoczynności tarczycy jest badanie krwi, podczas którego mierzony jest poziom TSH oraz hormonów tarczycowych.

Wysoki poziom TSH lub niski poziom hormonów tarczycowych wskazuje na niedoczynność tarczycy. Gdy jednak poziomy wymienionych hormonów są w normie, wnioskuje się, że hormon tarczycowy funkcjonuje normalnie i nie ma żadnych kłopotów z tarczycą. Co jednak z symptomami? Dlaczego występują? Skoro pacjent rzeczywiście nie czuje się dobrze, lekarz może zalecić, aby poszedł do domu, przespał się i poprawił jakość odżywiania się. Jeśli pacjent nadal nalega, że coś jest nie w porządku, lekarz może wywnioskować, że objawy są jedynie „w głowie pacjenta" i odesłać go do domu z receptą na antydepresanty, leki przeciwlękowe, leki moczopędne, leki zobojętniające kwas żołądkowy, środki przeczyszczające oraz inne medykamenty, które zaradzą objawom. Żaden z wymienionych środków nie rozwiązuje prawdziwego problemu - zaburzenia systemu tarczycowego.

Słaba przemiana materii może być rezultatem niedoczynności tarczycy lub dysfunkcji układu tarczycowego. Badania krwi mogą jedynie określić działanie gruczołu tarczycowego. Według Denisa Wilsona, lekarza medycyny, który jako pierwszy rozpoznał i leczył z sukcesem WTS, większość problemów metabolicznych oraz tarczycowych nie jest spowodowana dysfunkcją gruczołu tarczycowego, lecz dysfunkcją układu tarczycowego. Dlatego też tak wiele osób podejrzewających u siebie problemy z przemianą materii ma prawidłowy poziom hormonu tarczycowego. Zespół tarczycy Wilsona jest problemem układu tarczycowego.

Niedoczynność tarczycy ma zbliżony charakter do cukrzycy. Dwiema najczęściej spotykanymi formami cukrzycy są typ 1 i typ 2. W typie 1 trzustka nie produkuje odpowiedniej ilości hormonu insuliny, co doprowadza do cukrzycy. W typie drugim trzustka może produkować odpowiednią ilość insuliny, ale komórki pozostają obojętne. Nazywane jest to opornością insulinową. W obu przypadkach objawy są podobne.

Istnieją dwa główne rodzaje niedoczynności tarczycy, które możemy nazwać typem 1 i typem 2. Podobnie jak w przypadku cukrzycy typu 1 i typu 2, jeden jest gruczołowy, a drugi komórkowy. Jeden angażuje niedoczynny gruczoł tarczycowy, nie produkujący odpowiedniej ilości hormonu tarczycowego. W drugim przypadku WTS, który można nazwać niedoczynnością typu 2, tarczyca może produkować odpowiednią ilość gruczołu tarczycowego, ale komórki nie są w stanie wykorzystać go prawidłowo. W obu przypadkach objawy są takie same.

Tarczyca wydziela T4 (tyroksyny) i trójjodotyroniny (T3). Osiemdziesiąt do dziewięćdziesięciu procent hormonów uwalnianych przez tarczycę to T4. Synthroid oraz większość innych syntetycznych farmaceutyków na tarczycę, będących w powszechnym użyciu, składa się w całości z T4. Gdy dana osoba cierpi na niedoczynność tarczycy (typ 1), jej tarczyca nie wytwarza odpowiednich ilości T4 i T3. Stwierdza się wtedy problem z tarczycą.

Wiele osób z niską aktywnością gruczołu tarczycy wspomaga się zażywaniem leków, które dostarczają organizmowi hormonów tarczycy T4. Poprzez zwiększenie stężenia we krwi T4 organizm otrzymuje hormon niezbędny do utrzymania metabolizmu na poziomie normy. Jednakże T4 nie jest lekiem. Stanowi on jedynie podporę wspierającą tarczycę, która należycie nie funkcjonuje. Leki tarczycowe muszą być brane do końca życia.

Kiedy tarczyca wydziela T4, krąży on we krwi i jest absorbowany przez komórki. Następnie zostaje tu przekształcony w T3. Zdecydowana większość T3 w organizmie pochodzi z konwersji T4 w komórkach. T4 ma małą aktywność biologiczną. Z drugiej strony, T3 ma cztery razy większą aktywność od T4, a zatem ma znacznie większy wpływ na metabolizm. Dysfunkcja tarczycy występuje wtedy, gdy T4 nie jest odpowiednio przekształcany w T3. Tarczyca może produkować normalne ilości T4 lub nawet produkować go w nadmiarze, ale jeśli nie są one przekształcane w T3, metabolizm będzie obniżony. Takie zjawisko właśnie zachodzi w zespole tarczycy Wilsona. T4 może być na odpowiednim poziomie, ale T3 nie jest. Czasami osoby z WTS mają również problemy z tarczycą. Leczenie lekami z zawartością T4 nie przynosi dobrych rezultatów, ponieważ nie powoduje przekształcenia T4 w bardziej aktywne T3. Dlatego też pacjent może brać leki tarczycowe i odczuwać bardzo małą lub żadnej konkretnej poprawy.

Wielokrotna dysfunkcja enzymu

Najbardziej charakterystyczną cechą WTS jest niska lub niestabilna temperatura ciała. W rzeczywistości obniżenie temperatury ciała uważa się za pierwotny powód objawów związanych z niedoczynnością tarczycy.

Hormony tarczycy kontrolują tempo przemiany materii naszych komórek i naszego ciała. Metabolizm można określić jako sumę wszystkich reakcji biochemicznych w organizmie. Praktycznie wszystkie z tych reakcji wydzielają ciepło jako produkt uboczny. To ciepło z kolei jest tym, co mierzymy w postaci temperatury naszego ciała.

Temperatura ciała jest jedną z tych rzeczy, które są ściśle kontrolowane. Jeśli temperatura jest zbyt wysoka (powyżej 41,7°C), może spowodować uszkodzenie mózgu. Podobnie temperatura zbyt niska (poniżej 32,2°C) może być równie szkodliwa. Idealna temperatura mierzona doustnie to 37,0°C). Odnosi się to do wszystkich ludzi niezależnie od pochodzenia genetycznego lub indywidualności. Optymalna temperatura ciała jest stałą chemiczną, tak jak stała dotycząca zamarzania wody w temperaturze 0°C). Czy jesteś na Alasce, czy na Hawajach, woda zamarznie w 0°C. Nasze ciała są tak skonstruowane, aby działać w bardzo wąskim zakresie temperatur. Wszelkie wyższe lub niższe temperatury wpływają na jego funkcje.

Praktycznie wszystkie reakcje chemiczne, aby mogły zachodzić w naszym organizmie, wymagają enzymów. Enzymy te służą jako katalizatory powodujące, że reakcje chemiczne pojawiają się częściej, niż byłoby to możliwe w innym przypadku. Nie stają się jednak częścią finałowego produktu wytwarzanego przez te reakcje. Enzymy są białkami, które zależą od swego kształtu lub konfiguracji, co wpływa na ich zachowanie. Gdy są zbyt gorące, stają się zbyt luźne, gdy są zbyt zimne, stają się zbyt ciasne i w każdych ekstremalnych warunkach nie mogą one zachować prawidłowego kształtu i funkcjonować normalnie. Gdy temperatura ciała jest zbyt niska, prawie wszystkie enzymy działają mniej skutecznie.

Enzymy zawarte w naszym ciele funkcjonują optymalnie w temperaturze 37,0°C. Im niższa temperatura, tym mniej efektywne i aktywne stają się enzymy. Nawet zmiana jednego stopnia może mieć znaczny wpływ. Jeśli aktywność enzymów spowalnia się, z czasem mogą się rozwijać problemy zdrowotne. Nazywa się to wielokrotną dysfunkcją enzymu (ang. multiple enzyme dysfunction [MED]). Niski metabolizm może prowadzić do wielu dysfunkcji enzymu. Doktor Wilson zidentyfikował aż 60 problemów zdrowotnych związanych z MED. Najczęściej spotykane to:

- Alergie
- Astma
- Ataki lęku i paniki
- Bezsenność
- Częste infekcje drożdżakowe
- Częste infekcje dróg moczowych
- Częste lub ciągłe przeziębienia
- Depresja
- Drażliwość
- Hipoglikemia
- Łamliwe paznokcie
- Łatwe zasinienie
- Migreny
- Nadwaga
- Nietolerancja ciepła i/lub zimna
- Nietolerancja/nadwrażliwość na pokarmy
- Niski popęd płciowy
- Obniżona odporność
- Pokrzywka
- Powolne gojenie się ran
- Słaba pamięć i koncentracja
- Sucha skóra i włosy
- Swędzenie
- Trądzik
- Wrzody
- Wypadanie włosów
- Zapalenie i bóle stawów

- Zaparcia
- Zespół jelita drażliwego
- Zespół napięcia przedmiesiączkowego
- Zespół urazowy nadgarstka
- Zimne dłonie i stopy
- Zmęczenie

Przewlekle niska temperatura ciała może być główną przyczyną lub przynajmniej czynnikiem wpływającym na którykolwiek z powyższych dolegliwości. Osoby cierpiące na chorobę tarczycy Wilsona nie muszą mieć wszystkich symptomów; większość będzie mieć zaledwie kilka, podczas gdy inni mogą mieć wiele. Widziałem osoby z co najmniej 16 z powyższych objawów (z których, nawiasem mówiąc, wszystkie zostały znacznie zredukowane lub wyeliminowane przez zmiany w diecie i stylu życia omawiane w tej książce).

Jak można stwierdzić, czy masz WTS? Jednym ze sposobów jest sprawdzenie, czy posiadasz objawy z powyższej listy. Czy doświadczasz któregokolwiek z tych objawów? Wiele z tych objawów może być także wywołanych przez inne stany, takie jak zaburzenia czynności tarczycy. Niektóre osoby z łagodnym WTS mogą nie mieć żadnych zauważalnych objawów. Najlepszym testem na WTS jest po prostu mierzenie temperatury. Jeśli temperatura ciała jest stale poniżej normy, enzymy nie pracują efektywnie i prawdopodobnie masz problem z układem tarczycy. Jeśli leki zawierające T4 są mało skuteczne lub nie pomagają wcale, najprawdopodobniej winny jest WTS.

Niska temperatura ciała jest najbardziej charakterystyczną cechą WTS. Niektórzy ludzie mogą twierdzić, że ich temperatura ciała jest „naturalnie" niska, lub że jest to „normalne" w ich przypadku. Niska temperatura ciała nie jest dla nikogo normalna. Aby twoje enzymy mogły funkcjonować optymalnie, twoja temperatura musi wynosić około 37,0° C. Temperatura nie jest zależna od danego organizmu. Jeśli odbiega od normy, oznacza to problemy metaboliczne.

Nieustanne uczucie gorąca nie jest wskaźnikiem temperatury ciała. Wielu osobom, szczególnie z nadwagą, jest gorąco, jednak ich temperatura może być niższa niż normalna. Powodem uczucia gorąca jest przewrażliwienie na wahania temperatury lub ich nietolerancja. Często osoba, której zawsze jest nieznośnie gorąco w lecie, jest całkowicie przemarznięta zimą. Jeśli tak się składa, że dzielisz życie z taką osobą, z pewnością rozumiesz konflikt, jaki zachodzi. Zimą jedno z małżonków nieustannie podkręca ogrzewanie i okłada się kocami na noc, podczas gdy drugie zakręca ogrzewanie i śpi ledwo okryte. Latem role mogą się zamienić. Walka trwa bez końca.

Co powoduje przewlekłe obniżenie temperatury ciała?

W młodości Lisa nigdy nie miała większych problemów z wagą, ale po urodzeniu trzeciego dziecka dodatkowe kilogramy zaczęły narastać. To było prawie tak, jakby ktoś włączył przełącznik do zwiększonej produkcji tłuszczu. W ciągu zaledwie kilku lat przybrała ponad 13 kilogramów. Nie jadła inaczej niż zwykle, a waga rosła. Bóle głowy, drażliwość, hipoglikemia i inne problemy zdrowotne również zaczęły się pojawiać. Nadmiar tkanki tłuszczowej Lisa postrzegała jako konsekwencję przybrania na wadze w czasie ciąży i jako część naturalnego procesu starzenia się. Jednak jej prawdziwym problemem było to, że podczas ostatniej ciąży w jej organizmie rozwinął się WTS.

Metabolizm naszego organizmu ma w zasadzie 3 poziomy działania - szybki, średni i wolny. W ciągu dnia następują po sobie różne poziomy działania w zależności od okoliczności. Czasami nasze ciało funkcjonuje najlepiej na dużych prędkościach, innym razem woli zwolnić. W większości przypadków działa na poziomie średnim, niezbyt szybko i nie nazbyt wolno.

Metabolizm przestawia się na wysokie obroty, jeśli spełnione są pewne warunki. Na przykład, gdy wykonujemy działania wymagające wysokiej aktywność fizycznej, nasze płuca oddychają głębiej i szybciej, nasze tętno wzrasta, a do naszych mięśni dostarczana jest większa ilość tlenu, co jest niezbędne do produkcji energii. Jeśli zaś złapiemy infekcję i rozchorujemy się, metabolizm przyspiesza produkcję przeciwciał, co przyspiesza powrót do zdrowia.

Metabolizm zwalnia swe obroty, kiedy śpimy, odpoczywamy lub gdy spożywamy mniej żywności. Kiedy pościmy lub jesteśmy na diecie, organizm odbiera to jako okres głodu. W odpowiedzi metabolizm zwalnia, aby oszczędzać energię i zapewnić przetrwanie w czasie, gdy jedzenie jest mniej obfite.

Normalne, zdrowe ciało pracuje przemiennie na wszystkich trzech poziomach. Gdy znikają powody, dla których organizm jest na najwyższych lub najniższych obrotach, metabolizm wraca do normy. Tak to właśnie powinno działać. Jednak w zespole tarczycy Wilsona, kiedy warunki, które powodują spowolnienie ciała, przemijają, ciało nie wraca do normy: zostaje zblokowane na najniższych obrotach. Może tak pozostać przez kilka tygodni, miesięcy lub lat. Kolejne następstwa mogą zepchnąć metabolizm nawet na niższy poziom. Ponieważ metabolizm zwalnia, temperatura ciała spada. To dlatego niektórzy ludzie mogą mieć temperaturę tylko nieznacznie poniżej normy, podczas gdy inni mogą doświadczać różnic w postaci dwóch lub trzech stopni.

Co powoduje utknięcie metabolizmu na najniższych obrotach? Jest to połączenie stresu i niedożywienia. Gdy jesteśmy pod wpływem stresu, ciało reaguje poprzez zwiększenie metabolizmu. Jeśli stajesz przed ważnym egzaminem, bierzesz udział w wyścigu lub musisz dotrzymać terminu w pracy, organizm reaguje poprzez nakręcanie metabolizmu. Wraz ze wzrostem metabolizmu procesy komórkowe przeskakują na wysokie obroty.

Zapotrzebowanie na energię, aby sprostać aktywności, zwiększa się. Zapotrzebowanie na witaminy i minerały wzrasta, ponieważ enzymy przeprowadzające wszystkie reakcje chemiczne w organizmie są zależne od środków odżywczych. Tak więc witaminy i minerały są zużywane w przyspieszonym tempie. Jeśli ilość środków odżywczych jest zmagazynowana w wystarczającej ilości, a stres przemija po krótkim czasie, organizm bez problemu potrafi sobie dać radę z takiego rodzaju zmianami w metabolizmie.

Problem pojawia się, gdy stres jest chroniczny lub o wysokim natężeniu, a organizm staje się niedożywiony. Gdy stres pojawia się często albo jest bardzo silny, istnieje wysokie zapotrzebowanie na witaminy i minerały na użytek enzymów. Gdy brakuje wymaganych środków odżywczych, organizm odbiera to jako sytuację podobną do głodu i zwalnia swoje obroty. Po wyczerpaniu się substancji odżywczych, ciało przechodzi w stan zmęczenia i blokuje się na niskich obrotach. Czyni to za pomocą samozachowawczego oszczędzania energii i składników odżywczych, które są niezbędne do utrzymania życia. Witaminy i minerały są absolutnie konieczne dla mózgu, serca, płuc i innych ważnych organów, aby funkcjonować. Jeżeli te składniki odżywcze są na wyczerpaniu, może to spowodować trwałe uszkodzenie mózgu, a nawet śmierć. Spowolnienie metabolizmu jest środkiem samozachowawczym.

Jeśli wystarczająco duża ilość składników odżywczych nie jest dostarczana w celu odpowiedniego uzupełnienia magazynu organizmu, metabolizm zostaje zatrzymany na niskich obrotach. Powtarzający się stres jeszcze bardziej spowalnia metabolizm, sprawiając tym samym, że powrót do zdrowia jest nawet trudniejszy. Jaki rodzaj stresu może doprowadzić do takiej sytuacji? Każdy rodzaj przewlekłego lub ciężkiego, ostrego, fizycznego, psychicznego lub emocjonalnego stresu, taki jak ciąża i poród, rozwód, śmierć bliskiej osoby, wymagania w pracy, kłopoty rodzinne, operacja, wypadki, choroby czy brak snu, może wywołać WTS. Osiemdziesiąt procent osób cierpiących z powodu WTS to kobiety. Jest to zrozumiałe, ponieważ najczęstszą przyczyną jest ciąża i poród.

W okresach stresu uwalniany jest kortyzol, aby zwiększyć częstotliwość akcji serca, napędzić metabolizm, zwiększyć stężenie cukru we krwi i przygotować ciało do ewentualnej walki. Gdy zwiększa się poziom kortyzolu, poziom TSH i hormonów tarczycy zmniejsza się. Nawet niewielki stres powodujący drobne zmiany w poziomie kortyzolu we krwi, które mieszczą się w zakresie normy, może wytworzyć znaczne zmiany w poziomie hormonu tarczycy[1].

Trwały wpływ stresu i niedożywienia na funkcjonowanie tarczycy został wykazany w badaniu na grupie młodych, zdrowych kadetów wojskowych. Kadetom narzucono kombinację braku snu, niedoboru kalorii oraz intensywną aktywność fizyczną podczas 5-dniowego kursu. W czasie ćwiczeń poziom hormonu tarczycy u kadetów drastycznie spadł. Po zakończeniu ćwiczeń poziom T4 stopniowo powrócił do normy w ciągu 4 do 5 dni, poziom T3 jednak pozostał zaniżony[2]. Okres powrotu do dobrej formy zależny jest od stanu zdrowia i stopnia odżywienia organizmu człowieka. U starszych, mniej zdrowych osób, powrót do normalnej czynności tarczycy zabiera więcej czasu, zwłaszcza jeśli istnieją jakieś niedobory żywieniowe.

Niedożywienie, a raczej niedożywienie subkliniczne, jest bardzo powszechne w naszym społeczeństwie. Jedzenie słodyczy, rafinowanych ziaren i innych produktów przetworzonych, które w znacznym stopniu zostały pozbawione ich naturalnych witamin i minerałów, stworzyło społeczeństwo, które znajduje się na skraju niedożywienia. Kobiety w ciąży mają zwiększone zapotrzebowanie na zdrowe odżywianie. Nienarodzone dziecko wymaga wielu składników odżywczych dla prawidłowego wzrostu i rozwoju, i przejmie je z organizmu matki, jeśli zostaną one dostarczane w jej diecie. Jeśli nie odżywia się ona odpowiednio, jej własne rezerwy składników odżywczych mogą stać się niebezpiecznie niskie. Dodajmy do tego jeszcze, że ciąża może być bardzo stresującym okresem. Dziewięć miesięcy stresu kończy się kilkoma godzinami wytężonego porodu. Nic dziwnego więc, że ciąża i poród to numer jeden wśród przyczyn WTS.

Stosowanie diety może pogłębić WTS. Diety niskokaloryczne, zwłaszcza te, które zezwalają na żywność o niskiej jakości, mogą być interpretowane przez organizm jako stan głodu. Ciało, któremu doskwiera brak dobrego odżywiania, przestawi swój metabolizm na jeszcze słabszy. To sprawia, że zmniejszenie masy ciała staje się trudniejsze. Gdy „normalne" odżywianie jest wznowione, waga skacze ponownie do góry, zwiększając się o kilka dodatkowych kilogramów, ponieważ teraz metabolizm jest jeszcze niższy, niż był wcześniej.

Jak możesz stwierdzić, czy masz Zespół Tarczycy Wilsona?

Standardowe badania krwi nie wykrywają WTS. Mierzą one ilość hormonów we krwi, co dostarcza informacji, czy gruczoły funkcjonują prawidłowo. Badania krwi nie wykazują tego, co dzieje się w tkankach i komórkach ciała. W WTS wytwarzanie hormonu tarczycy jest często normalne, ale przetwarzanie tego hormonu w tkance może przebiegać w zwolnionym tempie, co prowadzi do zachwiania równowagi, które dotyczy pacjentów o niskiej temperaturze ciała i klasycznych objawach niskiej czynności tarczycy.

Często osoby z niskim poziomem wytwarzania hormonów tarczycy również cierpią na WTS. Według dr. Wilsona „jest znacznie więcej osób z WTS, niż wszystkich innych razem wziętych z problemami niedoczynności tarczycy". Więc WTS jest bardzo częstym schorzeniem. Jeśli podejrzewasz u siebie problem z tarczycą, to jest to prawdopodobnie WTS.

Sposobem na stwierdzenie, czy masz WTS, jest sprawdzenie symptomów. Spójrz na listę objawów wymienionych na stronach 246-247. Nie masz żadnego z nich? Należy pamiętać, że nawet jeden z nich jest oznaką, że coś jest nie tak. Ani choroba, ani żadne zaburzenie nie są stanem normalnym. Organizm stara się utrzymać optymalne zdrowie tak długo, jak tylko może. Jeśli tego nie robi, coś jest nie tak.

Nadwaga jest jedną z najczęstszych dolegliwości związanych z WTS. Oczywiście, gdy metabolizm jest powolny, przybieranie na wadze jest łatwe. Jeśli masz nadwagę, to nie musi koniecznie oznaczać, że jesz zbyt dużo. Większość osób z nadwagą ma problemy z tarczycą, które pogłębiają ich problemy z wagą.

Nie każdy z nadwagą ma problem z tarczycą. Jednak w przypadku bardzo wielu osób tak właśnie się dzieje. Jeśli jesz mało i przybierasz na wadze, tyjesz łatwo, byłeś na dietach niskokalorycznych w przeszłości, jesz niezdrową żywność, nie ćwiczysz i doświadczasz dużo stresu, to możesz mieć WTS. Jeśli jesteś kobietą i byłaś w ciąży lub jeśli miałaś przeciętną wagę w młodości i nagle przytyłaś (w ciągu kilku lat), możesz również podejrzewać WTS.

Najsilniejszym wskaźnikiem dla WTS jest temperatura ciała. Jeśli średnia dzienna temperatura jest stale poniżej normy, można podejrzewać WTS. Nieżyjący już doktor Broda Barns, autor książki H*ypothyroidism: The Unsuspecting Illness*, stwierdził: „Często lekarz może uzyskać więcej informacji z pomocą zwykłego termometru, niż ze wszystkich badań funkcjonowania tarczycy razem wziętych".

Mierzenie temperatury

Zwyczajne mierzenie temperatury, raz w ciągu dnia, nie jest najdokładniejszym sposobem oceny temperatury ciała. Istnieje kilka czynników wpływających na jej wysokość, a są to: aktywność fizyczna, pogoda, kąpiel i odżywianie. Ponadto temperatura naszego ciała zmienia się w ciągu dnia. Najniższa jest zwykle rano, gdy właśnie się budzimy. Z biegiem dnia temperatura wzrasta, następnie utrzymuje się na pewnym poziomie, a pod koniec dnia zaczyna spadać. W tym diennym cyklu mogą zachodzić różnice jednego stopnia u przeciętnie zdrowej osoby. Jeśli zmierzysz temperaturę rano, będzie ona niższa, bez względu na normalną temperaturę.

W celu uniknięcia tych najniższych pomiarów, porannych i wieczornych, należy mierzyć temperaturę w ciągu dnia, kiedy metabolizm jest na najwyższych obrotach. Pomiar najwyższej temperatury powinien normalnie wynosić 37,0°C. Dla najbardziej dokładnej oceny należy zmierzyć temperaturę 3 razy dziennie i wyciągnąć średnią. Jeśli twoja średnia jest normalna, to wynosi 37,0°C lub jest bardzo zbliżona.

Doktor Wilson doradza, aby pierwszego pomiaru dokonać 3 godziny po wstaniu z łóżka rano, następnego 3 godziny później, a trzeci raz po upływie kolejnych 3 godzin. Na przykład, jeśli budzisz się o 6:00 rano, po raz pierwszy zmierz temperaturę o 9:00, drugi o godzinie 12:00, a trzeci o 15:00. Wyniki z całego dnia dodaj do siebie i podziel przez 3, aby uzyskać średnią. Pomiary przeprowadzaj przez co najmniej 5 dni. Temperatura ciała kobiet w ciągu pierwszych kilku dni cyklu miesiączkowego i w środkowym dniu cyklu ulega zmianom, należy więc unikać przeprowadzania badania w tym czasie.

Temperatura powinna być mierzona doustnie. Trzymaj termometr w ustach przez co najmniej 3 minuty. Żywność może mieć wpływ na temperaturę w ustach, więc odczyty przeprowadzaj co najmniej 15 minut po jedzeniu lub piciu. Należy także pamiętać, że wiele powszechnie stosowanych termometrów cyfrowych ma dokładność +/- 00,1°C.

Jeśli mierzysz temperaturę w ciągu dnia, rejestrujesz jej normalną wysokość. Powinna ona wynosić 37,0°C, +/- 0,2°C. Im dalej od normy, tym większe szanse na WTS. Jeśli średnia temperatura jest poniżej 36,8°C, możesz mieć zespół tarczycy Wilsona. Należy pamiętać jednak, że nie zawsze niska temperatura ciała jest spowodowana przez WTS. Im bliżej normy jest twoja średnia temperatura, tym łagodniejsze objawy są prawdopodobne. Osoba o przeciętnej temperaturze 36,8°C może nie mieć żadnych widocznych objawów, podczas gdy ktoś inny, mając temperaturę 36,3°C, może wykazywać ich wiele.

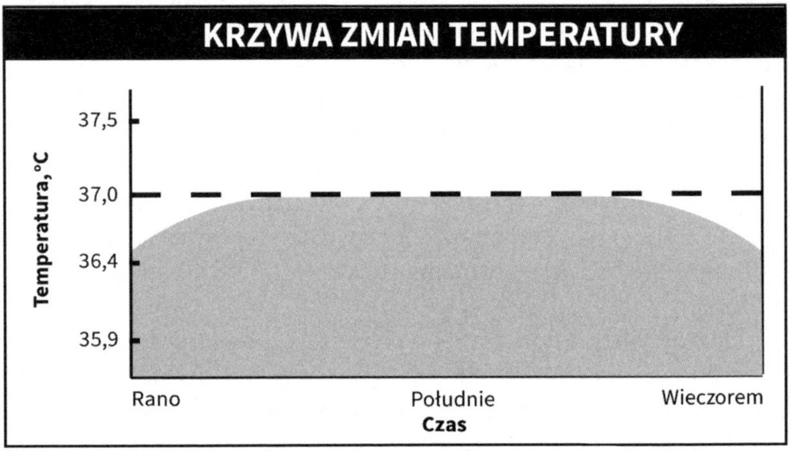

Temperatura ciała jest zwykle nieco niższa rano i wieczorem. W dzień powinna być na poziomie lub w pobliżu 37,0°C. U osób z WTS różnica zwykle wynosi 2°C mniej w ciągu dnia.

Nie jest niczym niezwykłym, że ludzie mają temperaturę w połowie dnia tak niską jak 35,5°C lub jeszcze niższą. Doktor Wilson odnotował pacjentów wykazujących objawy WTS ze średnią temperaturą tak wysoką jak 36,8°C, ale równocześnie stwierdza, że większość pacjentów z zauważalnymi objawami ma temperaturę 36,5°C lub poniżej.

Jeśli odczyty temperatury znacznie się różnią, to również może wskazywać na problem z metabolizmem. Znacznie różniące się odczyty wskazują, że organizm ma problemy z utrzymaniem normalnej temperatury. Może to być oznaką potencjalnego WTS. Naturalne jest, że temperatura zmienia się o 0,2-0,3°C, w normalnych warunkach (nie w trakcie ćwiczeń fizycznych lub będąc pod wpływem ekstremalnych temperatur otoczenia). Jeśli waha się o stopień lub więcej, oznacza to wyraźnie, że istnieje problem. Idealnie jest, jeśli twoja temperatura waha się tylko o 0,3°C w ciągu dnia w normalnych warunkach.

Jeśli masz normalne odczyty temperatury, jednak odczuwasz wiele objawów związanych z WTS, może być coś nie tak z twoim termometrem. Doktor Wilson radzi ponowne sprawdzenie temperatury za pomocą innego termometru. Twierdzi on, że jeżeli osoba ma objawy WTS, szanse na posiadanie normalnej temperatury wynoszą 1:200. Dużo większa szansa jest na to, że termometr się myli, niż że temperatura jest odpowiednia.

Leczenie

Leczenie WTS jest proste. Konwersja T4 w T3 jest osłabiona, ponieważ enzymy niezbędne do tego procesu są spowolnione z powodu niskiej temperatury.

Jeśli temperatura ciała może zostać podwyższona do prawie normalnej na pewien okres, enzymy będą działały prawidłowo. Zwyczajne podniesienie temperatury ciała poprawi konwersję T4 w T3. Przy wyższej produkcji T3 metabolizm przyspiesza i w odpowiedzi wzrasta temperatura ciała. W pewnym momencie temperatura ciała pozostaje na tyle wysoka, aby utrzymać konwersję T4 w T3 na standardowym poziomie. Temperatura pozostaje blisko normy, jak to być powinno, a ciało od tego momentu może dawać sobie radę na własną rękę. Całego procesu można dokonać w zaledwie kilka tygodni lub miesięcy. W niektórych przypadkach, gdy zaburzenia systemu tarczycy są bardziej poważne, może to potrwać dłużej. Po korekcji temperatura ciała pozostaje na odpowiednim poziomie, metabolizm w normie, a enzymy funkcjonują jak należy. Rezultatem jest powrót do zdrowia obejmujący utratę nadwagi ciała i ustąpienie dolegliwości powodowanych przez wielokrotną dysfunkcję enzymów. Gdy metabolizm działa odpowiednio, łatwiej jest zrzucić zbędne kilogramy przy pomocy właściwej diety.

Jak można podnieść temperaturę? Doustne zażywanie T3 podnosi poziom tego hormonu we krwi, co z kolei stymuluje metabolizm i podnosi temperaturę ciała. T3 musi być przepisany przez lekarza. Lekarz musi być zaznajomiony z zespołem tarczycy Wilsona; nie wszyscy są, a niektórzy nawet nie uznają WTS jako dolegliwości. Przed przepisaniem leków prawdopodobnie będzie konieczne badanie krwi. Jeśli twój lekarz nie jest zaznajomiony z WTS, badania mogą jedynie zmierzyć poziom T4 i funkcjonowanie tarczycy.

Większość syntetycznych leków tarczycowych (np. Synthroid, Levoxyl, Levothyroid, itp.) zawiera tylko T4, a zatem posiada niewielką skuteczność w leczeniu WTS. Syntetycznym lekom hormonalnym, które są zdecydowanie najczęściej przypisywane, towarzyszą pewne niepożądane skutki uboczne, a jednym z nich są znaczne straty wapnia z kości. Przy zażywaniu syntetycznych hormonów tarczycy należy też zwiększyć suplementację wapnia i magnezu. Naturalne leczenie tarczycy (np. Armour, Nature-Throid, etc.), poprzez preparaty na bazie wysuszonej tarczycy wieprzowej, jest korzystniejsze, ponieważ zasadniczo hormon ten jest identyczny z wytwarzanym przez organizm ludzki i wywołuje niewiele, jeśli w ogóle, efektów niepożądanych. Naturalny hormon tarczycy zawiera zarówno T4 oraz niezmiernie ważny T3. Jest to rodzaj leku tarczycy, którego mógłbyś potrzebować.

Podawanie T3 w celu pobudzenia metabolizmu i wzrostu temperatury przynosi ulgę pacjentom z WTS. W taki sposób dr Wilson odnosi sukcesy w leczeniu tysięcy pacjentów. Wielu innych lekarzy również leczy pacjentów z WTS, ale nie wszyscy mają doświadczenie, więc wybierz się do lekarza, który jest zaznajomiony z tym schorzeniem.

Hormon tarczycy należy zażywać codziennie według ścisłego dziennego harmonogramu. Jeśli nie weźmie się go choćby tylko raz lub kilka godzin później, w większości przypadków leczenie należy rozpocząć od nowa. Gdy lek nie zostanie zażyty o czasie, organizm przestawia się z powrotem na niski bieg i proces rozruchu awaryjnego metabolizm musi zacząć się od początku. Powodem, dla którego T3 działa, jest fakt, że utrzymuje on temperaturę ciała podniesioną lub bliską normie przez wystarczająco długi czas, co pozwala organizmowi przystosować się i kontynuować proces na własną rękę. Oznacza to, że temperatura w ciągu dnia musi być stale utrzymywana blisko normy przez kilka tygodni, aby proces mógł zadziałać.

Inną wadą leczenia za pomocą T3 jest to, że u pacjenta, który dostatecznie nie zaspokaja swoich potrzeb żywieniowych, może nastąpić nawrót w przypadku napotkania sytuacji stresowej. Wtedy to leczenie przy pomocy T3 może być powtórzone. Gdy jednak stresującą sytuację da się przewidzieć, niskie dawki T3 mogą pomóc w zapobieganiu nawrotom. Niestety, stres jest normalną częścią życia. Nigdy nie będziemy całkowicie od niego wolni. Nasz organizm powinien być na tyle zdrowy, aby sobie z nim radzić, jeśli zachodzi taka potrzeba.

Terapia T3 jest tylko jednym ze sposobów leczenia WTS. W ciężkich przypadkach terapia T3 może być konieczna; jednak dietą i zmianą stylu życia można osiągnąć to samo bez konieczności przyjmowania leków na receptę. Ponieważ WTS reaguje na wzrost temperatury ciała, każde działanie, które może osiągnąć ten cel, w połączeniu z odżywczą dietą, ma potencjał, aby przynosić pożądane skutki. W następnym rozdziale dowiesz się, jak zwiększyć swój metabolizm naturalnie, bez leków, w celu przezwyciężenia zaburzeń systemu tarczycy, jak również zwiększyć swój poziom energii i spalić nadmiar kalorii.

13

PRZYSPIESZ PRZEMIANĘ MATERII

Nie znosisz ich – tych osób chudych jak szczapa, a wsuwających za dwóch? Pełni animuszu i wigoru zajadają się wszystkimi rodzajami tłustego jedzenia i nie tyją nawet grama. Ty, z kolei, zjesz paluszki selerowe i natychmiast przybierasz 2 kilogramy. Dlaczego? Jak brzmi odpowiedź? Metabolizm. Twoja podstawowa przemiana materii (ang. basal metabolic rate [BMR]) jest wolniejsza. Oni spalają więcej kalorii, wykonując taki sam wysiłek fizyczny jak ty. Mogą jeść więcej niż ty, ale ważą mniej.

Czyż nie byłoby miło nadać tempa metabolizmowi i wrzucić go na wysoki bieg? W tym rozdziale dowiesz się, jak ożywić swój metabolizm i sprawić, by współgrał z tobą w bardziej naturalnym, zdrowym tempie.

DOBRE ODŻYWIANIE

Sandra miała nadwagę, cierpiała na częste bóle głowy, drażliwość i depresję. Zawsze było jej zimno, brakowało jej energii i wydawało się, że łapie każde przeziębienie i wirus, który stanął na jej drodze. Lekarz zdiagnozował u niej niedoczynność tarczycy i przypisał Synthroid, który miał być zażywany z innymi lekami, aby złagodzić wiele z jej objawów. Chociaż leki nieco pomogły, Sandra wciąż nie czuła się w pełni dobrze. Obawiając się, że dieta może przyczyniać się do jej problemów zdrowotnych, przestała jeść niezdrową żywność, słodycze i soję, a pakowaną żywność, którą zwykle jadła, zastąpiła świeżymi warzywami i owocami. Zaczęła również jeść organiczne mięso, jajka i produkty mleczne. Dodatkowo, oprócz zmian związanych z żywieniem, wprowadziła też suplementy diety wspomagające dobre funkcjonowanie tarczycy. Z czasem, gdy zmiany zaczęły skutkować i Sandra poczuła się lepiej, stopniowo odstawiła leki na tarczycę. Obecnie jest całkowicie wolna od jakichkolwiek medykamentów, jej tarczyca funkcjonuje normalnie, a ona sama czuje się świetnie. Sandra jest jedną z wielu osób, które zdołały odwrócić diagnozę nadczynności tarczycy poprzez zwykłą zmianę diety.

W ciągu ostatnich kilku dekad problemy z metabolizmem czy tarczycą stały się powszechne. Wzrost częstotliwości ich występowania sugeruje, że problemy te są pośrednio lub bezpośrednio powodowane wyborami dotyczącymi naszej diety lub stylu życia. Im zdrowsza jest twoja dieta, tym zdrowszy będziesz ty sam i tym mniejsze prawdopodobieństwo, że będziesz miał problemy z tarczycą. Jeśli masz problemy z układem tarczycy, zdrowe odżywianie jest niezbędne, aby to naprawić.

Jednym z czynników wpływających na powolny metabolizm jest niedożywienie lub, jak to się powszechnie określa, subkliniczne niedożywienie. Jak zauważono w poprzednim rozdziale, słabe odżywianie połączone z powtarzającymi się okresami stresu, może niekorzystnie wpłynąć na funkcjonowanie układu tarczycy, obniżając metabolizm. Słabe odżywianie może również mieć wpływ na stan gruczołu tarczycowego. Brak witamin i pierwiastków śladowych, w szczególności jodu, może niekorzystnie wpływać na czynność tarczycy. Goitrogeny znajdujące się w surowych warzywach z rodziny krzyżowych, a szczególnie produktach sojowych, osłabiają działanie tarczycy.

Pierwszym krokiem w odwracaniu niskiego metabolizmu jest jedzenie pokarmów możliwie najwyższej jakości, na jaką tylko można sobie pozwolić. Żywność najwyższej jakości nie zawsze musi być najdroższa. Jest to żywność zawierająca najwyższą wartość odżywczą i najmniej szkodliwych dodatków lub produktów ubocznych. Żywność o najniższej jakości to ta, która zawiera najwięcej cukru, dodatków chemicznych i posiada najniższą wartość odżywczą. Ogólnie rzecz biorąc, żywność najmniej przetworzona jest najwyższej jakości. Im więcej przetwarzania lub uszlachetniania, tym niższa wartość odżywcza żywności.

Sposób, w jaki żywność jest uprawiana, również wpływa na jej jakość. Owoce i warzywa uprawiane w sztucznie nawożonych glebach lub glebach mineralnych zubożonych są mniej odżywcze, niż te uprawiane w bogatych glebach organicznych. Żywność ekologiczna uprawiana jest na glebach nawożonych naturalnie i nieskażonych pestycydami, więc tym samym posiada wyższą jakość niż żywność nieekologiczna.

Mięso pochodzące od bydła karmionego trawą z hodowli ekologicznych ma wyższą jakość niż mięso z innych hodowli, w których zwierzęta są karmione kukurydzą, soją, pompowane antybiotykami i sztucznymi hormonami. Mięso z któregokolwiek z tych źródeł jest lepsze niż to, które jest przetworzone w hot dogach, mięsach obiadowych nafaszerowanych konserwantami, sztucznymi wzmacniaczami smaku i innymi dodatkami.

Żywność o najniższej jakości zawierająca najmniej środków odżywczych i często najwięcej dodatków chemicznych, również najczęściej zawiera dużo węglowodanów, tak jak pieczywo, płatki śniadaniowe, desery, słodycze, i tak dalej.

Najlepsze produkty spożywcze to świeże warzywa, owoce, mięso, jaja i nabiał pełnotłusty, które przeszły minimalną obróbkę. Zawsze preferuj świeżą żywność nad zapakowaną. Generalnie im bardziej przetworzone jedzenie, tym niższa jest jego wartość odżywcza.

METABOLICZNY CUD

Podnieś poziom energii

Kiedy ktoś przychodzi do mnie i mówi: „Jestem zawsze zmęczony, co mogę zrobić, aby mieć więcej energii bez używania leków lub kofeiny?”, moja odpowiedź jest prosta i szybka: „Zacznij stosować olej kokosowy”.

Kiedy mówię to ludziom, na początku są zaskoczeni. „A nie przytyję od tego?”. Mówię im: „Nie, olej kokosowy daje więcej energii i pomaga stracić zbędne kilogramy”.

Jedną z głównych różnic między olejem kokosowym i innymi tłuszczami jest sposób, w jaki jest on trawiony i metabolizowany. Olej kokosowy jest inny, ponieważ składa się głównie z trójglicerydów średniołańcuchowych (ang. medium-chain triglycerides [MCT]). Większość wszystkich tłuszczy w naszej diecie, czy są nasycone czy nienasycone, występuje w postaci większych triglicerydów długołańcuchowych (ang. long-chain triglycerides [LCT]). Zarówno oleje roślinne jak i tłuszcze zwierzęce składają się prawie wyłącznie z LCT. Rozmiar sprawia dużą różnicę.

Gdy jemy pokarmy zawierające LCT, tłuszcze są powoli rozkładane przez enzymy trawienne do postaci kwasów tłuszczowych (ang. long chain fatty acids – LCFA, kwasy tłuszczowe długołańcuchowe), które są wystarczająco małe, aby mogły być wchłaniane przez ścianę jelita. Gdy przechodzą one przez wyściółkę jelita, zostają zebrane razem i spakowane do małych wiązek tłuszczu (lipidów) i białka zwanych lipoproteinami. Lipoproteiny te przesyłane są do krwiobiegu, gdzie krążą po całym ciele. Kiedy krążą we krwi, tłuszcze dostarczane są do wszystkich tkanek organizmu. Z pomocą insuliny niektóre z tych długołańcuchowych kwasów tłuszczowych przenoszone są w komórkach tłuszczowych. Nadmiar glukozy we krwi jest również przekształcany w długołańcuchowe kwasy tłuszczowe i przechowywany w komórkach tłuszczowych. W ten sposób tłuszcz gromadzi się w naszych tkankach tłuszczowych.

Jednak MCT w oleju kokosowym przetwarzane są w inny sposób. Ze względu na ich niewielki rozmiar, MCT nie wymaga enzymów trzustkowych do trawienia. Zanim tłuszcze te dostaną się do przewodu jelitowego, są już rozbite na pojedyncze kwasy tłuszczowe (kwasy tłuszczowe o średnim łańcuchu lub MCFA) i zamiast przejść przez ścianę jelita jak LCFA, są wchłaniane bezpośrednio do żyły wrotnej i przekazane bezpośrednio do wątroby. Tu są przekształcane na energię, aby zasilić metabolizm. MCFA nie są pakowane do lipoprotein w takim stopniu jak inne tłuszcze, więc nie przyczyniają się znacznie do rozwoju komórek tłuszczowych. Olej kokosowy wędruje do wątroby aby produkować energię, a nie tkanki tłuszczowe. Różnica w sposobie w jaki organizm przetwarza MCFA w oleju kokosowym jest bardzo istotna ze względu na metabolizm i masę ciała.

Spożywanie jedzenia zawierającego MCTS jest jak tankowanie samochodu wysokooktanowym paliwem. Samochód pracuje bardziej płynnie i ma lepszy przebieg. Podobnie organizm działa lepiej z MCT. Skoro MCT są przekształcane bezpośrednio w energię, twój poziom energii wzrasta. Ten zastrzyk energii nie przypomina kofeinowego kopa; jest bardziej subtelny, jednak trwa dłużej. Najbardziej uwidacznia się to w zwiększonej wytrzymałości.

Fakt, że trawiony MCT bezpośrednio produkuje energię, sprawił, że sportowcy używają go jako środka zwiększającego wydajność na treningach.

Pewne badania wskazują, że tak on właśnie działa. W jednym z testów, na przykład, badacze sprawdzali fizyczną wytrzymałość myszy, którym podano MCT, oraz tych, którym podano LCT. Badania trwały 6 tygodni. Myszy były poddawane testom wytrzymałości pływania co drugi dzień. Zostały one umieszczone w basenie z wodą o stałym nurcie. Mierzono im całkowity czas pływania aż do wyczerpania. Podczas gdy na początku różnica między grupami myszy była niewielka, te karmione MCT szybko zaczęły przeganiać inne i dalej kontynuowały poprawę wyników do końca testów[1]. Badania takie pokazują, że MCT ma zdolność do zwiększania wytrzymałości i wydajności ćwiczeń fizycznych, przynajmniej u myszy.

Inne badanie, z udziałem ludzi, potwierdza te odkrycia. W badaniu tym wysportowani rowerzyści pedałowali na 70 procent swoich maksymalnych możliwości przez 2 godziny, po czym natychmiast wyruszyli na 40–kilometrową trasę (trwającą około kolejnej godziny), pijąc jeden z trzech napojów: roztwór MCT, napój dla sportowców lub kombinację napoju sportowego i MCT. Rowerzysta, który pił mieszankę napoju sportowego i MCT, osiągnął najlepsze wyniki[2].

Z powodu tych i podobnych badań, wiele sproszkowanych napojów sportowych i batonów energetycznych sprzedawanych w sklepach ze zdrową żywnością zawiera MCT i olej kokosowy, aby zapewnić szybkie źródło energii. Sportowcy i inne aktywne osoby szukające odżywczych, nie-narkotykowych metod, aby zwiększyć wydajność ćwiczeń, zaczęły ich używać.

Jednym ze skutków ubocznych nadwagi jest brak energii. Częściowo może to być spowodowane słabym funkcjonowaniem tarczycy lub po prostu tym, że noszenie wielu dodatkowych kilogramów jest męczące. Zachęca to do bierności fizycznej i stymuluje dalszy przyrost masy ciała. Olej kokosowy może dać ci zastrzyk energii, który pomoże utrzymać większą aktywność w ciągu dnia i spalić kilka dodatkowych kalorii.

Wiele osób popija olej kokosowy w ciągu dnia. Po południu, gdy poziom energii, zaczyna spadać, łyżka oleju kokosowego daje zastrzyk energii aby iść przez resztę dnia. Niektórzy lubią rozpocząć dzień, dodając olej kokosowy do śniadania lub gorącego napoju, by rozgrzać swoje silniki i ruszyć. Niektórzy dodają go do kawy lub herbaty, podczas gdy inni piją go prosto z łyżki.

Po godzinie 17:00 nie mogę wziąć dużo więcej niż łyżeczkę lub zbliżoną ilość. Olej daje mi tyle energii, że jeśli wezmę za dużo wieczorem, nie będę spał przez pół nocy. Skutki wydają się trwać dobre 6 godzin lub dłużej. Jednak olej kokosowy nie ma jednakowego wpływu na wszystkich. Te osoby, które zwykle mają trudności ze snem w nocy, twierdzą, że spożywanie oleju wieczorem pomaga im lepiej spać. Olej kokosowy sprzyja lepszemu ogólnemu stanowi zdrowia i poprawia bilans energetyczny, więc ludzie, którzy zwykle mają problemy ze snem, są w stanie lepiej spać. Wiele osób twierdzi, że ma lepszy nocny sen, gdy dodaje olej kokosowy do swojej dziennej diety, bez względu na porę dnia, o jakiej to czyni.

Ludzie często wyznają, jak włączenie oleju kokosowego do ich życia poprawiło im zdrowie. Pozwolę sobie podzielić się niektórymi komentarzami osób, które doświadczyły efektu zastrzyku energii, używając oleju kokosowego.

> „Zacząłem używać organicznego oleju kokosowego z pierwszego tłoczenia 3 tygodnie temu i od razu mój poziom energii (który był dość niski z powodu niedoczynności tarczycy) wzrósł o około 600 procent. Wow! Czuję się o 10 lat młodziej. Straciłem również ponad 7 kg w tym czasie".
>
> DR N. MED. NOAH KERSEY

„Ponieważ używam oleju kokosowego zamiast innych olejów, mam o wiele więcej energii niż wcześniej... Kiedyś brakowało mi energii 4 godziny po przebudzeniu, czułam się okropnie. Teraz mam energię przez cały dzień".

SUE

„Zacząłem brać olej kokosowy z pierwszego tłoczenia dokładnie 6 tygodni temu. Biorę 50 gramów dziennie i osiągam wspaniałe wyniki... Nie miałem ochoty na słodycze przez ponad miesiąc. Zrzuciłem 4,5 kilograma (miałem około 13,6 kg nadwagi), a mój apetyt wraca do normy. Czuję się świetnie i mam znacznie więcej energii".

BRUCE W.

„Poziom mojej energii wzrósł do tego stopnia, że jestem gotowa wykonywać codziennie ćwiczenia do kaset wideo - to coś nowego dla mnie i coś, czego bardzo potrzebuję".

BARBARA

„W pierwszym tygodniu byłam bardzo słaba. Myślę, że mój organizm oczyszczał się. Obecnie jestem na oleju kokosowym od 3 tygodni, a mój poziom energii jest niewiarygodny".

DONNA

„Zauważyłam wzrost energii. Odkąd byłam nastolatką miałam słabą przemianę materii. Teraz mam 76 lat. Chodzę przez ponad godzinę 3 razy w tygodniu, a przedwczoraj czułam się tak dobrze, że szłam przez dwie godziny i czułam się całkiem w porządku. Dziękuję za otwarcie dla mnie tego wspaniałego okna".

SALLY

„Nie zdawałam sobie nawet sprawy, jak bardzo niedoczynność tarczycy wpływała na moje życie, aż do momentu, gdy zaczęłam brać olej kokosowy z pierwszego tłoczenia (ang. virgin coconut oil [VOC]) i nagle zaczęłam mieć energię jak Króliczek Energizera! Zrezygnowałam również z białych toksyn (mąki pszennej, cukru rafinowanego, ziemniaków i innych produktów o wysokim indeksie glikemicznym) a to, w połączeniu ze spożywaniem VCO, wprowadziło ogromną zmianę w mojej równowadze hormonalnej, stabilności nastroju, wytrzymałości i energii ogólnie. W dodatku, powoli ale stabilnie tracę po trosze wagę bez żadnego wysiłku. Nie da się tym nie zachwycać!

JULIA

Nadać tempa metabolizmowi

Czyż nie byłoby miło wziąć pigułkę, która wrzuciłaby metabolizm na wyższy bieg? W pewnym sensie dzieje się tak za każdym razem, gdy jemy. Żywność ma wpływ na tempo przemiany materii. Gdy jemy, aktywność wielu komórek naszego ciała wzrasta, aby umożliwić trawienie i wchłanianie. Ta stymulacja aktywności komórkowej zwana termogenezą indukowaną dietą wynosi około 10 procent całkowitej energii pochodzącej z żywności. Być może zauważyłeś, zwłaszcza w chłodne dni, że jest ci cieplej po zjedzeniu posiłku. Silniki organizmu działają w nieco szybszym tempie, produkują więc więcej ciepła. Różne rodzaje żywności wywołują różne efekty termogeniczne lub produkujące ciepło. Pokarmy bogate w proteiny, takie jak mięso, wzmagają termogenezę, stymulują i doenergetyzowują organizm. Proteiny mają większe termogeniczne działanie niż węglowodany. Dlatego też osoby, które zmniejszają spożycie mięsa lub stają się wegetarianami, narzekają na brak energii. Jest to również jeden z powodów, dla których wysokoproteinowe diety powodują utratę wagi; wzrost tempa metabolizmu spala więcej kalorii.

Jednym ze składników żywności, który może napędzić twój metabolizm nawet bardziej niż proteiny, jest olej kokosowy[3]. MCT zmienia bieg przemiany materii na wyższy, możesz więc spalić więcej kalorii. Dzieje się tak za każdym razem, gdy jesz MCT. Z tego właśnie powodu olej kokosowy jest tłuszczem dietetycznym, który faktycznie powoduje utratę wagi!

Tłuszcz spożywczy zbijający wagę zamiast jej podnoszenia wydaje się być dziwną koncepcją i niełatwą do zrozumienia, jednak dokładnie to się dzieje, tak długo, jak długo kalorie przekraczające potrzeby organizmu nie są wykorzystywane. Powodem jest to, że MCT jest łatwo wchłaniany, szybko spalany i zużyty w postaci energii. Ten wzrost aktywności metabolicznej napędza spalanie LCT[4]. Tak więc kwasy tłuszczowe o średniej długości łańcucha nie tylko są spalane do produkcji energii, ale również powodują spalanie występujących w diecie kwasów tłuszczowych długołańcuchowych[5].

Doktor Julian Whitaker, autor bestsellerów i znany autorytet w dziedzinie żywienia i zdrowia, stworzył ciekawą analogię do opisu tego procesu. Wyjaśnia, że LCT są jak ciężkie, mokre kłody położone na małym ognisku. Dodawaj więcej, a wkrótce będziesz miał więcej kłód niż ognia. MCT, z drugiej strony, są jak zwinięte gazety zamoczone w benzynie. Nie tylko jasno się palą, ale również rozpalą mokre kłody[6].

Badania potwierdzają twierdzenia dr. Whitakera. W jednym z testów porównano wysokokaloryczną dietę zawierającą 40 procent tłuszczu w postaci MCT z dietą zawierającą 40 procent tłuszczu w postaci LCT. Efekt termogeniczny lub spalania tłuszczu MCT był prawie dwukrotnie wyższy niż w przypadku LCT – 120 kalorii w porównaniu do 66 kalorii.

Badacze doszli do wniosku, że nadmierna energia dostarczana przez tłuszcze w postaci MCT nie mogłaby być skutecznie przechowywana w postaci tłuszczu, lecz raczej spalona. Kolejne testy wykazały, że MCT podawany przez okres 6 dni może zwiększyć termogenezę indukowaną przez dietę o niesamowite 50 procent[7].

W innym badaniu naukowcy porównali dania zawierające 400 kalorii dostarczonych w postaci MCT lub LCT[8]. Termogeniczny efekt MCT trwał ponad 6 godzin i był 3 razy dłuższy niż LCT. Badacze doszli do wniosku, że zastąpienie LCT poprzez MCT mogłoby powodować utratę wagi, o ile poziom kalorii pozostawałby ten sam.

Włoscy naukowcy wykazali, że po spożyciu jednego posiłku zawierającego 30 g MCT (2 łyżki) metabolizm u osób z normalną masą ciała wzrósł o imponujące 48 procent[9]. U osób z większą nadwagą efekty były nawet bardziej imponujące. Po jednym posiłku ich metabolizm wzrastał o niesamowite 65 procent! Tak więc im cięższa osoba, tym silniejszy efekt stymulujący MCT na jej metabolizm. To dobra wiadomość dla osób z nadwagą, ponieważ oznacza to, że MCT może być przydatnym narzędziem, aby pomóc zwiększyć swój metabolizm i spalić nadmiar kalorii.

Ten metaboliczny efekt pobudzający nie jest ograniczony tylko do godziny działania tuż po posiłku. Inne badania szwajcarskich naukowców wykazały, że efekt utrzymuje się do 24 godzin[10]! Oznacza to, że po zjedzeniu posiłku zawierającego MCT metabolizm jest podwyższony, a kalorie spalane w przyspieszonym tempie przez pełne 24 godziny. To musi być dobra wiadomość dla każdego, kto próbuje stracić zbędne kilogramy!

Niektórzy spekulowali, że wpływ MCT na metabolizm może niwelować się z biegiem czasu, gdy dawki są podawane codziennie, jednak nie wydaje się, aby tak było. Metaboliczny efekt MCT nie wydaje się słabnąć z czasem, wręcz przeciwnie, wygląda na to, że im dłużej się go spożywa, tym jest coraz silniejszy. W innym badaniu naukowcy testowali osoby spożywające posiłki zawierające MCT codziennie przez tydzień. Zamiast osłabnąć, metabolizm wzrósł o 30 procent pod koniec tygodnia. Najwyraźniej MCT ma efekt kumulacyjny. Długoterminowe badania kliniczne trwające od 4 do 16 tygodni pokazują, że efekty stymulujące metabolizm kontynuują spalanie nadmiaru kalorii i wspomagają utratę masy ciała przez dłuższy okres[11-14].

Magazynowanie tłuszczu

Zarówno badania zwierząt jak i ludzi wykazały, że spożywanie żywności zawierającej MCT powoduje produkcję mniejszej tkanki tłuszczowej w porównaniu do żywności zawierającej LCT. U zwierząt spożywanie MCT zamiast LCT przynosi rezultaty w postaci niższej masy ciała i mniejszego odkładania tkanki tłuszczowej; nawet komórki tłuszczowe same w sobie są mniejsze[15-18]. Wyniki te sprawiły, że badacze proponują zastosowanie MCT jako narzędzia do zapobiegania i leczenia otyłości u ludzi[10, 19-21].

Wiele badań mierzy wskaźnik masy ciała (ang. body mass index [BMI]), oceniając diety wpływające na utratę masy ciała i ogólnego stanu zdrowia. BMI jest liczbą otrzymaną na podstawie stosunku wzrostu do masy ciała.

Jest to znacznie bardziej dokładny sposób wyznaczania masy ciała danej osoby, ponieważ bierze pod uwagę jej wzrost. Oczywiście wysoka osoba będzie miała większą masę niż niższa i będzie ważyć więcej, chociaż można uważać, że obie mają odpowiednią wagę. BMI jest przydatne przy ustalaniu, czy dana osoba ma nadwagę, wagę normalną lub niedowagę, oraz w jakim stopniu. W Ameryce Północnej i Europie BMI pomiędzy 18,5 i 24,9 jest uznawane za normalne, nadwaga to 25 i powyżej. (Jak obliczyć swoje BMI przeczytasz na stronie 378). Nie może to mieć zastosowania wśród Azjatów, którzy zazwyczaj mają drobniejszą budowę ciała. Japońskie Stowarzyszenie Badań nad Otyłością (Japan Society for Study of Obesity) donosi, że w przypadku Azjatów BMI, które jest większe lub równe 23, oznacza nadwagę.

W 2001 roku *The Journal of Nutrition* opublikował badanie przeprowadzone w Japonii, które oceniało wpływ MCT na BMI, obwód talii i procent tkanki tłuszczowej. Było to długoterminowe badanie z udziałem 78 zdrowych mężczyzn i kobiet ze średnim BMI 24,7[12]. Większość uczestników miało BMI powyżej 23 – taka wysokość wskaźnika wśród Azjatów oznacza nadwagę.

To było badanie kontrolowane metodą podwójnie ślepej próby – standardowo dla badań klinicznych. „Kontrolowane" badanie diety to takie, w którym uczestnicy są wybierani losowo do grupy otrzymującej dietę testową lub dietę kontrolną. Podwójnie ślepe badanie oznacza, że ani badani, ani badacze nie wiedzieli, która grupa była która. Sposób ten wyklucza pojawienie się niezamierzonych uprzedzeń. Dlatego też kontrolowane badanie z podwójnie ślepą próbą jest uważane za najbardziej wiarygodny rodzaj badania.

Badanych podzielono na dwie grupy. Jedna grupa otrzymała dietę zawierającą MCT, a druga LCT. LCT pochodziło z mieszanki olejów rzepakowego i sojowego, i służyło do kontroli. Dieta zawierała 2200 kalorii, w tym 60 gramów (540 kalorii) pochodzących z tłuszczy, włączając oleje i tłuszcze naturalnie występujące w żywności. Całkowite spożycie kalorii i spożycie tłuszczu było ściśle kontrolowane pod kierunkiem dietetyków.

Badanym zmierzono wagę ciała, obwód talii i zawartość tłuszczu w organizmie przed testami oraz w 4., 8. i 12. tygodniu badania. Na każdym z 3 etapów oceny uczestnicy grupy MCT, których początkowe BMI wynosiło 23 lub więcej, stracili znacznie więcej na wadze, więcej tkanki tłuszczowej i więcej centymetrów wokół talii w stosunku do ich odpowiedników w grupie LCT. Na końcu 12. tygodnia osoby w grupie LCT straciły średnio 4,78 kg, a w grupie MCT – 6,1 kg. Obwód talii w grupie LCT spadł o 3,7 cm, a w grupie MCT – 5,7 cm. Zawartość tłuszczu w organizmie, jak zmierzono za pomocą tomografii, również była bardziej obniżona w grupie MCT. Należy pamiętać, że uczestnicy nie byli na specjalnej diecie odchudzającej. Spożywali 2200 kalorii, co mogło być trochę mniejszą wartością energetyczną, niż niektórzy z nich normalnie jedli, szczególnie ci, którzy mieli nadwagę na początku badania. W badaniu tym wykazano, że MCT może być stosowany jako skuteczna pomoc w obniżaniu masy ciała i zawartości tłuszczu, nawet gdy całkowite spożycie kalorii nie jest znacząco obniżone, jak to się powszechnie stosuje w dietach zmniejszających wagę.

Interesujący jest fakt, że jak wynika z badań, grupa MCT straciła więcej tłuszczu wokół talii. Pomiar obwodu talii pomaga wykryć potencjalne ryzyko dla zdrowia wynikające z nadwagi i otyłości. Jeśli większość tłuszczu, jaki masz, lokuje się wokół talii, a nie bioder, podlegasz większemu ryzyku chorób serca i cukrzycy typu 2. Ryzyko wzmaga się, gdy obwód talii przekracza 88 cm u kobiet i 102 cm u mężczyzn. Na podstawie obwodu talii badanie to sugeruje, że MCT jest lepsze od LCT w zakresie ochrony przed chorobami serca i cukrzycą.

Ponadto całkowity poziom cholesterolu i trójglicerydów w osoczu zmniejszył się zarówno w grupie MCT jak i LCT, ale nie było znaczącej różnicy między grupami. Nawet jeśli MCT są tłuszczami nasyconymi, w grupie tej zauważono podwyższony poziom tłuszczu we krwi. To, w połączeniu z lepszymi wynikami obwodu w pasie, redukcją tkanki tłuszczowej i utratą masy ciała wskazuje, że MCT góruje nad LCT w zakresie redukcji nadmiaru tkanki tłuszczowej i zmniejszania ryzyka chorób serca i cukrzycy.

Innym interesującym wynikiem tego badania był fakt, że dla uczestników, którzy nie mieli nadwagi, nie było istotnej różnicy w pomiarach w obu grupach. To sugeruje, że jeśli ktoś już posiada swoją idealną wagę ciała i procent tłuszczu, spożywanie MCT nie spowoduje u niego zbyt szczupłej sylwetki. Im większa nadwaga występująca u danej osoby, tym większy wydaje się być wpływ MCT na redukcję tkanki tłuszczowej. Innymi słowy nie musisz się martwić, że staniesz się zbyt szczupły, spożywając olej kokosowy.

Badania kliniczne pochodzące z Japonii, Chin, Filipin, Australii, Kanady, Niemiec i Brazylii, porównujące MCT lub olej kokosowy z oliwą z oliwek, olejem sojowym, olejem kukurydzianym, olejem rzepakowym, smalcem i innymi olejami, w składzie których jest LCT, dały podobne wyniki[22-29].

MCT konsekwentnie wykazał skuteczność w redukcji tkanki tłuszczowej, obwodu talii i całkowitej masy ciała w porównaniu do LCT i stworzył ogólnie lepszy profil stężenia tłuszczu we krwi - niższe trójglicerydy, niższy poziom LDL i wyższy HDL oraz niższy wskaźnik cholesterolu - a wszystko to wskazuje na obniżenie ryzyka chorób serca.

Źródłem pochodzenia MCT zastosowanego w większości z tych badań był frakcjonowany olej kokosowy znany jako olej MCT. Jest on wytwarzany przez usunięcie we wszystkich długich łańcuchach kwasów tłuszczowych i nienasyconych kwasów tłuszczowych z oleju kokosowego, pozostawiając tylko średniołańcuchowe kwasy tłuszczowe, stąd nazwa: olej MCT. Jednak badania, w których użyto naturalny olej kokosowy, dały takie same wyniki jak te z olejem MCT[30].

W kilku przypadkach badacze nie osiągnęli znaczących wyników zarejestrowanych w trakcie większości innych badań. Jedną z możliwych przyczyn tego zjawiska może być fakt, że badacze przeprowadzali badanie na osobach o normalnej wadze, więc wyniki nie wykazały dużych zmian. Inną możliwością jest to, że ilość MCT podanego badanym nie była wystarczająca, aby wywołać oczekiwaną reakcję. Wydaje się, że wymagana dawka to co najmniej 2 lub 3 łyżki dziennie w celu uzyskania pożądanych zmian w składzie organizmu w trakcie badań (zwykle w czasie między kilkoma tygodniami a kilkoma miesiącami w trakcie trwania badań).

Dieta również może mieć wpływ. Niskowęglowodanowa dieta jest o wiele bardziej skuteczna niż wysokowęglowodanowa, w połączeniu z MCT lub olejem kokosowym.

Oprócz pobudzania metabolizmu, MCT ma jeszcze jedną zaletę wspomagającą ograniczenie odkładania tłuszczu. Badania pokazują, że MCT i olej kokosowy poprawiają wrażliwość insuliny [31-32]. Oznacza to, że olej kokosowy może moderować poziom cukru we krwi i poziom insuliny, pomagając utrzymać je w normie, co jest wspaniałą wiadomością dla osób cierpiących na cukrzycę lub insulinooporność. Ponieważ insulina wspiera syntezę i magazynowanie tłuszczu, moderowanie poziomu insuliny we krwi przy użyciu oleju kokosowego może zmniejszyć osadzanie się tłuszczu.

Naukowcy z Wydziału Dietetyki i Żywienia Człowieka (School of Dietetics and Human Nutrition) na Uniwersytecie McGill w Kanadzie użyli danych z różnych badań, które dokonywały pomiaru pobudzania metabolizmu (np. spalanie kalorii) oraz efektu tłumienia apetytu wywołanego przez MCT, na łącznej, skutecznej dawce kalorii. Następnie obliczyli, jaki efekt na całkowitą ilość spożywanych kalorii ma zastąpienie wszystkich olejów bazujących na LCT w diecie danej osoby olejami MCT. Ich najbardziej optymistyczny scenariusz wykazał redukcję 346 kalorii dziennie. Ich najmniej optymistyczny scenariusz wykazał redukcję 115 kalorii dziennie. Teoretycznie obniżenie o 500 kalorii dziennie doprowadziłoby do utraty masy 0,5 kg tygodniowo. Badacze oszacowali, że zwykła zamiana LCT na MCT w skali całego roku mogłaby skutkować utratą od 5,5 do 16,4 kg na rok[33]! Jest to utrata wagi do 16,4 kg rocznie bez diety lub zmiany rodzajów spożywanych posiłków. Wszystko co jest potrzebne, aby stracić na wadze, to zamiana olejów.

Utrata masy ciała może być jeszcze większa, gdy MCT jest połączone z rozsądną dietą redukcji wagi; i byłaby zwiększona jeszcze bardziej w połączeniu z niskowęglowodanową dietą ketogeniczną.

OLEJ KOKOSOWY A NIEDOCZYNNOŚĆ TARCZYCY

Kiedy po raz pierwszy, kilka lat temu, zacząłem pisać o korzyściach płynących ze spożywania oleju kokosowego, ludzie często opowiadali mi, jak olej kokosowy pomógł im w różnych problemach zdrowotnych. Relacjonowali, jak wzmocnił ich metabolizm i podniósł temperaturę ciała, poprawił trawienie, złagodził przerost drożdżaka candidy, poprawił gojenie urazu lub infekcji, pomógł w utracie zbędnych kilogramów i w innych przypadłościach. Wiedziałem, że używanie oleju kokosowego przynosi takie efekty, ponieważ są one udokumentowane w literaturze medycznej. Zaskoczyło mnie to, że ludzie zgłaszali poprawę w innych schorzeniach, które nie były opisane w czasopismach medycznych. Wiedziałem, że olej był dobry i miał wiele korzyści zdrowotnych, ale słyszałem rzeczy, których nigdy nie widziałem udokumentowanych w badaniach medycznych. Jestem oczywiście sceptyczny w stosunku do różnych relacji i do tych również byłem. Nigdy nie wiesz, na ile są dokładne lub jakie inne wydarzenia w życiu danej osoby mogły również mieć wpływ na rezultaty, których ona doświadczyła. Zanotowałem je w pamięci, ale nie przywiązywałem do nich wagi.

Przypisałem większość tych opowieści efektowi placebo: to było z ich strony jedynie pobożne życzenie lub coś w tym rodzaju - pomyślałem. Ciekawe dla mnie było to, że wiele osób zgłaszało ulgę dotyczącą tych samych schorzeń – drażliwości, bezsenności, zapalenia stawów, PMS, niskiego popędu płciowego, wzmożonego łaknienia, a nawet hipoglikemii, aby wymienić tylko kilka. Nadal nie zwracałem nań uwagi i traktowałem to jedynie jako zbieg okoliczności.

Wtedy dowiedziałem się o sukcesie niektórych lekarzy w leczeniu zespołu tarczycy Wilsona. Nagle wszystkie te relacje nabrały sensu. Standardowe leczenie WTS polega na podawaniu pacjentom T3, aby zwiększyć metabolizm i podnieść temperaturę ciała. Wzrost temperatury umożliwia enzymom optymalne funkcjonowanie, co łagodzi objawy związane z niską temperaturą ciała i WTS (lista objawów na stronach 246-247). Olej kokosowy stosowany na bieżąco może również wzmóc metabolizm, podwyższyć temperaturę ciała i poprawić funkcje enzymów, zatem ma zbliżone działanie. Teraz zrozumiałem, dlaczego tak wiele osób doświadczyło tak wielu różnych korzyści zdrowotnych przy użyciu oleju kokosowego. Wszystkie te objawy związane są z niedoczynnością tarczycy. Wiele osób nie zdaje sobie sprawy, że ma problemy z tarczycą i przypisuje objawy innym przyczynom. Gdy wraz z użyciem oleju kokosowego poprawia się funkcjonowanie tarczycy, symptomy słabną lub znikają.

Zaletą oleju kokosowego jest to, że jest to żywność, a nie lek, i może być stosowany bezpiecznie, bez obawy wystąpienia niekorzystnych skutków ubocznych, oraz bez recepty. Olej kokosowy, w połączeniu ze zdrową dietą, może być potężnym wsparciem w przezwyciężaniu problemów z tarczycą i związanych z tym dolegliwości. Ludzie, którzy doświadczają silnych objawów niedoczynności tarczycy, mogą nadal potrzebować terapii hormonalnej i powinni skonsultować to ze swoim lekarzem, zanim zmniejszą dawki lekarstw lub zaprzestaną ich brania.

Jak pamiętacie z rozdziału 12, WTS może być spowodowane nadmiernym stresem i złym odżywianiem. Ponieważ olej kokosowy jest produktem żywnościowym, może być spożywany codziennie, co może pomóc w zapobieganiu nawrotom, jeśli silny stres uderza ponownie. Również jedzenie wartościowej żywności dostarczy organizmowi obfitych składników odżywczych, aby ich nie tracił i mógł lepiej radzić sobie ze stresem, jak to dziać się powinno.

Pewna osoba pracująca w służbie zdrowia wyjaśniła mi, że kiedy po raz pierwszy usłyszała o oleju kokosowym, nie mogła uwierzyć wszystkim tym twierdzeniom, ale potem zaczęły się jej własne problemy zdrowotne.

> „Poziom hormonów mojej tarczycy zmieniał się, ale nie był naprawdę wystarczająco wysoki, aby być leczony przez większość lekarzy alopatycznych. Czułam się okropnie, moje włosy wypadały, moja skóra była tak sucha, że swędziała i pękała, mój cholesterol szedł w górę, jak również powoli z każdym miesiącem moja waga. W dodatku moi współpracownicy byli zaskoczeni, jak mogę pracować, gdy jestem ciągle chora i na antybiotykach. Byłam w całkowitej rozsypce w dość młodym wieku. Rozpoczęłam poszukiwania na własną rękę... i ciągle natykałam się na olej kokosowy. Potem znalazłam twoją stronę (www.coconutresearchcenter.org) i bardziej przekonałam się, gdy uzyskałam dostęp do prezen-

towanych tam czasopism [medycznych]. Pomyślałam, że nie mam nic do stracenia. Oto, co się stało po spożywaniu oleju kokosowego przez kilka miesięcy:

Cholesterol spadł, HDL wystrzelił w górę (z 30 do prawie 60). Moja skóra jest piękna! Miałam trądzik różowaty... teraz cera jest gładka i czysta. Moje nogi są jak u nastolatki, są tak gładkie. Nawet nakładam olej kokosowy wokół oczu jak balsam. Uwielbiam czuć moje nogi... to prawie tak, jakbym dokonała odkrycia... Nie mogę uwierzyć, że w moim wieku moja skóra może być tak miękka i elastyczna. To jak powrócić do młodzieńczych lat!... Czuję się taka energiczna, jakbym miała 10 lat mniej. Moje włosy są piękne i jedwabiste, i nie wypadają.... Moje stężenia TSH spadło i jest w normie (nie jest już nawet subkliniczną niedoczynnością tarczycy). WOW! Po raz pierwszy od ponad 6 lat!"

Doświadczenie zmian wystarczyło, aby ją przekonać. Poniższe referencje stanowią kilka dodatkowych przykładów tego, czego ludzie doświadczają, gdy olej kokosowy pojawia się w ich życiu:

„Jakieś 2 tygodnie po przyjęciu oleju kokosowego zauważyłam, że jestem przyjemnie ciepła - bez wątpienia musiało to być działanie termogeniczne oleju kokosowego. Chociaż brałam leki na tarczycę od lat, nigdy nie rozwiązałam mojego problemu z temperaturą, więc dodatkowe ciepło moich rąk i nóg jest mile widziane!"

SARAH

„Zanim zaczęłam używać oleju kokosowego, miałam wiele klasycznych objawów tarczycowych, w tym zwiększenie masy ciała, uczucie zimna, skrajne zmęczenie i zaburzenie myślenia, swędzenie skóry, wysypki i trądzik, łamliwe paznokcie, wypadanie włosów, utratę brwi zewnętrznych (wyrosły ponownie), ból stawu w lewej ręce, problemy menstruacyjne (okresy, które były ciężkie i trwały przez 2 tygodnie), depresję, alergię i astmę, zawroty głowy, obrzęk twarzy (była bardzo okrągła) i zatrzymywanie wody w organizmie. Odkąd zaczęłam używać oleju kokosowego, czuję diametralną poprawę we wszystkim. Naprawdę uważam, że olej kokosowy jest cudowną substancją. Same leki tarczycowe nie przynosiły takiej poprawy".

C.R.H.

„Byłam oszołomiona, kiedy zmierzyłam temperaturę wczoraj rano. Miałam 36,1°C! W ciągu ostatnich 2 lat rano było 35°C. Wieczorem było 36,5°C! Oczywiście to olej kokosowy działa w moim ciele!"

MARY

„Kupiłam olej kokosowy dla zdrowia, zaczęłam go brać jeszcze dziś, jak tylko go dostałam. Moja temperatura (mierzona w ramach eksperymentu sprawdzającego, czy olej ją podnosi) w ciągu ostatnich kilku dni wynosiła między 36,2°C a 36,4°C, a po przyjęciu oleju wzrosła do 37,1°C i dalej w ciągu dnia pozostała na poziomie 36,8. Trzeba przyznać, że to naprawdę mnie zaskoczyło, mimo że czytałam o tym".

CAROLE H.

„Po tygodniu spożywania VCO zauważyłem znaczną poprawę w poziomie mojej energii. Moja temperatura, którą mierzyłem codziennie rano, wzrosła z 33,8-34,4°C do normalnego poziomu".

JERI

„Przez kilka tygodni przed rozpoczęciem śledziłam moją temperaturę ciała. Rzadko przekraczała 35,5°C. Teraz nie zdarza się, żeby spadła poniżej 36,1°C i często przekracza 36,6°C. Zauważyłam, że im dłużej zażywam VCO, tym moja temperatura jest wyższa. Moje włosy wypadały. Teraz widzę, że rosną nowe. Siwe włosy ciemnieją i wyrastają kolejne, ciemne. Moja skóra jest miękka i mniej pomarszczona.

Plamy wątrobowe na plecach i rękach znikają. Moje brwi ponownie wyrastają. Moje paznokcie są długie i mocne".

DEBORAH

„Moja lekarka zadzwoniła, żeby podać mi wynik najnowszego badania tarczycy, mówiąc, że jest ponownie słaby. Powiedziała, że w ubiegłym roku tylko raz wynik był normalny, było to w lipcu. Zapytała, czy wprowadziłam wtedy jakieś zmiany. Nie mogłam sobie przypomnieć. Później zdałam sobie sprawę, że wtedy właśnie moi teściowie przyjechali z wizytą, a teściowa przywiozła do wypróbowania olej kokosowy, ponieważ słyszała o jego dobroczynnym wpływie na problemy z tarczycą. Używałam go, ale gdy się skończył, przestałam. Nigdy nie pofatygowałam się, żeby kupić więcej. Zaczęłam z pieczołowitością używać go ponownie i zadzwoniłam do mojej lekarki kilka tygodni później, prosząc o ponowne badania. Rzeczywiście, idealny wynik – 5! Możesz sobie wyobrazić moją absolutną radość, gdy to usłyszałam. Nadal biorę go codziennie".

MELANIE K.

„Minęły tylko 3 miesiące, odkąd zaczęłam stosować olej kokosowy. Moja skóra jest jak u nowo narodzonego dziecka. Moja twarz jest piękna i różowa. Podeszwy stóp są jak u nastolatki (nie wcieram w nie oleju, tylko spożywam go). Po raz pierwszy od ponad 53 lat, tak długo jak długo używam oleju kokosowego, jest mi CIEPŁO i straciłam 5 kg. Moje włosy są piękne! Uważam, że olej kokosowy z pierwszego tłoczenia jest moim cudownym pokarmem".

LINDA

„Od kiedy zaczęłam brać olej kokosowy, moja temperatura wzrosła dość dużo i zatrzymała się na poziomie 37°C! A to tylko 2 tygodnie... Mam więcej energii i czuję się ponownie sobą!"

RACHEL

„Jem dużo oleju kokosowego z pierwszego tłoczenia. Pomógł mi na suchą skórę i zwiększył mój metabolizm. Świetne jest zjeść trochę oleju, a potem wyjść na spacer, na zimne wiatry. Jest mi CIEPŁO!"

ROXANNE

„Dzięki olejowi kokosowemu mój stan się poprawia. Trzy miesiące temu moje TSH wynosiło 20 i lekarz zwiększył dawki leków na tarczycę. Wczoraj zrobiłem kolejny test po tym, jak brałem olej kokosowy przez 3 tygodnie i moje TSH znacznie spadło, do 3,6".

SAM

„Jestem kobietą w średnim wieku (54 lata) z niedoczynnością tarczycy, zawsze jest mi zimno i mam lodowate ręce i stopy. Jestem na naturalnej tarczycy, a Synthroid nie zadziałał na mnie. Prowadzę zdrowy tryb życia, często ćwiczę i biorę dużo tarczycy, więc można by pomyśleć, że powinno być mi ciepło. Jednak zawsze było mi zimno i nawet leki tarczycowe mi nie pomogły. Nic nie pomagało, aż zaczęłam jeść olej kokosowy. Po 3 dniach zauważyłam różnicę, ale nadal byłam sceptyczna. Czy to naprawdę olej kokosowy, zastanawiałam się? Ale po 3 tygodniach nie mam już żadnych wątpliwości".

SARAH L.

„Moja podstawowa temperatura ciała i temperatura dzienna sukcesywnie wzrosły. Moja temperatury ciała (mierzona z samego rana) podniosła się z tak niskiej jak 36,1°C do 36,8-37°C! Nie jest mi tak zimno jak kiedyś, wróciła mi energia i jej poziom jest bardziej stabilny. Nie czuję otępienia umysłu, którego doświadczałam, moje włosy są tak miękkie, a moje paznokcie rosną w szybkim tempie! Uwielbiam to".

JEN

„Moja podstawowa temperatura ciała i temperatura dzienna sukcesywnie wzrosły w ciągu ostatnich 3-4 miesięcy i zauważyłam różne zmiany, np. moje paznokcie są o wiele mocniejsze, jest mi cieplej i lepiej potrafię poradzić sobie ze zmianami temperatury, bóle w nogach zniknęły, a brwi odrosły! Same dobre rzeczy".

KATHY

„Zaczęłam używać oleju kokosowego z pierwszego tłoczenia po przeczytaniu o tym w Internecie. Mimo że mam niedoczynność tarczycy, moja waga zaczęła maleć. To było takie błogosławieństwo. Moja córka i zięć stracili na wadze po dodaniu oleju kokosowego do ich diety. Mojej siostrze, która zawsze miała niedoczynność tarczycy, również nieustannie spada waga. Zawsze było mi trudno z powodu mojej wagi. Teraz, w wieku 48 lat, mając niedoczynność tarczycy, z pomocą oleju kokosowego straciłam bez wysiłku 16 kg! Olej kokosowy pobudził u mnie metabolizm spalania tłuszczu!"

„Powiedziałam o tym zespołowi mojego lekarza, a oni widzą poprawę za każdym razem, jak przychodzę na comiesięczne wizyty. Mój lekarz jest zdumiony; nie wie, co o tym myśleć. Po 37 latach głodowania, przybierania na wadze i załamania z powodu tak bezradnej walki, przez cały ten czas jedyną odpowiedzią dla mnie, mojej córki, zięcia i siostry był olej kokosowy".

DANA O.

Zmniejszenie ilości zażywanych leków na tarczycę

Osoby przyjmujące leki tarczycowe mogą spodziewać się zmniejszenia dawek, a w niektórych przypadkach nawet całkowitego odstawienia leków. „Już nie leczę tarczycy" – mówi Jan H. „Straciłem 32 kg. Mam więcej energii teraz, w wieku 51 lat, niż jak miałem 20".

Lisa mówi: „Minęło zaledwie kilka miesięcy, odkąd używam oleju kokosowego i czasem masła organicznego do gotowania, pieczenia, wszystkiego na ciepło. Po kilku tygodniach używania oleju mój standardowy poziom hormonu tarczycy we krwi został zmierzony i po raz pierwszy od 12 lat dawki leku Synthroid musiały zostać obniżone z 150 mcg do 112 mcg. Przykro mi, ale absolutnie nic w ciągu 12 lat nie przyniosło takich efektów, a teraz mam nadzieję, że przy następnym teście będą jeszcze niższe i mam nadzieję odstawić leki".

Jeśli przyjmujesz leki na niedoczynność tarczycy, bądź przygotowany na obniżenie dawki. Olej kokosowy i dieta ketogeniczna poprawią zdrowie tarczycy, normalizując jej działanie. Gdy tarczyca zacznie działać lepiej, leki mogą stać się zbyt silne, co może spowodować nadczynność tarczycy. Objawy nadczynności tarczycy mogą się rozwijać. Jeśli staniesz się nerwowy, pobudzony, zaczniesz mieć trudności w zasypianiu albo twoje serce będzie bić jak szalone, to znaczy, że trzeba zmniejszyć dawki leków.

„Mam 46 lat i zdiagnozowaną chorobę Hashimoto" – mówi Carol. „Zaczęłam używać oleju kokosowego kilka miesięcy temu i od razu poczułam się lepiej. To było cudowne! Około miesiąca temu zaczęłam mieć zawroty głowy. Z pewnym oporem mój lekarz (zajęło to 4 tygodnie), zgodził się ponownie przetestować moje TSH, które obecnie wynosi 0,01 – sytuując mnie w zakresie nadczynności! Mój lekarz zmniejszył mi dawkę Synthroid z 50 mcg do 25mcg i powiedział, że zrobimy to krok po kroku, ale zgodził się, że być może będę w stanie odstawić Synthroid i polegać wyłącznie na oleju kokosowym w leczeniu mojej niedoczynności tarczycy".

„Cała moja rodzina ma chorą tarczycę" – mówi Rischa. „Większość z nas mieści się w normalnym zakresie, mając uporczywe objawy". Rischa cierpiała przez lata na niedoczynność tarczycy pomimo zażywania leku Synthroid i Cytomelu – najmocniejszej postaci leków tarczycowych. Gdy dowiedziała się o oleju kokosowym, zaczęła brać 2 łyżki dziennie i stopniowo zwiększać do 4. W ciągu kilku tygodni zaczęła doświadczać niezwykłych objawów. „Uderzyło mnie jak młotem kowalskim" – mówi. „Mój puls pędził i pojawiło się kilka innych niezwykłych objawów nadczynności tarczycy".

Uświadomiła sobie, że jej metabolizm był teraz zbyt szybki. „Obniżyłam więc dawki moich leków tarczycy! Zmniejszyłam Synthroid z 225 mcg do około 100 mcg oraz zmniejszyłam o połowę Cytomel!

Czułam się dobrze przez cały dzień, więc postanowiłem kontynuować redukowanie dawek. Czytałam o innych osobach, które odzyskały zdrowie, stosując olej kokosowy a ich tarczyca wróciła do normy, nawet po latach leczenia ... Rezultaty były niewiarygodne! Nie miałam pojęcia, że to może nastąpić tak szybko".

Pod czujnym okiem swego lekarza była w stanie całkowicie odstawić leki. „To jest jakiś cud, jak bardzo inaczej się czuję – mówi. „Jestem zachwycona!"

Kiedy Marcy B. wyczuła kołatanie serca, udała się do szpitala. „Byłam zdenerwowana, objawy nasilały się, a moje ramię bolało. Myślałam, że mam atak serca". Badanie nie wykryło niczego niepokojącego w jej sercu, ale to, co wykryło, było zupełnie nieoczekiwanym odkryciem – Marcy B. miała objawy nadczynności tarczycy. „Funkcjonowanie mojej tarczycy zmieniło się! Miałam niedoczynność przez 35 lat. Teraz mam nadczynność tarczycy!" Zaledwie kilka tygodni wcześniej rozpoczęła spożywanie oleju kokosowego. Była świadoma tego, że miał pomóc w niedoczynności tarczycy, ale dramatyczne rezultaty zszokowały ją całkowicie. Zapytała o to lekarza, ale nie miał o tym najmniejszego pojęcia. Jej recepta na leki tarczycy została zmniejszona z 225 mcg do 100 mcg. „Jestem bardzo zadowolona, że moja tarczyca nie potrzebuje już tyle leku" – mówi.

„Osiemnaście lat temu wykryto u mnie niedoczynność tarczycy" – mówi Binky. „Byłam na stałej dawce 150 mcg leku tarczycowego od wieków. To co się stało ostatnio, jest czymś niesamowitym. Z moją tarczycą jest coraz lepiej! Na dzień dzisiejszy jestem na jednej czwartej dawki i podejrzewam, że jest ona nadal zbyt wysoka. To niesamowite, że tak się stało".

Olej kokosowy może działać tak dobrze na poprawę funkcjonowania tarczycy u niektórych ludzi, że niektórzy pytają: czy kiedykolwiek może on sprawić, że tarczyca stanie się zbyt aktywna i spowodować nadczynność tarczycy? Odpowiedź brzmi: nie. Olej kokosowy normalizuje czynności tarczycy, leki ją przyspieszają. Wraz z poprawą funkcjonowania tarczycy zażywane leki mogą nie być już konieczne lub może być konieczne zmniejszenie dawek. Pod nadzorem lekarza możesz stopniowo zmniejszyć dawki leków w razie potrzeby.

Niektóre osoby są w stanie odstawić leki tarczycowe całkowicie, a inne mogą odstawić leki, ale muszą regularnie brać olej kokosowy. Nawet pacjenci z usuniętą tarczycą mogą odnosić korzyści.

„Często miałam trudności w zasypianiu, ale nigdy tego nie skojarzyłam" – mówi Nina. „Wczoraj miałam badanie na poziom hormonów tarczycy i obecnie jest on zbyt wysoki. Dzięki VCO jestem w stanie zmniejszyć dawki moich leków tarczycowych. (Nie mam tarczycy, więc zawsze będę potrzebować leków tarczycowych)".

W przypadku usuniętej tarczycy organizm nie wytwarza hormonów tarczycowych i leki tarczycowe muszą być zażywane do końca życia.

DOPALACZE METABOLIZMU

Oprócz oleju kokosowego są inne sposoby na zwiększenie metabolizmu i nadanie tempa aktywności tarczycy. Ta sekcja zawiera kilka dodatkowych pomysłów, które możesz wykorzystać wraz z olejem kokosowym, aby ożywić swój metabolizm.

Światło słoneczne

Możesz zastanawiać się, dlaczego książka na temat utraty wagi zawiera część poświęconą działaniu promieni słonecznych. Wierz mi lub nie, światło słoneczne może pomóc schudnąć! Tak, leżenie na plaży w słońcu jest jednym ze sposobów, w jaki organizm może zrzucić nadmiar tkanki tłuszczowej. Jaki cudowny sposób, aby schudnąć! Może dlatego plażowicze są tak szczupli? Na pewno nie jest to jedyna przyczyna, ale opalanie może pomóc.

Światło słoneczne ma większy wpływ na zdrowie, niż większość z nas zdaje sobie sprawę. Odpowiednia częstotliwość ekspozycji na pełne słońce jest niezbędna dla aktywacji enzymów i produkcji niektórych hormonów potrzebnych do wielu procesów chemicznych zachodzących w organizmie. Brak ekspozycji na słońce może powodować dysfunkcję wielu enzymów i słabsze wydzielanie hormonów, które wpływają na metabolizm i temperaturę ciała. Zbyt mało słońca może rzeczywiście przyczynić się do insulinooporności[34].

Światło słoneczne ma wpływ na nasze zdrowie poprzez chemiczne i elektryczne działania, które wywołuje w naszej skórze i mózgu. Na przykład, gdy światło wpływa do oka, miliony komórek światłoczułych zwanych fotoreceptorami konwertują światło na impulsy elektryczne. Impulsy te przemieszczają się wzdłuż nerwu wzrokowego do mózgu, gdzie powodują wysyłanie przez podwzgórza wiadomości chemicznych, aby regulować autonomiczne (mimowolne) funkcje organizmu. Podwzgórze uwalnia hormony, które kontrolują działanie innych gruczołów, w tym gruczołu tarczowego. Jeśli podwzgórze jest niedoczynne z powodu braku światła, tarczyca będzie również niedoczynna.

Ultrafioletowe (UV) promieniowanie słoneczne aktywuje enzymy, które przekształcają cholesterol w witaminę D. Pożywienie jest ogólnie słabym źródłem witaminy D. Większość witaminy D w naszym organizmie pochodzi z ekspozycji na światło słoneczne. Niski poziom witaminy D jest powszechny u osób z niedoczynnością tarczycy. Witamina D jest konieczna do wytwarzania hormonu tarczycy. Musi ona także być obecna w dostatecznych ilościach wewnątrz naszych komórek, aby hormony tarczycowe mogły właściwie wpływać na komórki. Jest to na tyle istotne, że bez odpowiedniej ilości witaminy D hormon tarczycy jest mało aktywny. Brak światła słonecznego i witaminy D może prowadzić do niedoczynności tarczycy i obniżenia metabolizmu.

Nie jest tak trudno dostrzec, jak ważne jest światło słoneczne dla naszego zdrowia. Możemy zobaczyć i poczuć wpływ Słońca na co dzień. Czy nigdy nie zauważyłeś wzrostu energii lub pozytywnego nastroju, gdy jesteś na zewnątrz w jasny słoneczny dzień? Z drugiej strony, możesz zauważyć brak entuzjazmu, czuć się zmęczony lub przygnębiony, gdy jest pochmurno i ciemno.

Efekty są wyraźnie widoczne wśród roślin. Rzuć promień światła na uśpioną roślinę, a przebudzi się ona do życia. Światło słoneczne aktywuje enzymy roślin, stymulując metabolizm, wzrost i aktywność. Brak światła słonecznego powoduje, że rośliny stają się uśpione, a ludzie i zwierzęta popadają w stan hibernacji lub śpią. Bez Słońca rośliny kurczą się i umierają, tak jak i my.

W okresie zimowym, kiedy promienie słoneczne są mniej intensywne i często blokowane przez chmury, ludzie zapadają na schorzenie znane pod nazwą „depresji zimowej (ang. seasonal affective disorder [SAD]). Objawy SAD to depresja, drażliwość, nadmierna senność i jedzenie, przyrost masy ciała i obniżony popęd płciowy. Ekspozycja na światło słoneczne odwraca te objawy.

Twoje ciało wymaga pełnego światła słonecznego. Sztuczne oświetlenie nie jest wystarczające, a badania pokazują, że może to być nawet szkodliwe. Naturalne światło zawiera pełny zakres długości fal światła, od promieni podczerwonych do promieniowania ultrafioletowego (UV). Każda fala posiada inny poziom energii i ma inny wpływ na tkanki ciała. Sztuczne oświetlenie, zarówno żarowe jak i fluorescencyjne, nie posiada kompletnie zrównoważonego spektrum światła słonecznego.

Można dostrzec analogię pomiędzy światłem i składnikami odżywczymi w pokarmie. Naturalne jedzenie zawiera szeroką gamę witamin i minerałów. Gdy żywność jest przetwarzana, wiele z tych składników zostaje usuniętych. Naturalne światło słoneczne zawiera pełne spektrum długości fal świetlnych, a sztuczne światło nie. Kiedy brakuje którejś z długości fal, światło staje się nierówne i może wpływać na zdrowie, tak jak w przypadku żywności, gdy brakuje w niej ważnych środków odżywczych takich jak witamina C. Dlatego sztuczne oświetlenie nie jest wystarczającym zamiennikiem naturalnego światła słonecznego.

Innym powodem, dla którego sztuczne oświetlenie jest gorsze, jest fakt, że jest o wiele słabsze. Większość budynków, nawet z oknami, jest oświetlona na poziomie 500 lx (lux to międzynarodowa jednostka oświetlenia). Na zewnątrz światło ma poziom około 50 000 lx, czyli około 100 razy więcej. W nocy lub w pomieszczeniach, w których sztuczne oświetlenie jest jedynym źródłem światła, poziom spada do 50 lx.

Optymalne wchłanianie witamin i minerałów przez nasz organizm wymaga pełnego widma światła słonecznego. Okna, szyby, okulary, smog, chmury i krem do opalania, to wszystko filtruje część spektrum światła. Badania pokazują, że jeśli pewne długości fal nie są obecne w świetle, organizm nie może w pełni wykorzystać środków odżywczych[35].

Większość z nas spędza 90 procent lub więcej naszego czasu wewnątrz budynków lub samochodów zabezpieczonych przed bezpośrednim działaniem promieni słonecznych. Bez odpowiedniego światła słonecznego spowalnia się aktywność enzymu, produkcja hormonu słabnie, a składniki odżywcze nie są odpowiednio wykorzystywane. Rezultatem jest długa lista problemów zdrowotnych, z których wiele jest związanych z niedoczynnością tarczycy, w tym zwiększenie masy ciała.

Jeśli twój metabolizm jest powolny, ponieważ nie otrzymuje wystarczającej ilości bezpośredniego światła słonecznego, zażywanie leków nie pomoże. Musisz wyjść na słońce każdego dnia. Opalać się, jeśli możesz. Każda ekspozycja będzie korzystna. Ja polecam ci co najmniej 15-30 minut bezpośredniego słońca każdego dnia.

Niektórzy ludzie obawiają się wychodzić na słońce z powodu zachorowań na raka skóry. Podobnie jak tłuszcze nasycone, światło słoneczne zostało niesprawiedliwie krytykowane w przeszłości jako niebezpieczne dla zdrowia. Ostrzega się nas przed zbytnią ekspozycją na bezpośrednie słońce, ponieważ może to powodować raka. Niektórzy fanatycy nawet rekomendują całkowite unikanie światła słonecznego. Obecne badania wykazują, że umiarkowana ekspozycja na światło słoneczne jest nie tylko nieszkodliwa, ale niezbędna dla dobrego zdrowia i może chronić przed rakiem. Nie musisz się obawiać światła słonecznego.

Badanie przeprowadzone przez US Navy (Marynarka Wojenna Stanów Zjednoczonych – przyp. tłum.) porównało stopień ryzyka zachorowalności na czerniaka - najbardziej śmiertelnej formy raka skóry, występującego wśród różnych zawodów w marynarce wojennej.

Odkryto, że osoby pracujące w pomieszczeniach miały najwyższą zachorowalność na czerniaka, a ci, którzy pracowali przynajmniej częściowo na zewnątrz, mieli najniższy wskaźnik zachorowalności. Co więcej, czerniak częściej występował na tułowiu, zasłonięty odzieżą, w przeciwieństwie do głowy i ramion, które są bardziej narażone na działanie promieni słonecznych. Z badania wynikło, że położenie czerniaka wskazuje na ochronną rolę regularnej ekspozycji na słońce[36].

Badania pokazują również, że witamina D hamuje rozwój złośliwych komórek czerniaka. Niedobór witaminy D spowodowany przez brak odpowiedniego nasłonecznienia może powodować tworzenie się czerniaka[37]. Jest to zgodne z wynikami innych badań, które wykazały, że światło ma działanie ochronne przeciwko wielu postaciom raka. Na przykład naukowcy z Uniwersytetu Medycznego Johna Hopkinsa (Johns Hopkins University Medical School) w Baltimore, w Stanie Maryland, wykazali, że ekspozycja na światło w pełnym spektrum, w tym promieniowanie UV, jest dodatnio powiązana z zapobieganiem raka piersi, jelita grubego i odbytnicy[36].

Ćwiczenia

Jedną z najlepszych rzeczy, które możesz zrobić, aby zwiększyć swój metabolizm, poprawić wrażliwość na insulinę, schudnąć i wyglądać lepiej, jest regularne ćwiczenie. Wysiłek fizyczny nie tylko pomoże ci spalić tłuszcz, ale również trzymać go z daleka. Ćwiczenie jest najsilniejszym czynnikiem długoterminowego sukcesu w kontroli wagi. *Physician and Sportsmedicine Journal* poinformował, że 90 procent kobiet, które straciły na wadze, utrzymuje ją, ćwicząc regularnie. W innym badaniu opublikowanym w tym samym czasopiśmie, dotyczącym powracania do właściwej wagi, zbadano 40 kobiet, które straciły na wadze w 16-tygodniowym programie leczenia. Rok po ukończeniu leczenia naukowcy stwierdzili, że najbardziej aktywna trzecia część uczestniczek straciła dodatkowo na wadze. Jedna trzecia badanych ćwicząca przynajmniej w połowie równie intensywnie podtrzymała swoją wagę, którą miała na koniec odchudzania. Najmniej aktywna, trzecia część badanych stopniowo przybierała na wadze w ciągu roku po terapii odchudzającej.

W czasie aktywności fizycznej zapotrzebowanie naszego organizmu na energię wzrasta. W związku z tym rośnie metabolizm i szybkość spalania kalorii. Przyspiesza oddychanie i akcja serca, ciało staje się cieplejsze, wszystko działa w przyspieszonym tempie. Podczas siedzenia i relaksu, człowiek o masie 68 kg spala około 82 kalorii na godzinę. Ale gdy angażuje się w jakiś rodzaj aktywności fizycznej, jak chodzenie (4,8 km/h), wskaźnik ten wzrasta do 225 kalorii na godzinę. To dodatkowe 143 kalorii, które są wypalane. Jogging (12 km/h) zwiększa spalanie do 510 kalorii na godzinę.

Jest nawet jeszcze lepiej: gdy ćwiczenie jest zakończone, metabolizm nadal pozostaje podwyższony, a tłuszcz nadal spala się w przyspieszonym tempie. Dowody sugerują, że metabolizm jest stymulowany o około 25 procent nawet przez 3 godziny po intensywnym wysiłku i wciąż może być szybszy o 10 procent po 2 dniach. Będziesz wypalać dodatkowe kalorie, nawet relaksując się przed telewizorem.

Szczupli, muskularni ludzie na ogół mają wyższe tempo metabolizmu niż osoby bez formy, z nadwagą. I nie dlatego, że urodzili się tacy, ale dlatego, że tkanka mięśniowa zużywa kalorie w szybszym tempie, niż robi to tkanka tłuszczowa. Im więcej masz mięśni, tym więcej kalorii organizm spala. Każdy dodatkowy kilogram mięśnia wykorzystuje około 100 dodatkowych kalorii dziennie. To może nie wydawać się dużo, ale jest znaczące. W ciągu roku wynosi to 18 000 kalorii mniej od wartości tłuszczu w ciele. Jest to równoznaczne z masą około 2,5 kg. To jest 2,3 kg mniej z nadmiaru tłuszczu, który spalił się bez dodatkowego wysiłku z naszej strony. Jednym z najlepszych sposobów budowania masy mięśniowej jest podnoszenie ciężarów i trening oporowy. Typowy program siłowy może dodać 1,4 kg mięśni w około 3 miesiące. W ciągu roku 1,4 kg dodatkowej tkanki mięśniowej będzie spalać kolejne 55 000 kalorii lub równowartość ponad 7 kg tłuszczu.

Nie musisz dołączać do kulturystów, biegać 16 kilometrów dziennie lub zapisywać się na intensywny aerobik, aby rozpocząć odchudzanie. Możesz to uczynić, jeśli fizycznie potrafisz temu sprostać, ale nie musisz. Ćwiczenia nie muszą być wyczerpujące, nudne lub męczące. To może być przyjemne, nawet dla tych, którzy są niewysportowani. Polecam zacząć od spacerów, skakania na trampolinie czy pływania. Są to rodzaje aktywności fizycznej, które może wykonywać większość osób niezależnie od ich poziomu sprawności fizycznej.

Chodzenie na spacery, zwłaszcza wśród drzew i liści, dodaje wymiaru tej aktywności, który zwiększa przyjemność z niej idącą, pozwala rozkoszować się promieniami Słońca i zwiększyć poziom witaminy D. W zimne, deszczowe dni można spacerować w centrum handlowym. Przepełnione centra handlowe stały się popularnymi miejscami do spacerów, szczególnie wśród starszych ludzi. Centra handlowe są stosunkowo bezpieczne i nie podlegają zmianom pogody. Dodatkową zaletą takich spacerów są sklepy i inni ludzie.

Ponieważ większość ludzi, którym zależy na utracie wagi, jest fizycznie nieaktywna, polecam zacząć powoli. Na początku spaceruj bez pośpiechu przez 15 lub 20 minut pierwszego dnia. Podtrzymuj 15 lub 20 minut dziennie przez 5 do 6 dni w tygodniu przez pierwszy tydzień. Po tygodniu dodaj do spaceru 5 minut. W następnym tygodniu dodaj kolejne 5 minut. Dodajemy 5 minut co tydzień, aż spacer będzie trwać od 30 do 60 minut.

Większość ekspertów fitness zaleca, aby tempo chodzenia było żwawe. Takie tempo to prawie 5 km na godzinę lub więcej. Gdy dojdziesz do 30 minut dziennego spaceru bez pośpiechu, można skupić się na prędkości. Tempo 5 km na godzinę to nie szybko, ale też nie tak zupełnie spokojnie. Zaplanuj kurs, jadąc samochodem i nagrywając odległość. Możesz ocenić prędkość po tym, jak szybko pokonujesz dystans, który sobie wyznaczyłeś. Aby chodzić 5 km na godzinę, musiałbyś przejść 0,4 km w 5 minut. Przejście 1,6 km to 20 minut, 2,5 km to 30 minut, 3,2 km to 40 minut a 5 km to 60 minut. Jeśli to za szybko, chodź tak szybko jak możesz.

Ustal sobie cele i dąż do poprawy. Twoim pierwszym krótkoterminowym celem może być 20 minut dziennie przez tydzień. Kolejnym celem niech będzie 30 minut dziennie. Jednym z naszych głównych celów powinno być dążenie do 30 minut dziennie, 5 dni w tygodniu, przy prędkości 5 km na godzinę (w skrócie 30-5-5). Spacer w trybie 30-5-5 jest podstawowym celem do osiągnięcia dla każdego i jest to *minimalna* ilość ćwiczeń.

Gdy już osiągniesz 30-5-5 i poczujesz się z tym komfortowo, można rozważyć wydłużenie czasu, zwiększenie liczby dni lub zwiększenie prędkości. Instytut Badań nad Aerobikiem (The Institute for Aerobics Research) zaleca:

Minimum dla umiarkowanej sprawności fizycznej:
Kobiety: pokonywanie odległości 3,2 km w 30 minut lub mniej przez 3 dni w tygodniu, lub 3,2 km pokonywane w 30-40 minut, 5-6 razy w tygodniu.
Mężczyźni: odległość 3,2 km pokonywana w 27 minut lub mniej co najmniej 3 dni w tygodniu, lub 3,2 km pokonywane w 30-40 minut, 6-7 razy w tygodniu.

Minimum dla wysokiej sprawności fizycznej:
Kobiety: pokonywanie odległości 3,2 km w ciągu 30 minut, 5-6 dni w tygodniu.
Mężczyźni: spacer o długości 4 km ukończony w 38 minut, 6-7 dni w tygodniu.

Aby urozmaicić rutynę, można mieszać różne typy ćwiczeń, wykonując je w różne dni - spacerowanie, pływanie, skakanie na trampolinie i inne. Ponieważ masa mięśni spala więcej kalorii niż tłuszcz, być może zechcesz dodać do harmonogramu trening siłowy lub trening oporowy, ponieważ jest to najlepszy sposób na budowanie mięśni.

Ciepło

Sauny i gorące kąpiele mogą podnieść temperaturę ciała podobnie jak ćwiczenia. Jeśli woda lub para jest wystarczająco gorąca, podnosi o kilka stopni temperaturę ciała, która może przez pewien czas pozostać na wyższym poziomie. Skutki gorących kąpieli są krótkotrwałe, ale mogą być pomocne w podnoszeniu temperatury ciała przynajmniej na kilka godzin. W tym czasie powolne enzymy zostaną wyrzucone na wysokie obroty, a procesy organizmu będą przebiegać w szybszym tempie.

Terapia cieplna jest stosowana od tysięcy lat. Działania stymulujące na przemianę materii okazały się przydatne w oczyszczaniu organizmu z toksyn i przyspieszaniu powrotu do zdrowia. Nasz organizm posiada swój własny sposób zwalczania infekcji polegający na wytworzeniu stanu gorączki, aby zwiększyć krążenie i stymulować aktywność komórek i gruczołów.

Jeśli masz dostęp do sauny lub łaźni parowej w spa lub klubie zdrowia, skorzystaj z niej. Jeśli nie, wanna wypełniona gorącą wodą również spełni swoją rolę. Zwykłe siedzenie w wannie z gorącą wodą lub branie gorącego prysznica nie przyniesie efektu. Należy być całkowicie zanurzonym, z wyjątkiem głowy, a woda musi być wystarczająco gorąca, aby podnieść temperaturę ciała do około 37,8°C.

Aby to zrobić, należy rozpocząć napełnianie wanny ciepłą wodą, ale nie gorącą, aby uniknąć poparzenia. Gdy wanna napełnia się, usiądź w niej, utrzymując wodę tak gorącą, jak tylko się da. Napełnianie wanny w ten sposób pomaga organizmowi dostosować się do temperatury. Kiedy wanna napełni się po brzegi, zakręć wodę i zanurz całe ciało, utrzymując głowę nad powierzchnią. Zrelaksuj się i połóż głowę na ręcznik. Gdy twoje ciało moczy się, a woda schładza, spuść jej trochę i dodaj świeżej, ciepłej, aby utrzymać temperaturę tak gorącą jak to konieczne. Zazwyczaj, gdy twoje ciało dostosowuje się do ciepła, możesz znieść trochę wyższą temperaturę wody. Chociaż jesteś pokryty wodą, twoje ciało będzie się obficie pocić. Pozostań w kąpieli przez 20-30 minut.

Głównym problemem jest to, że wiele wanien jest zbyt małych. Aby cały zabieg był skuteczny, całe ciało poza głową musi być zanurzone. Wiele wanien nie jest na tyle dużych, aby to zrobić. Jednym z rozwiązań tego problemu jest kupienie folii dostępnej w różnych długościach w sklepach ogrodniczych i ułożenie jej jak koca nad wanną, wodą i osobą kąpiącą się. Nie należy owijać jej wokół ciała lub umieszczać w wodzie. Powinna ona przykrywać górną część wanny, zatrzymując ciepło. W ten sposób, jeśli kolana i palce wystają z wody, będą nadal utrzymywać ciepło.

CZYNNIKI WPŁYWAJĄCE NA METABOLIZM

Obniżające metabolizm

- Dieta z niedoborem składników odżywczych
- Leki (np. leki sulfonamidy, leki przeciwhistaminowe, leki przeciwdepresyjne, beta-blokery)
- Spożywanie nadmiernych ilości surowych warzyw krzyżowych
- Spożywanie produktów sojowych, z wyjątkiem soi fermentowanej
- Niskokaloryczne diety
- Diety niskotłuszczowe
- Spożywanie nadmiernych ilości cukru i innych węglowodanów prostych
- Fluor (np. pasta do zębów, płyn do płukania ust, herbata, naczynia nieprzywierające, woda z kranu)
- Brom (np. pieczywo, napoje gazowane, insektycydy)
- Niedobór jodu

Stymulujące metabolizm

- Spożywanie zdrowej żywności zawierającej szeroką gamę składników odżywczych, w tym tłuszcze i białka
- Picie wystarczającej ilości wody, aby zapobiec odwodnieniu
- Olej kokosowy
- Regularne spożywanie produktów będących źródłem jodu (np. sól morska, owoce morza, suplementy)
- Regularne ćwiczenia
- Regularna ekspozycja na słońce
- Okazjonalnie sauna/gorące kąpiele
- Dodawanie ostrej papryki i pieprzu cayenne do diety

Głowy nie osłaniaj folią. Głowa powinna być wystawiona do schłodzenia powietrzem. To pozwala na pozostanie w wodzie dłużej, korzystając z ciepła. Jeśli pojawi się ból głowy, to znaczy, że woda jest zbyt gorąca. Ochłódź głowę zimną wodą i połóż zimną, mokrą myjkę na czole, pozostając w wodzie. Ogrzej ciało do około 37,8°C. To tylko 0,8°C powyżej normy. Zdrowy człowiek może z łatwością znosić temperaturę do 40°C, więc nie ma potrzeby, aby się martwić przegrzaniem w temperaturze 37,8°C. Użyj termometru do regulowania temperatury. Jeśli będzie zbyt wysoka, ochłódź wannę. Jeśli nie będzie wystarczająco wysoka, dodaj więcej ciepłej wody.

Nawet będąc zanurzonym w wodzie, będziesz się bardzo pocić. Gruczoły potowe mogą wydzielić prawie pełny kufel wody w 15 minut, więc należy pić dużo wody. Wypij pełną szklankę wody przed kąpielą i następną po kąpieli. Nie pij zimnej wody, ponieważ to schłodzi ciało. Pocenie się usuwa sól i minerały z organizmu, więc powinno się uzupełniać je dietą, spożywając odpowiednią ilość soli morskiej i suplementów mineralnych w późniejszym czasie.

Aby w pełni skorzystać z podwyższonej przez kąpiel temperatury, unikaj działań, które zaraz potem mogłyby cię schłodzić, takich jak wychodzenie na zimne powietrze lub spożywanie zimnych pokarmów lub napojów. Gorące kąpiele są relaksujące. Najlepiej jest brać je w godzinach wieczornych, aby zaraz potem zrelaksować się lub położyć do łóżka.

Terapia ciepłem może mieć ogromny wpływ na organizm. Osoby, które cierpią na stwardnienie rozsiane, nadczynność tarczycy, nadciśnienie czy poważne choroby serca, przed zastosowaniem gorących kąpieli powinny skonsultować się z lekarzem.

Papryczka chili

Czy kiedykolwiek oblały cię siódme poty po tym, jak pozwoliłeś sobie na odrobinę ognistej chili lub taco, które miało nieco zbyt ostry sos? Ciepło, które czuje się w ustach, zajadając się ostrymi daniami kuchni meksykańskiej, tajskiej i indyjskiej, pochodzi od papryki chili. Istnieją setki odmian papryki, od łagodnej papryki bell i umiarkowanie ostrej poblano, do bardziej gorącej jalapeno i najostrzejszej habanero. To, co sprawia, że chili jest tak gorąca, to generujący ciepło związek zwany kapsaicyną. Im więcej kapsaicyny w papryce, tym jest gorętsza. Papryka bell nie zawiera jej wcale, habaneros ma bardzo dużo.

Jeśli naukowcy chcieliby stworzyć pigułkę, która może błyskawicznie zwiększyć metabolizm i przyspieszyć spalanie nadmiaru kalorii, nie musieliby szukać dalej niż papryka chili. Zamiast jeść je w formie tabletek, chilli jest łączone z innymi pokarmami jako przyprawa. Może być spożywane świeże, wysuszone i sproszkowane lub mielone albo wyciśnięte w postaci sosu. Dodawanie odrobiny zmielonego pieprzu cayenne do żywności to wygodny sposób, aby urozmaicić swoje posiłki i czerpać korzyści, jakie chili ma do zaoferowania.

Papryka chili to żywność termogeniczna, co oznacza, że jest pokarmem, który wytwarza ciepło. Kalorie są po prostu miarą ciepła. Podczas jedzenia chili, włącza się w organizmie piec metaboliczny i spala się więcej kalorii. Pikantna żywność może przyspieszyć spalanie przez okres do 5 godzin po jedzeniu, co wystarczy, aby organizm pracował na wyższym biegu aż do następnego posiłku.

Oprócz spalania dodatkowych kalorii, pikantna żywność osłabia wpływ, jaki węglowodany mają na poziom cukru we krwi. Po zjedzeniu pikantnego posiłku poziom glukozy we krwi jest znacznie niższy niż po takim samym posiłku bez chili[38]. Efekt ten sprawił, że niektórzy badacze proponują wykorzystanie chili w celu łagodzenia insulinooporności oraz w leczeniu cukrzycy typu 2[39].

To nie wszystko. Spożywanie pikantnej żywności może sprawić, że je się mniej z powodu ograniczonego apetytu. Gdy dodaje się do potraw chili, głód jest szybciej zaspokajany, a ochota na ponowne jedzenie nie występuje przez dłuższy czas. W jednym z badań, na przykład, osoby, które były karmione posiłkiem z czerwoną chili, jadły mniej podczas śniadania i mniej w porze lunchu, w porównaniu z badanymi, którzy jedli to samo jedzenie bez papryki. Nawet wtedy, gdy śniadanie było przepełnione węglowodanami, które normalnie trawione są tak szybko, że głód zaraz wraca, chili przedłuża uczucie sytości[40].

Badania wykazały, że papryka chili daje wiele korzyści zdrowotnych; oprócz zwiększenia metabolizmu reguluje cukier we krwi i poziom insuliny, ogranicza apetyt, co może pomóc w utracie wagi, wykazuje silne właściwości antyoksydacyjne, zwalcza stany zapalne, poprawia trawienie i wchłanianie substancji odżywczych, zmniejsza ryzyko zawału serca i chroni przed rakiem żołądka.

Nie znosisz pikantnych potraw? Nie martw się. Nie trzeba ich używać aż tyle, żeby język ci płonął i łzy pojawiały się w oczach. Mniejsze, łatwiejsze do spożycia ilości również mogą zdziałać cuda, a z czasem wyrobisz sobie większą tolerancję i ostre potrawy zaczną ci smakować. Jeśli nie jesteś przyzwyczajony do jedzenia pikantnych potraw, można zacząć powoli. Posyp odrobinę pieprzu cayenne na jajka, mięso lub warzywa i dodaj więcej wraz ze wzrostem tolerancji. Jedzenie pikantnych potraw z pewnością nie jest wymogiem ażeby utracić wagę, korzystając z diety ketogenicznej, ale dla niektórych osób może to być pomocne, szczególnie jeśli cierpią z powodu niedoczynności tarczycy i potrzebują sposobu na pobudzenie metabolizmu.

OPINIE, CZYLI CO MÓWIĄ LUDZIE?

„Przeszłam przez drogę męki i rozpaczy z powodu mojej wagi i stałam się młodą, zdrową, pełną życia 34-latką" – mówi Danielle Johnson z Sault Sainte Marie, z Kanady. Przy wadze 167 kg lekarze poinformowali Danielle, że istnieje ryzyko chorób serca i wielu innych problemów zagrażających jej życiu. Próbowała wszystkich diet odchudzających – Slim Fast, Nutrisystem, Weight Watchers, South Beach, Relacore i innych, bez sukcesu. „Desperacko szukałam rozwiązania problemu mojej masy ciała przez całe życie" – powiedziała. „Wtedy odkryłam lekarstwo kokosowe". Zdrowa, niskowęglowodanowa dieta, olej kokosowy, pikantne potrawy i ocet cydrowy sprawiły, że mój metabolizm wystrzelił jak rakieta. Tylko w pierwszym tygodniu zrzuciłam 6 kg. Biegam naokoło jak szalona, wykonując różne prace domowe i nie mogę usiedzieć w miejscu. Mój metabolizm jest rozpędzony, a łaknienie całkowicie zniknęło".

Supermetabolizm i łatwa utrata masy ciała nie były jedynymi korzyściami, które zyskała. Wiele przewlekłych problemów zdrowotnych również zaczęło znikać. „Nie odczuwam już bólu powodowanego fibromialgią, związanego z moją wagą. Mam cukrzycę typu 2, a mój poziom glukozy we krwi znacznie spadł. Zauważyłam również, że biały proszek na stopach, typowy dla diabetyków, także zniknął. Brakuje mi słów, by opisać skuteczność tego leku. To nie hokus–pokus, jak niektórzy mogą myśleć. Byłam, jak większość, sceptyczna na początku, ale mój umysł otworzył się na to, bo próbowałam tak wiele innych sposobów na moją otyłość. Pomyślałam, że warto spróbować. Jestem obecnie na liście oczekujących na operację pomostowania żołądka, której nie będę już potrzebować".

Danielle codziennie przed każdym posiłkiem pije 3 łyżki organicznego, surowego octu jabłkowego i olej kokosowy. „Odstawiłam słodziki i używam odrobiny stewii do słodzenia herbaty. Włączyłam do diety ostrą paprykę i pieprz cayenne. W taki sposób podnoszę podstawową temperaturę mojego ciała i napędzam metabolizm. Zauważyłam, że nie mam już problemu z kwaśnym refluksem i zaparciami. Zniknęło uczucie wzdęcia - to naprawdę wspaniałe".

Oto jeszcze kilka komentarzy od osób, które dodały olej kokosowy do ich codziennej diety.

> „Trzymam się twojego planu dla zdrowej tarczycy. Około 3 dni temu (3 tygodnie od rozpoczęcia działania według planu i 6 tygodni od stosowania oleju kokosowego) zaczęłam czuć się o wiele lepiej. Mój poziom energii jest bardzo wysoki; dużo, dużo wyższy niż w całym moim życiu (54 lata). Ja naprawdę wydostałam się z mojego dołka. Dziękuję ci z głębi serca. To jest wielki cud dla mnie. Będę nadal działać według twego planu, używając go jako przewodnika na całe życie".
>
> STEPHANIE G.

> „Moja temperatura była bardzo niska (35°C). Mówiłam wszystkim, że jestem „cool" (ang. zimna, ale i fajna – przyp. tłum.). Gdy dowiedziałam się, że słabe działanie tarczycy może obniżać temperaturę ciała, chciałam coś z tym zrobić. Dowiedziałam się o oleju kokosowym i zaczęłam go spożywać (3-4 łyżki z moimi posiłkami). I w ciągu jednego tygodnia (nie przesadzam) moja zawsze niska temperatura za-

częła rosnąć. Już jest normalna. Teraz czasami waha się od 36,7-37°C. Muszę powiedzieć, że nie mogę uwierzyć, gdy patrzę na termometr. Jestem naprawdę pod wrażeniem oleju kokosowego".

JESSIE

„Zdiagnozowano u mnie chorobę Hashimoto i przepisano mi Synthroid. Gdy brałam lek, nadal odczuwałam niedoczynność tarczycy i byłam bardzo zmęczona. Zaczęłam brać VCO około 2 miesiące temu i dostałam nadczynności tarczycy. Mój lekarz kazał mi odstawić więc Synthroid i nadczynność tarczycy przeszła w około 2 dni, a wszystko co teraz biorę to VC. Trudno uwierzyć, jak dużo mam energii. A nawet jeszcze zanim zaczęłam zażywać Synthroid, spałam zbyt dużo i byłam ciągle zmęczona. Wygląda na to, że moja tarczyca znowu pracuje samodzielnie. Mój lekarz był pod wrażeniem i poleca teraz VCO wszystkim swoim pacjentom".

DANNE H.

„Przez lata nosiłam całkiem sporo dodatkowych kilogramów i z powodu diet dałam się złapać w cykl jo-jo. Wprowadziłam zmiany w stylu życia, to znaczy zdrowe jedzenie i regularne ćwiczenia, ale nigdy nie widziałam konkretnego efektu w postaci utraty wagi. Robiłam badania na tarczycę i były zawsze «normalne». Cóż, kilka tygodni temu zaczęłam dodawać olej kokosowy do mojej diety i stał się cud. Traciłam kilogram tygodniowo, bez żadnych starań, co oznacza, że funkcjonowanie mojej tarczycy nie było tak «normalne», jak mi mówiono. Mam więcej energii i po prostu czuję się lepiej".

IRENE

„Olej kokosowy z pierwszego tłoczenia działa na mnie. Moje drugie (opóźnione 6 miesięcy) wyniki badań tarczycy wyszły lepsze i w bezpiecznej strefie. Olej kokosowy, oprócz tego, że sprawia, że czuję się lepiej, wyzwolił mnie od leków tarczycowych. Mój lekarz był bardzo sceptycznie nastawiony do stosowania oleju kokosowego (nigdy nie myślał, aby wziąć go pod uwagę) i był zaskoczony nie tylko wynikami tarczycy, ale także poprawą poziomu cholesterolu i poziomu cukru we krwi. Wciąż sceptyczny wobec oleju kokosowego, mógł tylko powiedzieć: «Cokolwiek robisz, rób to».

CLEVE

„Moja temperatura nadal rośnie i dziś rano wynosiła 36,3°C (od okresu przed braniem VCO, gdy wynosiła 35,7°C, tylko 10 dni temu). Przez 3 lata moja dieta była niskowęglowodanowa o wysokiej zawartości tłuszczu, więc nie jest mi obca sytość z dużą ilością dobrych tłuszczów w moich posiłkach, ale ciężko jest mi włączyć 3,5 łyżki VCO, ponieważ to sprawia, że jestem syta ponad normę przez wiele godzin! Próbowałem ograniczyć inne pokarmy, co pomaga nieco, ale wciąż z ledwością mogę stawić czoła kolacji w 5 godzin po obiedzie!"

KATY

„Czuję się fantastycznie! Pierwszy raz od lat czuję się dobrze i zdrowo. Kłopoty z niedoczynnością tarczycy nękały mnie przez 5-6 lat i nic nie działało, aż do teraz. Jak można sobie wyobrazić, jestem w ekstazie! Ciągle myślę, że następnego dnia będę znowu czuć się źle i nie będę mieć energii, jak dotąd nic takiego się nie wydarzyło. Zgubiłam 2 kg w zeszłym tygodniu. Już nawet samo to jest cudowną oznaką, że plan działa".

PAT

14

PIJ WIĘCEJ, WAŻ MNIEJ

„Pij dużo wody". Prawdopodobnie słyszałeś tę radę ze 100 razy, ale czy jej słuchasz? Ile wody pijesz każdego dnia? Mam na myśli prawdziwej wody – czystej wody bez dodanych aromatów, substancji słodzących i innych substancji chemicznych. Trzy szklanki? Być może jedną szklankę? Być może wcale? To dość typowe. Bez względu na to jak niewiarygodnie to brzmi, jednym z powodów, dla których masz nadwagę, jest picie niewystarczającej ilości wody.

Spośród całej żywności i napojów, które spożywamy, woda jest zdecydowanie najważniejsza. Mimo że nie zawiera żadnych kalorii i nie zapewnia energii, uważa się ją za najbardziej istotny składnik odżywczy. Nasz organizm wymaga stałego źródła wody w ciągu dnia, w celu utrzymania swoich funkcji i do podtrzymania życia. Możemy żyć przez kilka tygodni, a nawet miesięcy bez innych składników odżywczych, ale całkowicie pozbawieni wody umarlibyśmy z odwodnienia w ciągu kilku dni. Brak odpowiedniej ilości wody jest w istocie wyrokiem śmierci.

W przybliżeniu 60 procent wagi naszego ciała to woda. Każda funkcja wewnątrz organizmu jest regulowana i zależy od wody. Woda musi być dostępna w wystarczających ilościach do odpowiedniego transportu substancji odżywczych, tlenu, hormonów i innych chemikaliów do wszystkich części ciała. Woda nawilża nasze stawy, chroni nasz mózg, ułatwia trawienie i wypróżnianie, tworzy środowisko, w którym następują wszystkie reakcje chemiczne organizmu. Woda jest tak ważna dla prawidłowego funkcjonowania organizmu, że nawet niewielkie zmniejszenie normy może mieć ogromny wpływ na zdrowie.

Woda ma jeszcze jeden bardzo ważny cel. Jest potrzebna w odpowiedniej ilości, aby regulować wagę i zarządzać nią. Wiele osób ma nadwagę, ponieważ nie pije wody. Tak, jednym z powodów twojej nadwagi może być fakt, że nie pijesz wystarczającej ilości czystej wody. Diety, które ignorują spożycie płynów lub powodują utratę wody, są niebezpiecznie niezdrowe!

Dieta powinna poprawiać zdrowie, nie niszczyć. Prawidłowa dieta, która uznaje znaczenie wody, może pomóc schudnąć i poprawić swoje zdrowie.

ELIKSIR ŻYCIA

Odkrycie w więzieniu

Zaskakujące znaczenie wody w kontroli wagi i zdrowia w ogóle zostało odkryte przez doktora Fereydoona Batmanghelidj'iego, gdy odsiadywał on wyrok w więzieniu Evin w Iranie. Po ukończeniu szkoły medycznej w Londynie i pracy przez pewien czas w Anglii, doktor Batmanghelidj wrócił do Iranu, gdzie się urodził, aby pomóc ludziom w swoim kraju. W 1979 roku gwałtowna rewolucja powołała nowy rząd do władzy. Prawie wszyscy profesjonaliści i ludzie kreatywni, którzy pozostali w kraju, zostali wyłapani i osadzeni w więzieniu jako więźniowie polityczni. Dr Batmanghelidj był wśród nich.

Więzienie, w którym został umieszczony, zbudowano aby pomieścić tylko 600 pensjonariuszy, ale szybko zostało przeładowane liczbą 9000 więźniów. Przeszkolony personel medyczny był rzadkością, więc dr Batmanghelidj stał się odpowiedzialny za opiekę nad chorymi. Zdrowie więźniów nie było priorytetem w nowym rządzie, a tym samym środki medyczne były zdecydowanie niewystarczające.

Po niedługim czasie pobytu dr. Batmangheli'iego w więzieniu dostarczono mu jednego z więźniów udręczonego rozdzierającym bólem żołądka. Mężczyzna cierpiał na chorobę wrzodową i błagał, aby mu podać coś, co zatrzyma ból. Dr Batmanghelidj nie dysponował niczym, co mogłoby mu pomóc. Krzyki agonii człowieka były tak niepokojące, że w desperacji Batmanghelidj dał mu dwie szklanki wody. Po prostu nie wiedział, co innego mógłby zrobić. Ku jego zaskoczeniu, w ciągu kilku minut ból mężczyzny zniknął. Nakazał pacjentowi picie dwóch szklanek wody co kilka godzin. Mężczyzna zrobił tak i pozostał wolny od bólu i choroby do końca jego pobytu w więzieniu.

W taki sposób dr Batmanghelidj uświadomił sobie rolę, jaką woda może odgrywać dla zdrowia i uzdrawiania. Gdyby lekarstwa były dostępne, doktor Batmanghelidj by ich użył i prawdopodobnie nigdy nie odkrył niebezpieczeństwa przewlekłego odwodnienia i znaczenia wody.

Jakiś czas później, gdy kilka leków było już dostępnych, podobne doświadczenie miało miejsce z innym więźniem. Mijając celę, Batmanghelidj zauważył mężczyznę skulonego na podłodze, półprzytomnego i płaczącego z bólu. Miał wrzód, który go niemal zabijał. Batmanghelidj zapytał więźnia, czy robił coś, aby złagodzić ból. Powiedział, że wziął 3 tabletki Tagamets i pełną butelkę leków zobojętniających, ale ból tylko się pogorszył. Pamiętając swoje doświadczenia, dr Batmanghelidj dał człowiekowi dwie szklanki wody. W ciągu 10 minut ból osłabł. Dał mu do wypicia jeszcze jedną szklankę i po 4 minutach ból całkowicie ustąpił. Pacjent ten wziął ogromną ilość leków wrzodowych bez rezultatów, a po wypiciu zaledwie trzech szklanek wody ból zniknął, a on udzielał się towarzysko z przyjaciółmi.

Te przypadki skłoniły dr. Batmanghelidj'a do rozpoczęcia badania wpływu wody na zdrowie. Prawie przez 3 lata leczył on niezliczoną liczbę pacjentów cierpiących na różne choroby przy użyciu zwykłej wody z kranu i niczego więcej. Rząd, będąc pod wrażeniem jego pracy, uwolnił go z więzienia. On zaś natychmiast wyjechał do Stanów Zjednoczonych, gdzie kontynuował swoje badania i napisał książkę zatytułowaną *Your Body's Many Cries for Water* („Liczne wołania naszego ciała o wodę"). Doktor Batmanghelidj twierdził, że wiele chorób zwyrodnieniowych, na które dziś cierpimy, w dużym stopniu wywołanych jest przez chroniczne odwodnienie. Wyleczył on wiele tysięcy pacjentów wodą i był świadkiem kompletnego odzyskania zdrowia cierpiących na takie dolegliwości jak wysokie ciśnienie, bóle głowy, migreny, zapalenia stawów, astma, ból pleców, przewlekłe zaparcia, zapalenie okrężnicy, zgaga, zespół przewlekłego zmęczenia i nawet otyłość. Tak, problemy z nadwagą mogą być leczone wodą.

Doktor Batmanghelidj twierdzi, że każda z tych dolegliwości może być spowodowana odwodnieniem. Ciężkie odwodnienie jest na tyle niszczące, że powoduje szybką śmierć. Jednak przewlekłe odwadnianie niższego stopnia powoduje chorobę, która może doprowadzić do powolnej śmierci. Zdrowie pogarsza się tak powoli, że nie zdajemy sobie sprawy z tego, co się dzieje. Przypisujemy to starzeniu się. Doktor utrzymuje, że większość z nas jest chronicznie odwodniona, ponieważ nie pijemy wystarczającej ilości wody. Odwodnienie powoduje uszkodzenie komórek, co prowadzi do zapalenia, obrzęku i bólu. Odpowiedź organizmu każdego pacjenta na odwodnienia różni się w zależności od jego własnego chemicznego i fizycznego składu. Dla niektórych objawia się to najpierw jako zapalenie stawów, u innych jako migreny i bóle głowy. Zapalenie stawów występuje, gdy stawy stają się odwodnione i dochodzi do uszkodzenia tkanek. Ból pleców występuje, gdy płyty pomiędzy kręgami są odwodnione: wskutek tego kości i mięśnie wykręcają się ze swojego stałego ułożenia, co powoduje ból.

Badania opublikowane w periodyku medycznym Brytyjskiego Stowarzyszenia Medycznego: *Kroniki chorób reumatycznych* (lipiec, 2000) wykazały, że ludzie, którzy pili więcej niż 3 filiżanki kawy dziennie mieli dwukrotnie większe szanse na zachorowanie na zapalenie stawów w porównaniu z tymi, którzy pili mniej. Badanie to potwierdza obserwacje dr. Batmanghelidj'a. Reumatoidalne zapalenie stawów występuje częściej u osób pijących kawę, ponieważ kawa ma efekt odwadniający. Zapalenie stawów jest uważane za nieuleczalne konwencjonalnymi metodami medycznymi, ale dr Batmanghelidj zrobił to, co wydaje się być niemożliwe. Wyleczył wielu ludzi z zapaleniem stawów, po prostu karząc im pić więcej wody a mniej kawy, herbaty i innych napojów.

Inni badacze zauważyli, że picie zbyt małej ilości wody zwiększa ryzyko kamieni nerkowych, raka piersi, raka jelita grubego, raka pęcherza moczowego, otyłości, wypadania zastawki mitralnej (choroby serca) oraz innych fizycznych i psychicznych chorób[1].

Przewlekłe odwodnienie

Amerykański Instytut Medycyny zaleca, aby pić co najmniej 8 szklanek wody dziennie. Jest to ilość, którą organizm traci, pocąc się, oddychając i wydalając każdego dnia. Jest to minimalna ilość, jaką należy spożywać każdego dnia.

Często słyszymy zalecenia picia 8 szklanek wody dziennie, ale jak duża jest szklanka? Czy jest to 118,29 ml, 236,59 ml, a może 354,88 ml? Ilość wody, jakiej potrzebujesz, zależy od twoich rozmiarów. Duża osoba wymaga większej ilości wody niż mniejsza osoba. Ogólną zasadą jest picie 1 litra (1000 ml) wody na każde 30 kg masy ciała. W związku z tym 55-kilogramowa osoba musi pić co najmniej 2 litry (2000 ml) wody dziennie. Osoba ważąca 95 kilogramów potrzebuje 3⅓ litra wody (3300 ml). Ponadto, jeśli jesteś aktywny fizycznie, mieszkasz w klimacie suchym i gorącym, gdy jest lato, lub jeśli spożywasz żywność lub napoje, które mają działanie moczopędne, musisz pić nawet więcej. Większość ludzi nie pije tyle i cierpi na łagodne, przewlekłe odwodnienie.

Istnieje prawdopodobieństwo, że jesteś obecnie chronicznie odwodniony. Ale możesz powiedzieć, „Nie jestem odwodniony, piję dużo płynów w ciągu dnia i nie czuję się szczególnie spragniony". I w tym tkwi problem! Nie musisz czuć się spragniony, aby być odwodnionym. W związku z tym większość z nas nie pije wystarczająco, a to, co pijemy, to zazwyczaj kawa, woda gazowana i napoje inne niż woda.

Uczucie pragnienia, podobnie jak wiele innych procesów fizjologicznych, staje się mniej intensywne z wiekiem[2]. To nie oznacza, że nie potrzebujemy tyle wody, gdy jesteśmy starsi; oznacza to, że nie mamy ochoty pić tyle, ile powinniśmy. W rezultacie wiele osób starszych jest odwodnionych, nawet o tym nie wiedząc. Odwodnienie jest tak powszechne wśród osób w podeszłym wieku, że zostało zidentyfikowane jako jedna z najczęstszych przyczyn hospitalizacji dla osób powyżej 65. roku życia. W jednym z badań połowa hospitalizowanych z powodu odwodnienia zmarła w ciągu roku od przyjęcia do szpitala. Chociaż ci pacjenci wiedzieli, że ich problemem było odwodnienie, nadal nie pili wystarczająco. Bez uczucia pragnienia mamy tendencję, aby nie pić.

Podczas gdy osoby starsze są najbardziej narażone na ryzyko, nie są jedynymi, które cierpią na przewlekłe odwodnienie. Często zdarza się, że jesteśmy tak zajęci w pracy oraz w życiu codziennym, że nie mamy czasu, aby zaspokoić pragnienie. Odkładamy to na bardziej odpowiedni moment. Ignorowanie pragnienia otępia to uczucie. Stajemy się tak przyzwyczajeni do bagatelizowania subtelnych sygnałów ciała, że nie zdajemy sobie sprawy, że stajemy się odwodnieni. W związku z tym nawet stosunkowo młode osoby mogą i stają się chronicznie odwodnione.

Innym problemem jest to, że często zaspokajamy pragnienie napojami zamiast wodą. Wiele osób błędnie uważa, że kawa, herbata, napoje gazowane i soki są tak samo dobre jak woda. Nie są. Należy pamiętać, że komórki ciała potrzebują wody, nie napoju gazowanego w puszce. Jeśli pijesz napoje zawierające kofeinę, aby ugasić pragnienie, nie zaspokajasz zapotrzebowania organizmu na wodę. Kofeina i cukry powodują większe odwodnienie organizmu. Jeżeli napój jest ponownie spożywany by ugasić pragnienie, problem może eskalować. Dla każdego napoju, który pijesz, trzeba dodać co najmniej połowę jego ilości wody do podstawowego wymogu 8 szklanek, aby utrzymać równowagę; jeśli tego nie zrobisz, będziesz się odwadniać. Tylko woda nawadnia organizm i leczy odwodnienie.

Badanie przeprowadzone przez Krajową Radę do Spraw Badań (National Research Council) wykazały, że kobiety (w przedziale wiekowym 15-49) piją zaledwie 2,6 szklanki (615 ml) wody dziennie[3]. Większość spożywanych przez nie płynów pochodzi z napojów. To odkrycie sugeruje, że duża część kobiet może być przewlekle odwodniona. Inne badanie przeprowadzone przez naukowców ze szpitala Johns Hopkins w Baltimore odkryło, że aż 41 procent mężczyzn i kobiet w wieku 23-44 lat jest do pewnego stopnia chronicznie odwodnionych[4]. Niektóre badania nad konsumpcją żywności wykazują, że aż 75 procent populacji (wszystkie grupy wiekowe) jest przewlekle lekko odwodniona.

Odwodnienie tak niskie jak zaledwie jeden procent spadku masy ciała powoduje zaburzenia czynności fizjologicznych, w tym wydajności układu krążenia i regulacji temperatury[5-7]. Normalnie uczucie pragnienia pojawia się, gdy osiągnięty zostaje poziom odwodnienia 0,8-2 procent utraty wagi ciała[8,9]. W tym momencie organizm jest w stanie łagodnego odwodnienia. Jeśli ta sytuacja utrzymuje się, może ono stać się przewlekłe. Nawet łagodne, chroniczne odwodnienie jest niebezpieczne i ma wiele negatywnych skutków dla funkcjonowania organizmu i jego wydajności. Badania wykazały, że utrata 2 procent wody powoduje znaczne ograniczenie zdolności arytmetycznych i pamięci krótkoterminowej[10]. Jeśli 68-kilogramowa osoba traci 2 procent ze swej masy ciała (1,3 kg), wydajność zarówno umysłowa jak i fizyczna zmniejsza się o 20 procent[11,12].

Zazwyczaj picie szklanki wody lub dwóch może złagodzić niewielkie odwodnienie. Jeśli poziom odwodnienia jest większy niż 3 procent masy ciała, pełne nawodnienie wymaga więcej, niż tylko wypicia szklanki wody. Kompletne nawodnienie w tym przypadku wymaga wielu szklanek wody wypitych w ciągu 18-24 godzin[13].

Rola wody w utrzymaniu dobrego stanu zdrowia jest doceniana od czasów starożytnych. Hipokrates, ojciec medycyny, zaleca zwiększenie spożycia wody w leczeniu i zapobieganiu kamieni nerkowych. Dziś lekarze również polecają picie większej ilości wody w tym samym celu. Około 12-15 procent populacji w pewnym momencie swojego życia będzie cierpiało z powodu kamieni nerkowych[14-15]. Częstotliwość występowania kamieni nerkowych jest wyższa u osób, które są chronicznie odwodnione. Chociaż kilka czynników, takich jak wiek i klimat, może mieć wpływ na powstawanie kamienia, dostosowanie ilości spożywanej wody jest prostym środkiem zapobiegawczym, który okazał się skuteczny już w czasach Hipokratesa.

Wydaje się, że jeśli chcesz uniknąć raka, a przynajmniej jego niektórych form, to należy codziennie pić dużo wody. Tak proste jak się to wydaje, wypijanie 5 szklanek wody może zmniejszyć ryzyko raka jelita grubego o 45 procent, raka dróg moczowych (pęcherza moczowego, prostaty, nerki, jąder) o 50 procent, a raka sutka o 79 procent.

Jednym z najbardziej powszechnych problemów związanych z odwodnieniem są przewlekłe zaparcia. Zdrowa, dobrze nawodniona osoba powinna mieć pełne wypróżnienia co najmniej raz, jeżeli nie dwa, w ciągu dnia. Jeśli jesz 3 posiłki dziennie, to wypróżnianie powinno następować raz dziennie. Proces powinien być szybki i łatwy. Jeśli wkłada się w to wysiłek lub trwa to dłużej niż kilka minut, to są zaparcia.

W okrężnicy (pod koniec odcinka przewodu jelitowego) pewna ilość wody jest zwykle pozyskiwana z kału, ażeby ułatwić wydalanie. Gdy organizm jest odwodniony, ilość wilgoci usuwanej zmniejsza się w celu spowolnienia utraty wody. Większa ilość wody niż normalnie jest usuwana z kału przemieszczającego się w okrężnicy. W rezultacie odchody stają się nadmiernie suche i twarde, co spowalnia ich usuwanie. Wynikiem są zaparcia. Rozwiązanie jest proste: pij więcej wody.

Innym objawem przewlekłego odwodnienia jest ból i skurcze. Zmęczenie mięśni, drżenie i skurcze występują częściej, gdy ciało jest odwodnione[16]. Większość z nas doświadczyła bolesnego skurczu nóg podczas dużego wysiłku fizycznego. Wykonywanie ćwiczeń fizycznych powoduje szybkie pocenie się, które może łatwo doprowadzić do odwodnienia, które z kolei powoduje skurcze mięśni.

Wiele osób odczuwa przewlekły ból pleców i szyi. Idą do lekarza, aby otrzymać leki przeciwbólowe, lub do kręgarza, by naprawić podwichnięcie (przemieszczenie w kręgosłupie, wywołane przez drgawki i skurcze mięśni). Kręgarz rozluźni mięśnie i wyrówna kości, ale jeśli przyczyną było przewlekłe odwodnienie, mięśnie w końcu kurczą się ponownie, a pacjent znowu pojawia się w gabinecie kręgarza w celu kolejnej regulacji. Tabletki i ustawianie kręgosłupa nie mogą wyleczyć odwodnienia.

Zmęczenie, bóle głowy, rozmyte myślenie, utrata siły i koordynacji: wszystko są to skutki odwodnienia. To ciekawe, jak często, kiedy dokucza nam ból głowy, jest on spowodowany po prostu brakiem wody. Większość ludzi zamiast wody w celu złagodzenia bólu głowy weźmie tabletkę przeciwbólową, aspirynę lub Tylenol. Leki przeciwbólowe nie rozwiązują problemu; ciało nadal pozostaje odwodnione. Wszystko, co czynią, to zagłuszenie nerwów niosących uczucie bólu, maskowanie objawów odwodnienia, które spowodowane przez organizm, miały zwrócić twoją uwagę i powiedzieć, że potrzebujesz więcej wody. To niesamowite, jak wiele osób może złagodzić swój ból głowy w ciągu 15 minut, po prostu pijąc dużą szklankę wody, zamiast sięgać po pigułki przeciwbólowe. Woda rozwiązuje problem, zamiast ukrywać go poprzez zagłuszanie nerwów.

Odwodnienie a insulinooporność

Jedną z konsekwencji odwodnienia jest oporność na insulinę. Insulinooporność sprzyja nadmiernemu wydzielaniu insuliny. Insulina to hormon magazynowania tłuszczu, który powoduje przetwarzanie żywności w tłuszcz. Odwodnienie wywołuje przejściową lub czasową insulinooporność. Jeśli odwodnienie staje się przewlekłe, może to prowadzić do przewlekłej insulinooporności, a tym samym powodować przyrost masy ciała.

Gdy naczynia krwionośne tracą wodę, cukier we krwi staje się bardziej skoncentrowany; im wyższe stężenie cukru we krwi, tym większa oporność na insulinę. Im wyższa oporność na insulinę, tym wyższy poziom cukru we krwi. Jest to błędne koło.

Kiedy masz wysoki poziom cukru we krwi, organizm stara się usunąć nadmiar glukozy z krwiobiegu, filtrując go przez nerki i wypłukując z organizmu, co powoduje częste oddawanie moczu. Za każdym razem, gdy jesz cukier lub wszelkiego rodzaju węglowodany, podnosi to poziom cukru we krwi i zwiększa objętość moczu. W ten sposób stajesz się jeszcze bardziej odwodniony.

Oprócz wody pitej przez cały dzień, należy również pić wodę z posiłkami, aby uniknąć odwodnienia wywołanego węglowodanami. Woda dodaje objętości do potraw i pomaga zaspokoić głód. Stanowi również medium, z pomocą którego żywność jest właściwie trawiona i wchłaniana. Niektórzy ludzie twierdzą, że woda pita w trakcie posiłków rozcieńcza enzymy trawienne, co zmniejsza ich skuteczność. Tak jednak nie jest. Picie wody podczas posiłku faktycznie zwiększa wydajność enzymu tak długo, jak długo nie pije się jej w nadmiernej ilości. Woda jest prawie natychmiast wchłaniana przez ścianę żołądka, co ma na celu wydzielanie enzymów trawiennych i kwasów, które poprawiają trawienie. W upalny dzień można zobaczyć, jak szybko woda przemieszcza się z żołądka do krwiobiegu. Kiedy jest ci bardzo gorąco i jesteś odwodniony, wypij szklankę wody, a w ciągu około 5 minut zaczniesz obficie się pocić. W ciągu zaledwie kilku minut woda może podróżować z żołądka do krwi i wytworzyć pot. Woda nie pozostaje w żołądku długo.

Woda jest niezbędna do prawidłowego trawienia i aktywności enzymów. Na przykład weź miskę z wodą, wymieszaj i dodaj kilka kropli barwnika spożywczego. Barwnik natychmiast zacznie rozprzestrzeniać się po całej misce. W ciągu kilku sekund cała miska z wodą jest zabarwiona barwnikiem. Wypełnij drugą miskę gotowanymi płatkami owsianymi, dodaj tyle wody by powstała papka. Wymieszaj i dodaj kilka kropli barwnika spożywczego. Co się dzieje? Barwnik pozostaje w małej kałuży. Nie rozprzestrzenia się po całej misce. Jest to analogiczne do pokarmu w żołądku. Barwnik reprezentuje enzymy trawienne. Enzymy te muszą stykać się z każdą cząstką przeżuwanego pokarmu w celu wykonania swojej pracy i strawienia go. Jeśli przeżuwane jedzenie nie zawiera wystarczającej ilości wody zmieszanej z nim, enzymy nie mogą migrować, dotrzeć do wszystkich cząstek żywności i wykonywać swojego zadania. Spożywanie odpowiedniej ilości wody rozcieńczy jedzenie na tyle, aby umożliwić właściwe dotarcie enzymów do pożywienia.

Jeśli po prostu nie lubisz pić wody do posiłków, możesz wypić pełną szklankę wody 5 lub 10 minut przed jedzeniem. Doda to organizmowi płynów potrzebnych do prawidłowego trawienia żywności i pomoże wypełnić żołądek, zmniejszając głód i rozpoczynając proces sygnalizujący sytość.

PIJ WIĘCEJ WODY, WIĘCEJ CHUDNIJ

Woda zdecydowanie jest napojem dietetycznym, ponieważ zawiera zero kalorii, hamuje apetyt, poprawia przemianę materii i pomaga usunąć tłuszcz. Tak, woda pitna może pomóc pozbyć się tłuszczu! Badania wykazały, że zmniejszenie spożycia wody powoduje wzrost odkładania się tłuszczu, a zwiększenie spożycia wody ma przeciwny efekt.

Zadaniem nerek jest filtrowanie odpadów z krwi i utrzymanie równowagi elektrolitów i pH. Nerki potrzebują dużo wody, aby wykonywać swoją funkcję poprawnie. Jeśli woda nie jest dostępna, krew staje się zbyt gęsta i nerki nie mogą wykonywać swojej pracy skutecznie. Ponieważ utrzymanie równowagi chemicznej jest niezbędne dla zdrowia, wątroba przejmuje zadania wykonywane przez zapracowane nerki. To z kolei wywiera presję na wątrobie, która również musi kontynuować wykonywanie wszystkich swoich regularnych obowiązków. Jednym z zadań wątroby jest konwersja tłuszczu w energię dla organizmu. Ale jeśli wątroba walczy z dodatkowym obciążeniem z powodu udzielania pomocy nerkom, nie może funkcjonować na optymalnym poziomie. Mniej tłuszczu jest przekształcane w energię i więcej tłuszczu jest przechowywane w postaci tłuszczu. Więc kiedy pijesz więcej wody, nerki i wątroba są w stanie działać bardziej efektywnie, a tłuszcz jest metabolizowany i usuwany.

Jeśli normalnie nie pijesz wody, musisz pozyskiwać płyny z innego źródła. Żaden inny płyn nie może być odpowiednim zamiennikiem wody, a większość napojów, które pijemy, aktywnie przyczynia się do problemów z wagą.

Głównym kluczem do utraty wagi jest zastąpienie wszystkich napojów, które zwykle pijesz, zwykłą wodą. Większość napojów zawiera puste kalorie. Oznacza to, że stanowią one niewielką wartość odżywczą, ale dostarczają dużo kalorii. Im więcej napojów pijesz, tym więcej kalorii konsumujesz. Niespełna pół litra soku pomarańczowego zawiera 220 kalorii. Puszka z napojem o pojemności 350 ml ma około 150 kalorii. Woda natomiast ma zero kalorii. Pijąc wodę zamiast innych napojów, spożywasz mniej kalorii.

Mamy tendencję do jedzenia tej samej ilości żywności i uzyskujemy taką samą ilość kalorii każdego dnia. Kalorie w napojach są jednak dodatkowe. Niezależnie od tego, jak dużo lub jak mało pijesz między posiłkami, będziesz jeść te same ilości pokarmów. Badania wykazały, że picie napojów z wysoką zawartością cukru ma niewielki wpływ na to, jak duże posiłki są spożywane. Nieważne, ile pijemy, wciąż jemy tę samą ilość. Picie wody zamiast napojów może znacznie obniżyć ilość kalorii spożywanych każdego dnia.

Może myślisz sobie: „Piję napoje niskokaloryczne, więc jest w porządku". Nie jest. Jedzenie i picie produktów zawierających sztuczne słodziki nie jest dobrym pomysłem. Stymulują one ochotę na słodycze, a uzależnienie nadal trwa. Osoba, która przyzwyczaja się do jedzenia i picia sztucznie słodzonych pokarmów i napojów, wytwarza zły nawyk prowadzący do przejadania się zwłaszcza ubogą w składniki odżywcze żywnością i napojami.

Kolejnym problemem ze słodkimi napojami pobudzającymi jest to, że pobudzają one gruczoły ślinowe i oszukują organizm, który myśli, że będzie otrzymywać jedzenie. Ciało przygotowuje się do obsługi obfitego posiłku, ale wszystko, co otrzymuje, to ciecz, która trawi się prawie natychmiast. Organizm spodziewa się otrzymać pokarm stały i zaczynasz czuć się „głodny". W konsekwencji podjadasz i spożywasz zbędne kalorie.

Napoje, czy są one niskokaloryczne, czy nie, mogą również powodować pragnienie i wzmożoną chęć picia. Na przykład napoje z kofeiną i napoje gazowane mają działanie moczopędne. Możesz pić napoje gazowane, aby ugasić pragnienie i uzyskać natychmiastową, tymczasową satysfakcję, ale kofeina będzie czerpać wodę z organizmu, co może doprowadzić do częstszego oddawania moczu i sprawiać, że znowu zechce ci się pić. Jeżeli gasisz to pragnienie innym napojem gazowanym, cykl powtarza się. Stopniowo stajesz się coraz bardziej odwodniony, spożywając coraz więcej napojów gazowanych i więcej kalorii. Jeśli zaspokajasz początkowe pragnienie wodą, a nie napojem gazowanym, nie poczujesz się tak szybko ponownie spragniony, nie będziesz spożywać żadnych kalorii, sztucznych aromatów, kofeiny i innych substancji chemicznych, które stymulują kubki smakowe i rozwijają uzależnienie.

Przeprowadzono interesujące badania dotyczące kawy z udziałem 12 zdrowych mężczyzn i kobiet. Wszyscy badani regularnie pili kawę, ale na 5 dni przed badaniem powstrzymali się od picia lub jedzenia czegokolwiek, co zawierało kofeinę. Następnie pozwolono badanym na picie 6 filiżanek kawy dziennie. Naukowcy odkryli, że kiedy badani pili kawę, wydalali więcej wody w moczu, niż jej spożywali, więc organizm tracił wodę. Całkowita ilość wody w organizmie spadła o 2,7 procenta. Pomimo tego poziomu odwodnienia, tylko 2 badanych doświadczyło pragnienia.

Woda powinna zastąpić każdy alkohol, kawę, czarną i zieloną herbatę, napoje gazowane, soki (które często zawierają dużo cukru) oraz inne napoje. Najczęściej unikać należy tych, które zawierają cukier, kofeinę, alkohol. Mają one najwięcej kalorii i najsilniejsze działanie moczopędne lub odwadniające.

Nie znaczy to, że nie możesz ich w ogóle pić. Jeśli czasem musisz wypić taki napój, upewnij się, że również dodatkowo wypijasz połowę tej ilości wody. Nie wliczaj jednak tej wody do podstawowego minimalnego zapotrzebowania. Nadal powinieneś wypić wspomniane już 8 szklanek wody dziennie. Alkohol stanowi największy problem, ponieważ dla celów metabolizmu wymaga swojej ośmiokrotnej objętości wody. Jeśli więc pijesz 30 ml alkoholu, musi mu towarzyszyć 236,59 ml wody.

Tylko woda pitna może zwiększyć twój metabolizm i wspomóc spalanie dodatkowych kalorii. Naukowcy z Niemiec i Kanady odkryli, że kiedy pijesz 500 ml wody, tempo przemiany materii zwiększa się o około 30 procent. Ten wzrost metabolizmu zaobserwowano w 10 minut po spożyciu wody, przy maksimum tempa po około 30-40 minutach i czasie trwania powyżej godziny. Na podstawie tych pomiarów naukowcy szacują, że wzrost regularnego spożycia wody o 1,5 litra dziennie będzie spalać dodatkowe 17 400 kalorii w roku lub równowartość utraty masy ciała o 2,4 kg[17]. Chociaż 2,4 kg to nie jest dużo, to jest to 2,4 kg mniej z nadmiaru tłuszczu twojego ciała.

Efekty odchudzania, pijąc wodę, można zwiększyć jeszcze bardziej, jeśli woda jest chłodzona. Definicja kalorii to ilość energii wykorzystywanej do podniesienia temperatury 1 grama wody o 1°C. Biorąc to pod uwagę, definicja kalorii bazuje na podnoszeniu temperatury wody. Logiczne jest, że organizm spala kalorie, gdy musi podnosić temperaturę lodowatej wody do temperatury twojego ciała. Gdy wypijasz szklankę wody z lodem, wędruje ona przez twoje ciało i wychodzi w postaci moczu, którego temperatura jest taka sama jak twojego ciała. W związku z tym twoje ciało musi podnieść temperaturę wody i kalorie muszą zostać spalone.

Temperatura wody z lodem to 0°C, temperatura ciała wynosi 37°C, 473 ml to 473,18 gramów, a podniesienie jednego grama wody do temperatury 1°C spala 1 kalorię. Tak więc, aby twoje ciało podniosło temperaturę 473 ml wody z lodem do 37°C, musi zużyć 17,5 kcal. Jeśli pijesz 2395 ml wody z lodem na dobę, możesz spalić dodatkowe 87,5 kalorii dziennie lub 31 937,5 kalorii rocznie, co jest równoznaczne z utratą masy ciała o ponad 4 kg. Jeśli pijesz 1 litr wody dziennie i dodatkowo wypijesz jeszcze 1,7 wody schłodzonej, możesz zmniejszyć masę ciała o 6,4 kg rocznie, po prostu pijąc wodę!

Mówimy tu o łatwej utracie wagi. Jest to kolejny powód, dla którego należy zastąpić napoje, które zwykle pijesz, zimną wodą.

Jeśli twoim celem jest schudnięcie i utrzymanie dobrej wagi, należy spróbować wyrobić w sobie nawyk picia wody (z wyjątkiem ewentualnych specjalnych okazji). Gdy rozwiniesz w sobie ten nawyk, zaczniesz preferować wodę od innych napojów, ponieważ lepiej zaspokaja ona pragnienie. Ludzie często mówią, że nie lubią pić wody. Tak naprawdę są oni uzależnieni od substancji chemicznych w napojach i muszą zaspokajać swój nałóg. Nawet jeden napój na dzień może mieć znaczący wpływ na masę ciała.

Zastąpienie wodą innych napojów może mieć znaczący wpływ na zdrowie i wagę. Na przykład Donna Gutkowski zastąpiła wodą 6 do 8 puszek Mountain Dew, które piła codziennie. W rezultacie straciła 15,87 kg nadwagi. „Mogę nosić ubrania, których myślałam, że już nigdy nie włożę", mówiła. Opowiadając o swoim nadchodzącym ślubie, mówi: „Mogę iść do ołtarza, wyglądając lepiej, niż wyglądałam w ciągu ostatnich 15 lat".

Bob Butts mówi: „Łatwo zrzuciłem 6,8 kg, nawet bez wysiłku. Jem, co chcę... mogę szczerze powiedzieć, że sprawiłeś, że utrata wagi jest łatwą rzeczą do zrobienia. Znam historię dwóch braci, z których pierwszy stracił ponad 45,35 kg, a drugi 13,61 kg".

NIE JESTEŚ GŁODNY, JESTEŚ SPRAGNIONY

Większość z nas nie zawsze rozpoznaje sygnały spragnionego organizmu. Często są one mylnie interpretowane jako głód i jemy, gdy w rzeczywistości nasze ciało rozpaczliwie błaga o wodę. Owszem, gdy masz sucho w ustach, wiesz, że jesteś spragniony, ale zanim ten objaw nastąpi, jesteś już poważnie odwodniony. Suchość w ustach jest znakiem silnego pragnienia. Temu etapowi odwodnienia zwykle można zapobiec, gdybyś zwrócił uwagę na wcześniejsze błaganie twego ciała o wodę.

Pierwszą oznaką pragnienia jest subtelna chęć napicia się. Jeśli to ignorujemy, stajemy się bardziej odwodnieni. Organizm jest zmuszony uciekać się do innych środków, aby nas motywować do picia. Następny znak, jaki się pojawia, to uczucie pustki w żołądku. Gdy organizm desperacko pragnie wody, wywołanie uczucia głodu może spowodować spożywanie żywności, która dostarczy odpowiednią ilość płynów, aby zapobiec odwodnieniu. Ciało nie jest naprawdę głodne, to pragnienie. Jeśli w dalszym ciągu sygnał jest ignorowany lub jeśli spożywana jest żywność niedostarczająca odpowiedniej ilości wody, rozwija się suchość w ustach. Suchość w jamie ustnej jest nieomylnym sygnałem, że organizm potrzebuje wody. Może jej towarzyszyć zmęczenie, zawroty lub ból głowy. Do tego czasu jesteś bardzo odwodniony i objawy są nasilone.

Bardzo ważne jest, aby zrozumieć, że jeśli odczuwa się głód między posiłkami, to najprawdopodobniej jest to znak, że jest się spragnionym, a nie głodnym. Wcześniejsze sygnały pragnienia zostały zignorowane, a teraz organizm woła o wodę. Jedynym sposobem zaspokojenia pragnienia jest woda. Często wybieramy coś innego niż wodę, np. kawę, napoje gazowane lub jakieś przekąski, które mogą spowodować natychmiastową satysfakcję, ale w dłuższej perspektywie pogarszają one sytuację.

Część diety opisana w tej książce jest po to, aby zrozumieć, że uczucie głodu między posiłkami prawie zawsze sygnalizuje, że nasz organizm potrzebuje wody, a nie jedzenia ani napojów. Ogranicz jedzenie do regularnych posiłków. Między posiłkami, gdy czujesz „głód", wypij szklankę wody. Woda zaskakująco zaspokaja głód. Ciecz wypełni żołądek, wytwarzając uczucie sytości. Uczucie może trwać tylko godzinę lub dwie, ale to dobrze, bo wtedy organizm ponownie potrzebuje napić się wody. Pozwól więc mu się napić. Praktykuj to w ciągu dnia. Kiedy poczujesz głód, pij wodę.

W ten sposób wypijesz wymaganą ilość wody każdego dnia, bez zmuszania się do picia. Jak zaczniesz pić więcej wody, twoje uczucie pragnienia stanie się silniejsze lub w rzeczywistości pojawi się ponownie i będziesz bardziej świadomy swojego zapotrzebowania na wodę. To pomoże zaspokoić pragnienie, zanim organizm będzie musiał uciekać się do uczucia głodu lub suchości w ustach.

Picie wody między posiłkami może być bardzo skuteczne w redukcji niechcianych kilogramów bez dolegliwości często związanych z dietą. Doktor Batmanghelidj mówi: „Znam człowieka, który waży 217,68 kilograma. W ciągu roku zrzucił 131,52 kilograma dzięki piciu wody w momencie, gdy poczuł głód. Musiał przejść dwie operacje w celu usunięcia luźnej skóry. Inny mężczyzna stracił 70,75 kilograma w półtora roku. Rozmiar jego spodni zmniejszył się o 14 jednostek. Pijąc wodę, można stracić od 6,8 do 20,41 kilograma z masy ciała przy możliwie minimalnym wysiłku". Wow! Co za fenomenalne rezultaty osiągane za pomocą zwykłego picia wody.

SÓL I MINERAŁY

Kiedy organizm traci wodę poprzez pocenie się, oddawanie moczu, i temu podobne, można również stracić elektrolity (minerały) ważne dla zdrowia. Dwa z najważniejszych minerałów to chlorek i sód.

Sód i chlorek są na 5. i 6. miejscu wśród najbardziej obficie występujących minerałów w ludzkim ciele. Ciało 60-kilogramowej osoby zawiera 90 gramów każdego z tych minerałów lub 36 łyżeczek obu łącznie. Tylko wapń, fosfor, potas i siarka występują w większych ilościach.

Sód jest niezbędny do utrzymania normalnej równowagi płynów, równowagi kwasowo-zasadowej i pomaga w transmisji impulsów nerwowych. Chlorek jest również niezbędny w utrzymaniu normalnej równowagi płynów, równowagi kwasowo-zasadowej oraz jest niezbędny do prawidłowego funkcjonowania przewodu pokarmowego. Chroniczny niedobór tych minerałów może powodować zaburzenia wzrostu u dzieci, skurcze mięśni, apatię, utratę apetytu i słabe trawienie. Ostry niedobór spowodowany nadmiernym poceniem, wymiotami lub biegunką może prowadzić do poważnego zmniejszenia elektrolitów, co powoduje śpiączkę i śmierć. Sportowcy startujący w zawodach lub pracujący w wysokich temperaturach często padają ofiarą utraty elektrolitów z powodu nadmiernej potliwości. Wielu z nich trafiło do szpitala, a pewna ilość umiera. Z tego powodu napoje dla sportowców lub napoje nawadniające stały się popularne. Obok wody i cukru, najpowszechniej występującym składnikiem tych napojów jest chlorek sodu (sól).

Przez wiele lat „eksperci" medyczni powtarzali nam, żeby ograniczać nasze spożycie soli (sodu). Choć uznają potrzebę zawarcia soli w diecie, zakładają, że jemy jej zbyt dużo i przekonują świat, że każdy powinien obniżyć spożycie soli. Obniżone spożycie soli, jak tłumaczą, obniża ciśnienia krwi, które powinno automatycznie obniżyć ryzyko zawału serca. W ciągu ostatnich trzydziestu kilku lat ograniczyliśmy konsumpcję soli o 65 procent, a mimo to nie miało to wpływu na wskaźnik występowania wysokiego ciśnienia lub ataków serca[18]. Coś widocznie jest nie tak z tą teorią.

Według dr. n. med., Jana Staessena i jego kolegów z Kliniki Chorób Układu Krążenia na Uniwersytecie w Leuven w Belgii, ta teoria jest błędna. Jego zespół badaczy stwierdził, że tylko ciśnienie skurczowe (wartość górna) powoli wzrasta z czasem przy zwiększonym spożyciu soli. Ale ten wzrost nie przekłada się na zwiększone ryzyko nadciśnienia tętniczego lub zawału serca. Okazało się wręcz przeciwnie, że niższe spożycie soli wiąże się z częstszym zapadaniem na choroby serca i naczyń krwionośnych i zwiększoną częstotliwością zgonów. W rzeczywistości badacze w swoich badaniach wykryli, że śmiertelność wzrasta wraz ze spadkiem spożycia soli[19]. Staessen mówi: „Nasze obecne odkrycia obalają szacunkowy model komputerowy [oparty na teorii szkodliwości] dowodzący zmniejszania się śmiertelności i kosztów opieki zdrowotnej wraz z ograniczonym spożyciem soli. Badacze ci również nie popierają aktualnych zaleceń uogólnionej i masowej redukcji spożycia soli na poziomie populacji [dla wszystkich]".

Dostępne dowody wskazują na to, że znaczące cięcia w zużyciu soli mogą spowodować obniżenie ciśnienia krwi dla niektórych ludzi, podczas gdy zwiększają ryzyko wielu innych problemów zdrowotnych dla większości populacji. Oprócz badań Staessena, naukowcy z innych instytucji wykazali, że spożycie soli poniżej obecnego poziomu konsumpcji może podnosić ryzyko insulinooporności, zespołu metabolicznego, zastoinowej niewydolności serca, cukrzycy, odwodnienia i śmiertelności[20-22].

Nie bój się jeść sól z powodu ryzyka podniesienia ciśnienia krwi. Podsumowanie wszystkich badań nad wysokim ciśnieniem krwi i jego związku ze spożyciem soli wykazało, że u osób z prawidłowym ciśnieniem tętniczym jedzenie soli nie ma szkodliwego wpływu. Spośród osób, które mają wysokie ciśnienie krwi, jedynie na 3 procent badanych miała wpływ sól. Uważa się, że te 3 procent osób ma wysokie ciśnienie krwi z powodu chronicznego odwodnienia. Badania dr. Batmanghelidja wykazało, że picie większej ilości wody może obniżyć wysokie ciśnienie krwi, a przecież pamiętamy, że odnosił on duże sukcesy w tym obszarze. Ponadto, również dieta ketogeniczna pomoże obniżyć ciśnienie krwi, więc spożywanie soli w diecie nie będzie mieć negatywnego wpływu na ciśnienie krwi.

Amerykańska Rada Badań Naukowych (US National Research Council) zaleca ograniczenie dziennego spożycia soli do mniej niż 6 g (1 łyżeczka soli = 5,69 grama). Międzynarodowe badanie nad solą, które obejmowało ponad 10 000 badanych z 32 krajów, wykazało średnie spożycie 9,9 grama soli dziennie. Niektóre populacje jednak zjadają jej znacznie więcej. Na przykład w niektórych częściach Japonii, gdzie słone pokarmy są popularne, zużycie soli średnio wzrasta o niesamowite 26 gramów lub więcej[23]. Średnia krajowa w Japonii to 11,4 grama dziennie. Pomimo diety zawierającej dużo soli, Japończycy mają jeden z najwyższych wskaźników długości życia na świecie i stosunkowo niski wskaźnik wysokiego ciśnienia krwi i chorób serca.

Sól może również pomóc w odtruciu ciała i usunięciu toksycznych halogenków. Chlorek w soli jest częścią rodziny halogenków. Może on konkurencyjnie hamować bromek i pomóc nerkom w wydalaniu jego oraz fluorku[24,25]. W rzeczywistości wiele lat temu lekarze mogli leczyć toksyczność bromu poprzez podawanie dawki terapeutycznej soli w celu wymycia bromu z organizmu. Dieta z niską zawartością soli spowoduje nasilenie toksyczności bromu i fluoru. Gdy szczury poddano diecie o niskiej zawartości soli, okres półtrwania bromu wydłuża się o 833 procent w stosunku do szczurów otrzymujących normalną ilość soli w diecie[24].

Dzienna utrata wody (ml)			
Tryb utraty	**Normalna temperatura (20°C)**	**Upały**	**Długotrwałe ciężkie ćwiczenia**
Skóra	350	350	350
Mocz	1400	1200	500
Pot	100	1400	5000
Kał	100	100	100
Razem	2300	3300	6600
Źródło: *Textbook of Medical Physiology*, 8th Ed, Arthur C. Guyton. 1991, W.B. Saunders Company.			

Jeśli lekarz nie podał ci solidnych przesłanek, dla których nie powinieneś jeść soli, nie ma powodu, aby ograniczać jej spożycie. Dziesięć gramów dziennie (nieco ponad 2 łyżeczki) wydaje się być dość bezpieczne dla zdecydowanej większości osób, nawet dla tych, którzy są wrażliwi na sól lub sód, tak długo, jak pije się wystarczającą ilość wody, aby się nie odwodnić. Zalecam, by używać soli morskiej, ponieważ zawiera wiele pierwiastków śladowych, których nie zawiera sól przetworzona. Minerały, również sód i chlorek, są wymywane z organizmu i muszą być uzupełniane. Suplementy diety na bazie wody morskiej lub innych źródeł minerałów mogą również mieć zastosowanie w uzupełnianiu pierwiastków śladowych. Suplementy te są zwykle sprzedawane w postaci ciekłej i dostępne w większości sklepów ze zdrową żywnością.

Z powodu obecności w wodzie fluoru i innych zanieczyszczeń popularne stały się systemy oczyszczania wody. Choć rozwiązuje to jeden problem, może wywołać kolejny. Oczyszczona woda jest pozbawiona większej części swojej zawartości minerałów, pochłania minerały w organizmie i wydobywa je z niego. Picie takiej wody może nawet doprowadzić do niedoboru minerałów. Jeśli więc będziesz pić wodę destylowaną lub filtrowaną, należy dołożyć szczególnych starań, aby spożywać więcej soli morskiej i suplementów na bazie minerałów.

Jeśli podczas Ketogenicznego Kokosowego programu wystąpią skurcze mięśni, może to oznaczać, że należy spożywać więcej wody lub więcej minerałów. Aby uniknąć skurczy mięśni, upewnij się, że korzystasz z odpowiedniej ilości soli morskiej w swojej żywności i bierzesz suplementy magnezu (400-1,200 mg/na dobę). Jednym z najlepszych źródeł magnezu jest produkt o nazwie oliwa magnezowa. Nie jest to oliwa, a roztwór wodny chlorku magnezu. Wciera się go w wybrany obszar skóry. Podczas wcierania w skórę roztwór wydaje się być bardzo śliski, jakby to był olej - stąd nazwa. Magnez jest łatwiej absorbowany przez organizm, gdy jest stosowany na skórę. Podawany doustnie może mieć na niektóre osoby silne działanie przeczyszczające. Czasami na początku Ketogenicznej Diety Kokosowej może wystąpić biegunka. Efekt ten jest często powodowany przez dodatkową suplementację magnezem. Stosując oliwę magnezową i wcierając ją w skórę, będzie można uniknąć tego problemu. Wadą oliwy magnezowej jest to, że nie wiadomo dokładnie, ile magnezu się wchłonie. Jednakże to naprawdę nie jest problem, ponieważ w taki sposób ilość wchłoniętego magnezu będzie większa, niż podczas zażywania suplementów. Większość osób ma niedobór magnezu.

POTRZEBUJESZ SYSTEMU

Większość dorosłych powinna pić około 2400 ml wody dziennie, ale niewiele osób faktycznie to czyni. Nie można bazować na domysłach. Sama świadomość, że trzeba pić dużo wody dziennie nie wystarczy. Mamy tendencję do zapominania lub zawyżania ilości jaką pijemy, zwłaszcza gdy spożywamy napoje. Ludzie często przez cały dzień nie wypijają szklanki czystej wody, myśląc, że zapewniają organizmowi wszystkie niezbędne płyny. Nie może być nic dalszego od prawdy.

Gdyby notować ilość wypijanej wody, to jest bardzo prawdopodobne, że okazałoby się, że nie jest wypijana w wystarczających ilościach. Możesz myśleć, że pijesz dużo wody i być może pijesz więcej niż zwykle, ale dla większości osób to nadal będzie za mało w stosunku do ilości zalecanej, czyli jeden litr (1000 ml) na każde 30 kg masy ciała.

Aby pomóc sobie w spożywaniu minimalnej, codziennie zalecanej ilości należy stosować system kontrolujący dokładną ilość, którą pijemy. Jednym z pomysłów jest, aby posiadać mały notes i zapisywać każdą wypitą szklankę wody w ciągu dnia i upewniać się, zanim dzień dobiegnie końca, że wypijamy odpowiednią jej ilość. Nie czekaj aż do momentu pójścia spać, aby wypić2 litry wody, bo nie zaśniesz przez całą noc. Upewnij się, że pijesz przez cały dzień.

Myślę, że najlepszym sposobem jest wypełnienie, w godzinach porannych, jednej lub więcej butelek ilością wody, jaką masz zamiar wypić w ciągu dnia. Pij wodę przez cały dzień w celu opróżnienia butelek zanim pójdziesz spać. Być może trzeba będzie użyć dwóch lub więcej butelek, aby jedną zabrać ze sobą do pracy. Nie zaleca się picia innych napojów, zwłaszcza kawy, herbaty lub napojów gazowanych, a jeśli już, to należy dodać połowę ich ilości wody do codziennej diety. Trzymając się ściśle tego systemu, nie będziesz pić zbyt wiele dodatkowych napojów, ponieważ będziesz wchłaniać tyle wody, że nie będziesz chciał niczego innego do picia.

Należy pamiętać, że zalecana dzienna ilość jest minimalna. Jest ona równoważna z ilością wody, którą tracimy z moczem, kałem, pocąc się i oddychając w ciągu dnia. Po prostu uzupełniamy, co tracimy. Możesz pić więcej jeśli chcesz, a w niektórych przypadkach będziesz chciał. Jeśli ćwiczysz lub jeśli mieszkasz w gorącym i suchym klimacie, możesz potrzebować więcej wody. Ile należy dodać? Wszystko zależy od ilości wody, jaką tracisz. Sposobem, w jaki można to stwierdzić, jest obserwowanie koloru moczu. Jeśli jest ciemnożółty lub bursztynowy, jesteś odwodniony i trzeba pić więcej. Twój mocz powinien być jasnożółty, prawie przejrzysty. Inne symptomy odwodnienia to suchość w ustach, osłabienie, zawroty głowy, bóle głowy, skurcze mięśni, zaparcia, brak potu gdy jest gorąco.

Podsumowując, ważne zasady, które należy zapamiętać z tego rozdziału, to:

- Pij wodę zamiast napojów
- Pij, gdy czujesz pragnienie
- Pij, kiedy czujesz „głód" między posiłkami, zamiast jeść przekąski

- Pij minimum 1 litr (1000 ml) wody dziennie na każde 30 kg masy ciała
- Jeśli pijesz coś innego niż wodę, dodaj połowę tyle wody, aby uzupełnić twoje dobowe zapotrzebowanie na wodę
- Stwórz system działania, aby upewnić się, że spożywasz pełną, dziennie zalecaną ilość wody
- Jeśli jest gorąco i sucho lub jeśli ćwiczysz intensywnie, zwiększ spożycie wody
- Sprawdź kolor moczu aby ustalić, czy potrzebujesz więcej wody

Często pytam ludzi, czy piją wystarczająco dużo wody i mówią: „Oczywiście, piję 3 litry wody dziennie". Ale nadal są odwodnieni. Dlaczego? Ponieważ na zewnątrz jest 36,7°C i tracą więcej wody niż zwykle. Ludzie często zaniedbują branie pod uwagę otoczenia i mimo że piją 3 litry wody dziennie, to nadal może być niewystarczające.

W lecie, zwłaszcza jeśli mieszkasz w gorącym, suchym klimacie, trzeba zwiększyć całkowite dzienne spożycie wody, dodając około litr (1000 ml). Jeśli ćwiczysz intensywnie lub pijesz inne napoje, dodaj więcej wody. To może wydawać się dużo, ale twoje ciało tego potrzebuje. Należy pamiętać, że szczególnie jeśli pije się wodę destylowaną lub filtrowaną, należy dodać trochę więcej soli do diety.

W temperaturze 20°C dorosła osoba prowadząca siedzący tryb życia traci około 2300 ml wody dziennie. W czasie upałów strata wynosi około 3300 ml, a przy dłuższych, intensywnych ćwiczeniach utrata może wynosić nawet 6600 ml wody. Wiadomo, że gdy jest ciepło lub jeśli jesteśmy aktywni fizycznie, trzeba znacznie zwiększyć spożycie wody, aby zrekompensować jej utratę. Jeśli ćwiczysz i dużo się pocisz, być może zalecaną dawkę dziennego spożycia należy zwiększyć nawet trzykrotnie.

Inne czynniki zwiększające ubytek wody to dieta bogata w białko, alkohol, kofeinę, cukier, leki moczopędne i zioła lub jedzenie dużej ilości pokarmów suchych, gęstych, takich jak krakersy, precle, czipsy, suszone owoce, suszone mięso, muesli, itp. Suche, gęste pokarmy wymagają dodatkowej wody. Mieszkanie na dużych wysokościach również zwiększa utratę wody, ponieważ jest tam bardziej sucho.

15

NISKOWĘGLOWODANOWY I WYSOKOTŁUSZCZOWY PLAN ŻYWIENIOWY

KONTROLOWANIE SPOŻYCIA CUKRU

„Na oleju kokosowym schudłam 8 kilogramów. Wystarczyło, że dodawałam go do rondelka z kolacją prawie codziennie (ale nie zawsze), a czasem do kilku eksperymentalnych przepisów. Prawdę mówiąc, w czasie odchudzania przestałam ćwiczyć".

MALIKAH

„Po tym, jak przez ostatnie 3-4 miesiące codziennie spożywałam niewielkie ilości oleju kokosowego z pierwszego tłoczenia, mogę z radością powiedzieć, że schudłam ponad 14 kg. Ledwo mogę w to uwierzyć, ale wróciłam do rozmiaru 12 z 18 i ogromnie się z tego cieszę!"

ROSE

Wiele osób tak jak Malikah i Rose relacjonuje, że wystarczyło tylko włączyć olej kokosowy do jadłospisu, by schudnąć bez wysiłku. Powód jest taki, że olej kokosowy pobudza przemianę materii, zwiększa poziom energii i sprzyja większej aktywności fizycznej, poskramia apetyt, rozprasza łaknienie na słodycze i poprawia pracę hormonów tarczycy. Jednak równie wiele osób twierdzi, że nie zauważa żadnej znaczącej utraty wagi po włączeniu oleju kokosowego do jadłospisu. Skąd taka rozbieżność? Powodów ku temu jest wiele.

Po pierwsze, nie oczekuj, że schudniesz, jeśli włączając olej kokosowy do swego jadłospisu, będziesz nadal jadł oleje hydrogenizowane i inne niepolecane. Musisz zastąpić je olejem kokosowym, wówczas różnica stanie się widoczna. Powinieneś także dodawać wystarczająco dużo oleju kokosowego do spożywanych pokarmów, by ta ilość wpłynęła na przemianę materii. Dodawanie po 1-2 łyżeczki nie przyniesie efektów. Musisz dodać co najmniej 3 łyżeczki lub więcej, by zauważyć efekt. Ponadto, jeśli jesteś na diecie wysokowęglowodanowej – pełnej słodyczy i rafinowanych zbóż, i nie próbujesz tego zmienić nawet po włączeniu oleju kokosowego do swego jadłospisu, prawdopodobnie schudniesz niewiele, jeśli w ogóle.

Do zauważalnego spadku wagi należy wyeliminować, albo przynajmniej ograniczyć, węglowodany. Olej kokosowy przynosi najlepsze rezultaty w połączeniu z dietami niskowęglowodanowymi, zwłaszcza kiedy jest podstawowym źródłem tłuszczów w takiej diecie. Najskuteczniejszy sposób schudnięcia to bardzo niskowęglowodanowa, oparta na oleju kokosowym dieta ketogeniczna lub, jak ją często nazywam, Dieta Coco Keto.

Klasyczna dieta ketogeniczna ogranicza spożycie węglowodanów do około 2 procent całkowitej ilości spożytych kalorii, co w przybliżeniu równa się 10 gramom węglowodanów dziennie. Tłuszcze stanowią 90 procent, a białka około 8 procent całkowitej kaloryczności tej diety. Niezwykle trudno jest jej przestrzegać, przez co wiele osób nie wytrzymuje na niej długo.

Ketogeniczna Dieta Kokosowa natomiast jest znacznie przyjemniejsza dla podniebienia i zdecydowanie łatwiejsza do przestrzegania. Większość ludzi uzyskuje mierzalną wartość ketonów w moczu, ograniczając spożycie węglowodanów do 40-50 gramów dziennie. Taka ilość wywoła łagodny efekt ketogeniczny. Niektóre, bardziej wrażliwe na cukier osoby muszą jeszcze bardziej ograniczyć jego spożycie. W Ketogenicznej Diecie Kokosowej spożycie węglowodanów ogranicza się do 30 gramów dziennie (6 do 8 procent kaloryczności dziennej). Na tym poziomie u większości osób uwidaczniają się ketony w moczu, wskazując, że znajdują się oni w stanie ketozy. Tłuszcze stanowią od 70 do 80 procent całodziennej kaloryczności przy tej diecie, zaś białko od około 15 do 20 procent. Ogólnie przyjmuje się, że spożycie białka powinno być ograniczone do około 1,2 grama na 1 kg prawidłowej lub pożądanej masy ciała (tabelę prawidłowej wagi dla twojego wzrostu znajdziesz na stronach 379-380).

Nie musisz martwić się liczeniem wszystkich zjedzonych kalorii. Twoim podstawowym celem jest kontrolowanie zjadanej ilości cukru, ograniczając go do 30 gramów. Takie podejście sprawia, że łatwo jest przestrzegać tej diety. Z uwagi na fakt, że aż 58 procent spożywanego przez ciebie białka może zamienić się w glukozę, nie chcesz też zjeść nadmiernej ilości pokarmów wysokobiałkowych. Dieta ta nie jest wysokomięsną czy wysokobiałkową, lecz wysokotłuszczową. Ilość spożywanego przez ciebie białka powinna być odpowiednia, ale umiarkowana. Kalorie z tłuszczu wchodzą na miejsce brakujących kalorii pochodzących z węglowodanów.

W ten sposób można odżywiać się całe życie. Dieta ta obfituje w składniki odżywcze i dostarcza wszystkich substancji potrzebnych do zachowania dobrego zdrowia. Rozważ proszę, że wiodąc tradycyjny tryb życia Eskimosi żyli, a nawet czuli się kwitnąco, będąc na diecie w całości mięsno-tłuszczowej. Ich dieta składała się aż w 80 procentach z tłuszczu. Węglowodany ze źródeł roślinnych stanowiły mniej niż 1 procent całkowitej kaloryczności. Eskimosi ci odznaczali się pełnią zdrowia, nie chorowali na żadną postać cukrzycy, chorobę Alzheimera, Parkinsona, nowotwór, choroby serca czy jakąkolwiek inną chorobę degeneracyjną, tak powszechną w dzisiejszym „wysokowęglowodanowym" społeczeństwie. Ta nowa dieta dopuszcza znacznie więcej produktów roślinnych, większą różnorodność pokarmów oraz dostarcza znacznie większej ilości substancji odżywczych niż tradycyjna dieta eskimoska. Prawdopodobnie jest to najzdrowsza dieta, na jakiej kiedykolwiek byłeś.

Stosując tę dietę, należy liczyć każdy gram zjedzonych węglowodanów. To niezwykle ważne. Nie chcesz przecież szacować ani zgadywać, ponieważ takie zachowanie obniży skuteczność tego programu odchudzania. Wraz z rosnącym doświadczeniem będziesz umiał przygotowywać posiłki bez konieczności liczenia każdego grama cukru. Dziennik żywieniowy pomoże ci zachować kontrolę nad ilością spożywanych węglowodanów znajdujących się w często zjadanych przez ciebie pokarmach. Przez pierwsze kilka miesięcy zwracaj szczególną uwagę na ściśle przestrzeganie ograniczenia węglowodanów.

Wszelkie tłuszcze natomiast możesz jeść do woli. Oznacza to, że dieta ta zupełnie nie ogranicza ilości tłuszczów, jaką możesz zjeść, a nawet zachęca, by w przygotowywanych posiłkach zawrzeć jak najwięcej tłuszczów. Zapomnij więc o chudych porcjach mięsa, jedz tłuste mięsiwo wraz z wszelkim tłuszczem z niego, w tym skórę z kurczaka oraz inny drób. Zjadaj wszelkie skrawki mięsa pozostałe po przyrządzeniu posiłku. Kiedy tylko możesz, dodawaj dodatkowy tłuszcz, który sprawia, że jedzenie smakuje lepiej. Dodawania tłuszczu do posiłków, zwłaszcza oleju kokosowego, wymaga ta nowa dieta. Będziesz mile zaskoczony doskonałym smakiem warzyw duszonych w kawałeczkach mięsa, masła lub oleju kokosowego. Jeśli do tej pory nie przepadałeś za warzywami, staniesz się ich miłośnikiem, ponieważ teraz możesz je zjeść z tłuszczem. Większość świeżych mięs, ryb i drobiu w zasadzie nie zawiera węglowodanów. Jajka i ser zawierają ich śladowe ilości. Jednak mięso przetworzone często zawiera cukier lub inne substancje wypełniające, środki konserwujące oraz inne dodatki do żywności.

Posłuż się zawartą w Dodatku (strona 433) tabelą składników odżywczych w produktach, by obliczyć ilość węglowodanów netto w spożywanych posiłkach. Wyrażenie „węglowodany netto" określa węglowodany, które ulegają strawieniu, dostarczają kalorii i podnoszą poziom cukru we krwi. Białko spożywcze również należy do węglowodanów, ale nie zwiększa poziomu cukru we krwi, nie dostarcza też dodatkowych kalorii, a zatem nie zostało ujęte w tabeli. Przeważająca ilość pokarmów roślinnych zawiera zarówno węglowodany ulegające strawieniu jak i białko. W celu obliczenia wartości netto węglowodanów w pożywieniu musisz odjąć ilość białka od całej wartości węglowodanów. Tabela składników odżywczych zawartych w produktach, znajdująca się w części Dodatek niniejszej książki, zawiera wartość netto węglowodanów w różnych pełnowartościowych produktach. Zawartość węglowodanów w daniach mieszanych, gotowych do spożycia, musisz obliczyć sam. Etykieta na produktach informująca o wartościach odżywczych wskazuje wartość kaloryczną oraz zawartość tłuszczów, węglowodanów, białek i pozostałych składników odżywczych w jednej porcji. To tam, pod określeniem „węglowodany" zobaczysz też „białko spożywcze". W celu obliczenia zawartości netto węglowodanów w danym produkcie odejmij gramaturę białka według ilości podanej na etykiecie od liczby węglowodanów łącznie.

Tabela składników odżywczych zawartych w produktach wymienia najpopularniejsze warzywa, owoce, nabiał, zboża, orzechy i pestki. By znaleźć pokarm, którego nie ma na liście – w tym wiele popularnych produktów gotowych i dań podawanych w restauracjach – wejdź na stronę internetową: www.calorieking.com. Znajdziesz tam rodzaj pożywienia, którego szukałeś i przeczytasz o nim wszystko, w tym etykietę wartości odżywczych. Dla określenia ilości netto węglowodanów musisz przejść te same kroki, jakie podjąłeś przy etykiecie wartości odżywczych produktu, czyli odjąć ilość białka od podanej, łącznej wartości węglowodanów. W Internecie jest kilka stron, na których można obliczyć zawartość węglowodanów w określonych produktach spożywczych. Oto jeszcze inna: www.carb-counter.org

W celu zachowania dziennego limitu węglowodanów należy całkowicie wyeliminować bądź drastycznie zmniejszyć ilość wszystkich wysokowęglowodanowych pokarmów w jadłospisie. Na przykład kromka białego chleba zawiera 12 gramów węglowodanów. Zjedzenie zaledwie 2 kromek chleba prawie wyczerpie twój dzienny limit na węglowodany. A ponieważ wszystkie warzywa i owoce je zawierają, by trzymać się limitu będziesz zmuszony do końca dnia jeść wyłącznie mięso i tłuszcze, co nie jest zbyt dobrym pomysłem. Jeden pieczony ziemniak średniej wielkości zawiera 32 gramy węglowodanów, czyli więcej niż dzienna dopuszczalna porcja. Jabłko ma 18 gramów, pomarańcza 12, a średniej wielkości banan 25 gramów. Pieczywo i zboża zawierają najwięcej węglowodanów. Jeden 10-centymetrowy naleśnik bez syropu czy innych słodkich dodatków ma ich w sobie 13 gramów, 27-centymetrowa tortilla – 34 gramy, a bajgiel bez dodatków – 57 gramów. Słodycze i desery mają równie wysoką zawartość węglowodanów i prawie żadnych wartości odżywczych, a zatem powinno się je całkowicie wyeliminować z diety. Wszelkie pieczywo i większość owoców spożywa się w bardzo ograniczonej ilości, jeśli w ogóle.

Warzywa natomiast mają znacznie mniej węglowodanów. Jedna szklanka szparagów zawiera ich 2 gramy, szklanka surowej kapusty też 2 gramy, a szklanka kalafiora – 2,5 grama. Wszystkie rodzaje sałat mają w sobie bardzo mało węglowodanów. Szklanka sałaty w kawałkach ma ich zaledwie 0,5 grama. Możesz zatem bez obaw jeść zieloną sałatę i inne niskowęglowodanowe warzywa, nie przekroczysz limitu na węglowodany.

Choć warzywa zazwyczaj mają dość sporo węglowodanów, można je jeść w określonych ilościach. Najmniej węglowodanów mają jagodowate owoce leśne, tzn. jeżyny (pół szklanki zawiera 3,5 grama), boysenberries (ang. boysenberries; pół szklanki zawiera 4,5 grama), maliny (pół szklanki zawiera 3 gramy) oraz truskawki (pół szklanki pokrojonych w plasterki zawiera 4,5 grama). Można jeść wszelkie owoce, warzywa, a nawet zboża, pod warunkiem, że nie są to duże porcje i ilość zawartych w nich węglowodanów nie wykracza poza limit węglowodanów w tej diecie. Z uwagi na fakt, że większość owoców i warzyw o wysokiej zawartości skrobi oraz pieczywa jest wysokowęglowodanowa, najlepiej jest ich całkiem unikać. Przeanalizujmy teraz typowy plan żywieniowy w diecie niskowęglowodanowej. Ilość węglowodanów netto dla każdego produktu podano w nawiasach.

Śniadanie

Omlet z dwóch jajek (1 g), 30 gramów sera żółtego cheddar (0,5 g), ½ szklanki pieczarek pokrojonych w plasterki (1 g), 60 gramów pokrojonej w kostkę szynki (bez dodatku cukru, a więc 0 g) i jedna łyżeczka posiekanego szczypiorku (0 g), przygotowany w 1 łyżce stołowej oleju kokosowego (0 g). Zawartość węglowodanów netto: 2,5 grama.

Obiad

Różne gatunki zielonych sałat z dodatkiem 2 szklanek sałaty w kawałkach (1 g), ½ szklanki tarkowanej marchewki (4 g), ¼ szklanki pokrojonej w kostkę słodkiej papryki czerwonej (1 g), ½ średniej wielkości pomidora (2 g), ¼ awokado (0 g), ½ szklanki poszatkowanej kapusty (1 g), 90 gramów pokrojonego w kostkę pieczonego kurczaka (0 g), 1 łyżki stołowej ziaren słonecznika (1 g) z 2 łyżkami stołowymi włoskiego dressingu do sałatek na bazie oliwy z oliwek bez cukru (1 g). Zawartość węglowodanów netto: 12 gramów.

Kolacja

Kotlet schabowy (0 g) usmażony w 1 łyżce stołowej oleju kokosowego (0 g), 8 gotowanych szparagów (2 g) z 1 łyżeczką masła (0 g), 2 szklanki gotowanego kalafiora z dodatkiem 30 g sera „Colby" (0,5 g) z dowolnymi ziołami i przyprawami do smaku (0 g), ½ szklanki truskawek z dodatkiem ¼ szklanki bitej śmietany (6,3 g). Zawartość węglowodanów netto: 11 gramów.

Łączna zawartość węglowodanów netto w tych trzech posiłkach wynosi 25,5 grama, tzn. o 4,5 grama poniżej limitu 30 gramów. Jak widać na powyższym przykładzie, dieta ta zapewnia różnorodność odżywczych pokarmów.

Dla porównania przyjrzyjmy się teraz zawartości węglowodanów w kilku typowych posiłkach nieograniczonych ilością węglowodanów. Typowe śniadanie może składać się z porcji jednej szklanki płatków śniadaniowych w polewie (35 g), z ½ szklanki zimnego mleka o zawartości 2 procent tłuszczu (11,5 g). Całkowita zawartość węglowodanów w takim posiłku wynosi 46,5 grama. Jedna porcja takich płatków z zimnym mlekiem, która ma w sobie typową ilość węglowodanów, przekracza limit 30 gramów aż o 16,5 grama. Ewidentnie więc płatki śniadaniowe z zimnym mlekiem nie są dobrym wyborem dla osób odżywiających się według niskowęglowodanowego, ketogenicznego planu żywienia.

Większość ludzi wie o tym, że płatki śniadaniowe z zimnym mlekiem nie są najzdrowszym posiłkiem. Zjadają je, ponieważ to wygodne, szybkie i całkiem smaczne rozwiązanie na śniadanie. Z całą pewnością nie powinno się ich jeść ze względu na ich wartości odżywcze. Porcja gorącej, pełnoziarnistej owsianki jest zdecydowanie lepszym pomysłem.

Miseczka gorącej owsianki ma więcej składników odżywczych, niż taka sama porcja płatków śniadaniowych zalanych zimnym mlekiem pod względem zawartości cukru są niemal identyczne. Jedna porcja gorącej owsianki (21 g) z jedną łyżeczką cukru (12 g) i ½ szklanki mleka o zawartości tłuszczu 2 procent dostarcza łącznie 44,5 grama węglowodanów.

Typowy obiad może stanowić hamburger Big Mac z McDonalda (42 g), jedna średnia porcja frytek (43 g) i 0,35 l napoju gazowanego (40 g), dostarczający przerażającej ilości 125 gramów węglowodanów, czyli 4-dniowy limit przy diecie ketogenicznej.

Typowa kolacja może składać się z 3, średniej wielkości kawałków pizzy pepperoni (97 g) i 0,35 l napoju gazowanego (40 g), czyli 137 gramów węglowodanów – znów ilości 4-dniowego limitu na węglowodany.

Większość typowych posiłków obfituje w węglowodany. W konsekwencji przeciętny Amerykanin (podobnie jak Europejczyk i Australijczyk) spożywa dziennie 300 gramów węglowodanów ponad normę. Najlepszym sposobem na uniknięcie tego jest przyrządzanie posiłków w domu ze świeżych, niskowęglowodanowych produktów.

Czy to oznacza, że już nie tkniesz pizzy? Będziesz musiał dokonać pewnych trudnych wyborów. Wolisz zjeść pizzę, czy zgubić oponkę z brzucha? Wybór należy do ciebie. Jeśli myślisz, że jedzenie pizzy, lodów, picie napojów gazowanych czy czegokolwiek z tej kategorii żywności ci nie zaszkodzi, oznacza to, że jesteś od nich uzależniony. Wyraźną oznaką takiego uzależnienia jest ignorowanie zdrowego rozsądku, by zaspokoić zachcianki. Dieta ta jest ci potrzebna, by się od nich uwolnić.

Przedstawiony tu ketogeniczny plan żywieniowy nie zabrania żadnego rodzaju pożywienia, a tylko nakłada ograniczenie na jego ilość. A zatem sporadycznie możesz zjeść pizzę, zwłaszcza na etapie utrwalania diety, ograniczając tylko jej ilość i dostosowując inne posiłki tak, by pozostać w granicach dziennego limitu spożycia węglowodanów. Rozkoszowanie się jednym wysokowęglowodanowym posiłkiem w zamian za wyeliminowanie wszelkiego cukru z wszystkich pozostałych by zrekompensować przyjemność, nie jest dobrym pomysłem. Przypuśćmy, że „zaszalejesz", jedząc kawałek szarlotki, który zawiera 28 gramów węglowodanów. Zostają wówczas tylko 2 gramy do końca dnia. Będziesz wtedy musiał jeść tylko mięso na pozostałe dwa posiłki. Nawet jeśli ci się to uda, nie jest to dobry pomysł. Te spożyte naraz 28 gramów węglowodanów wpłynie na poziom cukru i ketonów w twojej krwi. Podstawowym powodem ograniczenia konsumpcji węglowodanów jest uniknięcie napływu cukru do krwiobiegu, ponieważ wytrąca to organizm z równowagi. Najlepiej jest rozłożyć spożycie węglowodanów na 3 posiłki w taki sposób, aby jeden nie przekroczył połowy dopuszczalnej dziennej ilości.

Oczywiście nie możesz pozwalać sobie na zajadanie się pizzą czy lodami, jak to być może było, kiedy byłeś nastolatkiem. Organizm człowieka jest niezwykle wrażliwy na węglowodany. Nawet jeden batonik może wyrządzić wiele krzywdy. Cukier w nim zawarty może zablokować proces powstawania ciał ketonowych i znacznie obniżyć poziom ketonów w organizmie, nie mówiąc już o tym jak wpływa na poziom cukru we krwi.

Upodobania żywieniowe mogą i zmieniają się. Kiedy zaczniesz jeść więcej warzyw, zwłaszcza w połączeniu z masłem, serem i zawiesistymi sosami, staną się bardziej sycące niż tzw. śmieciowe jedzenie, które kiedyś jadłeś.

Dieta ta zachęca do jedzenia sałatek ze świeżych, surowych warzyw kilka razy w tygodniu. Zmieniając rodzaj warzyw, dodatków i sosów można tworzyć różnorodne kompozycje zielonych sałatek.

Najlepsze do nich są sosy i dressingi domowej produkcji. Jeśli jednak stosujesz gotowe, unikaj tych z dodatkiem cukru. Sprawdź na etykiecie produktu zawartość węglowodanów. Przepisy na dressingi do sałatek znajdziesz w rozdziale 17.

Bardzo proste kolacje można przyrządzić z porcji twojego ulubionego mięsa – rostbefu, pieczonego kurczaka, kotleta jagnięcego, pieczonego łososia, homara, itp., podanego z porcją lub dwoma surowych lub gotowanych warzyw, np. brokułów z masłem i roztopionym serem cheddar.

Dieta ta zachęca cię też do jedzenia produktów pełnotłustych, masła, śmietany, oleju kokosowego, tłuszczu z mięsa i skóry z kurczaka. Tłuszcz działa korzystnie, ponieważ zaspokaja głód i zapobiega pojawianiu się zachcianek. Chęć na słodycze znacznie zmniejszy się.

A ponieważ tłuszcz nasyca, głód będzie zaspokajany mniejszą ilością pożywienia, a w konsekwencji łączna ilość spożytych kalorii spadnie.

PODSTAWOWY WYBÓR POKARMÓW

Mięso

Możesz jeść wszelkie świeże, czerwone mięso: wołowinę, wieprzowinę, jagnięcinę, bizona (żubra), sarninę i każdą dziczyznę. Mięso może być przygotowane w dowolny sposób, tzn. możesz jeść steki, żeberka, pieczenie, kotlety (bitki) czy mielone. Tak jak wspomniałem, możesz jeść wołowinę, wieprzowinę i jagnięcinę. Czerwone mięso zwierząt karmionych trawą, bez hormonów i antybiotyków z hodowli ekologicznych, jest szczególnie zalecane. Nie pozbawiaj go tłuszczu.

Należy unikać mięsa przetworzonego zawierającego azotany, azotyny, glutaminian sodu czy cukier. Dotyczy to większości mięs obiadowych i przetworzonych, tj. hot dogów, grillowanych kiełbasek, innych kiełbas, boczku i szynki. Dozwolone są za to mięsa przetworzone z dodatkiem tylko ziół i przypraw. Zawsze czytaj etykiety zawierające skład produktu. Jeśli nie zawierają one dodatków chemicznych lub cukru, zwykle nie ma przeciwwskazań do ich jedzenia. Jeśli mają w sobie niewielką ilość cukru i żadnych substancji chemicznych, też możesz je jeść, pod warunkiem, że weźmiesz jego ilość pod uwagę i dodasz do dziennej dopuszczalnej ilości spożycia węglowodanów. Jeśli jesz mięsa panierowane lub klopsy, musisz wziąć pod uwagę zawartość węglowodanów w panierce i nadzieniu klopsów.

Dozwolony jest wszelki drób: kurczaki, indyki, kaczki, gęsi, kury nioski, kuropatwy, bażanty, emu, strusie i inne. Nie usuwaj skóry, zjedz ją wraz z mięsem – to często najsmaczniejszy kąsek. Możesz też jeść wszystkie jajka.

W diecie tej można jeść wszelkie ryby i skorupiaki: łososia, solę, pstrąga, suma, flądrę, sardynki, śledzie, kraby, homary, ostrygi, omułki, małże i wszelkie pozostałe. Bardziej od hodowlanych polecane są ryby złowione „na wolności". Można też jeść rybią ikrę i kawior.

Większość świeżych mięs nie zawiera węglowodanów, więc możesz je jeść bez dokonywania obliczeń pod tym względem. Wyjątkami są pewne gatunki owoców morza i jajka, które zawierają niewielkie ilości węglowodanów. Duże jajo kurze na przykład zawiera 0,5 grama węglowodanów. Do przetworzonych mięs często dodawany jest cukier, a więc będziesz musiał policzyć zawartość węglowodanów, posługując się informacjami na etykiecie produktu.

Jedną z kwestii, jaką ludzie często pomijają, kiedy przechodzą na dietę ketogeniczną, są chrupkie przekąski, które kiedyś jedli – precle, czipsy i krakersy. Oczywiście zawierają one zbyt dużo węglowodanów, a często też niechciane dodatki. Alternatywą takich przekąsek, o zerowej zawartości węglowodanów, jest smażona skórka wieprzowa, często zwana po prostu skórą wieprzową. Powstaje ona z warstwy tłuszczu znajdującej się pod skórą zwierzęcia. Po usunięciu tłuszczu pozostaje tylko matryca białkowa. Te chrupiące smakołyki można traktować jak przekąski, stosować jak grzanki w sałatkach, a pokruszone jako panierkę do smażenia ryby lub kurczaka, lub dodatek do potraw przygotowywanych w naczyniu żaroodpornym, lub innych dań.

Nabiał

Niektóre produkty nabiałowe zawierają stosunkowo dużo węglowodanów, a inne bardzo niewiele. Szklanka (236 ml) pełnotłustego mleka zawiera 11 gramów węglowodanów, mleko o 2 procentach tłuszczu ma ich 11,5 grama, a o zawartości 1 procenta ma aż 12 gramów. Jak widzisz, wraz ze spadkiem zawartości tłuszczu w mleku rośnie zawartość węglowodanów.

Szklanka pełnotłustego jogurtu zawiera 12 gramów węglowodanów, a szklanka jogurtu odtłuszczonego – 19 gramów. Słodzony, niskotłuszczowy jogurt waniliowy ma 31 gramów węglowodanów, a owocowy, też niskotłuszczowy – 43 gramy.

Większość twardych serów odznacza się bardzo niską zawartością węglowodanów. Sery miękkie mają ich trochę więcej, ale też nie są złe. Dobrze jest, kiedy wybieramy cheddar, Colby, Monterey, mozzarellę, gruyere, edamski, szwajcarski, fetę, kremowy (bez dodatków), serek wiejski (twarożek) lub ser kozi. Trzydzieści gramów sera cheddar ma tylko 0,5 grama węglowodanów, a jego pełna szklanka zaledwie 1,5 grama. Szklanka twarożku zawiera 8 gramów, a łyżka stołowa serka kremowego (naturalnego) – 0,5 grama. Ser z serwatki oraz produkty seropodobne zawierają znacznie więcej węglowodanów, dlatego też należy ich unikać.

Tłusta śmietana ma trochę ponad 6 gramów węglowodanów w ilości równej szklance. Połączenie pełnotłustej z półtłustą – 10 gramów w szklance, więc lepiej wybierz pełnotłustą. Jedna łyżka stołowa kwaśnej śmietany zawiera 0,5 g węglowodanów.

Możesz zatem jeść większość serów i śmietany bez obawy przejedzenia się węglowodanami, jednak uważaj na mleko i jogurt. Staraj się unikać słodzonych produktów nabiałowych, tj. ajerkoniaku, lodów czy mlecznej czekolady.

Tłuszcze i oleje

Tłuszcze i oleje nie zawierają węglowodanów, więc możesz ich jeść ile tylko chcesz. Niektóre tłuszcze są zdrowsze od innych. Wybierz te z grupy Zalecanych znajdującej się poniżej. Wszystkie te oleje można bezpiecznie stosować do przyrządzania wszelkich posiłków. Trzymaj się z dala od Tłuszczów niezalecanych i nigdy nie używaj ich do gotowania. Zdecydowanie unikaj Złych tłuszczów, wszelkich pokarmów, które je zawierają oraz sporządzanych w nich dań, tj. frytek czy panierowanej ryby bez ości.

Zalecane tłuszcze

- Olej kokosowy
- Olej palmowy*/Olej z owoców palmowych
- Palmowy tłuszcz do pieczenia
- Olej z palmy czerwonej
- Olej z nasion palmy
- Oliwa z oliwek „extra light"
- Oliwa z oliwek z pierwszego tłoczenia
- Olej z orzechów makadamia
- Olej z awokado
- Tłuszcz zwierzęcy (smalec, łój, skrawki mięsa)
- Masło ghi
- Olej MCT

* Olej palmowy najwyższej jakości dostępny jest w sklepie www.vitalni24.pl (przyp. wyd. pol.).

Tłuszcze niezalecane

- Olej kukurydziany
- Olej z szafranu barwierskiego
- Olej z pestek słonecznika
- Olej sojowy
- Olej z łusek bawełnianych
- Olej rzepakowy
- Olej z orzeszków ziemnych
- Olej z orzechów włoskich
- Olej z pestek dyni
- Olej z pestek winogron

Złe tłuszcze

- Margaryna
- Tłuszcz do pieczenia/spożywczy
- Hydrogenizowane oleje roślinne

Warzywa

Dieta ta zachęca cię do jedzenia mnóstwa warzyw. Większość warzyw zawiera stosunkowo niewiele węglowodanów. Po ½ szklanki gotowanej kapusty, szparagów, brokułów, grzybów i fasolki szparagowej zawiera w sumie mniej niż 9 gramów węglowodanów. Mógłbyś codziennie jeść prawie trzykrotnie tyle wraz z innymi, odpowiednimi niskowęglowodanowymi pokarmami i nadal nie przekroczyłbyś limitu 30 gramów.

Zielone sałaty dają największą objętość przy najmniejszej ilości węglowodanów. Sałata ma tylko 0,5 grama na szklankę. Sałatka warzywna składająca się z 2 szklanek sałaty, 1 szklanki różnych niskowęglowodanowych warzyw i 1 szklanki warzyw o średniej zawartości węglowodanów z dodatkiem 1 lub 2 łyżek włoskiego sosu do sałatek ma zaledwie 8 lub 9 gramów węglowodanów. Możesz do tego dodać ser lub mięso bez obawy, że przekroczysz dzienny limit spożycia węglowodanów.

Poniżej znajduje się lista warzyw według ilości zawartych w nich węglowodanów. Warzywa, które mają 6 gramów węglowodanów lub mniej na szklankę, wymieniono w grupie niskowęglowodanowej. Niektóre z nich, zwłaszcza liściaste zielone, mają znacznie poniżej 6 gramów. Średnia zawartość węglowodanów w grupie niskowęglowodanowej wynosi około 3 gramów na szklankę. Warzyw właśnie z tej kategorii powinieneś jeść najwięcej.

Warzywa z grupy o średniej zawartości tłuszczu mają go od 7 do 14 gramów na szklankę. Należy je jeść w umiarkowanych ilościach, ponieważ zbyt duże ilości mogą bardzo łatwo spowodować przekroczenie limitu 30 gramów. Szklanka siekanej cebuli zawiera 14 gramów węglowodanów, ale przecież nieczęsto masz ochotę zjeść aż tyle cebuli, a raczej kilka łyżek. Jedna łyżka stołowa posiekanej cebuli ma poniżej 1 grama węglowodanów.

Warzywa skrobiowe są pełne węglowodanów. Jeden średniej wielkości ziemniak dostarcza aż 32 gramy węglowodanów. Chociaż dieta ta nie ogranicza ściśle spożycia żadnych warzyw, ogólnie rozsądnie jest unikać tego rodzaju warzyw. Ich jedna porcja może „pochłonąć" cały dzienny limit na węglowodany.

Zdecydowana większość dyniowatych jest wysoce węglowodanowa. Wyjątek stanowi dynia i dynia makaronowa, które mają tylko połowę ilości węglowodanów, jaką mają inne dyniowate. Swoją nazwę dynia makaronowa zawdzięcza temu, że po ugotowaniu rozpada się na włókna przypominające nitki spaghetti. „Makarony" te mogą być doskonałą alternatywą w niektórych daniach makaronowych. Na przykład można przyrządzić niskowęglowodanowe spaghetti, dokładając do „makaronu z dyni" mięso i sos.

W kategorii warzyw wysokowęglowodanowych znajduje się świeża kukurydza. Technicznie rzecz biorąc, kukurydza to nie warzywo, a ziarno, ale zazwyczaj jedzone jest jak warzywo. Kukurydza zawiera około 38 gramów węglowodanów na szklankę.

Soja i jej przetwory, tj. tofu czy mleko sojowe zawierają substancje, które spowalniają metabolizm, nie są więc pożądanym pokarmem osób pragnących schudnąć. Antytarczyczne substancje chemiczne znajdujące się w soi zostają zneutralizowane w procesie fermentacji, a zatem sfermentowane produkty sojowe są jak najbardziej w porządku. Należą do nich tempeh, sos sojowy i miso. Wszystkich pozostałych produktów sojowych należy unikać.

Warzywa o niskiej zawartości węglowodanów (poniżej 7 g/szklankę)

- Awokado
- Bakłażan
- Botwina
- Brokuły
- Brukselka
- Cukinia
- Endywia
- Fasola mung
- Fasola szparagowa żółta
- Fasolka szparagowa
- Groszek cukrowy
- Jarmuż
- Kabaczek
- Kalafior
- Kapusta
- Kapusta chińska
- Kapusta kiszona
- Kapusta pekińska
- Kapusta sitowata
- Kapusta włoska
- Karczochy
- Kiełki (lucerny, koniczyny, brokułów, rzodkiewki)
- Kiełki bambusa
- Kłębian kątowaty
- Kolokazja
- Koper włoski
- Korzeń selera/seler korzeniowy
- Miechunka pomidorowa
- Nać buraka
- Ogórek
- Okra
- Orzechy wodne
- Papryka (ostra i słodka)
- Pieczarki
- Pomidor
- Rabarbar
- Rukiew wodna
- Rzepa
- Rzodkiew japońska
- Rzodkiewka
- Sałata (wszystkie rodzaje)
- Seler
- Szalotka
- Szczaw
- Szczypior
- Szparagi
- Szpinak
- Wodorosty morskie (nori, kombu i wakame)
- Zioła i przyprawy

Warzywa o średniej zawartości węglowodanów (od 7 do 14 g/szklankę)

- Brukiew
- Buraki
- Cebula
- Dynia makaronowa
- Groszek zielony
- Kalarepa

- Marchew
- Pasternak
- Por
- Soja (włochata, młoda)

Warzywa wysokowęglowodanowe o wysokiej zawartości skrobi (ponad 15 g/szklankę)

- Ciecierzyca
- Dynia
- Dynia piżmowa (żołędziowa, orzechowa, etc.)
- Fasola półksiężycowata
- Fasola gotowana, odsączona (pinto, czarna, zwyczajna, etc.)
- Korzeń kolokazji jadalnej
- Kukurydza (świeża)
- Pochrzyn
- Słodki ziemniak
- Słonecznik bulwiasty
- Soczewica
- Ziemniak

Owoce

Do diety tej można włączyć też niewielką ilość owoców, jeśli tylko je się je z umiarem. Borówki zawierają najmniej węglowodanów ze wszystkich owoców. Jeżyny i maliny mają tylko 7 gramów na filiżankę. Truskawki, boysenberries i agrest mają ich tylko nieco więcej, bo około 9 gramów na filiżankę. Borówki amerykańskie natomiast zawierają znacznie więcej węglowodanów, bo aż 17 gramów na szklankę. Cytryny i limonki mają bardzo niewiele węglowodanów – około 4 gramy w jednym owocu. Pozostałe owoce zwykle dostarczają od około 15 do 30 węglowodanów na szklankę.

Uważnie planując, możesz włączyć niewielką ilość niskowęglowodanowych owoców do diety. Z uwagi na znaczną zawartość cukru, owoce zawsze należy jeść z umiarem. Jeśli masz wybór pomiędzy świeżymi, z puszki lub mrożonymi – wybierz świeże, ponieważ jedząc takie, zawsze masz pewność, co jesz. Owoce z puszki i mrożone często zawierają dodatkowy cukier bądź syrop.

Suszone owoce też są niezwykle słodkie, ponieważ zawarty w nich cukier jest stężony. Na przykład szklanka świeżych winogron zawiera około 26 gramów węglowodanów, zaś suszonych (czyli rodzynek) aż 109 gramów. Daktyle, figi, porzeczki, rodzynki i skórki owocowe są nawet słodsze od cukierków.

Owoce o niskiej zawartości węglowodanów

- Agrest
- Cytryna
- Boysenberries
- Jeżyny
- Limonka
- Maliny
- Truskawki
- Żurawiny (niesłodzone)

Owoce o wysokiej zawartości węglowodanów

- Ananas
- Banan
- Borówki amerykańskie
- Brzoskwinia
- Daktyle
- Figi
- Grejpfrut
- Gruszka
- Gujawa
- Hurma (persymona)
- Jabłko
- Jagody dzikiego bzu
- Kiwi
- Kumwat
- Mandarynki
- Mango
- Marakuja
- Melon
- Morela
- Morwa
- Nektarynka
- Papaja
- Pomarańcza
- Porzeczki
- Rodzynki
- Śliwki
- Śliwki suszone
- Winogrona
- Wiśnie/czereśnie

Orzechy i pestki

Mogłoby się wydawać, że orzechy i pestki zawierają dużo węglowodanów, lecz, co zaskakujące, mają ich niewielką ilość. Na przykład jedna szklanka migdałów krojonych w plasterki zawiera około 9 gramów węglowodanów. Jeden cały migdał dostarcza około 0,10 grama węglowodanów.

Większość orzechów rosnących na drzewach dostarcza od 6 do 10 gramów węglowodanów na szklankę. Orzechy nerkowca i pistacje dostarczają większej ilości węglowodanów, odpowiednio: 37 i 21 gramów na szklankę.

Pestki zwykle zawierają więcej węglowodanów niż orzechy. Zarówno nasiona sezamu jak i słonecznika zawierają około 16 gramów na szklankę.

Orzech czarny, orzesznik jadalny (pecan), migdał i orzech kokosowy mają najmniej węglowodanów ze wszystkich powszechnie znanych orzechów i nasion/pestek. Jedna szklanka tarkowanego, świeżego kokosa zawiera zaledwie 3 gramy węglowodanów, a jedna szklanka niesłodzonych wiórków kokosowych – 7 gramów. Mleko kokosowe z puszki dostarcza 7 gramów węglowodanów na filiżankę. Dla porównania, szklanka pełnotłustego mleka to 11 gramów. Mleko kokosowe stanowi doskonały, niskowęglowodanowy substytut mleka zwierzęcego do wielu dań.

Wszystkie orzechy i pestki można stosować jako dodatek do sałatek, pod warunkiem, że ograniczymy ich ilość do 1 lub 2 łyżek stołowych do jednej sałatki. Orzechy wymienione w kategorii niskowęglowodanowych (poniżej) zawierają mniej niż 10 gramów węglowodanów na szklankę, zaś te w kategorii wysokowęglowodanowych – 11 gramów lub więcej na szklankę.

Orzechy i pestki o niskiej zawartości węglowodanów

- Migdały
- Czarne orzechy
- Orzechy brazylijskie
- Orzech kokosowy
- Orzech włoski
- Orzech laskowy
- Orzechy makadamia
- Orzesznik jadalny (pecan)

Orzechy i pestki o wysokiej zawartości węglowodanów

- Orzechy nerkowca

- Orzeszki ziemne
- Orzeszki piniowe
- Pistacje
- Pestki dyni
- Nasiona sezamu
- Orzeszki sojowe
- Pestki słonecznika

Pieczywo i zboża

Pieczywo i zboża należą do najobfitszych źródeł węglowodanów. Zasadniczo przy tej diecie należy wykluczyć wszelkie pieczywo, zboża i kasze. Dotyczy to także pszenicy, jęczmienia, mąki kukurydzianej, owsa, ryżu, amarantusa, mąki arrarutowej, kaszy jaglanej, komosy ryżowej, makaronu, kuskusu, skrobi kukurydzianej oraz otrąb. Ich pojedyncza porcja może wyczerpać dzienny limit spożycia węglowodanów. Duży, miękki precel zawiera 97 gramów węglowodanów, porcja płatków śniadaniowych Froot Loops – 25, zaś porcja płatków śniadaniowych Raisin Bran zawiera 39 gramów węglowodanów. Jedna porcja tzw. grysiku (ang. Cream of Wheat) z dodatkiem pół szklanki mleka i łyżeczki miodu to 48 gramów węglowodanów.

Pieczywo i kasze pełnoziarniste mają więcej wartości odżywczych i znacznie więcej błonnika niż rafinowane, jednak zawierają bardzo podobną ilość węglowodanów. Kromka pieczywa pszennego dostarcza około 11 gramów węglowodanów, a kromka białego – 12 gramów. To nieznaczna różnica.

Niewielką ilość mąki lub skrobi kukurydzianej można zastosować do zagęszczenia zasmażek i sosów. Jedna łyżka stołowa mąki razowej to 6 gramów węglowodanów, a łyżka stołowa mąki kukurydzianej zawiera ich 7. Należy to doliczyć do dziennego limitu, a zatem nie można zjeść jej za dużo. Mąka kukurydziana ma większe właściwości zagęszczające niż pszeniczna lub inne mąki, więc przy mniejszej ilości można uzyskać taki sam efekt.

Istnieje też niewęglowodanowa opcja zagęszczania sosów i zasmażek kremowym serem, który nada im serowy posmak. Jeszcze innym rozwiązaniem nie wpływającym w żaden sposób na walory smakowe jest guma ksantanowa – rozpuszczalne białko roślinne powszechnie stosowane jako zagęstnik do produkcji żywności przetworzonej. ThickenThin not/Starch jest bardzo podobnym, bezskrobiowym zagęstnikiem spożywczym. Można go stosować do zagęszczania sosów w taki sam sposób jak skrobią kukurydzianą lub mąką, a ponieważ składa się z błonnika, nie zawiera węglowodanów. Oba wspomniane wyżej zagęstniki można kupić w sklepach ze zdrową żywnością i w Internecie.

Mąka kokosowa nie jest zabroniona w tej diecie, pod warunkiem, że używa się jej w ograniczonych ilościach. Nie jest ona zbożem, lecz pochodzi z miąższu kokosa. Można jej używać do pieczenia chleba bezpszenicznego i innych wypieków. Nie zawiera glutenu, ma więcej błonnika od otrąb pszennych i bardzo niską zawartość przyswajalnych węglowodanów, co czyni ją doskonałym, niskowęglowodanowym zastępnikiem mąki pszennej.

Napoje

Napoje w największym stopniu przyczyniają się do powstawania cukrzycy i otyłości. Większość napojów zawiera masę cukru i zapewnia niewiele bądź zero wartości odżywczych. Napoje gazowane i energetyzujące to nic innego jak tylko płynne cukierki. Nawet soki owocowe i napoje izotoniczne to głównie słodzona woda. Szklanka soku pomarańczowego zawiera 25 gramów węglowodanów. Soki warzywne nie są o wiele lepsze. Wiele napojów zawiera kofeinę, która uzależnia i zachęca do picia nadmiernych ilości słodzonych napojów. Mnóstwo ludzi pije z przyzwyczajenia 5, 6, do 10 filiżanek kawy lub puszek coli dziennie. Niektórzy nawet nie piją wody, polegając wyłącznie na napojach takiego bądź innego rodzaju i to nimi uzupełniają płyny ustrojowe na co dzień. Najlepiej byłoby unikać napojów z kofeiną. Stymulując uwolnienie insuliny, wywołuje ona w organizmie stan identyczny jak cukier na poziom glukozy we krwi[1].

Bezkonkurencyjnie najlepszym napojem dla organizmu człowieka jest woda. Kiedy organizm jest odwodniony i potrzebuje płynów, wymaga wody, a nie coca-coli czy cappuccino. Woda gasi pragnienie najlepiej ze wszystkich napojów i to bez „dodatkowego bagażu" w postaci cukru, kofeiny czy substancji chemicznych.

Woda jest zdecydowanie najlepszym rozwiązaniem, a zatem zachęcam cię do dokonania twojego pierwszego wyboru. Możesz wzmocnić wodę lub zmodyfikować napój gazowany, który jest niczym innym jak tylko gazowaną wodą bez substancji słodzących czy smakowych, odrobiną soku ze świeżej cytryny lub limonki dla smaku. Innym rozwiązaniem jest niesłodzona woda sodowa aromatyzowana esencjami. Niesłodzone herbaty ziołowe oraz bezkofeinowa kawa zazwyczaj nie zawierają węglowodanów. Zdecydowanie unikaj wszelkich, sztucznie słodzonych, niskokalorycznych napojów bezalkoholowych. Sztuczne słodziki stanowią zagrożenie dla zdrowia, a poza tym utrzymują „przy życiu" zachcianki na słodycze.

Odwodnienie podnosi poziom cukru we krwi i pogarsza stan insulinooporności. Większość ludzi przez cały czas jest delikatnie odwodniona. Ludzie często ignorują zewnętrzne sygnały pragnienia do czasu, aż odwodnienie osiągnie już pewien znaczny poziom. Sytuacja ta staje się bardziej złożona z wiekiem, ponieważ w miarę upływu lat poczucie pragnienia zmniejsza się.

Przyprawy

Do przypraw zaliczają się: zioła, czosnek, sól, marynaty, substytuty soli, ocet, musztarda, chrzan, marynowane smakołyki, sos sojowy, zalewy, sosy rybne, itp. Sos sojowy jest dozwolony, ponieważ przeszedł proces fermentacji. W tej diecie można jeść większość przypraw, ponieważ dodaje się je w tak niewielkich ilościach, że ilość spożytych węglowodanów nie na znaczenia. Są jednak pewne wyjątki. Ketchup, słodkie przysmaki marynowane, sos do potraw z grilla, a także niektóre dressingi do sałatek zawierają mnóstwo cukru. W wielu przypadkach dostępne są ich niskowęglowodanowe wersje. Musisz zatem czytać skład produktów i informacje o wartościach odżywczych na etykietach produktów gotowych do spożycia.

Większość dressingów do sałatek jest na bazie wielonienasyconych olejów roślinnych. Dressing na bazie oliwy z oliwek to zdecydowanie lepszy wybór, najlepszym zaś jest domowy sos do sałatek.

Przepisy i pomysły na dressingi znajdziesz w rozdziale 17. Ocet i oliwa z oliwek lub ocet z wodą tworzą doskonałe dressingi. Ocet jest szczególnie korzystny, ponieważ, jak wykazano, zwiększa wrażliwość na insulinę i obniża poziom cukru we krwi po posiłku wysokowęglowodanowym aż o 30 procent[2]. Działanie octu z upodobaniem porównywane jest z metforminą – popularnym lekiem na prawidłowy poziom cukru we krwi[3]. Włączenie odrobiny octu do tej diety przyniesie same korzyści.

Majonez to doskonała, wysokotłuszczowa „przyprawa" będąca połączeniem oleju i jajek. Niestety wszystkie dostępne w sklepach rodzaje majonezu wytwarzane są głównie z wielonienasyconego oleju roślinnego. Nawet majonez na bazie oliwy z oliwek powstaje z oleju sojowego lub rzepakowego. Ale możesz sam zrobić zdrowy majonez z oleju kokosowego. W rozdziale 17 znajdziesz stosowne przepisy.

Cukier i słodycze

Najrozsądniej jest unikać wszystkich słodzików oraz pokarmów, które je zawierają. Jednym z objawów uzależnienia od węglowodanów są zachcianki na słodycze. Tak zwane słodziki „naturalne", tj. miód, melasa, sukanat (odwodniony sok z trzciny cukrowej), fruktoza, syrop z agawy, itp., nie są o wiele lepsze od białego cukru. Należy unikać wszelkich pokarmów zawierających sztuczne słodziki oraz substytuty cukru, tj. aspartamu, Splendy, ksylitolu i sorbitolu. Chociaż stewię uważa się za zdrowszą alternatywę od większości pozostałych słodzików, jeśli spożywa się ją za często, utrzymuje ona zachcianki na słodycze. Wybierz stewię, jeśli potrzebujesz coś odrobinę dosłodzić. Stewia ma tę dobrą właściwość, że kiedy użyje się jej w nadmiarze, zostawia gorzki posmak. Z tej oto przyczyny należy dodawać jej zaledwie odrobinkę do słodzenia owoców lub napojów. A poza tym należy stosować ją od czasu do czasu, a nie codziennie.

Wszystkie słodziki, nawet te naturalne, karmią uzależnienie od cukru. Kiedy język wyczuwa słodycz, nie ma znaczenia, czy pochodzi ona z granulowanego cukru, czy Splendy – łaknienie słodyczy pozostaje w mocy. Kiedy pojawia się pokusa, siła woli zostaje poddana próbie. A kiedy się złamiesz i zjesz „zakazaną słodycz", przy następnej pokusie łatwiej powtórzysz ten schemat i zanim się spostrzeżesz, znajdziesz się w beznadziejnej pułapce uzależnienia od węglowodanów.

Z chwilą, w której pokonasz uzależnienie od cukru, słodycze stracą nad tobą panowanie. Staną się mniej przekonujące i potrzebne. Będziesz w stanie decydować, czy skusić się na nie, czy nie. Nie będą cię już kontrolować. To ty zdecydujesz czy, gdzie i kiedy oddać się „słodkiej rozkoszy". Teraz to ty nad tym panujesz.

W daniach gotowych do spożycia cukier może występować pod wieloma nazwami. Poniżej podano różne nazwy różnorakich rodzajów cukru.

- Agawa
- Cukier klonowy
- Cukroza
- Dextrin
- Dekstroza
- Dulcitol
- Fruktoza
- Glukoza
- Ksylitol
- Ksyloza
- Laktoza
- Lewuloza
- Maltodextrin
- Maltoza
- Mannitol
- Melasa z trzciny cukrowej
- Melasa
- Miód
- Sacharoza
- Słód jęczmienny
- Sok owocowy
- Sorbitol
- Sorghum
- Sukanat
- Syrop daktylowy
- Syrop klonowy
- Syrop kukurydziany
- Syrop z ryżu brązowego
- Turbinado
- Wysokofruktozowy syrop kukurydziany

MAŁE, TŁUSTE PRZEKĄSKI

Jeśli w ciągu dnia zaczynasz odczuwać głód, powodem tego może nie być głód, lecz pragnienie. Kiedy robisz się głodny, najpierw wypij szklankę wody – to często wystarczy, by zaspokoić to uczucie. Jeśli jednak woda nie wystarczy, możesz zjeść niskowęglowodanowe, wysokotłuszczowe minidania, które nazywam „tłustymi przekąskami".

W stanie ketozy twój apetyt będzie na tyle powstrzymany, że być może nawet zechcesz opuścić jeden lub dwa posiłki w ciągu dnia codziennie lub po prostu zastąpić posiłek małą przekąską. A ponieważ w tej diecie tłuszcz jest głównym źródłem energii, musisz mieć pewność, że twoja przekąska jest pełna tłuszczu. Dodawanie tłuszczu do przekąsek sprawi, że będą bardziej sycące i na dłużej powstrzymają uczucie głodu, pozwalając ci ominąć następny posiłek bez uczucia głodu.

Przekąski powinny być przesycone tłuszczem, byś miał pewność, że dostarczasz swojemu organizmowi odpowiednich ilości tłuszczu potrzebnych do codziennego zachowania równowagi metabolicznej, nawet jeśli opuścisz pełne posiłki. Każda niskoweglowodanowa przekąska powinna zawierać od 2 do 3 łyżek stołowych (28 do 42 gramów) dodatkowego tłuszczu. Na przykład połączenie skądinąd niskotłuszczowych warzyw, tj. marchwi i selera z wysokotłuszczowym dipem da sycącą, tłustą przekąskę. Bazą dla takiego dipu może być masło orzechowe, kremowy serek lub kwaśna śmietana. Jedna łyżka stołowa masła orzechowego ma 8 gramów tłuszczu, a łyżka stołowa naturalnego serka kremowego 5 gramów tłuszczu. To niewystarczająca ilość, ale możesz zwiększyć zawartość tłuszczu, łącząc te produkty z olejem kokosowym. Łyżka stołowa oleju kokosowego zawiera 14 gramów tłuszczu. Dwie łyżki masła orzechowego z dodatkiem 1 łyżki oleju kokosowego dostarczają łącznie 30 gramów tłuszczu, a tylko 4 gramy węglowodanów. Dodatkowy seler, kalafior czy ogórek w tym dipie to tylko 1-2 gramy węglowodanów więcej. Czipsy ze skórki wieprzowej wspaniale smakują z takim dipem i nie zawierają żadnych węglowodanów.

Inną chrupiącą, niskowęglowodanową przekąską są nori – wodorosty morskie. Nori są bardzo popularne w kuchni japońskiej jako zewnętrzna warstwa – „opakowanie" sushi. Dostępne w powszechnej sprzedaży są w formie suszonych i pieczonych, cienkich (20x20 cm), przypominających papier płatów. Nori odznacza się łagodnym, słonym, morskim posmakiem. Można je pociąć na kwadraty na jeden kęs i jeść jak czipsy. Zazwyczaj sprzedawane są w opakowaniach zawierających kilka płatów. Jeden taki płatek praktycznie nie ma węglowodanów. Nori mają niską zawartość tłuszczu, więc należy go do nich dodać.

Dobrymi przekąskami są też niskowęglowodanowe orzechy, tj. migdały, orzeszniki jadalne (orzeszki pecan), makadamia i kokos. Ćwierć szklanki tych orzechów dostarcza około 2 gramów węglowodanów i od 14 do 25 gramów tłuszczu. Możesz zwiększyć ilość tłuszczu w nich, obtaczając je w maśle lub oleju kokosowym.

Mięso, ser i jajka to kolejne dobre przekąski. Trzydziestogramowy plasterek sera ma w sobie 9 gramów tłuszczu i 0,5 grama węglowodanów. Jajka mają około 8 gramów tłuszczu i 0,5 grama węglowodanów. Mięso nie zawiera w ogóle węglowodanów, chyba że zostało przetworzone, a tylko około 6 gramów tłuszczu w 30 gramach masy. Do najprostszych przekąsek należą jajka faszerowane, paluszki z sera czy „łódeczki" z ogórka wypełnione sałatką z tuńczyka z plasterkami sera i szynki z odrobiną musztardy lub kwaśnej śmietany, albo też wypełnione świeżymi kiełkami z majonezem.

Jedną z moich ulubionych, tłustych przekąsek jest połączenie oleju kokosowego z identyczną ilością serka wiejskiego. Można ją zjeść bez dodatków lub dorzucić kilka owoców leśnych dla nadania odrobiny słodyczy. Więcej pomysłów i przepisów na tłuste przekąski znajdziesz w rozdziale 17.

Ogromną popularnością wśród osób przestrzegających diety niskowęglowodanowej cieszą się batoniki proteinowe kupowane w sklepach. Nie polecam ich. Są niczym więcej jak tylko gloryfikowanymi batonikami słodzonymi sztucznymi słodzikami lub substytutami cukru. Są po prostu jedną z postaci przetworzonego, śmieciowego jedzenia.

DZIENNIK ŻYWIENIOWY

Prowadź w notatniku dziennik diety. Zapisuj wszystko, co zjesz – wszystkie posiłki i przekąski. Wiernie notuj, z czego składał się twój każdy posiłek i każda przekąska, godziny, o których jadłeś, ilość spożytych gramów węglowodanów, tłuszczów i białek, a także łączną liczbę kalorii. Nie musisz zapisywać ilości zjedzonej soli bądź przypraw, ponieważ ich wartości odżywcze są minimalne. Chociaż woda nie zawiera ani substancji odżywczych, ani kalorii, dobrze jeśli zapisujesz wypitą ilość – w ten sposób masz pewność, że codziennie odpowiednio się nawadniasz.

Data: 5 czerwca 20___

8:00
235 ml wody

9:30 Śniadanie
2 jajka sadzone
3 plasterki boczku bez azotynów
3 łyżki stołowe oleju kokosowego
355 ml wody
Zawartość węglowodanów: 1 g, tłuszczu: 65 g, białka: 22 g,
wartość kaloryczna: 677.

12:00
355 ml wody

14:00 Przekąska
3 łyżki stołowe serka wiejskiego
3 łyżki stołowe oleju kokosowego
56 g malin
355 ml wody
Zawartość węglowodanów: 4,5 g, tłuszczu: 42,5 g, białka: 6,5 g,
wartość kaloryczna: 426.

16:00
355 ml wody

17:30 Kolacja
1 kotlet schabowy (85 g)
2 szklanki szparagów
1 szklanka sałatki (pomidor, ogórek, ocet, zioła)
1 łyżka stołowa oliwy z oliwek
2 łyżki stołowe masła
355 ml wody
Zawartość węglowodanów: 13 g, tłuszczu: 61,5 g, białka: 32,5 g,
wartość kaloryczna: 735.

19:30
355 ml wody

Razem w ciągu dnia
Zawartość węglowodanów: 18,5 g, tłuszczu: 169 g, białka: 61 g,
wartość kaloryczna: 1838.
Woda: 2365 ml

Powyżej podano przykładowy zapis tego, co możesz wpisać do swego dziennika żywieniowego. Możesz też odnotować swoją aktualną wagę i wymiary.

Możesz także zapisywać w nim ulubione, niskowęglowodanowe przepisy, zmiany w objętości ciała, BMI, wagę i przemyślenia na temat samopoczucia oraz wszelkie oznaki poprawy stanu zdrowia.

Prowadzenie wiernego dziennika diety ma dużo większe znaczenie i przynosi więcej korzyści, niż się wydaje. I choć w pierwszym odczuciu ma się wrażenie, że jego prowadzenie jest czasochłonne, tak naprawdę, w ostatecznym rozrachunku zaoszczędzi ci czasu, podając ci łączną wartość odżywczą posiłków, które często jesz (nie będziesz musiał przeliczać jej za każdym razem). Ponadto dziennik ten zapewni ci bezcenny zapis wszystkiego, co zjadłeś, pomagając ci w ten sposób zachować świadomość tego, co jesz, trzymać się „w ryzach", a także podpowie ci, jak ulepszyć lub ściślej trzymać się diety i jak zidentyfikować pojawiające się problemy. Nie polegaj na swojej pamięci! Nie zdołasz zapamiętać wszystkich informacji, chyba że masz pamięć fotograficzną. Ilość spożywanych przez ciebie węglowodanów będzie się zmieniać w czasie trwania tego programu odżywiania, musisz zatem wiedzieć, co jadłeś, by móc dokonać odpowiednich modyfikacji. Prowadzenie dziennika żywieniowego (diety) to wymóg!

Tego typu zapisywanie podnosi twoją świadomość żywieniową i odpowiedzialność za to, co jesz. To doskonałe narzędzie motywacyjne. Badania naukowe wykazują, że niezależnie od tego czy jesteś na diecie ketogenicznej, czy na jakiejkolwiek innej, prowadzenie dziennika jest potężnym instrumentem w wysiłkach w odchudzaniu. Trwające przez ponad pół roku badanie obejmujące 1685 mężczyzn i kobiet w wieku średnim dowiodło, że osoby, które prowadziły dzienniki żywieniowe, schudły dwukrotnie więcej (8 kg) od tych, które go nie prowadziły (4 kg)[4].

Jeśli taki dziennik pomaga schudnąć dwukrotnie więcej, czyż nie jest wart zachodu? Nie musisz go przecież prowadzić bez końca, a tylko do czasu osiągnięcia upragnionej masy ciała oraz w okresie przejścia z fazy utraty wagi do fazy utrwalania. Dziennik ten bardzo ci się przyda zwłaszcza w okresie przejścia do fazy utrwalania diety, w której to dostosujesz ją do swoich indywidualnych potrzeb.

SUPLEMENTY DIETY

Na pierwszy rzut oka może się wydawać, że w diecie tej może brakować składników odżywczych, ponieważ zabrania jedzenia tylu pokarmów. Nic takiego jednak nie ma tu miejsca. Dieta ta dostarcza wszelkich substancji odżywczych potrzebnych dla zdrowia człowieka.

Z jakichś bliżej nieokreślonych powodów ludzie zakładają, że mięso i tłuszcz są ubogie pod względem odżywczym, co bardzo mija się z prawdą. Mięso dostarcza mnóstwa składników odżywczych. Prawdę mówiąc, jest ono doskonałym źródłem wielu witamin i minerałów, dostarcza też niezbędnych składników odżywczych, które raczej trudno uzyskać ze źródeł roślinnych, tj. witaminy A, B i B_{12}, a także koenzymu Q_{10}, cynku i pozostałych pierwiastków. Jak już wcześniej wspominałem, tłuszcz zwiększa zdolność wchłaniania witamin i minerałów. Dodatkowo, stosując tę dietę, dostarczysz swemu organizmowi znacznie więcej substancji odżywczych niż wtedy, gdy w twojej diecie przeważały pokarmy niskotłuszczowe, pełne pustych kalorii.

Nie jest to dieta oparta wyłącznie na mięsie. Zawiera też mnóstwo naturalnych, w pełni roślinnych pokarmów, surowych i gotowanych. Ilość spożytego mięsa prawdopodobnie nie zmieni się od tej, jaką jesz obecnie, chyba że jesz go bardzo, bardzo dużo, wówczas jego ilość najprawdopodobniej zmniejszy się. Większość dodatkowych składników odżywczych, które uzyskasz z takiego sposobu odżywiania się, pochodzi z lepszej jakości, intensywniejszego źródła węglowodanów, jakim są świeże owoce. Zaczniesz jeść więcej warzyw niż w ciągu całego swego dotychczasowego życia. Mógłbyś tę dietę nazwać warzywną, obficie suplementowaną tłuszczem i odpowiednim białkiem.

Nie musisz przyjmować suplementów diety, by zaspokoić niedobór jakichkolwiek składników odżywczych, ponieważ w tej diecie żadnego z nich nie brakuje. A jeśli już bierzesz jakieś suplementy i chciałabyś nadal to robić – możesz.

Poza wszystkim, co zostało już powiedziane, polecam pewne suplementy. Nie jest to wymóg, ale gorąco je zalecam. Powodem, dla którego to czynię, jest fakt, że większości ludzi brakuje wielu podstawowych, wspomagających organizm substancji odżywczych. Suplementacja diety określonymi witaminami i minerałami pomoże wyrównać ich niedobór i przyśpieszy postępy w odchudzaniu. Suplementy należy przyjmować przynajmniej przez kilka pierwszych miesięcy od rozpoczęcia programu diety ketogenicznej. Przez taki czas zapas składników odżywczych w organizmie powinien zregenerować się na tyle, że wystarczy ilość z pożywienia, tak że suplementacja nie jest już konieczna. Niektóre pierwiastki, jak np. witamina D, magnez i najprawdopodobniej jod powinno się przyjmować bez ograniczeń czasowych. Najlepszy sposób na sprostanie zapotrzebowaniu na witaminę D to przynajmniej 30-minutowe przebywanie na słońcu w południe, 3 razy w tygodniu, lub 20 minut dziennie, codziennie z odkrytą głową, ramionami i nogami. W zimie, kiedy nie bardzo jest to możliwe, suplementacja pokarmowa może stać się konieczna.

Wspomaganie składnikami odżywczymi wspiera metabolizm tłuszczów, poprawia wrażliwość na insulinę, wspomaga funkcjonowanie tarczycy i proces odchudzania. Na przykład minerał chromu jest niezbędny dla właściwej czynności insuliny, która wpływa na poziom cukru we krwi i ilość odkładanej tkanki tłuszczowej. W przypadku chromu nie istnieje dzienna zalecana dawka. Agencja Żywności i Leków wskazała jednakże dawkę 50-200 mcg jako bezpieczną i prawdopodobnie odpowiednią na dzienne zapotrzebowanie. Właśnie taką dawkę chromu zawierają zwykle multiwitaminy i suplementy minerałów, choć bezpiecznie możesz przyjmować dwukrotnie lub trzykrotnie więcej.

Dostarczenie organizmowi odpowiedniej ilości witaminy C w diecie może okazać się pomocne w odchudzaniu. W badaniu podwójnie ślepej próby z grupą kontrolną, otyłych pacjentów podzielono na dwie grupy. Jednej grupie podawano 3000 mg witaminy C dziennie, a drugiej – placebo. Po 6 tygodniach badani z grupy, która otrzymywała witaminę C, schudli przeciętnie prawie trzykrotnie więcej niż ci z grupy placebo: 2,6 kg w porównaniu do 1 kg[5]. Dzienna zalecana dawka witaminy C to zaledwie 60 mg dziennie. Taka ilość wystarczy by zapobiec szkorbutowi, lecz nie jest optymalna. Zdecydowanie zdrowsza dawka to 1000 do 3000 mg.

W twojej nowej diecie powinien znaleźć się uniwersalny suplement multiwitaminowo-mineralny bez dodatku żelaza, zawierający witaminy A, B_1 (tiaminę), B_2 (ryboflawinę), B_6 oraz B_{12}, kwas foliowy, niacynę, mangan, cynk i pozostałe podstawowe składniki odżywcze. Ich ilość powinna dostarczać dziennej zalecanej dawki. Upewnij się, że preparat nie zawiera żelaza. W przeciwieństwie do powszechnych przekonań, większości osób nie brakuje żelaza, a wręcz mają go zbyt dużo. Dodawany jest do wielu przetworzonych pokarmów i większości produktów z rafinowanych zbóż i kasz.

Witaminy i minerały

Witamina/Minerał	**Dzienna zalecana dawka w USA**	**Zalecana dawka**
Witamina A	3000 IU	
Witamina B_1 (tiamina)	1,5 mg	
Witamina B_2 (ryboflawina)	1,7 mg	
Witamina B_3 (niacyna)	20 mg	
Witamina B_6	2,0 mg	
Witamina B_{12}	6 mcg	
Witamina C	60 mg	1000 mg
Witamina D	600 IU	2000 mg
Witamina E	30 IU	400 IU
Kwas foliowy	0,4 mg	
Wapń	1200 mg	
Magnez	400 mg	800-1200 mg
Selen	70 mcg**	
Kwas pantotenowy	10 mg *	
Biotyna	30 mcg*	
Chrom	50-200 mcg	200-500 mcg
Miedź	2,0 mg*	
Mangan	5,0 mg*	
Molibden	250 mcg*	
Cynk	15 mg	
Jod	150 mcg***	500-1000 mcg

* Szacowana bezpieczna i odpowiednia dawka według Amerykańskiej Agencji Żywności i Leków
** Jeśli podejrzewasz, że masz niedoczynność tarczycy, rozważ zwiększenie dawki selenu do 200 mcg dziennie.
*** Jeśli masz niedobór jodu potwierdzony testem na obecność jodu w organizmie, możesz przyjmować do 12 mg dziennie jako dawkę utrwalającą.

Nadmiar żelaza powiązano ze wzmożonym ryzykiem wystąpienia chorób serca. Powinieneś unikać żelaza w suplementach diety, chyba że stwierdzono u ciebie niedobór żelaza. Jeśli nie możesz znaleźć suplementu multiwitaminowego i mineralnego bez dodatku żelaza w lokalnym sklepie lub aptece, kup go w Internecie. Zażywaj w ilościach przynajmniej dziennej zalecanej dawki głównych witamin i minerałów codziennie. Ponadto zalecam wyższe dawki określonych witamin i minerałów ze względu na ich antyoksydacyjne i metaboliczne właściwości.

WŁĄCZANIE TRÓJGLICERYDÓW ŚREDNIOŁAŃCUCHOWYCH (MCT) W DIETĘ

Rodzaje oleju kokosowego

Teraz, kiedy już poznałeś korzystne właściwości oleju kokosowego, powinno stać się oczywiste, że ten doskonały pokarm odgrywa główną rolę w twoich zmaganiach z nadmiarem tkanki tłuszczowej. Tak więc zrozumienie, w jaki sposób włączyć go w codzienny jadłospis, jest niezwykle istotne. Najprościej jest przygotowywać z nim posiłki. Olej kokosowy ma bardzo wysoką stabilność cieplną, dzięki czemu doskonale nadaje się do gotowania. Z powodzeniem możesz go stosować do wszelkiego pieczenia i smażenia. W przepisach, które wymagają margaryny, masła, tłuszczu spożywczego lub oleju roślinnego, stosuj w zamian olej kokosowy. Użyj takiej samej ilości albo troszkę więcej, by mieć absolutną pewność, że dostarczasz sobie zalecanych ilości.

Nie wszystkie posiłki przygotowuje się z olejem kokosowym, ale i tak możesz go dodawać do swego jadłospisu ułożonego według diety ketogenicznej. Na przykład dodawaj po łyżeczce oleju kokosowego do gorących napojów, zup, sosów i dań pieczonych albo też stosuj jako dodatek do gotowanych warzyw, a nawet mięs.

Chociaż zalecam spożywanie oleju kokosowego z innymi pokarmami, nie musisz go przyrządzać z nimi lub dodawać do nich. Możesz po prostu zjadać go łyżeczką bez dodatków jako suplement diety. Wielu osobom to odpowiada. Jeśli używasz oleju dobrej jakości, to jest smaczny. Mnóstwo osób nie akceptuje myśli o wlaniu sobie do ust łyżeczki oleju jakiegokolwiek rodzaju. Niektórzy potrzebują trochę czasu, by się do niej przyzwyczaić. W sklepach można nabyć głównie dwa rodzaje oleju. Jednym z nich jest olej kokosowy z pierwszego tłoczenia, a drugim jest rafinowany, odbarwiany i aromatyzowany (ang. RBD) olej kokosowy. Ten pierwszy pozyskuje się ze świeżych owoców, minimalnie przetwarzanych. Taki olej w zasadzie pochodzi wprost z orzecha kokosowego, a ponieważ jest tylko nieznacznie przetworzony, zachowuje delikatny kokosowy smak i aromat, i jest pyszny.

Olej kokosowy RBD wytwarza się z kopry (wysuszonego na świeżym powietrzu miąższu orzechów palmy kokosowej) i podaje się go szerszej obróbce. W procesie tym cały smak i zapach zostaje usunięty. To dobra wiadomość dla osób nielubiących smaku kokosów w jedzeniu. Olej RBD jest mechanicznie przetwarzany pod wpływem wysokich temperatur. Z reguły nie stosuje się w nim substancji chemicznych. Wybierając spośród tych dwóch olejów w sklepie, rozpoznasz je po informacji na etykiecie. Wszystkie oleje z pierwszego tłoczenia opatrzone są takim napisem, zaś oleje RBD nie mają takiego napisu ani też skrótu „RBD" na etykiecie. Czasem reklamuje się je jako „tłoczone prasą", co oznacza, że wstępne tłoczenie oleju z miąższu kokosa odbyło się mechanicznie, bez użycia wysokiej temperatury. Stosuje się ją jednak później, w procesie rafinacji.

Wiele osób woli olej kokosowy z pierwszego tłoczenia, ponieważ był mniej przetwarzany, dzięki czemu zachował więcej składników odżywczych i smak, który nadała mu natura. Właśnie dlatego wciąż zachowuje swój naturalny, kokosowy smak. Jako że przy jego produkcji potrzebna jest większa uwaga, jest on droższy od oleju RBD.

Większość rodzajów oleju RBD nie ma smaku ani zapachu i bardzo nieznacznie różni się między sobą, zaś jakość różnorakich rodzajów olejów kokosowych z pierwszego tłoczenia jest wyraźnie inna. Olej kokosowy z pierwszego tłoczenia wytwarza się wielorakimi metodami tłoczenia. Jedne są lepsze, inne gorsze. Na ich jakość wpływa też stopień dokładności i uwagi przy ich produkcji. Niektóre firmy wytwarzają olej kokosowy doskonałej jakości, tak pyszny, że z przyjemnością je się go bez dodatków, łyżkami. Inne rodzaje mają intensywny smak, prawie nie do przełknięcia. Smaku jednak nie da się stwierdzić, patrząc na butelkę oleju, trzeba go spróbować. Jeśli olej ma łagodny kokosowy smak i zapach, a do tego jest smaczny, tego właśnie rodzaju powinieneś używać. Jeśli zaś jego smak przytłacza intensywnością, a zapach ma w sobie nutę dymu, wybierz inny gatunek.

Olej kokosowy można kupić w sklepach ze zdrową żywnością, wielu sklepach spożywczych i przez Internet. Wybór jest ogromny. Zasadniczo najdroższe gatunki są najlepsze, ale nie zawsze. Najtańsze gatunki oleju kokosowego z pierwszego tłoczenia są prawie zawsze gorszej jakości. Ogólnie jednak wszystkie rodzaje mają te same właściwości kulinarno-lecznicze, a więc korzystnie wpływają na zdrowie.

Olej kokosowy kupiony w sklepie może wyglądać jak tłuszcz spożywczy (do pieczenia), w postaci stałej, o śnieżnobiałym kolorze. Po kilku dniach od przyniesienia do domu i postawienia na kuchennej półce zamienia się w bezbarwny płyn. Nie obawiaj się, to proces naturalny. Jedną z charakterystycznych właściwości oleju kokosowego jest jego wysoka topliwość. W temperaturze 24°C i wyższej olej ten jak każdy inny olej roślinny zamienia się w płyn. W niższych temperaturach twardnieje, czym bardzo przypomina masło. Kostka masła przechowywana w lodówce jest twarda, lecz pozostawiona na szafce w kuchni w upalny dzień zamieni się w kałużę. Olej kokosowy przechowywany w butelce bądź słoiku może mieć stałą bądź płynną postać, w zależności od temperatury przechowywania. Możesz go używać w dowolnej formie. Olej kokosowy jest bardzo trwały i nie wymaga przechowywania w lodówce. Jego okres przydatności do spożycia wynosi od 1 roku do 3 lat – w tym czasie na pewno go zużyjesz.

Olej MCT

Mnogość korzyści zdrowotnych związanych ze stosowaniem oleju kokosowego wynika z zawartych w nim trójglicerydów średniołańcuchowych (ang. MCT). Jeśli MCT są takie dobre dla zdrowia, wówczas można rozumować, że ich bogatsze źródło jest jeszcze lepsze. Olej kokosowy jest najbogatszym, „naturalnym" źródłem trójglicerydów średniołańcuchowych, istnieje jednak źródło o jeszcze większej ich zawartości, a jest nim olej MCT. Olej kokosowy zawiera 63 procent MCT, tymczasem olej MCT aż 100 procent. Olej MCT, który czasem nazywa się cząsteczkowym olejem kokosowym, wytwarza się z oleju kokosowego. W procesie tym dziesięć kwasów tłuszczowych, z których się składa, oddziela się, a następnie dwa glicerydy średniołańcuchowe (kwasy: kaprylowy i dekanowy), ponownie łączą się, by powstał olej MCT.

Jedną z zalet tego oleju jest to, że w jednej jednostce objętości dostarcza więcej MCT niż olej kokosowy. Jest bez smaku, a jego płynna postać w temperaturze pokojowej sprawia, że można go stosować zarówno do gotowania jak i jako dressing do sałatek. Wada oleju MCT jest taka, że częściej od oleju kokosowego wywołuje mdłości i biegunkę. Tylko niewielką jego ilość można spożyć bez doświadczenia tych skutków ubocznych.

Średniołańcuchowe kwasy tłuszczowe zawarte w oleju MCT szybko ulegają konwersji w ketony. Poziom ketonów we krwi osiąga wartość szczytową po 1,5 godziny od spożycia i spada po 3 godzinach. Konwersja mieszanych trójglicerydów średniołańcuchowych znajdujących się w oleju kokosowym w ketony zachodzi wolniej. Poziom ketonów osiąga najwyższą wartość po 3 godzinach od spożycia, lecz utrzymuje się we krwi przez około 8 godzin. Olej MCT może spowodować szybszy i większy stan ketozy w organizmie, który jednak szybko maleje.

Oleje kokosowe i MCT najbardziej różnią się pod względem stopnia topliwości. Olej MCT topi się w znacznie niższych temperaturach (3°C), a więc pozostaje płynny nawet podczas przechowywania w lodówce. Jest to bardzo przydatna cecha, ponieważ można go stosować jako dressing do sałatek lub dodawać do schłodzonych napojów. Kiedy olejem kokosowym poleje się zimną sałatkę, wówczas błyskawicznie „zamarza" i twardnieje. To samo dzieje się z nim po dodaniu do zimnego napoju, tymczasem olej MCT zachowuje postać płynną. Taka właściwość czyni go doskonałym do sałatek czy zrobienia domowego majonezu.

Innym rodzajem oleju, jaki możesz znaleźć w sklepie, jest olej kokosowy zwany „płynnym" lub „wzbogaconym" olejem kokosowym. Z oleju tego usunięto kwasy tłuszczowe o dłuższych łańcuchach. Pod względem profilu kwasów tłuszczowych olej ten bardzo przypomina olej MCT, lecz ma odrobinę bardziej zróżnicowaną strukturę kwasów tłuszczowych. Ma także niższą topliwość od zwykłego oleju kokosowego, dzięki czemu można swobodnie dodawać go do zimnych potraw bez obawy, że stwardnieje.

16

KOKOSOWY, KETOGENICZNY PROGRAM ODCHUDZANIA

KOKOSOWY PROGRAM KETOGENICZNY

Ketogeniczna Dieta Kokosowa ma 3 fazy. Pierwsza to trwający od 2 do 8 tygodni okres wprowadzający, który pozwala ci przygotować się do drugiej – ketogenicznej – fazy programu. W zależności od wyboru jedzenia, w fazie wstępnej możesz nie wejść w stan ketozy. W drugiej fazie natomiast wchodzisz w stan pełnej ketozy i to w nim zrzucasz większość niechcianych kilogramów, osiągasz docelową masę ciała i doświadczasz bardzo wyraźnych, korzystnych zmian w organizmie w zakresie przemiany materii, biochemii krwi i ogólnego stanu zdrowia. W trzeciej i ostatniej fazie możesz złagodzić niektóre ograniczenia żywieniowe, zmniejszyć ogólne ilości spożytego tłuszczu, zwiększając jednocześnie ilość spożytych węglowodanów i kalorii. Nadal jesz rozsądnie, ale jeśli chcesz, możesz już włączyć więcej owoców i pokarmów o wyższej zawartości węglowodanów. To faza diety, w której utrzymujesz już wypracowane postępy i nadal poprawiasz ogólny stan swojego zdrowia. Na tym etapie diety możesz jeść wielką różnorodność mięs, serów, nabiału, orzechów, warzyw, smacznych tłuszczów i sosów, a także niektóre owoce i umiarkowane ilości warzyw o wyższej zawartości węglowodanów, a nawet pewne zboża. W tej fazie powinieneś pozostać na czas nieokreślony. Mogąc jeść tak różnorodne, pyszne pokarmy, raczej nie będzie to trudne. Jest to dieta, którą z powodzeniem można stosować i cieszyć się do końca życia.

Choć możesz być niecierpliwy, by stosując się do zaleceń tego programu zacząć chudnąć, ważne jest, byś najpierw przeczytał cały ten rozdział; porusza on bowiem kwestie, o których warto wiedzieć, zanim przystąpi się do wdrażania programu w życie.

Faza 1: Wstęp do niskowęglowodanowego odżywiania się

Celem tego etapu jest przygotowanie cię zarówno fizycznie jak i mentalnie do fazy ketogenicznej. Jako że zmiany żywieniowe, które zamierzasz wprowadzić, będą znaczące, przeskoczenie wprost do głównej fazy programu może okazać się trudne. Faza wstępna daje ci czas łagodnego wejścia w program, przyzwyczajenia się do jedzenia większych ilości tłuszczu, spalania tłuszczu zamiast cukru i nauki przygotowywania i rozkoszowania się jedzeniem niskowęglowodanowym.

Charakterystyczną cechą Ketogenicznej Diety Kokosowej jest jedzenie oleju kokosowego. Zachęcam cię do przynajmniej 3 łyżek stołowych (45 ml) oleju kokosowego dodatkowo do każdego posiłku. To dużo oleju, ale właśnie o to chodzi w tej diecie. Wspomniane 3 łyżki stołowe oleju to nie musi być olej kokosowy, może być dowolny, jednak olej kokosowy jest preferowanym wyborem i w tej diecie powinien być olejem dominującym.

Po wizycie u lekarza i wykonaniu badania morfologicznego krwi (szczegóły na stronie 375), powinieneś bezzwłocznie zacząć dodawać olej kokosowy do swoich posiłków. Udaj się do lokalnego sklepu ze zdrową żywnością lub znajdź sklep internetowy w Sieci i kup kilka opakowań oleju kokosowego. Jego marka lub rodzaj nie mają tu znaczenia. Większość rodzajów będzie miało na etykiecie napis: „z pierwszego tłoczenia", „najczystszy olej z pierwszego tłoczenia" lub „tłoczony za pomocą prasy". Wszystkie z nich są odpowiednie. Nie czekaj, zacznij używać oleju do codziennego gotowania od razu. Używaj go w przepisach, które wymagają masła, margaryny, oleju roślinnego lub tłuszczu spożywczego. Na początku staraj się zjadać przynajmniej ½ łyżki stołowej (8 ml) oleju kokosowego do każdego posiłku. Jeśli jesz trzy posiłki dziennie, powinieneś zjadać przynajmniej 1,5 łyżki stołowej (22 ml) oleju kokosowego co dzień. Używaj tego oleju do przyrządzania potraw i dodawaj go do nich obficie już po przygotowaniu.

Niektórzy ludzie są bardziej wrażliwi na dodatkowy tłuszcz w jadłospisie od innych. Powód jest taki, że wielu z nich ograniczyło spożycie tłuszczu w związku z histerią panującą w naszym społeczeństwie na temat jedzenia tłuszczów. Poprzez ograniczenie ilości spożywanego tłuszczu organizm człowieka nie jest przystosowany do przetwarzania ilości tłuszczu przewidzianej w tym programie. Dodatkowy tłuszcz w tej diecie może spowodować u niektórych osób mdłości i biegunkę.

W celu jak najskuteczniejszego uniknięcia tych dolegliwości doradzam, byś już teraz zaczął przygotowywać swój układ trawienny na zwiększoną ilość tłuszczu, dodając olej kokosowy do posiłków. Wraz ze wzrostem konsumpcji tłuszczu twój organizm naturalnie rozpocznie wytwarzanie enzymów trawiennych tłuszczów. A kiedy już przyzwyczai się do dodatkowego tłuszczu, możesz zwiększać jego ilość w swoim jadłospisie bez doświadczania jakichkolwiek skutków ubocznych. Te uciążliwości rzadko pojawiają się przy diecie bardzo niskowęglowodanowej. Pamiętaj też o tym, że opróżnianie jelit raz lub dwa razy w ciągu dnia nie oznacza biegunki – tak funkcjonuje zdrowa okrężnica. Na tej diecie twoje jelita będą lepiej i częściej pracować.

Większość ludzi jest w stanie dodać 2 łyżki stołowe (30 ml) oleju kokosowego do swojej diety tuż na początku jej stosowania bez żadnych skutków ubocznych. Każdy jest jednak inny; niektórzy będą mieli niewielką biegunkę już po 1 łyżce stołowej dziennie, a inni, pijąc nawet 5-6 łyżek dziennie od samego początku programu, nie doświadczą żadnych problemów. Każdy może rozwinąć tolerancję na spożycie oleju, stopniowo zwiększając jego ilości w jadłospisie. Zacznij od razu. Przyzwyczajenie organizmu do przetwarzania większych porcji tłuszczu jest podstawowym celem fazy wstępnej tego programu.

Jeśli twój organizm bez problemu toleruje 0,5 łyżki stołowej (8 ml) oleju kokosowego na każdy posiłek (1,5 łyżki stołowej łącznie) spożyty w ciągu dnia, po kilku dniach zwiększ jego ilość do jednej (15 ml), a następnie do 2 łyżek stołowych do każdego posiłku. Jeśli w danym momencie 2 łyżki to za dużo dla twojego przewodu pokarmowego, na kilka dni wróć do 1 łyżki stołowej, po czym spróbuj ponownie. Stopniowo dąż do 3 łyżek stołowych oleju kokosowego dodawanych do każdego posiłku.

Przyzwyczajając się do zwiększonego spożycia tłuszczu w postaci oleju kokosowego, powinieneś jeść też niskowęglowodanowe posiłki. Policz zawartość węglowodanów w każdym z nich. Załóż teczkę, segregator lub folder na sprawdzone, niskowęglowodanowe przepisy i twoje ulubione jadłospisy dzienne. Ogranicz całkowite spożycie węglowodanów do ilości nieprzekraczającej 30 gramów dziennie. Zacznij prowadzić dziennik żywieniowy i zapisuj wszystko co zjesz oraz swoje ulubione przepisy niskowęglowodanowe. Prowadź dokładny rejestr zawartości węglowodanów we wszystkim, co jesz. Być może zechcesz też śledzić ilość zjedzonych tłuszczów, białek i kalorii. Skorzystaj z przepisów w rozdziale 17 do planowania posiłków.

Na tym etapie diety nie musisz martwić się o ilość kalorii, które zjadasz. Jedz do nasycenia, ale nie przejadaj się. Na początku możesz troszkę zwiększyć porcje zjadanych białek, by zrekompensować zmniejszoną ilość węglowodanów. Dodaj do swego jadłospisu tak dużo bogatych w białko pokarmów, ile potrzebujesz, by zaspokoić swój głód. Kiedy wejdziesz w 2. fazę programu, czyli Ketogeniczną Redukcję Wagi zaczniesz pracować nad ograniczaniem kalorii i w miarę możliwości spożyciem białek. Po 2 tygodniach stosowania oleju kokosowego i jedzenia niskowęglowodanowych posiłków, jeśli tylko jesteś w stanie zjeść przynajmniej 2½ łyżki oleju kokosowego dodanego do każdego posiłku, nie doświadczając najmniejszych problemów trawiennych, możesz zwiększyć ilość dodanego tłuszczu do 3 łyżek stołowych do każdego posiłku i z pełną mocą „wskoczyć" w fazę 2. programu. Jeśli dodatkowy tłuszcz w posiłkach wciąż przyprawia cię o lekkie mdłości, pozostań w tej „niskowęglowodanowej fazie" do czasu, aż 2½ łyżki stołowe nie będą powodować dyskomfortu. Jeśli wcześniej nie miałeś żadnego doświadczenia w niskowęglowodanowym odżywianiu się może upłynąć miesiąc lub dwa zanim poczujesz się wystarczająco komfortowo, by przejść do następnej fazy. Nie musisz się spieszyć. Nawet w fazie wstępnej powinieneś zauważyć spadek wagi. Niektórzy ludzie potrzebują 3 do 4 miesięcy, zanim czują się na tyle naturalnie w fazie pierwszej, że mogą przejść do fazy Ketogenicznej Redukcji Wagi, i absolutnie nie ma w tym nic złego. Rób postępy w swoim własnym tempie.

Jeśli po upływie 4 miesięcy nadal nie możesz przyswoić 3 dodatkowych łyżek stołowych oleju do każdego spożywanego posiłku, najprawdopodobniej masz problemy trawienne – twój układ pokarmowy pracuje zbyt wolno i nie wytwarza odpowiedniej ilości enzymów trawiennych potrzebnych do prawidłowego trawienia pokarmu. W tej sytuacji pomoże przyjmowanie suplementu enzymu trawiennego do każdego posiłku. Upewnij się, że taki suplement zawiera lipazę, czyli enzym, który rozkłada tłuszcze. Powinien też mieć proteazy, czyli enzymy trawienne białek. Zażywaj ten suplement bezpośrednio po posiłku, choć możesz też przyjmować go nawet godzinę lub dwie po, i tak spełni swoją rolę.

Niektórzy włączają olej kokosowy do swojego jadłospisu, po prostu pijąc go łyżkami jak suplement diety. Nie musisz tak robić. Organizm łatwiej go trawi, kiedy jest jedzony wraz z innymi pokarmami. Na początku diety niech olej kokosowy będzie częścią składową twoich posiłków. Z czasem, kiedy twój organizm przystosuje się do zwiększonych ilości spożywanego tłuszczu, możesz, jeśli tylko chcesz, pić olej łyżkami.

Na każde 30 kg masy ciała powinieneś wypijać 1000 ml wody codziennie, a w upalne dni – więcej. To około 2400 ml lub inaczej, zaledwie 8 szklanek wody dziennie. Powinieneś także dodawać po jednej łyżeczce soli morskiej do swego jadłospisu na każde 2400 ml wypitej wody.

Zacznij przyjmować suplement multiwitaminowo-mineralny wzbogacony magnezem oraz dawką 500 do 1000 mg witaminy C, dodatkową ilością witaminy E oraz chromu. Codziennie w południe wychodź na słońce lub przyjmuj suplement diety z witaminą D, odpowiadający dawce 2000 IU/dzień. Jeśli podejrzewasz u siebie niedoczynność tarczycy, powinieneś rozważyć możliwość zwiększenia dawki jodu do 1000 mcg a nawet większej, oraz selenu do 200 mcg dziennie.

Zacznij regularnie ćwiczyć. Powinieneś wykonywać jakiś rodzaj ćwiczeń fizycznych od 3 do 6 dni w tygodniu. Może to być na przykład 30-minutowy spacer. Zrób coś więcej, jeśli tylko pozwala ci na to twoja sprawność fizyczna.

Podsumowując, we wstępnej, niskowęglowodanowej fazie diety:

- Jedz nie więcej niż 30 gramów węglowodanów dziennie
- Stopniowo dąż do spożywania 3 dodatkowych łyżek stołowych oleju kokosowego do każdego posiłku
- Olej kokosowy powinien być podstawowym tłuszczem w twojej diecie
- Codziennie przyjmuj suplement multiwitaminowo-mineralny, wzbogacony dodatkowym magnezem
- Codziennie wychodź na słońce lub przyjmuj suplement witaminy D w dawce 2000 IU
- Pij 8 szklanek wody z filtra dziennie. Nie pij wody z kranu
- Codziennie dodawaj przynajmniej 1 łyżeczkę soli morskiej do posiłków
- Podejmij regularny program ćwiczeń
- Prowadź dziennik żywieniowy

W fazie tej nie obowiązuje ograniczenie ilości spożywanego mięsa ani też spożywanych kalorii. Wraz ze zwiększeniem zawartości tłuszczu w swojej diecie (dążąc do 3 łyżek stołowych do każdego posiłku), twój apetyt powinien zmniejszyć się, dzięki czemu w sposób naturalny zaczniesz mniej jeść (zwłaszcza mięsa), co także zmniejszy ilość spożywanych kalorii.

Chociaż dieta ta nie zabrania żadnych pokarmów, rozsądnie jest unikać wszelkich zbóż, kasz, makaronów, pieczywa, słodyczy, deserów, ziemniaków, suszonej fasoli i innych wysokowęglowodanowych warzyw, a także większości owoców. Możesz jeść niewielkie ilości owoców pod warunkiem, że będziesz pilnował całkowitej liczby węglowodanów, jakie zjadasz. Od czasu do czasu możesz dodać troszkę stewii, lecz powtarzam: sporadycznie, a nie codziennie.

Poza przestrzeganiem wyżej wymienionych zasad powinieneś także unikać wszelkich sztucznych słodzików, kofeiny, napojów z jej zawartością, hydrogenizowanych olejów roślinnych (w tym tłuszczu spożywczego i margaryny), wszystkich produktów sojowych (z wyjątkiem niewielkich ilości sosu tamari, sosu sojowego, miso i tempehu), fluoru i wszelkich produktów z jego zawartością (łącznie z fluoryzowaną wodą) oraz, jeśli możesz, wszelkich lekarstw zaburzających proces odchudzania czy funkcje tarczycy. Jeśli masz problemy z tarczycą, powinieneś też ograniczyć spożycie surowych warzyw krzyżowych. Zmniejsz poziom stresu w swoim życiu. Ćwiczenia fizyczne skutecznie ci w tym pomogą.

Faza 2: Ketogeniczna Redukcja Wagi

Oto część programu, w której pozbędziesz się większości nadmiaru kilogramów. Twój podstawowy cel to ograniczenie łącznej ilości spożytych węglowodanów do 30 gramów lub mniej dziennie. Musisz liczyć każdy gram – nie zgaduj! Musisz też liczyć ilość węglowodanów zawartych w pożywieniu, żebyś dokładnie wiedział, ile ich zjadasz. W Dodatku znajdziesz tabelę składników odżywczych (strona 433) zawartych w produktach, która pomoże ci w liczeniu. Zsumuj wszystkie gramy węglowodanów z każdego zjedzonego przez ciebie pokarmu, w tym jajek, sera i mięs. Chociaż zwykle zawierają one niewiele węglowodanów, jeśli jesz ich dużo, wtedy ma to znaczenie. Do mięs obiadowych i wędlin często dodawany jest cukier, więc nawet w przypadku gotowych mięs zawsze czytaj skład produktu.

Byłoby dobrze, gdyby tłuszcze stanowiły przynajmniej 60 procent twojego dziennego spożycia kalorii, a idealnie 70 do 80 procent. Wspomniana tabela składników odżywczych zawartych w produktach podaje także kaloryczność określonych produktów, możesz więc dokładnie określić, ile tłuszczu zjadasz. Procentową wartość kalorii z tłuszczu dziennie obliczysz według wzoru:

Łączna ilość spożytych kalorii tłuszczu

÷

całkowitą ilość spożytych kalorii

=

procent kalorii pochodzących z tłuszczu

Na przykład: Jeśli zjadasz łącznie 1800 kalorii dziennie, a 1200 pochodzi z tłuszczu, kalkulacja według powyższego wzoru będzie wyglądała tak: 1200 ÷1800 = 0,67, czyli 67 procent. A zatem dzienne spożycie tłuszczu w podanym przykładzie wynosi 67 procent dziennej kaloryczności. Za pomocą takich obliczeń możesz dostosować zawartość tłuszczu w swoich posiłkach, by osiągnąć pożądaną wartość.

Takie kalkulacje to coś wspaniałego dla kogoś, kto lubi matematykę i chce codziennie obliczyć dokładną ilość spożytego tłuszczu. Jednak większość osób nie chce zawracać sobie głowy obliczeniami matematycznymi. By było jeszcze prościej, zalecam, byś po prostu dodawał po 3 łyżki stołowe (45 ml) oleju do każdego posiłku. W ten sposób z pewnością dostarczysz sobie około 60 do 80 procent kalorii z tłuszczu dziennie.

Jeśli opuścisz główny posiłek, a w zamian zjesz lekką przekąskę, dodaj do niej 2-3 łyżki stołowe oleju. Te 3 łyżki dodane do każdego posiłku to może być olej kokosowy lub inny tłuszcz, pamiętaj jednak o tym, że olej kokosowy powinien zdecydowanie przeważać w twojej diecie.

Zachęcam cię do jedzenia dodatkowego tłuszczu poza wspomnianymi trzema łyżkami. Jedz naturalne tłuszcze zawarte w pokarmach. Wybieraj tłuste porcje mięsa. Nie bój się tłuszczu. Ciesz się jego smakiem. Używaj tłuszczu i oleju swobodnie do gotowania, smażenia, pieczenia oraz do przygotowywania wszelkich potraw. Jedzenie tłuszczu pomoże ci czuć się najedzonym, zapobiegnie uczuciu głodu, uwarunkuje twój organizm do spalania zgromadzonej tkanki tłuszczowej i pomoże w odchudzaniu.

Na przykład, jeśli smażysz schabowego, zrób to w 3 łyżkach stołowych oleju kokosowego. Tak samo kotleta do hamburgera czy filet rybny. Olej kokosowy nada mięsom i marynatom wspaniały, pyszny smak i spełni rolę gęstego sosu, który zjesz z mięsem i warzywami. Jeśli nie używasz oleju kokosowego do przyrządzania posiłków, możesz go dodać, kiedy już są gotowe. Na przykład, jeśli jesz pieczonego kurczaka z warzywami na parze, dodaj olej. Olej kokosowy dodaje się tak jak masło do gorących dań. Możesz nawet zmieszać oleje. Połącz olej kokosowy z masłem lub oliwą z oliwek. Przyrządzając „zieloną” sałatkę, dodaj tyle dressingu na bazie oleju, by była to ilość równa 3 łyżkom stołowym oleju, dla zachowania pełnej zawartości tłuszczu w tym posiłku.

Nie zawsze musisz łączyć 3 pełne łyżki stołowe oleju z mięsem i warzywami. Zamiast tego możesz zdecydować się na mniejszą porcję oleju w przygotowywaniu posiłków i zjeść tłustą przekąskę, by dostarczyć organizmowi reszty potrzebnego tłuszczu. Na przykład, jeśli do gotowania zużywasz tylko 1 łyżkę stołową oleju, pozostałe 2 możesz dodać do cynamonowego napoju kremowego, wypitego do posiłku. W tym wypadku tłuszcz w przekąsce pochodzi ze śmietany. Zamiast napoju możesz też zjeść przekąskę deserową w postaci serka wiejskiego, oleju kokosowego i owoców (głównie jagodowatych), którą nazwałem: „Kokosowy Twarożek z owocami leśnymi". Inną opcją jest też minizupa, którą możesz zjeść jak „czekadełko", bezpośrednio przed daniem głównym. Są to tego samego typu przekąski, jakie wybrałbyś zamiast posiłku. Ilość tłuszczu w takiej przekąsce może wahać się od 1 do 3 (lub więcej) łyżek stołowych oleju w każdej. To ty decydujesz, ile oleju dodać. W ten sposób zachowujesz pewność, że dostarczasz organizmowi przynajmniej minimalnej dawki oleju przy każdym posiłku. Ten i inne przepisy na tłuste przekąski znajdziesz w rozdziale 17.

Jedną z głównych korzyści diety ketogenicznej jest to, że hamuje ona uczucie głodu, pozwalając ci ograniczyć ilość spożywanych kalorii bez poczucia bycia pozbawionym czegoś lub przygnębienia. Ilość zjadanych kalorii zmniejszasz z własnego wyboru, a nie z przymusu. Stosując tę dietę, powinieneś świadomie redukować ilość zjadanego jedzenia. Nie jedz tylko dlatego, że zwykle o tej porze jesz. Jedz wtedy, kiedy jesteś naprawdę głodny. A ponieważ twój apetyt zmniejszy się, najprawdopodobniej będziesz opuszczał niektóre posiłki. Jeśli nie czujesz głodu w porze śniadania – nie jedz go. Nie zmuszaj się do jedzenia tylko dlatego, że nadeszła zwyczajowa pora na posiłek. Jeśli zjesz śniadanie, ale nie jesteś głodny w porze obiadu – daruj go sobie. Jeśli później zgłodniejesz, zjedz małą przekąskę zamiast pełnego posiłku, tylko tyle, by nie czuć głodu do kolacji. Roladki czy twarożek (serek wiejski) wymieszane z olejem kokosowym to doskonałe przekąski (przepisy na „tłuste przekąski" znajdziesz w następnym rozdziale). Choć nie musisz liczyć kalorii, od czasu do czasu, dla porównania, możesz chcieć to zrobić, by przekonać się ile kalorii zjadasz (patrz: tabela na następnej stronie). W Dodatku znajdziesz tabele kalorii dla większości produktów, jakie będziesz jadł. Postaraj się jeść nie więcej niż 2 pełne posiłki dziennie, a jeśli po nich nadal jesteś głodny, zjedz małą, tłustą przekąskę. Być może nawet wystarczy ci jeden pełny posiłek i jedna lub dwie tłuste przekąski.

Niezależnie od liczby zjedzonych przez ciebie posiłków i przekąsek w ciągu dnia, powinieneś spożywać około 6 do 9 łyżek stołowych (98-126 g) tłuszczu dodatkowego dziennie, by zachować prawidłową przemianę materii i zapobiec przejściu organizmu w tryb głodzenia się. Podana ilość oleju dotyczy dodatkowej ilości, nie całkowitej. Ilość spożytego tłuszczu łącznie będzie wyższa. Pamiętaj, tłuszcz to paliwo napędzające przemianę materii w twoim organizmie. Potrzebujesz go w odpowiednich ilościach, nawet na diecie o ograniczonej kaloryczności, by twój wewnętrzny mechanizm działał „na najwyższych obrotach". Oznacza to, że powinieneś jeść tłuszcz o różnych porach dnia, a nie tylko całodzienne zapotrzebowanie w jednym posiłku.

Podstawą twojej diety będą: mięso, ryby, drób, jaja, masło, śmietana, warzywa, a także wybrane owoce, orzechy i oleje. Zachęcam cię do jedzenia zdrowych porcji warzyw, zarówno surowych jak i gotowanych. Jedz mnóstwo surowych, zielonych sałatek. Ogranicz ilość zjadanych białek do 70-90 gramów dziennie. Nie jest to ścisłe zalecenie, a raczej wskazówka, by unikać nadmiernych ilości białka.

Wskazane spożycie białka różni się w zależności od wzrostu i wagi ciała. Można je obliczyć według wzoru: 1,2 grama białka na 1 kg masy ciała. Skorzystaj z tabeli wagi na stronie 379, by odczytać wagę odpowiednią dla twojego wzrostu. Aby obliczyć wskazane spożycie białka, pomnóż swoją idealną wagę ciała (w kilogramach) przez 1,2. Jeśli twoja prawidłowa lub idealna waga przy twoim wzroście wynosi 57 kg, powinieneś ograniczyć spożycie białka do 68 gramów (57 × 1,2 = 68) dziennie. Jest to maksymalna, a nie minimalna ilość, jaką powinieneś jeść. Jeśli chcesz, możesz też jeść go mniej. Jeśli twoja prawidłowa, zdrowa waga to 68 kg, powinieneś zmniejszyć spożycie białka do 82 gramów. Przy prawidłowej wadze 82 kg zredukuj ilość jedzonego białka do 98 gramów dziennie. Weź pod uwagę, że chodzi tu o spożycie białka, a nie mięsa. Wbrew powszechnemu użyciu słów, proteiny (białka) i mięso nie są synonimami.

DZIENNE ZAPOTRZEBOWANIE KALORYCZNE DLA ZACHOWANIA POŻĄDANEJ WAGI CIAŁA

Płeć	Wiek	Siedzący tryb życia*	Umiarkowana aktywność*	Wysoka aktywność*
Kobiety	19-30	1800-2000	2100-2300	2400-2600
	31-50	1800-1900	2000-2100	2200-2400
	51+	1600-1700	1800-1900	2000-2200
Mężczyźni	19-30	2400-2600	2700-2900	3000-3200
	31-50	2200-2400	2500-2700	2800-3000
	51+	2000-2200	2300-2400	2500-2800

* Poziom aktywności: Siedzący tryb życia oznacza niewielką aktywność fizyczną, związaną z typowymi czynnościami dnia codziennego lub brak regularnych ćwiczeń fizycznych. Umiarkowana aktywność równa się z regularnym wykonywaniem ćwiczeń fizycznych (spacery, pływanie, aerobik, etc.) 4-5 godzin w tygodniu. Osoba o wysokiej aktywności fizycznej ćwiczy 6-8 godzin tygodniowo.

Informacje zawarte w tej tabeli zaczerpnięto w oparciu o typową dietę „mieszaną", tzn. składającą się z tłuszczów, węglowodanów i białek. Dzienne zapotrzebowanie kaloryczne zależy od wieku, wzrostu i stopnia aktywności fizycznej. Ze względów praktycznych przyjęto, że średni wzrost mężczyzn to 177 cm, a kobiet 163 cm. Jeśli jesteś wyższy/wyższa, masz troszkę większe zapotrzebowanie kaloryczne od podanego w tabeli, a jeśli jesteś niższy/niższa, potrzebujesz mniej kalorii dziennie. Ogólnie rzecz ujmując, spożywanie większej ilości kalorii niż ilość podana w tabeli powyżej spowoduje przybieranie na wadze, a mniej – chudnięcie.

Każda uncja, czyli 28 gramów chudej wołowiny czy kurczaka, dostarcza około 9 gramów protein; 28 gramów ryby – około 7 gramów białka. Tłuste mięsa zawierają mniej protein. Pełen tłuszczu antrykot ma o ponad połowę więcej protein od chudego steku z polędwicy i dodam, że smakuje o niebo lepiej. Standardowa porcja gotowanego mięsa waży 85 gramów i zawiera 27 gramów protein – to prawie tyle samo co talia kart. Według idealnej masy ciała większość osób przestrzegających tej diety powinno ograniczyć spożycie mięsa do 170-255 gramów lub do ilości 2 do 3 talii kart do gry dziennie.

Jeśli mięso jest tłuste, możesz zwiększyć porcję do około 227-340 gramów. Podana ilość dotyczy mięsa gotowanego, nie surowego. I znów, podanych tu wartości nie należy traktować jako ścisłych zasad, a jedynie jak pomocną wskazówkę. Pozwól, by to głód był twoim przewodnikiem.

Jeśli pomimo przestrzegania omawianego tu programu żywieniowego i jedzenia zalecanej ilości tłuszczu wciąż potrzebujesz 3 posiłków dziennie, to znak, że najprawdopodobniej jesz za dużo białka. Spożywanie nadmiaru białek sprawia, że organizm zamienia je w glukozę, co wpływa na poziom glukozy i insuliny we krwi, stymulując uczucie głodu. Zmniejsz ilość zjadanego białka. To pomoże ci wejść w głębszy stan ketozy, a co za tym idzie, zmniejszyć apetyt.

Poza kwestiami wypunktowanymi powyżej w fazie 1, czyli niskowęglowodanowej, wstępnej, w fazie 2 dodatkowo:

- Jedz przynajmniej 3 dodatkowe łyżki stołowe oleju do każdego posiłku głównego i 2-3 do każdej przekąski (chodzi o to, by 60 procent twojego dziennego zapotrzebowania kalorycznego pochodziło z tłuszczu)
- Jedz przynajmniej 7 dodatkowych łyżek stołowych tłuszczów dziennie, z których zdecydowaną większość powinien stanowić olej kokosowy
- Jedz tylko wtedy kiedy czujesz głód i zredukuj prawidłową ilość spożywanych kalorii
- Ogranicz dzienne spożycie mięsa do 170-255 gramów w przypadku chudego i 227-340 gramów w przypadku tłustego mięsa (po przyrządzeniu)

Niektórzy ludzie cierpią na stan chorobowy, który doktor Robert Atkins, autor książki *Atkins New Diet Revolution* [*Nowa rewolucyjna dieta dra Atkinsa*, wydawnictwo: Amber], określa mianem metabolicznej oporności na odchudzanie. Osobom tym bardzo trudno schudnąć, a niezwykle łatwo przytyć. To oni, nawet zmniejszając spożycie kalorii do 1000 jednostek dziennie i mniej, mogą w ogóle nie schudnąć, a zdarza się też, że przybierają na wadze. Osoby z opornością metaboliczną są także bardzo wrażliwe na węglowodany. Porcja zjadanych przez nie węglowodanów zamienia się w tłuszcz i odkłada się, nawet jeśli całkowita ilość spożytych kalorii jest tak niewielka, że dosłownie przymierają głodem. Często są to diabetycy lub pacjenci w stanie przedcukrzycowym, lecz to nie reguła. Poziom glukozy w ich krwi na czczo może być prawidłowy, a jednak bezpośrednio po posiłku wytwarzają duże ilości insuliny, co prowadzi do odkładania się tkanki tłuszczowej. Diety niskotłuszczowe, a wysokowęglowodanowe, to dla nich koszmar. Jedyną nadzieją na schudnięcie w ich przypadku jest bardzo niskowęglowodanowa dieta ketogeniczna. Jest ona nieodzowna w uwarunkowaniu ich organizmów do spalania tłuszczu, a nie jego gromadzenia.

Jeśli, stosując tę dietę, nie zauważasz pożądanych efektów, możesz należeć do grona osób z metaboliczną opornością na odchudzanie. Nie oznacza to jednak, że nie możesz schudnąć na tej diecie, a jedynie to, że musisz dobrze dostroić swój organizm. Jeśli po ograniczeniu spożycia węglowodanów do 30 gramów dziennie nie chudniesz, możesz zmniejszyć tę ilość do 25 czy nawet 20 gramów dziennie. Bardzo nieliczna grupa osób o niezwykle wysokim stopniu oporności metabolicznej na odchudzanie musi jeszcze trochę bardziej zmniejszyć tę ilość, by doświadczyć konsekwentnego spadku wagi.

Faza 3: Utrwalenie fazy niskowęglowodanowej

Z chwilą, kiedy twoja waga spadnie do wartości docelowej, jesteś gotów przejść do etapu utrwalenia fazy niskowęglowodanowej. W przeciwieństwie do większości diet stosowanych przez ludzi krótkotrwale, by tuż po osiągnięciu upragnionej wagi lub pozbyciu się oponek jak najszybciej porzucić dietę, proponowana tu dieta to również zmiana stylu życia. Większość osób przechodzi na diety tymczasowo, a kiedy już osiągną swój cel, rezygnują z niej i powracają do sposobu odżywiania się, który pierwotnie spowodował przybranie na wadze. Traktują oni odchudzanie jak przejażdżkę autobusem, do którego wsiadają, by dojechać do celu, a kiedy już tam są – wysiadają. Właśnie dlatego diety są nieskuteczne. Przechodząc na dietę i porzucając ją, nigdy trwale nie schudniesz. Chcąc zachować efekty odchudzania, nie możesz znów zacząć jeść cukru, zbóż czy innych węglowodanów, jak robiłeś to przed dietą.

Utrzymanie upragnionej wagi ciała wymaga stałej zmiany sposobu odżywiania się. Nie jest to wcale tak trudne, jak ci się wydaje, ponieważ możesz jeść wszystkie pyszne pokarmy, których absolutnie zakazują diety niskotłuszczowe. W trzeciej fazie – utrzymania niskowęglowodanowego sposobu żywienia – odstąpisz w pewnym stopniu od niektórych ograniczeń i wzbogacisz swój jadłospis większą różnorodnością zdrowych węglowodanów. Będziesz mógł jeść więcej owoców, warzyw o wyższej zawartości węglowodanów, być może niektóre zboża czy pieczywo, a od czasu do czasu nawet słodki smakołyk. Zdecydowane jednak nie powinieneś wracać do jedzenia słodyczy, cukru oraz węglowodanów rafinowanych na sposób sprzed diety. Niestety, kiedy już zaczniesz jeść białe pieczywo, cukier i słodycze, szybko reaktywują one uzależnienie i zanim się spostrzeżesz, uczynią z ciebie niewolnika, a twoja waga wróci do stanu poprzedniego. Chociaż Ketogeniczna Dieta Kokosowa pomaga skutecznie pozbyć się niechcianych kilogramów i ogromnie poprawia ogólny stan zdrowia i samopoczucia, nie jest w stanie wyeliminować skłonności do cukroholizmu. Można go kontrolować jedynie abstynencją. Podobnie jak osoby uzależnione od alkoholu, cukroholik jest nieustannie zagrożony powrotem do nałogu i musi zachować szczególną ostrożność w tym względzie.

Jedną z unikatowych cech etapu utrzymania fazy niskowęglowodanowej w tym programie odchudzania jest jego indywidualne dostosowanie do potrzeb każdej osoby stosującej tę dietę. Nie jest to jednolity zbiór zasad dla wszystkich, lecz wskazania ogólne, dopasowane do potrzeb i niepowtarzalnej przemiany materii każdej osoby.

Kiedy już osiągniesz pożądaną wagę ciała, przejdziesz od etapu ketogenicznego do bardziej umiarkowanej, niskowęglowodanowej diety. Po pierwsze, zmniejsz całkowitą ilość zjadanego tłuszczu i zamiast dodawać 3 łyżki stołowe do każdego posiłku, poprzestań na jednej. Po drugie, zacznij jeść trochę więcej węglowodanów. Zalecam więcej warzyw lub ograniczoną ilość warzyw o większej zawartości węglowodanów. Nie jedz ich od razu zbyt dużo, bo znów zaczniesz tyć. Prawie wszyscy, którzy mają lub mieli problemy z nadwagą, są nadwrażliwi na węglowodany. Jednakże stopień tej wrażliwości różni się w zależności od osoby. Niektórzy mogą jeść umiarkowane ilości węglowodanów bez wpływu na wagę ciała, a inni tyją od zaledwie kilku gramów. Musisz dokładnie określić, ile węglowodanów toleruje twój organizm, zanim zacznie tyć.

Zacznij od 5 dodatkowych gramów węglowodanów w swoim codziennym jadłospisie. Jeśli nie przekraczałeś limitu 30 gramów, zwiększ go do 35 gramów dziennie. Codziennie też waż się. Jeśli po tygodniu nadal chudniesz lub przynajmniej nie tyjesz, zwiększ dzienne spożycie węglowodanów do 40 gramów. Zwiększaj tę ilość o 5 gramów co tydzień, aż dojdziesz do ilości, przy której zaczniesz przybierać na wadze, a wtedy zmniejsz ją z powrotem o 5 gramów. To będzie twoja granica węglowodanowa. Na przykład, jeśli zaczniesz przybierać na wadze, kiedy dojdziesz do 55 gramów węglowodanów tygodniowo, oznacza to, że twoja granica wynosi 50 gramów. Oczywiście możesz jeść ich mniej, ale wartość ta jest granicą tolerancji twojego organizmu, po przekroczeniu której zacznie on zamieniać węglowodany w tkankę tłuszczową. Granica ta będzie indywidualna dla każdego. Dla niektórych będzie to 80 lub 100 gramów dziennie, u innych – zwłaszcza u osób z ostrą opornością metaboliczną – może to być 30-35 gramów, a w rzadkich przypadkach 25 gramów lub mniej. Zdecydowana większość osób mieści się w granicy 40-80 gramów dziennie. Przy takiej ilości węglowodanów dieta przestaje już być ketogeniczną, a przechodzi w niskowęglowodanową. Jeśli nadal będziesz używał oleju kokosowego jako podstawowego źródła tłuszczu, do pewnego stopnia będzie to dla ciebie korzystne z powodu ketonów powstałych z średniołańcuchowych kwasów tłuszczowych zawartych w oleju kokosowym. Uczucie głodu zmniejszy się, będziesz miał więcej energii, lepszą przemianę materii, słowem – wszystkie korzyści płynące ze stosowania oleju kokosowego pozostaną.

W miarę jak zaznajomisz się z obliczaniem zawartości węglowodanów w pożywieniu, przestaniesz liczyć ich ilość w każdym posiłku, a zaczniesz bardziej polegać na dzienniku żywieniowym i ocenie wizualnej przeprowadzonej na podstawie zdobytego doświadczenia. I nie ma w tym niczego złego. Jednakże porcje z czasem mają tendencje zwiększać się albo też zwiększać ilość pokarmów o większej zawartości węglowodanów. Możesz wówczas zaobserwować przyrost wagi. Nie pozwól jej wymknąć się spod kontroli. Zacznij dokładnie liczyć gramy zjadanych węglowodanów. Prawdopodobnie okaże się, że przekroczyłeś limit, a wtedy będziesz musiał tę ilość ograniczyć. By zrzucić dodatkowe kilogramy, które być może ci przybyły, po prostu wróć do 30 gramów węglowodanów dziennie, a kiedy schudniesz, trzymaj się swego indywidualnego limitu i odrobinę bardziej uważaj na dodatkowe węglowodany. W ten sposób w nieskończoność utrzymasz prawidłową wagę ciała.

ZANIM ROZPOCZNIESZ PROGRAM

Zbadaj się

Niezależnie od wieku czy stanu zdrowia zalecam, byś przed rozpoczęciem programu wykonał badania lekarskie. Po części dlatego, żeby upewnić się, że fizycznie jesteś w stanie znieść ogromną zmianę w sposobie odżywiania się, a przede wszystkim, by poznać swój aktualny stan zdrowia.

Do tej pory już powinieneś mieć zrobione badanie na poziom jodu w organizmie (polecane w rozdziale 11) i jeśli to konieczne, przyjmować suplementy jodu. Po wykonanych badaniach lekarskich zapisz wskazanie ciśnienia tętniczego krwi. Wykonaj szczegółową morfologię krwi z określeniem poziomu glukozy na czczo, poziomu wrażliwości białka C-reaktywnego (hs-CRP), trójglicerydów, HDL, współczynnika cholesterolu całkowitego względem HDL oraz trójglicerydów w stosunku do HDL.

Wszystkie te pomiary konieczne są dla ustalenia punktu odniesienia. Po kilku tygodniach od rozpoczęcia programu powtórzysz badania krwi, byś mógł porównać wyniki i ocenić postępy. To bardzo ważny krok! Dostarczy ci dowodów na to, że program poprawia ogólny stan twojego zdrowia, a także, że zwiększona ilość tłuszczu, którą zjadasz, nie wyrządza ci żadnej krzywdy. Będziesz też miał to czarno na białym i będziesz mógł pokazać to swemu lekarzowi lub każdemu, kto sceptycznie odnosi się do tego programu. Taki zapis zachęci cie także do przestrzegania zasad programu, kontynuowania go i dalszych postępów.

Powszechnym zmartwieniem dotyczącym zastąpienia węglowodanów tłuszczami jest ich wpływ na poziom cholesterolu. Jeśli przeczytałeś poprzednie rozdziały, wiesz już, że to nie jest problem. Wskazania cholesterolu poprawią się, tak jak wszystkie parametry krwi.

Nie martw się o cholesterol całkowity, nawet tzw. zły cholesterol LDL. Rozróżniamy dwa rodzaje cholesterolu LDL: „dobry" i „zły". Większość testów nie wykazuje tej różnicy i obie wartości skupia pod jedną nazwą cholesterolu LDL, czyniąc taki odczyt bezużytecznym.

Warto wiedzieć, że poziom cholesterolu może nieznacznie wzrosnąć lub spaść. Takie wahania nie mają znaczenia, ponieważ na podstawie wskazania cholesterolu całkowitego nie da się przewidzieć zagrożenia chorobami serca czy też złego stanu zdrowia. Współczynnik cholesterolu, czyli wartość cholesterolu całkowitego podzielona przez ilość cholesterolu HDL, jest powszechnie uznanym jako znacznie dokładniejszy wskaźnik ryzyka wystąpienia chorób serca. Podobnie współczynnik trójglicerydów względem cholesterolu HDL jest dużo precyzyjniejszym wskaźnikiem. Współczynnik HDL, cholesterolu i trójglicerydów to jedyne wartości o prawdziwym znaczeniu pod względem ryzyka zachorowania na choroby serca.

Nie czekaj z wykonaniem morfologii krwi do rozpoczęcia programu. Koniecznie zrób to badanie, zanim zaczniesz. Jeśli poczekasz, możesz zaobserwować wskazania, które nie spodobają ci się i zaczniesz narzekać, że program nie przynosi zamierzonych efektów. Na przykład poziom cholesterolu HDL może być niski i wynosić około 35 mg/dl, a ty możesz zacząć winić nową dietę za tak niski odczyt.

A jednak mogło być tak, że kiedy zaczynałeś program, poziom cholesterolu HDL wynosił zaledwie 25 mg/dl. Tak więc, pomimo że jest nadal niski, poprawił się. Nie wiedziałbyś jednak o tym, gdyby nie wyniki przed wejściem w program.

Wykonuj ten program przynajmniej przez 2-3 miesiące, zanim ponownie zbadasz morfologię krwi. Im dłużej trzymasz się programu, tym lepsze będą jej wyniki. Ważne, by badanie to wykonał ten sam lekarz i aby próbki poddano analizie w tym samym laboratorium, ponieważ odczyty mogą się troszkę różnić w zależności od laboratorium.

Skorzystaj z tabeli na następnej stronie, by zobaczyć w jakim miejscu aktualnie znajdujesz się, i oceniaj postępy. Oto, co może się wydarzyć. Jeśli na początku programu masz zbyt wysokie ciśnienie krwi, obniży się ono. Jeśli było w normie, takim pozostanie. Poziom cukru we krwi na czczo zmniejszy się. Podobnie poziom trójglicerydów. Wskazanie cholesterolu HDL będzie wyższe. Współczynniki zarówno cholesterolu całkowitego w stosunku do HDL jak i trójglicerydów do HDL obniżą się, tak jak rozległość stanu zapalnego w organizmie (białka C-reaktywnego). Wszystkie te zmiany są korzystne i wskazują na lepszą kontrolę poziomu cukru we krwi, poprawioną wrażliwość na insulinę, zmniejszone ryzyko wystąpienia chorób serca, lepsze krążenie krwi, mniejszy stres oksydacyjny, niższy stan zapalny w organizmie i lepszy ogólny stan zdrowia. Te wszystkie zmiany to dowód, że program jest skuteczny. Tak trzymaj! Wskaźniki ulegną dalszej poprawie.

Jak najszybciej wykonaj badanie krwi, nawet przed ukończeniem lektury tej książki. Chcesz mieć dostęp do tych danych, tak by jak najszybciej rozpocząć program. Nie zaczynaj jednak, zanim nie wykonasz pełnej morfologii krwi.

Arterioskleroza (twardnienie tętnic) jest stanem zapalnym w organizmie. Obecność białka C-reaktywnego (ang. CRP) we krwi wskazuje na zapalenie. Zdrowy organizm nie zawiera CRP we krwi, jednak dopuszczalna jest ilość 1,0 mg/l lub niższa. Jeśli wartość ta przekracza 10 mg/l, jest to znak czynnego zakażenia lub przewlekłego zapalenia organizmu.

Obecność białka C-reaktywnego w organizmie bada się za pomocą dwóch rodzajów testów. Oba mierzą tę samą cząsteczkę, lecz jeden z nich jest bardziej czuły. Test wysokiej czułości białka C-reaktywnego jest tym, który powinieneś wykonać w kontekście tej diety. Wykrywa on nawet śladowe ilości białka C-reaktywnego we krwi i bardzo często wykorzystywany jest w ocenie potencjalnego ryzyka chorób serca czy cukrzycy, które powszechnie utożsamia się z przewlekłym stanem zapalnym niskiego stopnia. Wskazania białka C-reaktywnego o wysokiej czułości zwykle mieszczą się w granicach od 0,5 do 10 mg/l. Wykonanie standardowego testu na obecność białka C-reaktywnego w organizmie zleca się w przypadku pacjentów w grupie ryzyka ostrych zakażeń bądź przewlekłych stanów zapalnych w organizmie i jego wartości mieszczą się w granicach od 10 do 1000 mg/l. Podana poniżej skala opiera się na zaleceniach Amerykańskiego Stowarzyszenia Chorób Serca (The American Heart Association) i służy do oceniania ryzyka wystąpienia chorób serca.

PRAWIDŁOWE WSKAŹNIKI MORFOLOGII KRWI

Ciśnienie tętnicze (mm Hg)

Skurczowe (górna granica)	**Rozkurczowe** (dolna granica)	**Interpretacja**
<90	<60	niskie
90-99	60-65	niskie w normie
100-130	66-85	prawidłowe
131-140	86-90	prawidłowe z tendencją do wysokiego
141-159	91-99	wysokie
>159	>99	bardzo wysokie

Poziom glukozy we krwi na czczo

mg/dl	mmol/l	Interpretacja
75-90	4,2-5,0	prawidłowy
91-100	5,0-5,5	graniczny wysoki
101-125	5,6-6,9	wysoki (wczesna cukrzyca)
>125	>6.9	bardzo wysoki (cukrzyca)

Poziom białka C-reaktywnego o wysokiej czułości

mg/l	Interpretacja
< 1,0	optymalny
1,0-3,0	średni
3,1-10	wysoki
>10	bardzo wysoki

Poziom lipidów we krwi

HDL u mężczyzn

mg/dl	mmol/l	Interpretacja
<40	<1,0	niski
40-60	1,0-1,6	średni
>60	>1,6	optymalny

HDL u kobiet

mg/dl	mmol/l	Interpretacja
<50	<1,3	niski
50-60	1,3-1,6	średni
>60	>1,6	optymalny

Poziom trójglicerydów we krwi

mg/dl	mmol/l	Interpretacja
<130	<1,5	pożądany
130-150	1,5-1,7	prawidłowy
150-199	1,7-2,2	graniczny wysoki
200-499	2,3-5,6	wysoki
>499	>5,6	bardzo wysoki

Współczynnik cholesterolu względem poziomu HDL

Mężczyźni

Wskazanie	Interpretacja
< 3,4	optymalny
4,0	poniżej średniego
5,0	średni
6,0	powyżej średniego
>9,5	wysoki

Kobiety

Wskazanie	Interpretacja
< 3,3	optymalny
4,8	poniżej średniego
4,5	średni
5,5	powyżej średniego
>7,0	wysoki

Współczynnik trójglicerydów względem poziomu HDL

Wskazanie	Interpretacja
< 2,1	optymalny
2,1-3,9	średni
4,0-5,9	wysoki
>6,0	bardzo wysoki

W Stanach Zjednoczonych odczyty poziomu cukru i cholesterolu we krwi zwykle podaje się w miligramach na decylitr (mg/dl), zaś w Europie – w milimolach na litr (mmol/l).

Wymiary i masa ciała

Podstawowym celem każdej diety jest zrzucenie nadmiernej ilości tkanki tłuszczowej. Zwykle jej nadmiar ustala się i kontroluje na podstawie wagi ciała. Nie jest ona jednak jedynym wskaźnikiem i to niekoniecznie wiernym. Masa ciała (waga) człowieka zmienia się nieustannie, nawet w ciągu jednego dnia, w zależności od tego, ile jemy i pijemy, od stopnia aktywności fizycznej, temperatury i wilgotności powietrza oraz stanu zdrowia, który może wpływać na zatrzymanie wody w organizmie, a nawet zatwardzenia. Waga może się różnić nawet o pół kilograma z dnia na dzień. Nawet jeśli bardzo skrupulatnie przestrzegasz diety, jednego dnia możesz ważyć więcej niż poprzedniego. To może zniechęcać, ale jest normalne. Właśnie dlatego nie polecam codziennego stawania na wagę. Niech to raczej będzie dwa, trzy razy w tygodniu. W ten sposób uzyskasz pełniejszy obraz ogólny swojego postępu, unikając zniechęcenia tym, że waga czasami stoi w miejscu, a nawet rośnie. Dla uzyskania jak najwierniejszego odczytu waż się stale o tej samej porze dnia. Polecam co kilka dni o poranku, przed śniadaniem. W tabeli poniżej znajdziesz prawidłową wagę ciała w stosunku do swego wzrostu.

Często używanym narzędziem do pomiaru ilości tłuszczu w organizmie jest wskaźnik masy ciała (ang. body mass index [BMI]. Oblicza się go, ustosunkowując wzrost do wagi danej osoby. BMI wynoszące pomiędzy 18,5 a 24,9 uważa się za prawidłowe lub pożądane. Przyjmuje się, że osoby o niższym BMI mają niedowagę, a te z wyższym – nadwagę. Wskaźnik masy ciała (BMI) obliczamy według wzoru:

$$BMI = waga\ (kg)/wzrost^2\ (m),$$

a w przypadku wagi w funtach i wzrostu w calach: waga (lb)/ wzrost^2 (in) × 703.

BMI	**Interpretacja**
<18,5	niedowaga
18,5-24,9	prawidłowa waga
25,0-29,9	nadwaga
>30	otyłość

Choć BMI to przydatne narzędzie, nie jest do końca precyzyjne. Nie bierze bowiem pod uwagę masy mięśniowej, budowy ciała czy wieku.

Innym narzędziem, które precyzyjnie wskazuje zmiany w ilości tkanki tłuszczowej w organizmie, jest po prostu centymetr krawiecki. Dokonywanie pomiarów ciała to niezwykle skuteczny sposób odnotowywania poczynionych postępów. Wielokrotnie zauważysz mniej centymetrów w obwodzie ciała, nawet jeśli według wagi łazienkowej nie schudłeś ani grama. Ketogeniczna Dieta Kokosowa może niesamowicie korzystnie wpłynąć na wymiary twojego ciała. Najważniejszym pomiarem jest obwód talii/pasa, ponieważ w największym stopniu odzwierciedla ryzyko zachorowania na cukrzycę czy choroby serca. Jeśli kontrolujesz tylko jeden wskaźnik, skup się właśnie na nim. By prawidłowo zmierzyć obwód swojej talii/pasa, stań prosto i opasz się centymetrem dookoła talii/pasa tuż nad biodrami. Zapisz otrzymaną wartość tuż po wydechu.

Prawidłowa waga dorosłych mężczyzn i kobiet

Mierzona w ubraniu i butach (ważących łącznie 1,4 kg)

Kobiety

Wzrost (cm)	Dolna granica	Średnia granica	Górna granica
147	46-50	49-55	54-59
150	47-51	50-56	54-61
152	47-52	51-57	55-62
155	48-54	52-59	56-64
157	49-55	54-60	58-65
160	50-56	55-61	59-67
163	52-58	56-63	61-68
165	53-59	58-64	62-70
168	54-60	59-65	64-72
170	56-62	60-67	65-74
173	57-63	62-68	66-76
175	59-64	63-69	68-77

Wzrost (cm)	Dolna granica	Średnia granica	Górna granica
178	60-66	64-71	69-78
180	61-67	66-72	70-80
183	63-68	67-73	72-81

Mężczyźni

Wzrost (cm)	Dolna granica	Średnia granica	Górna granica
157	58-61	59-64	6368
160	59-62	60-65	64-69
163	60-63	61-66	64-71
165	61-64	62-67	65-73
168	62-65	63-68	66-74
170	63-66	64-70	68-76
173	64-67	66-71	69-78
175	64-68	67-73	70-80
178	65-70	68-74	72-82
180	66-71	70-75	73-83
183	68-73	71-77	74-85
185	70-74	73-79	76-87
188	70-76	74-81	78-89
191	72-78	76-83	80-92
193	73-80	78-85	82-94

Na podstawie danych z firmy ubezpieczeniowej „Metropolitan Life Insurance Company" (1983 r.).

Być może zechcesz też zmierzyć obwód biustu/klatki piersiowej i bioder. Obwód biustu/klatki piersiowej mierzymy, umieszczając centymetr krawiecki na wysokości sutków, równolegle do podłogi. Obwód bioder mierzy się centymetrem na najszerszej wysokości bioder i pośladków, równolegle do podłogi.

Zapisz odczytane wartości w twoim dzienniku żywieniowym.

Temperatura ciała

Jeśli masz lub podejrzewasz, że masz niedoczynność tarczycy i normalnie masz niższą temperaturę ciała niż 37,0°C, zmierz teraz temperaturę, by ustalić punkt odniesienia. Mierz temperaturę w ustach 3 razy dziennie i uśrednij otrzymane wartości w celu uzyskania wiarygodnej. Po raz pierwszy w ciągu dnia zmierz temperaturę ciała 3 godziny po wstaniu z łóżka, drugi – 3 godziny później, a trzeci – kolejne 3 godziny potem. Dla uzyskania jak najwiarygodniejszego odczytu dokonuj pomiarów przynajmniej przez 5 dni. Każdego dnia sumuj wszystkie odczyty, a następnie dziel je przez 3, by uzyskać wartość średnią. Temperatura ciała kobiet zmienia się w ciągu pierwszych kilku dni cyklu miesiączkowego, a więc w tym czasie nie należy dokonywać pomiarów. Na temperaturę w ustach może wpływać jedzenie, więc mierz temperaturę przynajmniej 15 minut przed lub po zjedzeniu lub wypiciu czegoś.

Jeśli odczyty temperatury różnią się o 0,2-0,3°C, może to być oznaką problemów z tarczycą. Znaczne różnice w odczytach sugerują, że organizm ma trudności z utrzymaniem prawidłowej temperatury ciała. Będąc na diecie ketogenicznej, być może zechcesz okresowo mierzyć temperaturę ciała jak opisano powyżej, by sprawdzić czy normalizuje i stabilizuje się. A ponieważ Ketogeniczna Dieta Kokosowa poprawia funkcje tarczycy, możesz też być ciekaw innych zmian, jakie zajdą w twoim organizmie. Przeczytaj ponownie strony 192-193 i zrób listę wszelkich objawów niedoczynności tarczycy, które ciebie dotyczą. Będziesz zaskoczony, że stosując już od jakiegoś czasu dietę, wiele objawów zmniejszyło swoje nasilenie lub całkowicie zniknęło.

Przestań przyjmować leki farmakologiczne

Czasem lekarstwa, powodując oporność metaboliczną, przyczyniają się do tycia. Jeśli masz oporność metaboliczną na odchudzanie, jej przyczyną lub przynajmniej czynnikiem składającym się na nią są zażywane przez ciebie lekarstwa. Najgorsze pod tym względem wydają się być leki psychotropowe, tj. antydepresanty, środki antypsychotyczne i uspokajające. Leki podawane w hormonalnej terapii zastępczej mogą hamować proces utraty wagi. Taką właściwość, choć w mniejszym stopniu, mają również niesterydowe leki przeciwzapalne (ang. NSAIDs), antybiotyki, insulina oraz leki na choroby sercowo-naczyniowe. Co więcej, każdy lek może pogorszyć stopień oporności metabolicznej.

Jedną z wielu fantastycznych cech tej diety jest to, że naprawia ona tyle niedoskonałości natury metabolicznej, że w pewnym momencie nie musisz już dalej przyjmować wielu lekarstw, które brałeś do tej pory. Nie bój się je odstawić, nawet jeśli przyjmowałeś je od lat. Niech twój lekarz prowadzący monitoruje twój stan zdrowia oraz twoje postępy w trakcie stosowania diety.

Zanim rozpoczniesz ten program, przestań przyjmować wszystkie lekarstwa, które nie są absolutnie konieczne. Mówiąc to, mam też na myśli leki na obniżenie poziomu cholesterolu we krwi, które nie są niezbędne dla zdrowia i których przyjmowanie można przerwać nagle, bez jakiegokolwiek uszczerbku na zdrowiu. Może się zdarzyć, że tuż po ich odstawieniu poczujesz się znacznie lepiej. Dieta ta poprawi wartości cholesterolu we krwi znacznie bardziej niż leki farmaceutyczne i to bez uciążliwych skutków ubocznych, jakie wywołują wspomniane leki, tzn. uszkodzeń wątroby, osłabienia mięśni czy utraty pamięci. Dieta ta równoważy także poziom cukru i insuliny we krwi, a zatem kiedy już wejdziesz w fazę ketogeniczną programu, leki przeciwcukrzycowe i insulinowe staną się zbędne. Nawet u diabetyków z cukrzycą typu 1, którzy nie potrafią wytworzyć prawidłowych ilości insuliny, można zmniejszyć liczbę, a nawet całkowicie wyeliminować zastrzyki z insuliny. Jeśli masz wysokie ciśnienie krwi, naturalnie obniży się. Jeśli stosując dietę, nadal przyjmujesz leki na nadciśnienie, twoje ciśnienie krwi może za bardzo spaść. Sprawdź to u swojego lekarza prowadzącego – niech zmniejszy dawkę zażywanego leku stosownie do twoich potrzeb.

Do najczęstszych narzekań, jakie słyszę, kiedy ludzie włączają olej kokosowy do swych jadłospisów, jest to, że za bardzo przyspiesza on ich przemianę materii i nagle mają nadczynność tarczycy, podczas gdy wcześniej mieli niedoczynność. Problemem nie jest olej kokosowy przyspieszający funkcjonowanie tarczycy, lecz lekarstwa jakie zażywają. Są one teraz za silne i dlatego wywołują objawy nadczynności tarczycy. Olej kokosowy na pewno nie spowoduje nadczynności tarczycy, ponieważ „tylko" wspomaga organizm w przywróceniu prawidłowych czynności tarczycy. Jeśli po rozpoczęciu tej diety zaobserwujesz u siebie symptomy nadczynności tarczycy, idź do lekarza prowadzącego, niech zmniejszy dawki przyjmowanych przez ciebie leków od tarczycy. Jeśli twoja tarczyca nadal funkcjonuje (nie została usunięta chirurgicznie lub zniszczona promieniowaniem), możesz spodziewać się znacznego zmniejszenia dawek leków lub nawet całkowitego ich odstawienia. Jeśli nie masz tarczycy, możesz zredukować dawki przyjmowanych lekarstw do pewnego stopnia, jednak będziesz musiał przyjmować je do końca życia.

Samo włączenie oleju kokosowego do jadłospisu może spowodować ogromną zmianę. Mable W. mówi: „Poziom mojego cholesterolu obniżył się do 214 [a wcześniej wynosił 328], co jest wspaniałą różnicą, odkąd w kwietniu odstawiłam leki z powodu uszkodzeń wątroby. Po operacji [tarczycy] zachorowałam na cukrzycę, którą byłam w stanie kontrolować dzięki tej diecie i olejowi kokosowemu... Mój lekarz nie mógł uwierzyć własnym oczom, kiedy zobaczył mnie oraz wyniki moich badań. Powiedział mi: Trzymaj się oleju kokosowego. Tak też zrobiłam. Mam się doskonale. Czuję się wspaniale umysłowo i fizycznie. Przed zastosowaniem oleju kokosowego zażywałam 15 różnych lekarstw dziennie, a teraz przyjmuję tylko witaminy, olej kokosowy i tabletkę Synthyroidu... Wiem, że to utarte powiedzenie, ale olej kokosowy przywrócił mnie do życia. Obecnie bez najmniejszego problemu funkcjonuję fizycznie i umysłowo. Cała moja rodzina je olej kokosowy. Mój mąż twierdzi, że daje mu on energię na cały dzień. Da się to zauważyć, kiedy nieumyślnie opuścisz jedną porcję".

Jeśli czujesz, że musisz przyjmować pewne leki i wahasz się nad ich odstawieniem, spróbuj odstawić je stopniowo. Niech twój lekarz sprawuje nadzór nad twoimi postępami i dostosowuje dawki wedle potrzeb.

Zaleca się też suplementację diety, więc jeśli bierzesz zioła, witaminy lub minerały, możesz je nadal przyjmować. Niektóre suplementy zawierają cukier i „wypełniacze skrobiowe", zawsze więc czytaj ich skład i bierz pod uwagę wszelkie węglowodany z wyjątkiem błonnika. Dekstroza oraz wysokofruktozowy syrop kukurydziany to popularne dodatki do żywności.

Przygotuj swoją spiżarnię

Jednym z zagrożeń tego programu żywieniowego jest uleganie pokusom łatwo dostępnych pokarmów, które według zaleceń diety należy spożywać w ograniczonych ilościach. Już sama świadomość, że ulubiony smakołyk znajduje się w naszym zasięgu i czeka na spożycie, może okazać się zbyt obezwładniająca, by się jej oprzeć. Usunięcie takiej pokusy jest najprostszym i najlepszym rozwiązaniem.

Jeśli możesz, pozbądź się z domu lub przynajmniej utrudnij dostęp do wszystkich pokarmów i produktów, których nie należy spożywać w tej diecie. Rozdaj wszelkie wysokowęglowodanowe jedzenie przyjaciołom, sąsiadom albo po prostu wyrzuć je. Jeśli mieszkają z tobą inne osoby nie przestrzegające żadnej diety, przestrzeganie twojej będzie dla ciebie troszkę trudniejsze. Być może warto umieścić pokarmy, których spożycie zgodnie z dietą ma być ograniczone, w miejscu, do którego dostęp będzie miała wyłącznie osoba, która je może jeść.

Następnie zapełnij lodówkę i szafki kuchenne wszelkiego rodzaju pokarmami i produktami, które możesz jeść na tej diecie. Niech będą w zasięgu twojej ręki przez cały czas, by zmniejszyć pokusę uciekania się do poszukiwania ograniczonego jedzenia. Kup mnóstwo oleju kokosowego i miej pod ręką suplementy diety.

Przed rozpoczęciem programu zapoznaj się z listą dopuszczalnych pokarmów i opracuj kilka jadłospisów. Oblicz ilość węglowodanów w każdym z nich i ułóż je tak, by pasowały do dziennego dopuszczalnego spożycia. Wyrób w sobie nawyk planowania posiłków i przekąsek przed pójściem do sklepu spożywczego, aby mieć dostęp do wszystkich potrzebnych produktów. Jeśli kupujesz jedzenie raz na tydzień, dobrze jest przed zakupami zaplanować każdy posiłek na

7 dni. W przeciwnym razie może się zdarzyć, że będziesz sięgał po pierwszą z brzegu rzecz z lodówki lub spiżarni, która nie zawsze może wpasować się w twój dzienny limit spożycia węglowodanów.

Spraw sobie notatnik i prowadź w nim dziennik żywieniowy. Poza zjadanymi pokarmami możesz też zapisywać w nim swoje ulubione, niskowęglowodanowe przepisy i wskazówki kulinarne, swoją aktualną wagę i inne wymiary, wyniki morfologii krwi, zmniejszone dawki lekarstw lub zażywanych suplementów, a także zmiany symptomów czy samopoczucia. Prowadź dziennik na bieżąco. Twój dziennik żywieniowy stanie się wówczas twoją osobistą „encyklopedią" i sprawozdaniem z postępów.

OCENIAJ SWOJE POSTĘPY

Znasz to z reklam: „Zrzuciłem 23 kilogramy w 4 tygodnie" lub: „W 30 dni schudłam z rozmiaru 48 do 38!". Wszystkie rodzaje diet obiecują „szybkie" zrzucenie zbędnych kilogramów. Niestety, tego typu reklamowe deklaracje są bardzo często nierealne i karmią ludzi fałszywymi nadziejami. W funcie (0,45 kg) tkanki tłuszczowej gromadzi się 3500 kalorii. By na typowej, niskotłuszczowej diecie o ograniczonej kaloryczności pozbyć się takiej ilości tłuszczu, trzeba ograniczyć spożycie kalorii o 3500 jednostek. Teoretycznie zmniejszenie ilości spożywanych kalorii o 500 dziennie (3500 tygodniowo) skutkuje schudnięciem około funta, czyli 0,45 kg. Zredukowanie kaloryczności o 1000 jednostek dziennie równa się zrzuceniu 1 kg (2 funtów) tkanki tłuszczowej tygodniowo, a to oznacza, że prawdziwe chudnięcie wymaga czasu. Nie można zrzucić 23 kg tłuszczu z ciała w 6 tygodni. Trzy do sześciu kilogramów to ilość bardziej realistyczna w tym przedziale czasowym.

Chociaż niektórzy ludzie szybko chudną dzięki temu programowi, nie stworzono go w tym celu. Jego celem jest utrata tkanki tłuszczowej, a to ogromna różnica. Program ten skupia się na pozbywaniu się nadmiaru tłuszczu z organizmu, a nie tylko na zmniejszeniu masy ciała. Większość niskotłuszczowych programów odchudzających powoduje obniżenie wagi ciała poprzez utratę wody i masy mięśniowej poza tkanką tłuszczową. Oto dlaczego utrata wagi początkowo jest tak znaczna, ale i bardzo niezdrowa. Program Ketogenicznej Diety Kokosowej został opracowany, by ubywało tłuszczu, a przybywało zdrowia. Stan ketozy chroni przed utratą masy mięśniowej. Picie wody przez cały dzień zapobiega utracie wody z organizmu. A zatem, przestrzegając zasad tego programu, chudniesz, zrzucając tylko tłuszcz.

Jeśli masz dużą nadwagę, możesz chudnąć nieco szybciej; być może nawet od 2 do 3 kg na tydzień. Realnie rzecz biorąc, kiedy wchodzisz w fazę ketogeniczną tej diety, możesz oczekiwać schudnięcia od 0,5 kg do 2 kg tygodniowo, przy czym 1 kg na tydzień to typowy spadek wagi. I choć może to brzmieć jak krzykliwa reklama, jakie słyszy się w temacie tymczasowych diet, tak naprawdę ma ogromne znaczenie. Zaledwie kilogram zrzuconej tkanki tłuszczowej w tydzień oznacza 4 kg miesięcznie, 8 kg w 2 miesiące, a 16 kg w ciągu 4 miesięcy. W pół roku możesz być lżejszy o 24 kg, zaś w rok prawie o 50 kg. Najlepsze jest w tym wszystkim jest to, że pozbywasz się niechcianych kilogramów, jedząc steki, jajka, boczek, pieczone mięso, kotlety schabowe, ser żółty, zasmażki, zawiesiste sosy i inne pyszne pokarmy, i to do syta.

Nie spodziewaj się cudów w jeden dzień – jak to obiecują w reklamach. Daj tej diecie czas, by zadziałała swoją magią. Dodatkowych kilogramów nie nazbierałeś w ciągu jednego dnia ani w jedną noc, nie oczekuj zatem, że w takim tempie znikną. Nie jest to program błyskawicznego odchudzania, lecz rozsądny plan redukcji tkanki tłuszczowej mający na celu pomóc ci zrzucić nadmierne kilogramy i już do nich nie wrócić.

Chcąc wiedzieć, ile tkanki tłuszczowej ci ubyło, używaj centymetra krawieckiego. Co 3-4 tygodnie mierz obwód talii/pasa, bioder i klatki piersiowej, a następnie porównuj wyniki z wartościami wyjściowymi.

Po przynajmniej 2-3 miesiącach przebywania w ketogenicznej fazie diety pójdź do lekarza i wykonaj ponownie morfologię krwi. Zmierz też ciśnienie tętnicze krwi, poziom glukozy we krwi na czczo; zrób też test na obecność białka C-reaktywnego w organizmie, poziomu HDL, cholesterolu i trójglicerydów. Porównaj najnowsze wyniki z wykonanymi tuż przed rozpoczęciem diety. Teraz te wartości powinny być o wiele lepsze i wskazywać, że nie tylko chudniesz, ale stajesz się zdrowszy. Takie wiadomości powinny bardzo motywować. Być może zechcesz powtarzać morfologię krwi co kilka miesięcy, by zobaczyć dalsze postępy.

Jeśli zawsze było ci zimno, marzłeś w ręce i stopy i miałeś niską temperaturę ciała z powodu słabo działającej tarczycy, teraz powinieneś zauważyć uczucie większego ciepła, wyższą temperaturę ciała oraz zwiększoną energię. Zmierz sobie temperaturę. Jaka jest teraz różnica? Przejrzyj ponownie listę objawów osłabionej czynności tarczycy z rozdziału 12 i sprawdź, czy zauważyłeś jakiekolwiek zmiany.

Poprawa wszystkich wspomnianych parametrów powinna być zauważalna w sposób wręcz spektakularny, przekonasz się wówczas na własne oczy, że Ketogeniczna Dieta Kokosowa niezwykle korzystnie wpływa na wiele aspektów zdrowia, a nie tylko wspomaga odchudzanie.

EWENTUALNE SKUTKI UBOCZNE

Dieta ketogeniczna nie wywołuje żadnych działań niepożądanych, a jedynie tymczasowe zmiany, o których dobrze jest wiedzieć. Niektóre osoby skarżą się na doświadczanie zatwardzenia (68 procent) lub biegunki (23 procent), których należy się spodziewać, kiedy w diecie następuje ogromna zmiana. W miarę jak układ trawienny adaptuje i przyzwyczaja się do nowego sposobu odżywiania, objawy te ustąpią. Ogólnie rzecz ujmując, kiedy spożycie tłuszczu znacznie wzrasta, zazwyczaj rozluźnia jelita do czasu, aż organizm przyzwyczai się do zwiększonej ilości tłuszczu w diecie. Zdarzają się tacy, którzy doświadczają czegoś zupełnie odwrotnego, czyli zatwardzenia. Powody ku niemu mogą być różne. Czasem to, co ludzie uważają za zatwardzenie, tak naprawdę jest opróżnianiem przewodu pokarmowego. Proces eliminacji naturalnie zwalnia wraz ze zmniejszoną ilością spożywanego pokarmu. Nie jest to zatem zatwardzenie, ale po prostu redukcja ilości jedzenia przechodzącego przez przewód pokarmowy. Zatwardzenie jest częstym symptomem odwodnienia. Często, kiedy ludzie zmniejszają ilość spożywanych kalorii, piją też mniej wody, co może prowadzić do łagodnego odwodnienia, a w konsekwencji do zatwardzenia. Zwracanie szczególnej uwagi na picie odpowiednich ilości wody w ciągu dnia pomoże zapobiegać zatwardzeniom, podobnie jak wzbogacenie jadłospisu witaminą C i magnezem.

Innym powszechnym skutkiem stosowania tej diety jest nieświeży oddech (38 procent). W stanie ketozy ketony wydalane są z moczem i wydychane przez usta. Zjawisko to nazywane jest oddechem ketonowym. Taki oddech ma łagodny, słodko-owocowy zapach przypominający woń ananasa. Nie jest on nieprzyjemny, a całkiem miły. Dieta niskowęglowodanowa, ale wysokotłuszczowa zmienia gospodarkę organizmu, stymulując obfitsze oczyszczanie i leczenie. A ponieważ toksyny wówczas usuwane są z organizmu w przyspieszonym tempie, oddech może być zgniły, całkowicie zabijając przyjemny, owocowy zapach z ust, wywołany stanem ketozy. Niektóre osoby winią ketony za ten nieprzyjemny zapach, jednak to nie ketony, a toksyny. W miarę oczyszczania i leczenia się organizmu brzydki zapach ustąpi. Kiedy twój oddech odzyska świeżość i najwyżej będzie miał lekko owocowy zapach, wówczas będziesz wiedział, że twój organizm oczyścił się z większości zalegających w nim toksyn i jest na dobrej drodze do samowyleczenia.

Bóle głowy to kolejny efekt uboczny procesu oczyszczania. Kiedy przestajemy jeść cukier, czekoladę i inne uzależniające pokarmy, często doświadczamy objawów odstawienia. Bóle głowy to powszechne symptomy procesu oczyszczania. Około 60 procent osób przynajmniej raz miało ból głowy wynikający ze wspomnianego procesu. Kiedy organizm wyjdzie już z uzależnienia, bóle głowy znikną. Przyczyną bólów głowy jest także odwodnienie, więc pamiętaj, by pić odpowiednie ilości wody.

Jednak najpowszechniejszym skutkiem ubocznym diet ketogenicznych jest nagły brak energii, najbardziej zauważalny, jeśli prowadzisz aktywny tryb życia. Jeśli jesteś typem „lenia kanapowego", raczej tego nie zauważysz. Wprawdzie przy wspomnianym spadku energii nie będziesz senny, ale nie będziesz miał energii tyle co wcześniej i szybciej będziesz się męczył, wykonując czynności, które podejmujesz na co dzień. Taki spadek energii jest szczególnie zauważalny, jeśli wykonujesz regularne ćwiczenia fizyczne lub jeśli pracujesz fizycznie. Z chwilą przejścia na dietę poziom twojej energii zmniejszy się. Nie martw się, powróci do normy w ciągu tygodnia lub dwóch. Nie stracisz też ani odrobiny siły mięśniowej. Prawdopodobnie przez całe życie twój organizm prawie całkowicie był napędzany cukrem, więc teraz musi się przystosować i przestawić na spalanie tłuszczów i ketonów, a to z kolei wymaga zmiany rodzaju enzymów wytwarzanych przez organizm. Enzymy spalające tłuszcz muszą zastąpić enzymy spalające cukier. Organizm potrzebuje tygodnia lub dwóch, by dokonać takiej adaptacji. Kiedy już stanie się ona faktem, będziesz miał tyle samo energii co przedtem, a nawet troszkę więcej. I będziesz miał zdecydowanie bardziej wyostrzony umysł, ponieważ mózg funkcjonuje lepiej, spalając ketony zamiast glukozy.

Kolejnym, często pojawiającym się skutkiem ubocznym tej diety są skurcze mięśni. Najczęściej dotyczą one mięśni podudzia, ale mogą też pojawić się w ramionach, brzuchu, plecach, palcach stóp, szczęce, itp. W stanie ketozy wzrasta zapotrzebowanie organizmu na elektrolity, przede wszystkim na sód i magnez. U większości ludzi już wcześniej występuje niedobór magnezu, a kiedy wchodzą w stan ketozy, deficyt ten przejawia się w postaci skurczów mięśni. Około 35 procent osób przestrzegających ketogenicznych diet odchudzających doświadcza pewnego rodzaju skurczów mięśniowych. W ograniczeniu częstotliwości występowania skurczów pomoże włączenie suplementu magnezu w codzienną dietę, upewnienie się, że dostarczasz sobie również odpowiednich ilości soli (chlorku sodu) oraz że jesteś odpowiednio nawodniony. Skurcze często pojawiają się w nocy, podczas snu. Jeśli tak się stanie, wypij szklankę wody z suplementem magnezu i szczyptą soli. Ulgę przyniesie też wcieranie olejku magnezowego w mięśnie, w których pojawił się skurcz.

Innym polecanym przeze mnie produktem jest Proszek Elektrolitowy produkowany przez firmę Celtic Sea Salt (www.selinanaturally.com). Proszek ten zawiera wszystkie podstawowe elektrolity (sód, chlorek, siarczan, fosforan, magnez i potas) oraz 60 minerałów śladowych. Każde opakowanie zawiera 1-gramową miarkę. Picie jednej lub dwóch miarek dziennie z niewielką ilością wody pomoże zapobiegać skurczom.

Olej kokosowy jest niezwykle zdrowy, a na niektórych ludzi wpływa bardzo silnie oczyszczająco i leczniczo. Zawarte w nim średniołańcuchowe kwasy tłuszczowe mają znaczne właściwości antybakteryjne, przeciwgrzybiczne i przeciwwirusowe. Te kwasy tłuszczowe odżywiają nasze komórki i napełniają je substancjami odżywczymi. Są one śmiertelnym zagrożeniem dla potencjalnie szkodliwych mikroorganizmów zamieszkujących nasze organizmy. W połączeniu ze stymulującym przemianę materii efektem oleju kokosowego może wywołać reakcję znaną jako reakcja Herxheimera. Dochodzi do niej, kiedy organizm wydala ogromne ilości martwych mikrobów i toksyn. Wraz z oczyszczaniem się z całej masy tych substancji pojawia się szereg różnorodnych objawów, między innymi wysypka, wysięk zatokowy, zmęczenie, bóle głowy, zaburzenia trawienia, biegunka, gorączka i inne. Nie występują one jednak wszystkie na raz, a tylko jeden lub dwa na osobę, jeśli w ogóle jakieś mają miejsce. Symptomy te nie oznaczają infekcji czy choroby, ale oczyszczanie. Nie ma potrzeby brać leków. Niech proces oczyszczania przebiega swoim rytmem – objawy są tymczasowe i ustąpią w przeciągu kilku dni. Szczęśliwie większość ludzi nie doznaje uciążliwych objawów oczyszczania, jeśli jednak należysz do mniejszości, nie popadaj w panikę – nic złego się nie dzieje. Powinieneś raczej się cieszyć, że twój organizm usuwa szkodliwe drobnoustroje i toksyny.

A CO, JEŚLI CHUDNIĘCIE PRZYCHODZI MI Z TRUDEM?

Co zrobić, jeśli po kilku tygodniach stosowania się do zaleceń Programu Odchudzania według Ketogenicznej Diety Kokosowej nie widać oczekiwanych rezultatów? Pamiętajmy o tym, że każdy z nas jest inny, w związku z czym tempo, w jakim zrzucamy zbędne kilogramy, będzie u każdego inne. Niektórzy będą chudli szybciej, inni wolniej. Ludzie o większej masie ciała i obfitszych kształtach zazwyczaj szybciej niż szczuplejsi pozbywają się zbędnych kilogramów. Nie porównuj swoich postępów w programie z innymi osobami.

Istnieje jednak szereg powodów, dla których niektóre osoby chudną trudniej. Najczęstszym powodem jest niewłaściwe przestrzeganie programu. Czy rzeczywiście liczysz każdy gram węglowodanów, które zjadasz? To przyczyna numer jeden. Ludzie często nie chcą zadawać sobie trudu (poświęcać czasu), by policzyć skrupulatnie każdy gram zjadanych węglowodanów i po prostu szacują ich ilość. To duży błąd! Jeśli nie masz dużego doświadczenia w obliczaniu zawartości węglowodanów w pożywieniu, nie zdołasz ich prawidłowo oszacować. Ludzie mają skłonności do zaniżania ilości zjadanych posiłków, a zatem spożywają więcej węglowodanów, niż myślą. Zaledwie kilka gramów może mieć znaczący wpływ na twoje postępy w odchudzaniu. Decydując się rozpocząć tę dietę, musisz liczyć każdy gram spożywanych węglowodanów. Wraz ze zdobytym doświadczeniem na temat zawartości węglowodanów w często spożywanych pokarmach wzrośnie twoja umiejętność szacowania.

Jeśli pomimo bardzo skrupulatnego liczenia zawartości spożywanych węglowodanów w pokarmach od samego początku stosowania diety nie uda ci się schudnąć, prawdopodobnie masz oporność metaboliczną. W tym wypadku musisz zmniejszyć limit zjadanych węglowodanów do 25 czy 20 gramów dziennie. Pamiętaj też, by z całą pewnością i konsekwencją zjadać przynajmniej 3 łyżki stołowe oleju kokosowego dodatkowo do każdego posiłku. Mniejsze ilości obniżą skuteczność diety.

Po raz pierwszy o takiej metodzie odchudzania Jenny usłyszała, słuchając wywiadu z Jimmy'm Moorem, który opisywał swoje doświadczenia związane ze schudnięciem prawie 50 kilogramów w ciągu jednego roku dzięki niskowęglowodanowej, wysokotłuszczowej diecie ketogenicznej opartej na oleju kokosowym i innych zdrowych tłuszczach. Zachęcona jego sukcesem, Jenny podjęła identyczną dietę. Po kilku tygodniach zniechęciła się do niej, ponieważ nie tylko nie chudła, ale wręcz przybierała na wadze. Dokładna analiza diety dowiodła, że Jenny spożywała od 25 do 30 gramów węglowodanów dziennie, około 80 gramów białka, a 70 procent kalorii pochodziło z tłuszczów. Wszystko to wyglądało dobrze, ale Jenny miała zaledwie 155 cm wzrostu. Jej idealna waga w związku z tym to 52-59 kg. Przy jej wymiarach ilość spożywanego białka powinna wynosić 62-71 gramów dziennie, tymczasem zjadała jego nadmiar, bo 80 gramów.

Jak już wspominałem wcześniej, nadmiar białka z pożywienia może zamienić się w organizmie w glukozę i zachowywać się tak jak węglowodany, stymulując uwolnienie insuliny do krwiobiegu. Najczęstszą ogólną przyczyną porażek w przypadku diet niskowęglowodanowych jest to, że stosujący je ludzie mają tendencje do przesadnego rozkoszowania się pokarmami wysokobiałkowymi. Błędnie uważają, że po prostu zastępując węglowodany mięsem i jajkami, natychmiast zaczną chudnąć. I chociaż taka zmiana w diecie jest niewątpliwie korzystna, przesadne jedzenie pokarmów bogatych w białka może zatrzymać proces odchudzania.

Przyglądając się bardziej uważnie diecie Jenny, odkryliśmy także, że codziennie piła kilka filiżanek kawy słodzonej Splendą, a to kolejny poważny błąd! Choć kawa, czarna i zielona herbata należą do napojów niskowęglowodanowych, mogą sabotować twoje wysiłki w odchudzaniu. Kofeina oraz sztuczne słodziki stymulują odpowiedź insulinową, która inicjuje odkładanie tłuszczu w organizmie. Niezależnie od tego jak dużo, czy też jak mało, kalorii zjesz, wszelki skok w poziomie insuliny przyczynia się do syntezy tłuszczów i ich odkładania. Tkanka tłuszczowa w twoim organizmie może odkładać się, a przez to możesz tyć już przy 800 kaloriach dziennie, jeśli zjadane posiłki inicjują uwolnienie insuliny. Z drugiej strony możesz schudnąć, jedząc 2000 lub więcej kalorii dziennie, jeśli tylko pokarmy, które jesz, nie wywołują odpowiedzi insulinowej. Chociaż tłuszcz zapewnia więcej kalorii od węglowodanów czy białek, nie podnosi poziomu insuliny niezależnie od jedzonej ilości.

Uwarunkowanie organizmu do spalania tłuszczu, a nie glukozy poprawia przemianę materii do tego stopnia, że zrzucasz zbędne kilogramy bez drastycznego ograniczenia ilości spożywanych kalorii, jednak jeśli ją ograniczysz, szybciej zobaczysz postępy w odchudzaniu. A biorąc pod uwagę, że ketoza zmniejsza uczucie głodu, zmniejszenie ilości zjadanych kalorii nie jest niczym trudnym do wykonania. Często wyrabiamy w sobie nawyk jedzenia o określonych porach dnia, a także jedzenia określonych ilości pokarmu. Należy przełamać te przyzwyczajenia. Jedz tylko wtedy, kiedy jesteś głodny i przestań jeść, kiedy poczujesz się najedzony, nawet jeśli nie zjadłeś wszystkiego z talerza. Nie zjadaj do końca tylko dlatego, że nie chcesz marnować jedzenia. Był to dobry zwyczaj dla dorastającego chłopca/dziewczynki, ale teraz, kiedy już dorosłeś/dorosłaś, nie potrzebujesz już tylu kalorii. Wykorzystaj to, że odczuwasz mniejszy głód i opuść niektóre posiłki, a w ich miejsce zjedz niewielkie, tłuste przekąski. One też cię nasycą.

Zwykle jemy dotąd, aż nasz żołądek wyśle sygnał do mózgu, że czas przestać. Taki rodzaj sygnalizacji jest powolny. Otrzymujemy go dopiero po upływie około 20 minut od czasu rozpoczęcia jedzenia. Jeśli jesz szybko, wówczas, zanim poczujesz uczucie sytości, możesz zjeść nawet dwukrotnie więcej od osoby jedzącej wolno.

Możesz uniknąć tego problemu, jedząc wolno. Czy znasz kogokolwiek, kto je wolno? Siadacie razem do posiłku i kiedy wszyscy już skończyli jeść, ta osoba ledwie zaczęła? Jak ona wygląda? Założę się, że jest szczupła. Osoby jedzące wolno zwykle się nie przejadają, ponieważ zanim skończą posiłek, otrzymują sygnał sytości. Dla kontrastu, osoby jedzące szybko często mają nadwagę. Jedzą tak szybko, że bez problemu mogą pochłonąć dodatkowe 500 kalorii, zanim dostaną sygnał, by przestać jeść. A tak poza tym wszystkim, co już zostało tu na ten temat już powiedziane: kiedy czujesz sytość, po prostu przestań jeść! Czasem jedzenie tak nam smakuje, że nie przestajemy jeść pomimo uczucia sytości i rozkoszujemy się smakowitym jedzeniem przez następne 2 godziny.

Kolejnym sposobem na nieprzejadanie się jest odczekanie przynajmniej 5-10 minut, zanim sięgniemy po dokładkę. Ten czas pozwala żołądkowi wysłać odpowiedni sygnał do mózgu. Czy kiedykolwiek jedzenie posiłku przerwał ci telefon lub ktoś u drzwi, a kiedy po jego odebraniu lub otwarciu drzwi wróciłeś do jedzenia, już nie byłeś głodny? Dzieje się tak, ponieważ już przed przerwaniem posiłku twój żołądek był pełen. Odczekanie stwarza sygnałowi szansę dotarcia do mózgu. Siedząc przy stole i kontynuując posiłek, prawdopodobnie zjadłbyś więcej kalorii, niż twój organizm potrzebuje.

Pokusy towarzyszą każdej diecie, bez względu na to czy jest ona niskowęglowodanowa i wysokotłuszczowa, czy jakakolwiek inna. Za każdym razem, kiedy wyeliminujesz określone uwielbiane przez siebie (i uzależniające) jedzenie ze swojej diety, będzie cię ono nęcić. Pomimo że na Ketogenicznej Diecie Kokosowej będziesz odczuwał znacznie mniejszy głód i będziesz bardziej odporny, widok i zapach twoich ulubionych węglowodanów przed oczami może kusić. I tu dieta ketogeniczna ujawnia swą przewagę psychologiczną nad innymi dietami. Kiedy przechodzisz na dietę ketogeniczną, osiągnięcie stanu ketozy, w którym apetyt jest znacznie mniejszy, zwykle zajmuje od 3 do 6 dni. Ten okres „przed-ketozy" jest najtrudniejszym etapem całej diety, ponieważ w nim odczuwasz głód, tak jak przy każdej innej diecie odchudzającej. Ale kiedy już wejdziesz w stan ketozy, ignorowanie pokus staje się dużo łatwiejsze. Ta wiedza daje ci psychologiczną zachętę i wsparcie, by oprzeć się pokusom.

Przy innych dietach naprawdę łatwo jest oszukiwać. Jeśli zjesz jakiś „zakazany" pokarm kiedy nikt cię nie widzi, nikt się o tym nie dowie, fizycznie też nie odczujesz żadnej różnicy. Ujdzie ci to na sucho. Na diecie ketogenicznej natomiast, jeśli oszukasz i na przykład zjesz kawałek tortu czekoladowego, wytrącisz się ze stanu ketozy, co oznacza, że twój apetyt powróci i będziesz zmuszony zmagać się z napadami głodu przez następne kilka dni, do czasu aż znów wejdziesz w stan ketozy. Sama myśl o tym, że po zjedzeniu czegoś, czego nie powinieneś, przez kilka dni będziesz odczuwał głód, powinna być wystarczająco motywująca, byś nie oszukiwał, bo czy naprawdę warto?

UTRZYMAJ POCZYNIONE POSTĘPY

Na tej diecie najbardziej schudniesz na początku. Z chwilą kiedy osiągniesz swą idealną wagę ciała, intensywność chudnięcia zmniejszy się. Twój organizm naturalnie „samowyreguluje" się. Rozpoczynając przejście do etapu Utrwalenia Fazy Niskowęglowodanowej, nadal możesz trochę chudnąć, dopóki nie ustalisz nowego limitu węglowodanów, przy którym twoja waga pozostanie względnie stabilna.

Będąc w fazie utrwalania tej diety, nie jesteś już w stanie ketozy i możesz jeść więcej węglowodanów. Ale zachowaj przy tym ostrożność. Jeśli bowiem wrócisz do nawyków sprzed diety, choćby częściowo, na nowo rozbudzisz zachcianki na węglowodany i zrzucone kilogramy powrócą szybciej, niż myślisz. Wraz ze zwiększeniem spożycia cukrów i węglowodanów mogą odżyć pokusy zjedzenia dawniej ulubionych pokarmów, zwłaszcza jeśli wpasowują się one w nowy limit dziennego spożycia węglowodanów. I nie ma w tym niczego złego pod warunkiem, że panujesz nad ich ilością – jesz je w małych porcjach i sporadycznie. Problem w tym, że uzależnienie od cukru i węglowodanów nigdy nie mija. Jeśli jesteś od nich uzależniony, jesteś tzw. cukroholikiem i już nim pozostaniesz. Możesz co prawda przełamać aktywne uzależnienie od cukru dzięki diecie ketogenicznej, ale potencjał reaktywacji nałogu pozostanie w tobie na zawsze. Jeśli od kilku lat zmagasz się z nadwagą, istnieje prawdopodobieństwo, że jesteś cukroholikiem. Zjedzenie słodyczy lub chleba zaledwie kilkakrotnie wystarczy, by ponownie rozbudzić te uzależnienie. Znam osoby, które w zaledwie kilka dni po zakończeniu diety niskowęglowodanowej uzależniały się od chleba a nawet owoców. A kiedy te zachcianki powrócą, zniknie twoja silna wola. Najlepiej unikać problematycznych pokarmów. Ale jeśli już się „potkniesz" i odkryjesz, że jesteś uzależniony, nie poddawaj się – zawsze możesz zrezygnować z węglowodanów i powrócić do wysokotłuszczowej diety ketogenicznej.

Nie musisz na zawsze rezygnować z chleba i innych wypieków. Większość mąk, nawet orzechowa i sojowa, zawierają zbyt wiele węglowodanów. Niskowęglowodanową alternatywą mąki pszenicznej i innych jest mąka kokosowa. Pozyskuje się ją z miąższu orzecha kokosowego, uprzednio pozbawionego wody, odtłuszczonego i zmielonego na drobny proszek. Wyglądem i konsystencją przypomina każdą inną mąkę i można ją stosować do różnorodnych wypieków. Niewątpliwą zaletą mąki kokosowej jest znacznie mniejsza zawartość węglowodanów niż w pozostałych mąkach. W sposób naturalny obfituje ona w błonnik i łatwoprzyswajalne węglowodany. Zawiera taką samą ilość białka co mąka pszenna, lecz nie ma w sobie glutenu, a zatem jest doskonała dla osób z nadwrażliwością na gluten (białko pszeniczne). Można z niej piec herbatniki, muffinki, naleśniki i wszelkie inne wypieki, które naprawdę będą niskowęglowodanowe.

Z uwagi na to, że mąka kokosowa nie zawiera glutenu, ale za to dużo błonnika, ma inne właściwości niż mąka pszenna. Dlatego też mąki kokosowej nie możesz używać w przepisach na wypieki z mąki pszennej. Właściwości obu tych mąk różnią się tak bardzo, że przepisy te stają się kompletnie bezużyteczne. Napisałem więc książkę *A Delicious Low-Carb, Gluten-Free Alternative to Wheat* [*Cud mąki kokosowej* wyd. Studio Astropsychologii 2013]. W książce tej znajdziesz przepisy, jak szybko upiec różne pieczywo, naleśniki, herbatniki, muffinki, ciasteczka, ciasta i o wiele więcej. Chociaż jest tam wiele przepisów na „słodkie" pieczywo, każdy przepis przedstawiony jest w dwóch wersjach: ze standardową zawartością cukru lub w niskowęglowodanowej bądź całkowicie bezcukrowej wersji. Jako substancję słodzącą w niektórych z tych przepisów stosuje się stewię. Nawet „standardowe" wersje z cukrem zawierają go znacznie mniej, a ponadto mają znacznie obniżoną całkowitą zawartość węglowodanów w porównaniu do wypieków z mąki pszennej. Na przykład bezcukrowe muffiny zawierają zaledwie 1,3 grama węglowodanów w jednej sztuce. W książce tej znajdziesz też przepisy na wiele słonych wypieków, tj. muffiny bekonowe, muffiny brokułowo-serowe, włoski klops czy pieczonego kurczaka kokosowego. Choć wiele z tych przepisów można zastosować przy diecie ketogenicznej, bardziej nadają się one do utrwalenia fazy niskowęglowodanowej tej diety.

Biorąc pod uwagę, że dla większości ludzi dieta bardzo niskowęglowodanowa, ale wysokotłuszczowa jest czymś zupełnie nowym, przygotowywanie posiłków zgodnie z zaleceniami Ketogenicznej Diety Kokosowej może być nie lada wyzwaniem. W rzeczywistości wcale takim nie jest. Te posiłki można przygotować w prosty i smaczny sposób. Wraz z rosnącą popularnością diet niskowęglowodanowych, dostępnych jest wiele książek kucharskich, a także mnóstwo przepisów na dania niskowęglowodanowe w Internecie, które mogą być dla ciebie wskazówką. Pamiętaj, że tak zwane pokarmy „niskowęglowodanowe" wcale takie nie są, a zatem musisz mądrze wybierać i wiedzieć, ile gramów węglowodanów zawierają w jednej porcji. Zwracaj uwagę na rozmiar porcji – ½ szklanki to porcja standardowa.

Odżywianie się zgodnie z zasadami diety ketogenicznej wcale nie jest takie trudne, jeśli skoncentrujesz się na tym, by jeść świeże mięsa, ryby i drób oraz świeże warzywa. Nie musisz sobie niczego utrudniać. Często, kiedy ludzie przechodzą na dietę niskowęglowodanową, nie są w stanie zrezygnować z ich ulubionych wysokowęglowodanowych potraw, komponują więc ich niskowęglowodanowe imitacje, jak na przykład tłuczony kalafior (zamiast ziemniaków), bezpszeniczna pizza (z serem i jajkami w roli skórki), placki ziemniaczane (ze smażonego kalafiora pokrojonego w kostkę) czy lasagna z bakłażana. Możesz je zrobić, jeśli chcesz, ale nie musisz poświęcać aż tyle czasu, energii i pieniędzy, by obmyślać i przygotowywać te wszystkie „modyfikowane" dania. Przygotowanie niektórych z tych potraw naprawdę wymaga sporo czasu, a mimo tego i tak nie smakują jak te, które miały zastąpić. Proste posiłki, takie jak mięso z dodatkiem warzyw naprawdę wystarczą. W rozdziale 17 znajdziesz wiele prostych pomysłów na takie dania, które ułatwią ci zadanie na początku diety.

Zapewne najtrudniejszą częścią Ketogenicznej Diety Kokosowej jest dostarczenie sobie dziennej porcji dodatkowego tłuszczu. Trzy łyżki stołowe dodatkowo do każdego posiłku to dużo. Możesz po prostu połączyć go z tłuszczem zawartym w posiłkach, dodać w trakcie ich przygotowywania lub tuż po zakończeniu. Prawdę mówiąc, tłuszcze nadają mięsom i warzywom zdecydowanie lepszy smak. W następnym rozdziale przedstawiłem wiele przepisów na tzw. tłuste przekąski, czyli pokarmy i napoje, które można spożywać jako przekąski zamiast pełnych posiłków lub jako dodatek czy też „czekadełko" do głównego dania, które zwiększają ilość całkowitej zawartości tłuszczu. Posiłek o średniej czy nawet niskiej zawartości tłuszczu można zmodyfikować w wysokotłuszczowy, po prostu jedząc go z tłustą przekąską.

Jedzenie poza domem może być troszkę trudniejsze, lecz i tak na przestrzeni lat stało się łatwiejsze. Z powodu popularności niskowęglowodanowego odżywiania się obecnie wiele restauracji oferuje dania o niewielkiej zawartości węglowodanów. Większość restauracji, w których sprzedaje się hamburgery, włącznie z wszystkimi popularnymi restauracjami typu fast food, ma w swojej ofercie hamburgery bez bułki. Takie hamburgery zawierają wszystko, czego możesz się spodziewać po standardowym hamburgerze, ale zawinięte są w sałatę, bez bułki. Nawet jeśli taki hamburger nie widnieje w menu, w większości restauracji chętnie obsługa ci go poda na życzenie. Jeśli planujesz zjeść poza domem, weź ze sobą trochę oleju lub majonezu, dzięki któremu podwyższysz zawartość tłuszczu w zamówionym daniu.

Jeśli chciałabyś dowiedzieć się więcej o korzyściach zdrowotnych płynących ze stosowania oleju kokosowego i innych zdrowych tłuszczów, polecam swoją stronę internetową: www.coconutresearchcenter.org. Dodatkowe informacje na temat Ketogenicznej Diety Kokosowej znajdziesz w Internecie na stronie: www.cocoketodiet.com.

17

KUCHNIA KETOGENICZNA

Na początku nauka gotowania w sposób niskotłuszczowy może wydawać się beznadziejnym zajęciem. Wcale jednak nie jest tak trudna, na jaką pozornie wygląda. Chociaż niektóre przepisy na dania niskowęglowodanowe są skomplikowane i czasochłonne, większość z nich jest tak nieskomplikowana jak usmażenie kotleta jagnięcego i ugotowanie na parze porcji cukinii. Czy może być coś prostszego?

Jeśli kuchnia niskowęglowodanowa jest dla ciebie nowością, stanowczo doradzam, byś przeczytał cały ten rozdział. Bez względu na to, czy wykorzystasz któryś z tych przepisów, czy nie, z rozdziału tego dowiesz się, jak uczynić niskowęglowodanowe przyrządzanie posiłków czynnością prostą i łatwą. Poza tym nauczysz się włączać olej kokosowy do swego jadłospisu. Więcej pomysłów znajdziesz w książkach i przepisach kulinarnych dostępnych w twojej lokalnej bibliotece, sklepach spożywczych oraz w Internecie.

Idealnie tłuszcze powinny stanowić przynajmniej 60 procent całkowitej ilości spożytych kalorii. Dodawaj tak dużo oleju do przygotowywanych posiłków, jak to tylko konieczne, by w ten sposób osiągnąć zamierzony cel. Ilość tłuszczów, a także węglowodanów i białek netto oraz całkowitą ilość kalorii w jednej porcji podano na końcu każdego przepisu. Zauważ, że zawartość tłuszczu podano w gramach. Jedna łyżka stołowa oleju to 14 g (15 ml).

TŁUSTE PRZEKĄSKI

Tłuste przekąski to wysokotłuszczowe miniposiłki, które można jeść zamiast regularnych lub jako „czekadełko" przed głównym posiłkiem. Przekąski te zawierają 2-3 dodatkowe łyżki stołowe oleju, głównie kokosowego. Zasadniczo jest to wygodny i smaczny sposób zjedzenia kilku łyżek stołowych oleju na raz, przy minimalnej ilości węglowodanów i kalorii łącznie.

Tłuste przekąski mogą być bardzo proste. Dipy, „smarowidła" i nadzienia można jeść z pokrojonymi w plasterki warzywami, skórką wieprzową czy też zawinięte w liście sałaty – patrz: przepisy na następnej stronie. Zupy nadają się znakomicie, by dodawać do nich olej kokosowy i pozostałe oleje polecane w tej diecie. Podane w tej części książki przepisy na tłuste zupy z węża to trzy lub cztery porcje po ½ szklanki. Tłusta przekąska składałaby się z ½ szklanki takiej zupy – resztę można przechować w lodówce bądź zamrozić na inny dzień. Oczywiście możesz podwoić tę porcję, jeśli chcesz, lub nawet zjeść jeszcze większą porcję jako jeden z głównych posiłków. Zauważysz, że do zup z kategorii tłustych przekąsek nie dodaje się dodatkowego tłuszczu wymienionego w przepisach. Olej dodaje się *po* przygotowaniu takiej zupy. W ten sposób możesz dodać 1, 1½ lub 2 łyżki stołowe, a nawet więcej, oleju kokosowego do określonej przekąski lub dania. Jedna porcja to ½ szklanki (118 ml) zupy, *plus* dodatkowy olej kokosowy.

Kurczak w curry

Oto bardzo prosty, smaczny i niskowęglowodanowy sposób na zjedzenie dziennej porcji tłuszczu. Do wyboru masz dwa warianty. Pierwszy dostarcza 2 łyżki stołowe oleju kokosowego, a drugi – 3.

Wariant 1

30 g dowolnie przyrządzonego kurczaka
2 łyżki stołowe (30 ml) oleju kokosowego
¼ łyżeczki suszonego mielonego curry
Sól do smaku

Wariant 2

60 g dowolnie przyrządzonego kurczaka
3 łyżki stołowe (45 ml) oleju kokosowego

¼ łyżeczki suszonego mielonego curry lub według smaku
Sól do smaku

Kurczaka potnij w małe kostki. W naczyniu żaroodpornym połącz je z olejem kokosowym, suszonym mielonym curry i solą. Podgrzewaj tylko do czasu, aż potrawa będzie gorąca. Nie należy jej zagotować, a tylko podgrzać. Temperatura rozpuszcza olej kokosowy i wydobywa aromat curry. Jedz na ciepło.

Ilość: 1 porcja
Wariant 1
Jedna porcja to: 29 g tłuszczu, 0 g węglowodanów netto, 9 g białka, 288 kalorii.

Wariant 2
Jedna porcja to: 44 g tłuszczu, 0 g węglowodanów netto, 17 g białka, 450 kalorii.

Kokosowy serek wiejski

Jest to moja ulubiona tłusta przekąska i dlatego zwykle podwajam lub potrajam ilość twarożku z tego przepisu.

1 łyżka stołowa (15 ml) oleju kokosowego
1 łyżka stołowa (14 g) serka wiejskiego

Włóż olej do małego naczynia żaroodpornego. Ja używam małego, szklanego, o pojemności jednej szklanki (235 ml). Podgrzej go na umiarkowanym ogniu do rozpuszczenia lub aż będzie lekko gorący (do ok. 65°C). Łyżeczką dodaj do niego serek i wymieszaj (również łyżeczką) razem do uzyskania gładkiej masy, jednak z kawałkami twarożku. Teraz jest gotowy do spożycia. Dla wzbogacenia smaku możesz go też oprószyć pieczonymi wiórkami kokosowymi.

Proporcja w tym daniu to 1:1, co bardzo ułatwia sprawę, jeśli chcemy zmodyfikować przepis większą lub mniejszą ilością oleju. W bardzo prosty sposób możesz zwiększyć lub zmniejszyć ilość tłuszczu w tej przekąsce, dodając 1 lub więcej łyżki stołowe oleju kokosowego i twarożku. Połączenie 1 łyżki stołowej z taką samą ilością serka to 14 g tłuszczu 0,5 g węglowodanów netto, 2 g białka i 136 kalorii.

Ilość: 1 porcja

Kokosowy serek wiejski z owocami leśnymi

Jest to wyśmienita tłusta przekąska lub deser. Smakuje identycznie jak jagodowe lody lub budyń na gorąco i jest naprawdę pyszna.

2 łyżki stołowe (30 ml) oleju kokosowego
12 borówek amerykańskich, malin lub 6 jeżyn
2 łyżki stołowe (30 g) serka wiejskiego
3-4 krople płynnej stewii (niekoniecznie)

Włóż olej do małego naczynia żaroodpornego. Ja używam małego, szklanego, o pojemności jednej szklanki (235 ml). Podgrzej go na umiarkowanym ogniu do rozpuszczenia lub aż będzie lekko gorący (do ok. 65°C). Jeśli podgrzejesz troszkę jagody, wydobędziesz ich aromat. Łyżeczką dodaj do niego serek i stewię, i również łyżeczką wymieszaj razem do uzyskania gładkiej masy, jednak z kawałkami twarożku. Teraz jest gotowy do spożycia.

Ilość: 1 porcja
Jedna porcja to: 29 g tłuszczu, 3 g węglowodanów netto, 4,5 g białka, 291 kalorii.

Cynamonowa rozkosz kremowa

Napój ten smakuje jak ajerkoniak, lecz jest bez jajek.

½ szklanki (120 ml) tłustej śmietany
¼ łyżeczki aromatu migdałowego
⅛ łyżeczki mielonego cynamonu

Wszystkie składniki wymieszaj razem i rozkoszuj się przepysznym napojem. Jeśli chcesz zamienić go w ajerkoniak, wystarczy wmiksować do niego 1 surowe jajko.

Ilość: 1 porcja
Jedna porcja to: 44 g tłuszczu, 3,5 g węglowodanów netto, 2,5 g białka, 420 kalorii.

Kremowa rozkosz z owoców leśnych

Jest to kremowy napój o smaku jagodowym. Możesz zrobić podwójną porcję i połowę zamrozić na inny dzień. Jest pyszny zarówno świeży jak i mrożony.

½ szklanki (120 ml) tłustej śmietany
⅛ łyżeczki aromatu migdałowego
12 borówek amerykańskich lub malin albo 6 jeżyn (ok. 22 g)
1 łyżka stołowa (15 ml) oleju MCT lub kokosowego (niekoniecznie)*

Mikserem lub blenderem zmiksuj razem śmietanę, aromat migdałowy, jagody i olej MCT przez około 15-20 sekund, nie dłużej. Śmietana wówczas częściowo ubije się na pianę i uzyska lekką, puszystą konsystencję. Pij i ciesz się smakiem tego napoju.

Ilość: 1 porcja
Jedna porcja bez oleju kokosowego lub MTC: 44 g tłuszczu, 5,5 g węglowodanów netto, 3 g białka, 430 kalorii.

Jedna porcja z dodatkiem oleju: 55 g tłuszczu, 5,5 g węglowodanów netto, 3 g białka, 556 kalorii.

---

* Jeśli zamiast oleju MCT chcesz dodać oleju kokosowego, musisz go dodać oddzielnie. Włóż wszystkie składniki oprócz oleju kokosowego do blendera lub miksera i włącz go. Następnie wlej do pracującego blendera roztopiony olej kokosowy. Jeśli będziesz wlewał olej powoli, połączy się z napojem, nie zastygając i nie tworząc grudek. Jeśli jednak takie pojawiły się w napoju, oznacza to, że wlewałeś olej zbyt szybko.

Dyniowa rozkosz kremowa

Napój ten smakuje tak samo jak kremowe nadzienie do ciasta dyniowego.

½ szklanki (120 ml) tłustej śmietany
¼ łyżeczki aromatu waniliowego
¼ łyżeczki mieszanki mielonych przypraw do ciasta dyniowego lub ziela angielskiego

Wszystkie składniki wymieszaj razem i ciesz się smakiem napoju. Zastąpienie mieszanki mielonych przypraw do ciasta dyniowego zielem angielskim nadaje napojowi inny, ale równie dobry smak.

Ilość: 1 porcja
Jedna porcja to: 44 g tłuszczu, 3,5 g węglowodanów netto, 2,5 g białka, 430 kalorii.

Pasta sardynkowa

Jest to smakowita i bardzo sycąca przekąska zawierająca kwasy tłuszczowe omega-3. Z przepisu powstaje masa do smarowania, którą rozprowadza się na chrupiącej skórce wieprzowej.

1 puszka (109 g) sardynek w oliwie z oliwek
¼ szklanki (60 g) kwaśnej śmietany
2 łyżki stołowe (30 ml) oliwy z oliwek z pierwszego tłoczenia
¼ szklanki (60 g) pokrojonych w drobną kostkę ogórków kiszonych
18 kawałków smażonej skórki wieprzowej
Sól i pieprz do smaku

Połącz sardynki z kwaśną śmietaną, oliwą z oliwek, pokrojonymi w drobną kostkę ogórkami kiszonymi, solą i pieprzem, i wymieszaj. Jedz jak dip z kawałkami smażonej skórki wieprzowej.

Ilość: 1 porcja
Jedna porcja to: 29,5 g tłuszczu, 1 g węglowodanów netto, 18,5 g białka, 343 kalorie.

Pasta łososiowa

Jest to przepis na pastę do smarowania smażonych kawałków skórki wieprzowej.

57 g łososia z puszki
3 łyżki stołowe (42 g) majonezu (przepis na str. 416)
14 g pokrojonego w kostkę lub tartego ostrego sera cheddar
1 łyżka stołowa (15 g) pokrojonych w drobną kostkę ogórków kiszonych (niekoniecznie)
Szczypta papryki
9 kawałków smażonej skórki wieprzowej
Sól i pieprz do smaku

Zawartość 170-gramowej puszki łososia podziel na 3 części. Dwie trzecie włóż do szczelnie zamykanego pojemnika i schowaj do lodówki na później. Pozostałą część łososia (57 g) połącz z majonezem, serem, ogórkiem kiszonym, papryką i razem wymieszaj. Jedz jak dip z kawałkami smażonej skórki wieprzowej, paluszkami z selera czy innymi warzywami.

Ilość: 1 porcja
Jedna porcja to: 42,5 g tłuszczu, 0 g węglowodanów netto, 21,5 g białka, 468 kalorii.

Pasta z kurczaka

Możesz nią smarować chrupiące kawałki smażonej skórki wieprzowej lub zawijać w liście sałaty.

57 g smażonego kurczaka pokrojonego w kostkę
3 łyżki stołowe (42 g) majonezu (przepis na str. 416)
2 łyżki stołowe (30 g) drobno posiekanego selera

2 łyżki stołowe (30 g) drobno posiekanej czerwonej papryki lub papryki rocznej (pimento)
⅛ łyżeczki granulowanej cebuli
9 kawałków smażonej skórki wieprzowej
Sól i pieprz do smaku

Połącz ze sobą kurczaka, majonez, seler, paprykę, granulowaną cebulę, sól i pieprz i wymieszaj. Jedz jak dip z kawałkami smażonej skórki wieprzowej.

Ilość: 1 porcja
Jedna porcja to: 40 g tłuszczu, 1 g węglowodanów netto, 23 g białka, 456 kalorii.

Kanapka z awokado i boczkiem

Jest to pyszna, łatwa w przygotowaniu kanapka. Doskonałe rozwiązanie na lunch, który możesz zabrać do pracy. Jeśli nie zjesz jej od razu po zrobieniu, skrop ją sokiem z cytryny lub posyp odrobiną kwasku cytrynowego (witamina C), by awokado nie sczerniało.

½ awokado
2 plasterki boczku pokruszonego w drobne kawałki
2 lub 3 szczypty suszonego mielonego chili
2 lub 3 szczypty granulowanej cebuli
Liść sałaty
Sól do smaku

Rozetrzyj ½ awokado z suszonym mielonym chili, granulowaną cebulą i solą. Dodaj kawałeczki boczku i razem wymieszaj. Posmaruj powstałą masą liść sałaty i jedz jak tradycyjną kanapkę lub zawiń nadzienie w liść sałaty i zjedz jak burrito. Jeśli chcesz, możesz też dodać posiekaną zieloną cebulkę, czosnek, pomidora lub inne zioła czy warzywa.

Ilość: 1 porcja
Jedna porcja to: 22,5 g tłuszczu, 2 g węglowodanów netto, 8,5 g białka, 244 kalorie.

Paluszki selerowe z masłem orzechowym

2 łyżki stołowe (32 g) masła orzechowego
2 łyżki stołowe (30 ml) roztopionego oleju kokosowego
1 seler naciowy średniej wielkości (20 cm)

Wymieszaj razem masło orzechowe i roztopiony olej kokosowy i wstaw do lodówki na około 5 minut. Z chwilą, kiedy mieszanina zacznie gęstnieć, lecz jeszcze nie zgęstnieje, wyjmij ją z lodówki, wymieszaj i rozprowadź na łodygach selera. Możesz też dodać sól do smaku.

Ilość: 1 porcja
Jedna porcja to: 44 g tłuszczu, 5 g węglowodanów netto, 8 g białka, 448 kalorii.

Paluszki selerowe z serkiem kremowym

3 łyżki stołowe (45 g) serka kremowego
2 łyżki stołowe (30 ml) roztopionego oleju kokosowego
1 seler naciowy średniej wielkości (20 cm)

Wymieszaj razem serek kremowy i roztopiony olej kokosowy i wstaw do lodówki na około 5 minut. Z chwilą, kiedy mieszanina zacznie gęstnieć, lecz jeszcze nie zgęstnieje, wyjmij ją z lodówki, wymieszaj i rozprowadź na łodygach selera. Możesz też dodać sól do smaku.

Ilość: 1 porcja
Jedna porcja to: 43 g tłuszczu, 2,5 g węglowodanów netto, 3 g białka, 409 kalorii.

Roladki

Można je przygotować wcześniej i zabrać ze sobą, np. do pracy. Będą doskonałym daniem na lunch, pyszną przekąską lub szybkim śniadaniem.

1 plasterek (28 g) wędliny lub innego mięsa
1 plasterek (28 g) sera

2 łyżki stołowe (28 g) majonezu (przepis na str. 416)
14 g pokrojonych pikli
14 g różnych kiełków (niekoniecznie)

Roladki możesz przygotować właściwie z każdego rodzaju cienko pokrojonego mięsa (szynki, wołowiny, wołowiny peklowanej w puszcze, kurczaka, indyka i cienko pokrojonego twardego sera (cheddara, Colby, edamskiego, Monterey, szwajcarskiego, mozzarelli czy Muenster). Spód roladki zrobisz z jednego, cienko pokrojonego kawałka sera, ułożonego na cienkim plasterku mięsa przykrytym warstwą majonezu, piklami i kiełkami. Zwiń w rulonik, mięsem na zewnątrz, a kiełkami do wewnątrz. Smacznego!

Ilość: 1 porcja
Jedna porcja to: 31,5 g tłuszczu, 1,5 g węglowodanów netto, 24 g białka, 385 kalorii.

Warianty: Można tworzyć różne wersje roladek, zawijając jeszcze inne składniki w ich środek, np. musztardę, majonez, kremowy serek, boczek, guacamole, awokado, pikle, ugotowane na twardo i pokrojone w kostkę jajka, ogórek, kapustę kiszoną, słodką lub ostrą paprykę, zieloną cebulkę czy sos winegret (przepis na stronie 418).

Potrawa mięsna

Ludom pierwotnym znane były zalety jedzenia mięsa. Mieszkający poza obszarami lądowymi Arktyki Eskimosi jedli mięso, każdy kawałek zanurzając w oleju foczym, by w ten sposób na pewno dostarczyć sobie odpowiedniego rodzaju tłuszczu. Indianie amerykańscy zjadali każdą drobinę tłuszczu z upolowanej dzikiej zwierzyny i całymi miesiącami (zwłaszcza w zimie) żywili się Pemikanem, czyli połączeniem odpowiednich proporcji siekanego, suszonego mięsa i tłuszczu. Przedstawiony tu przepis jest odwzorowaniem części diety wysokotłuszczowej tych pradawnych kultur. Do przyrządzenia tej potrawy nadaje się każde mięso: wołowina, mięso bizona (żubra), sarnina, kurczak, ryba, krewetki czy jagnięcina, a także dowolny rodzaj mięsa, np. stek, mielona wołowina czy kiełbasa. Olej też może być kokosowy lub dowolny – może to być również mieszanka różnych olejów. Ilość mięsa i oleju zależy wyłącznie od twoich potrzeb.

56 g siekanego lub mielonego mięsa (surowego lub dowolnie przyrządzonego)
3 łyżki stołowe (45 ml) oleju
Sól i pieprz do smaku

Zanurz mięso w oleju. Jeśli jest surowe, usmaż na małej ilości oleju według swoich preferencji. Jeśli przygotowałeś już mięso wcześniej, podgrzej mięso z olejem, aż będzie gorące. Dodaj sól i pieprz do smaku.

Ilość: 1 porcja
Jedna porcja to: 54 g tłuszczu, 0 g węglowodanów netto, 14 g białka, 542 kalorie.

Zupa z wołowiny

170 g mielonego mięsa wołowego
¾ szklanki (80 g) posiekanych warzyw*
1¼ szklanki (300 ml) wody
¼ łyżeczki granulowanej cebuli
¼ łyżeczki papryki
¼ łyżeczki majeranku
Sól i pieprz do smaku

Włóż mieloną wołowinę, warzywa i wlej wodę do litrowego rondla. Doprowadź do wrzenia, następnie zmniejsz płomień i gotuj na wolnym ogniu przez około 15 minut. Gotując, rozdziel mieloną wołowinę na mniejsze kawałki. Dodaj granulowaną cebulę, paprykę i majeranek. Gotuj przez około 1 minutę, po czym zdejmij z ognia. Dodaj sól i pieprz do smaku. Pozwól potrawie lekko ostygnąć. Na-

* Wybierz dwa lub więcej rodzaje warzyw spośród: cebuli, marchwi, pieczarek, selera, fasolki szparagowej, papryki, okry, rzepy i szparagów.

kładaj po 1 porcji, dodając od 1 do 3 łyżek stołowych oleju przed zjedzeniem. Resztę zupy, bez dodatku oleju, przelej do szczelnie zamykanego pojemnika i wstaw do lodówki na później. Pożądaną ilość oleju dodawaj do każdej porcji bezpośrednio przed jedzeniem.

Ilość: 4 porcje po ½ szklanki/118 ml
Jedna porcja to: 9 g tłuszczu, 0 g węglowodanów netto, 10,5 g białka, 123 kalorie. Dolicz 14 gramów tłuszczu i 120 kalorii do każdej 1 łyżki stołowej dodanego oleju.

Zupa wołowa z salsą

170 g mielonej wołowiny
½ szklanki (60 g) posiekanych warzyw*
1¼ szklanki (300 ml) wody
2 łyżki stołowe (30 ml) salsy
Sól i pieprz do smaku

Włóż mieloną wołowinę, warzywa i salsę, a następnie wlej wodę do litrowego rondla. Doprowadź do wrzenia, następnie zmniejsz płomień i gotuj na wolnym ogniu przez około 15 minut. Gotując, rozdziel mieloną wołowinę na mniejsze kawałki. Dodaj granulowaną cebulę, paprykę i majeranek. Gotuj przez około 1 minutę, po czym zdejmij z ognia. Dodaj sól i pieprz do smaku. Pozwól potrawie lekko ostygnąć. Nakładaj po 1 porcji, dodając od 1 do 3 łyżek stołowych oleju przed zjedzeniem. Resztę zupy, bez dodatku oleju, przelej do szczelnie zamykanego pojemnika i wstaw do lodówki na później. Pożądaną ilość oleju dodawaj do każdej porcji bezpośrednio przed jedzeniem.

Ilość: 4 porcje po ½ szklanki/ 118 ml
Jedna porcja to: 9 g tłuszczu, 1 g węglowodanów netto, 10,5 g białka, 127 kalorii. Dolicz 14 gramów tłuszczu i 120 kalorii do każdej 1 łyżki stołowej dodanego oleju.

---

* Wybierz dwa lub więcej rodzaje warzyw spośród: cebuli, marchwi, pieczarek, selera, fasolki szparagowej, papryki, okry, rzepy i szparagów.

Rosół

1 szklanka (135 g) pokrojonego kurczaka
½ szklanki (60 g) posiekanych warzyw*
1¼ szklanki (300 ml) wody
⅛ łyżeczki suszonych ziaren selera
¼ łyżeczki mielonej szałwii
Sól i pieprz do smaku

Włóż kurczaka i warzywa i wlej wodę do litrowego rondla. Doprowadź do wrzenia, następnie zmniejsz płomień i gotuj na wolnym ogniu przez około 15 minut. Gotując, rozdziel mieloną wołowinę na mniejsze kawałki. Dodaj suszone ziarna selera i szałwię. Gotuj przez około 1 minutę, po czym zdejmij z ognia. Dodaj sól i pieprz do smaku. Pozwól potrawie lekko ostygnąć. Nakładaj po 1 porcji, dodając od 1 do 3 łyżek stołowych oleju przed zjedzeniem. Resztę zupy, bez dodatku oleju, przelej do szczelnie zamykanego pojemnika i wstaw do lodówki na później. Pożądaną ilość oleju dodawaj do każdej porcji bezpośrednio przed jedzeniem.

Ilość: 4 porcje po ½ szklanki/118 ml
Jedna porcja to: 9 g tłuszczu, 0 g węglowodanów netto, 14,5 g białka, 76 kalorii. Dolicz 14 gramów tłuszczu i 120 kalorii do każdej 1 łyżki stołowej dodanego oleju.

Zupa-krem z szynką

Jest to niskowęglowodanowa wersja zupy z szynką i ziemniakami. Ziemniaki zastąpiono w niej kawałkami rzepy, która po ugotowaniu ma słodszy smak, a konsystencją bardzo przypomina gotowane ziemniaki, co czyni z niej ich dobrą, niskowęglowodanową alternatywę.

1 szklanka (135 g) pokrojonej szynki
½ szklanki (60 g) pokrojonej rzepy
½ szklanki (60 g) pokrojonego selera

* Wybierz dwa lub więcej rodzaje warzyw spośród: cebuli, marchwi, pieczarek, selera, fasolki szparagowej, papryki, okry, rzepy i szparagów.

1 pokrojony ząbek czosnku
¾ szklanki (180 ml) bulionu z kurczaka lub wody
½ szklanki (120 ml) tłustej śmietany
⅛ łyżeczki granulowanej cebuli
⅛ łyżeczki soli
⅛ łyżeczki czarnego pieprzu
Masło

Szynkę, rzepę, seler i czosnek włóż do garnka i zalej bulionem. Doprowadź do wrzenia, następnie zmniejsz płomień i gotuj na wolnym ogniu przez około 15 minut lub do czasu, aż rzepa będzie miękka. Dodaj śmietanę i przyprawy, gotuj na wolnym ogniu przez kolejną minutę lub dwie, po czym zdejmij z ognia. Pozwól potrawie lekko ostygnąć. Nakładaj po 1 porcji, dodając 1-2 łyżki stołowe oleju przed zjedzeniem. Resztę zupy, bez dodatku oleju, przelej do szczelnie zamykanego pojemnika i wstaw do lodówki na później. Pożądaną ilość oleju dodawaj do każdej porcji bezpośrednio przed jedzeniem.

Ilość: 4 porcje po ½ szklanki/118 ml
Jedna porcja to: 16 g tłuszczu, 3 g węglowodanów netto, 7 g białka, 184 kalorie. Dolicz 12 gramów tłuszczu i 108 kalorii do każdej 1 łyżki stołowej dodanego oleju.

Zupa-krem z kurczaka

1 szklanka (135 g) pokrojonego kurczaka
½ szklanki (60 g) pokrojonych warzyw*
¾ szklanki (180 ml) bulionu z kurczaka lub wody
½ szklanki (120 ml) tłustej śmietany
⅛ łyżeczki granulowanej cebuli
¼ łyżeczki tymianku
⅛ łyżeczki soli
⅛ łyżeczki czarnego pieprzu
Masło

* Wybierz dwa lub więcej rodzaje warzyw spośród: cebuli, marchwi, pieczarek, selera, fasolki szparagowej, papryki, okry, rzepy i szparagów.

Kurczaka i warzywa włóż do garnka i zalej bulionem. Doprowadź do wrzenia, następnie zmniejsz płomień i gotuj na wolnym ogniu przez około 15 minut lub do czasu aż rzepa będzie miękka. Dodaj śmietanę i przyprawy, gotuj na wolnym ogniu przez kolejną minutę lub dwie, po czym zdejmij z ognia. Pozwól potrawie lekko ostygnąć. Nakładaj po 1 porcji, dodając 1-2 łyżki stołowe oleju przed zjedzeniem. Resztę zupy, bez dodatku oleju, przelej do szczelnie zamykanego pojemnika i wstaw do lodówki na później. Pożądaną ilość oleju dodawaj do każdej porcji bezpośrednio przed jedzeniem.

Ilość: 3 porcje po ½ szklanki/118 ml
Jedna porcja to: 17 g tłuszczu, 1,5 g węglowodanów netto, 15 g białka, 219 kalorii. Dolicz 14 gramów tłuszczu i 108 kalorii do każdej 1 łyżki stołowej dodanego oleju.

Wołowa zupa pomidorowa

170 g mielonego mięsa wołowego
1 szklanka (235 ml) wody
⅓ szklanki (80 ml) koncentratu pomidorowego
⅛ łyżeczki suszonych ziaren selera
¼ łyżeczki granulowanej cebuli
⅛ łyżeczki granulowanego czosnku
⅛ łyżeczki papryki
¼ łyżeczki soli
⅛ łyżeczki czarnego pieprzu
1 łyżeczka soku z cytryny

W garnku połącz ze sobą wszystkie składniki oprócz soku z cytryny. Zagotuj, zmniejsz płomień i gotuj na wolnym ogniu przez 10 minut. Zdejmij z ognia i dodaj sok z cytryny. Pozostaw do ostudzenia. Nakładaj po 1 porcji, dodając 1-3 łyżki stołowe oleju kokosowego lub jeszcze jedną tuż przed zjedzeniem. Resztę zupy, bez dodatku oleju, przelej do szczelnie zamykanego pojemnika i wstaw do lodówki na później. Pożądaną ilość oleju dodawaj do każdej porcji bezpośrednio przed jedzeniem.

Ilość: 4 porcje po ½ szklanki/118 ml
Jedna porcja to: 9 g tłuszczu, 1 g węglowodanów netto, 11 g białka, 129 kalorii. Dolicz 14 gramów tłuszczu i 120 kalorii do każdej 1 łyżki stołowej dodanego oleju.

Krem z brokułów z serem

1 szklanka (240 ml) bulionu z kurczaka
¾ szklanki (90 g) pokrojonych brokułów
1 szklanka (135 g) pokrojonego, dowolnie przyrządzonego kurczaka
½ szklanki (120 ml) tłustej śmietany
¼ łyżeczki soli
⅛ łyżeczki czarnego pieprzu
¼ szklanki (25 g) świeżo startego parmezanu
1 łyżeczka posiekanej zielonej cebulki

W garnku z przykrywką gotuj na wolnym ogniu bulion z kurczaka i brokuły przez 20 minut – do czasu aż brokuły będą miękkie. Zdejmij garnek z ognia, przełóż jego zawartość do blendera i miksuj do uzyskania gładkiej masy. Ponownie wlej do garnka razem z kurczakiem, śmietaną, solą, pieprzem i serem. Podgrzej na wolnym ogniu przez 1-2 minuty. Odstaw z ognia. Kiedy lekko ostygnie, podawaj z dodatkiem świeżo posiekanej zielonej cebulki. Nakładaj po 1 porcji, dodając 1-3 łyżki stołowe oleju lub więcej tuż przed jedzeniem. Resztę zupy, bez dodatku oleju, przelej do szczelnie zamykanego pojemnika i wstaw do lodówki na później. Pożądaną ilość oleju dodawaj do każdej porcji bezpośrednio przed jedzeniem.

Ilość: 4 porcje po ½ szklanki/118 ml
Jedna porcja to: 14,5 g tłuszczu, 1 g węglowodanów netto, 14 g białka, 190 kalorii. Dolicz 14 gramów tłuszczu i 120 kalorii do każdej 1 łyżki stołowej dodanego oleju.

NISKOWĘGLOWODANOWE DRESSINGI DO SAŁATEK

Sałatki typu „mix sałat" stanowią doskonałe uzupełnienie każdej niskowęglowodanowej czy ketogenicznej diety, a w połączeniu z dresingiem na bazie oliwy dostarczają odpowiednich ilości tłuszczu na jeden posiłek. Sałatki te można przygotowywać z różnorodnymi warzywami i dresingami oferującymi ci całą gamę smaków i zapachów. Nie ograniczaj się do popularnej sałaty lodowej – spróbuj masłowej, czerwonej karbowanej, rzymskiej oraz pozostałych odmian. Warzywami świetnie komponującymi się w sałatkach są: ogórki, papryka zwyczajna, papryka bananowa, pomidory, awokado, pietruszka, cebula, szalotka, zielona cebulka, rzodkiewki, kłębian kątowy, kolendra siewna, rukiew wodna, kiełki, seler, korzeń selera, kapusta chińska, kapusta pekińska, kapusta zielona, brokuły, kalafior, szpinak, botwina, kapusta włoska, marchew, słonecznik bulwiasty, kapusta kiszona, cykoria, endywia i groszek cukrowy. Sałatki nie zawsze muszą zawierać sałatę. Możesz je przyrządzać bez sałaty, z wymienionymi tu warzywami.

Tak zwane przybranie lub dodatki do sałatek dodają im niepowtarzalnego smaku. Do niskowęglowodanowych dodatków zaliczamy: jajka gotowane na twardo, szynkę, kawałki boczku, wołowinę, kurczaka, indyka, wieprzowinę, ryby (łosoś, sardynki, etc.), kraby, krewetki, nori, twarde sery (cheddar, Monterey, Munster, etc.), sery miękkie (feta, wiejski, itp.), orzechy, oliwki oraz kawałki smażonej skórki wieprzowej.

Dressing to być może najważniejszy składnik sałatki, ponieważ to on sprawia, że sałatka wyróżnia się i podkreśla smak pozostałych jej składników. Większość dressingów dostępnych w sklepach produkowanych jest na bazie oleju sojowego lub rzepakowego, często z dodatkiem cukru, wysokofruktozowego syropu kukurydzianego, glutaminianu sodu oraz innych niechcianych dodatków do żywności. Wiele z tych produktów reklamuje się jako niskokaloryczne lub niskotłuszczowe, ale tylko nieliczne są tak naprawdę niskowęglowodanowe. Niskowęglowodanowe dressingi do sałatek „domowej roboty" to zdecydowanie lepszy wybór, bo zawierają zdrowsze składniki. Poniżej znajdziesz takie przepisy.

Majonez

Majonez można zrobić z większości olejów roślinnych. Majonez z oliwy z oliwek jest znacznie zdrowszy od tych, które można kupić w sklepie, ponieważ te ostatnie wyprodukowano z olejów wielonienasyconych. Oliwa z oliwek z pierwszego tłoczenia nadaje majonezowi bardzo silny posmak oliwkowy, mogący zdominować smak potraw, do których jest dodawany. Natomiast inny rodzaj oliwy z oliwek, zwany „extra light" ma łagodny smak i doskonale nadaje się jako składnik majonezu.

2 żółtka
2 łyżki stołowe (30 ml) octu jabłkowego
1 łyżeczka gotowej musztardy
¼ łyżeczki papryki
½ łyżeczki soli
1 szklanka (240 ml) oliwy z oliwek typu „extra light"

Zanim zaczniesz, niech wszystkie składniki nabiorą pokojowej temperatury. Mikserem lub blenderem połącz żółtka, musztardę, paprykę, sól oraz ¼ szklanki (60 ml) oliwy. Miksuj lub blenduj przez około 60 sekund. Kiedy robot pracuje, wlej pozostałą ilość oliwy *bardzo powoli* – na początku po kropelce, stopniowo przechodząc w równomierny, „spokojny" strumień. Sekret dobrego majonezu tkwi w tym, by olej/oliwę dodawać powoli. Po dodaniu oliwy majonez rozrzedzi się. Spróbuj i dopraw do smaku. Przechowuj w szczelnie zamykanym pojemniku w lodówce, w ten sposób będzie nadawał się do spożycia przez kilka tygodni.

Ilość: około 20 łyżek stołowych (280 ml)
Jedna łyżka stołowa to: 11 g tłuszczu, 0 g węglowodanów netto, 0 g białka, 99 kalorii.

Majonez kokosowy

Przepis jest identyczny jak powyżej, z tą tylko różnicą, że ½ szklanki oliwy z oliwek zastępujemy taką samą ilością oleju kokosowego.

Przed użyciem go do tego celu upewnij się, że olej ma temperaturę pokojową i postać płynną. Do majonezu wybieram delikatniejszy w smaku olej kokosowy tłoczony za pomocą prasy, a nie olej kokosowy z pierwszego tłoczenia.

Możesz też zrobić majonez z samego oleju kokosowego, ale wówczas będziesz go musiał zużyć na raz. Schłodzony olej kokosowy twardnieje, więc jeśli wstawisz majonez do lodówki, stwardnieje i nie nada się już do spożycia. Dzięki połączeniu oliwy i oleju, majonez, również po schłodzeniu, zachowuje miękką, kremową konsystencję.

Dressing z octu i oleju kokosowego

¼ szklanki (60 ml) rozpuszczonego oleju kokosowego*
¼ szklanki (60 ml) oliwy z oliwek typu „extra light"
2 łyżki stołowe (30 ml) wody
¼ szklanki (60 ml) octu jabłkowego
⅛ łyżeczki soli
⅛ łyżeczki białego pieprzu

Wszystkie składniki włóż do szczelnie zamykanego słoja lub innego tego typu naczynia. Zakręć i potrząsaj nim energicznie, aż składniki wymieszają się. Następnie, zanim go dodasz do sałatki, niech postoi trochę w temperaturze pokojowej. Można go przechowywać przez kilka dni w szafce kuchennej, bez konieczności wstawiania do lodówki. Olej kokosowy w schłodzonym dressingu ma tendencje do przechodzenia w stan stały. By odzyskał płynną postać, wyjmij go z lodówki przynajmniej godzinę przed jedzeniem.

Ilość: 14 łyżek stołowych (210 ml)
Jedna łyżka stołowa to: 8 g tłuszczu, 0 g węglowodanów netto, 0 g białka, 72 kalorie.

*Olej kokosowy możesz zastąpić olejem MCT. Jeśli chcesz, możesz też zastąpić zarówno olej kokosowy jak i oliwę z oliwek typu „extra light" identyczną ilością oliwy z oliwek z pierwszego tłoczenia.

Azjatycki dressing migdałowy

½ szklanki (120 ml) oleju kokosowego
¼ szklanki (25 g) migdałów w słupkach
1 łyżka stołowa (15 ml) oliwy z oliwek typu „extra light"
2 łyżki stołowe (30 ml) sosu tamari
1 łyżka stołowa (15 ml) octu jabłkowego
¼ łyżeczki mielonego imbiru
¼ łyżeczki soli

Olej kokosowy włóż do małego rondelka. Migdały w słupkach duś na niewielkim ogniu do lekkiego zarumienienia. Zdejmij z ognia i pozwól przestygnąć do temperatury pokojowej. Wmieszaj pozostałe składniki. W stojącym dressingu olej oddzieli się na górze, a migdały opadną na dno. Wymieszaj go tuż przed jedzeniem i łyżką rozprowadź po sałatce, sprawdzając, czy udało ci się rozsmarować go wraz z migdałami. Taki dressing można przechowywać przez kilka dni poza lodówką. Jeśli jednak chcesz go przechować ponad tydzień, wówczas wstaw go do lodówki.

Ilość: 14 łyżek stołowych (210 ml)
Jedna łyżka stołowa to: 10 g tłuszczu, 0 g węglowodanów netto, 0,5 g białka, 92 kalorie.

Winegret

¼ szklanki (60 ml) czerwonego lub białego octu winnego
¼ łyżeczki soli
⅛ łyżeczki białego pieprzu
¾ szklanki (180 ml) oliwy z oliwek z pierwszego tłoczenia

Wymieszaj widelcem w misce ocet, sól i pieprz. Dodaj oliwę i mieszaj energicznie, aż składniki dobrze się połączą.

Ilość: 16 łyżek stołowych (240 g)
Jedna łyżka stołowa to: 10,5 g tłuszczu, 0 g węglowodanów netto, 0 g białka, 94 kalorie.

Dressing czosnkowo-ziołowy

2 ząbki obranego i rozgniecionego czosnku
1 łyżeczka estragonu
1 łyżeczka majeranku
1 łyżeczka mielonej gorczycy
½ łyżeczki soli
¼ łyżeczki czarnego pieprzu
½ szklanki (120 ml) oliwy z oliwek z pierwszego tłoczenia
¼ szklanki (60 ml) czerwonego lub białego octu winnego

Wszystkie składniki umieść w szczelnie zamykanym słoju lub innym naczyniu tego typu. Mocno zakręć i mieszaj, wstrząsając, aż składniki dobrze się połączą. Następnie odstaw na przynajmniej godzinę w spokojne miejsce o temperaturze pokojowej. Przed użyciem wstrząśnij.

Ilość: 12 łyżek stołowych (180 ml)
Jedna łyżka stołowa to: 9 g tłuszczu, 0 g węglowodanów netto, 0 g białka, 81 kalorii.

Dressing śmietanowy

Dressing ten robi się z kwaśnej śmietany. Najlepiej smakuje bezpośrednio po przygotowaniu, a więc poniższy przepis jest na niewielką porcję.

3 łyżki stołowe (45 g) kwaśnej śmietany
1 łyżka stołowa (15 ml) tłustej śmietany
⅛ łyżeczki granulowanej cebuli
⅛ łyżeczki koperku
⅛ łyżeczki soli
Szczypta czarnego pieprzu

Wszystkie składniki połącz razem i podawaj na sałatce.

Ilość: 4 łyżki stołowe (60 ml)
Jedna łyżka stołowa to: 3 g tłuszczu, 0,5 g węglowodanów netto, 0 g białka, 29 kalorii.

DANIA ŚNIADANIOWE, OBIADOWE I NA KOLACJE

Śniadania są najtrudniejszą częścią każdej niskowęglowodanowej diety dla większości ludzi, ponieważ tradycyjnie śniadanie zazwyczaj składa się z pokarmów wysokowęglowodanowych, tzn. płatków śniadaniowych z zimnym bądź gorącym mlekiem, naleśników, gofrów, tostów, placków ziemniaczanych, muffinek, bajgli, pączków, placków na słono do tostowania, grzanek z dżemem, a do picia soku pomarańczowego, kakao (ang. cocoa), itp. Jedynym rodzajem niskowęglowodanowego śniadania są jajka, szynka i parówki. Jajka można jeść na wiele sposobów: smażone, sadzone, w koszulkach, na twardo lub na miękko, faszerowane czy też w postaci omletów bądź sufletów – i już jest ogromna różnorodność. Możliwości kombinacji kulinarnych znacznie rosną, jeśli dodamy do nich różne rodzaje mięs i warzyw. Niewątpliwą zaletą posiłków opartych na jajkach jest to, że pełen posiłek wraz z mięsem i warzywami ogólnie zawiera mniej niż 5 gramów węglowodanów. Tak niewielka ich ilość w tego rodzaju posiłkach pozwala zjeść więcej węglowodanów na obiady i kolacje. Poniżej znajdziesz kilka przepisów z jajkami.

Choć jajka są i smaczne, i pożywne, dobrze jeść urozmaicone śniadania. Nie bój się zatem eksperymentować z jedzeniem pokarmów powszechnie nie uważanych za dania śniadaniowe, tj. sałatek, zup, wołowiny, kurczaka, ryby i warzyw. Podane poniżej przepisy można wykorzystać jako posiłki na śniadania, obiady bądź kolacje.

Do większości z nich używa się oleju kokosowego, ale może też być masło, kawałki boczku, olej palmowy czerwony lub każdy inny olej do gotowania, wedle indywidualnych preferencji. Możesz też dodawać mieszanki różnych olejów. Olej kokosowy przeważa w tych przepisach, ponieważ to jeden z najlepszych sposobów włączenia go do jadłospisu.

Wcale nie musisz być doskonałym szefem kuchni, by przyrządzać pyszne, niskowęglowodanowe posiłki. Poza tzw. mixem sałat, najprostsze dania niskowęglowodanowe składają się z porcji mięsa (grillowanego, smażonego, pieczonego, jako „koszulki" np. do jajek) oraz jednego lub dwóch rodzajów warzyw. Warzywa mogą być usmażone w małej ilości tłuszczu, gotowane na parze, grillowane, zawinięte w „koszulki" lub surowe. Najprościej jest połączyć mięso z warzywami w garnuszku (rondelku), wolnowarze lub naczyniu do pieczenia, i przyrządzić razem. Dużą zaletą jest tu prostota gotowania, minimum sprzątania, a przede wszystkim skrawki mięsa, zwłaszcza w połączeniu z solą smakową lub innymi przyprawami, które nadają warzywom wspaniały smak. Poniżej znajdziesz kilka przepisów jednogarnkowych, dzięki którym przekonasz się, jak prosty i smaczny jest to sposób gotowania.

W większości przedstawionych poniżej przepisów możesz dodać więcej oleju, niż podano. Jeśli chcesz mieć pewność, że dostarczasz sobie dziennej dawki, policz ilość dodawanego oleju, by dokładnie wiedzieć, ile oleju kokosowego jest w konkretnym daniu. Kiedy przyrządzasz mięso w oleju kokosowym, olej wchłania smak skrawków mięsa. Wykorzystaj je jak sos i polej nimi mięso i warzywa. Najsmakowitsze skrawki mięsne powstają z tłustych kawałków mięsa i kurczaka ze skórą.

Prosty omlet

Omlety są łatwe w przygotowaniu, a z różnorodnymi składnikami można stworzyć ich dziesiątki wariantów. Omlety przyrządzane w tradycyjny, francuski sposób są troszkę skomplikowane. Poniższy przepis to uproszczona wersja, która smakuje równie dobrze i daje ogromną możliwość modyfikacji. Jest to przepis na omlet bez dodatków.

2 łyżki stołowe (30 ml) oleju kokosowego
4 jajka
¼ łyżeczki soli
⅛ łyżeczki czarnego pieprzu

Na średnim ogniu rozpuść olej kokosowy. Jajka ubij razem z solą i pieprzem. Wlej powstałą mieszaninę na gorącą patelnię i smaż, NIE mieszając, do czasu aż góra omletu zetnie się, czyli ok. 5 minut. Zdejmij omlet z patelni i podawaj gorący.

Ilość: 2 porcje
Jedna porcja to: 24 g tłuszczu, 1 g węglowodanów netto, 12 g białka, 268 kalorii.

Omlet serowy

Skorzystaj z powyższego przepisu na Prosty omlet, z tą różnicą, że po wlaniu mieszaniny jajek z solą i pieprzem na patelnię dodaj na jej wierzch ¾ szklanki (84 g) tarkowanego sera. Przykryj i smaż, NIE mieszając, aż się zetnie, a ser rozpuści.

Ilość: 2 porcje
Jedna porcja to: 37,5 g tłuszczu, 1 g węglowodanów netto, 30,5 g białka, 463 kalorie.

Omlet z kiełbasą, pomidorami i pieczarkami

Przepis ten to dobry przykład na omlet z mięsem i warzywami. Różne jego warianty znajdziesz poniżej.

2 łyżki stołowe (30 ml) oleju kokosowego
120 g kiełbasy
2 pieczarki pokrojone w plasterki
3 jajka
¼ łyżeczki soli
½ szklanki (90 g) pokrojonych pomidorów

Olej kokosowy rozgrzej na patelni. Włóż kiełbasę i pieczarki i smaż, aż kiełbasa zarumieni się. Roztrzep w misce jajka z solą. Wlej mieszaninę na gorącą patelnię, przykryj i smaż, NIE mieszając, do czasu aż góra omletu zetnie się, czyli ok. 5 minut. Dodaj pomidory, przykryj i duś jeszcze przez 1 minutę. Zdejmij omlet z patelni i podawaj gorący.

Ilość: 2 porcje
Jedna porcja to: 42,5 g tłuszczu, 3 g węglowodanów netto, 19 g białka, 466 kalorii.

Warianty: Dzięki mnogości różnorakich składników, tj. szynki, boczku, kurczaka, kiełbasy, mielonej wołowiny, mielonej jagnięciny lub baraniny, krewetek, krabów, cebuli, bakłażana, cukinii, czosnku, słodkiej lub ostrej papryki, pomidorów, awokado, szparagów, brokułów, kalafiora, szpinaku i pieczarek, możesz przygotować wiele różnych wersji omletów. Wszelkie rodzaje mięs i większość warzyw przygotowuje się w dowolny sposób przed dodaniem do roztrzepanych jajek. Pomidory, awokado oraz przyprawy takie jak kolendra siewna czy szczypiorek najlepiej dodawać na surowo, już po usmażeniu omletu. Kwaśna śmietana też może być smacznym dodatkiem. Ser można dodać na wierzch smażącego się omletu, by się rozpuścił. Możesz dodać jeden lub więcej z powyższych składników. Pamiętaj jednak, by zawsze notować ilość dodanych składników, byś mógł policzyć zawartość węglowodanów netto oraz zawartość tłuszczu.

Prosty suflet

Suflety są bardzo podobne do omletów. Podany tu suflet początkowo przyrządza się na kuchence elektrycznej lub gazowej, a na koniec wstawia się do piekarnika, nadając mu niepowtarzalny smak i konsystencję. Suflet zrobiony z jajek o temperaturze pokojowej nada mu puszystości. Ważne jest też, by przygotować go na patelni, którą można bez obaw wstawić do piekarnika.

4 oddzielone jajka
¼ łyżeczki soli
¼ łyżeczki czarnego pieprzu
3 łyżki stołowe (45 ml) oleju kokosowego

Piekarnik elektryczny nagrzej do temperatury 180°C, a w przypadku gazowego – ustaw kurek na 4. Widelcem lekko ubij żółtka z solą i pieprzem. W oddzielnej misce ubij białka na sztywną pianę. Delikatnie wmieszaj ¼ białek w mieszaninę żółtek. Nie mieszaj zbyt mocno ani długo. Rozgrzej olej na patelni nadającej się również do użytku w piekarniku. Wylej mieszaninę jajek na gorącą patelnię i smaż przez 1 minutę, po czym przestaw do piekarnika na 15 minut lub do chwili, gdy suflet będzie puszysty i delikatnie zarumieniony. Wyjmij z piekarnika. Drewnianą łopatką przedziel na pół i podawaj.

Tak jak w przypadku wszystkich przedstawionych w tym rozdziale przepisów, również i do tego możesz dodać więcej oleju, żeby zwiększyć zawartość tłuszczu. Możesz to też zrobić, dodając ser, kiełbasę lub inne tłuste składniki.

Ilość: 2 porcje
Jedna porcja to: 31 g tłuszczu, 0,75 g węglowodanów netto, 12 g białka, 329 kalorii.

Suflet serowy

W przepisie tym najpierw przygotowuje się sos serowy, który następnie miesza się z białkami jajek. I ponownie, przygotuj go na patelni, którą można bez obaw wstawić do piekarnika.

2 łyżki stołowe (30 ml) masła
½ szklanki (120 ml) tłustej śmietany
1¼ szklanki (150 g) ostrego startego sera cheddar
3 oddzielone jajka
¼ łyżeczki soli
⅛ łyżeczki czarnego pieprzu
1 łyżka stołowa (15 ml) oleju kokosowego

W rondelku na średnim ogniu rozpuść masło. Dodaj śmietanę i ser, i mieszaj do czasu, aż ser rozpuści się. Widelcem lekko ubij żółtka z solą i pieprzem. Wmieszaj około ¼ szklanki (60 ml) gorącego sosu serowego do żółtek i natychmiast po tym mieszaninę białek. Smaż na wolnym ogniu, ciągle mieszając przez 1-2 minuty. Zdejmij z ognia i pozwól ostygnąć do temperatury pokojowej. W międzyczasie nagrzej piekarnik elektryczny do temperatury 180°C, a gazowy na 4. stopień. W oddzielnej misce ubij białka na sztywną pianę. Delikatnie wmieszaj ¼ białek do sosu. Następnie przełóż do niego resztę białek. Nie mieszaj zbyt mocno ani długo, bo straci swą puszystość. Rozgrzej olej kokosowy na patelni nadającej się również do użytku w piekarniku. Wylej mieszaninę jajek na gorącą patelnię i smaż przez 1 minutę, po czym przestaw do piekarnika, nie przykrywając, na

18-20 minut lub do chwili, gdy suflet będzie puszysty i delikatnie zarumieniony. Wyjmij z piekarnika. Drewnianą łopatką przedziel na pół i podawaj.

Ilość: 2 porcje
Jedna porcja to: 74 g tłuszczu, 3 g węglowodanów netto, 18 g białka, 790 kalorii.

Warianty: Według powyższej receptury możesz też przygotować inny rodzaj sufletu serowego. Różnica polega na tym, że przed wystudzeniem sosu serowego należy wmieszać od ¼ do ½ (25-50 g) któregokolwiek z następujących składników: przygotowanej w dowolny sposób szynki lub kiełbasy, chrupiących kawałeczków boczku, mielonych wątróbek kurczęcych usmażonych w małej ilości tłuszczu, peklowanej szynki, mielonych pieczarek usmażonych w małej ilości tłuszczu, mielonej ryby lub owoców morza przygotowanych w dowolny sposób czy mielonych gotowanych warzyw (papryczek pimiento, szparagów, szpinaku, brokułów, kalafiora, kapusty, brukselki lub cebuli). Dostosuj zawartość węglowodanów, biorąc pod uwagę także dodatkowe składniki.

Naleśniki z kiełbasą

Jest to potrawa z jajek, z mąką kokosową, kiełbasą i serem. Mąka kokosowa zawiera niewiele węglowodanów, dzięki czemu doskonale nadaje się do tego typu wypieków.

170 g kiełbasy wieprzowej
4 jajka
¼ łyżeczki granulowanej cebuli
¼ łyżeczki soli
2 łyżki stołowe (16 g) mąki kokosowej
2 łyżeczki drobno posiekanej papryki jalapeno
56 g startego sera cheddar
3 łyżki stołowe (45 ml) oleju kokosowego

Kiełbasę zrumień na patelni, zdejmij z ognia i pozwól ostygnąć. W misce roztrzep jajka z granulowaną cebulą i solą. Dodaj mąkę kokosową i ubij na gładką masę. Wmieszaj papryczkę jalapeno, kiełbasę i ser. Na patelni rozpuść olej kokosowy. Łyżką nakładaj ciasto naleśnikowe na gorącą patelnię – powstanie tuzin naleśników o średnicy 6 cm. Smaż do czasu, aż spód naleśnika zarumieni się, przewróć i usmaż z drugiej strony (po 5 minut z każdej strony, w zależności od stopnia nagrzania patelni).

Ilość: 12 porcji
Jedna porcja to: 10 g tłuszczu, 0,5 g węglowodanów netto, 5 g białka, 112 kalorii.

Bezcukrowe muffinki jagodowe

Muffinki jagodowe na diecie niskowęglowodanowej, czy to możliwe? Tak, jeśli tylko zrobisz je z mąki kokosowej i niskowęglowodanowych składników. Poniżej dowiesz się jak. Jedna muffinka to tylko 2,2 g węglowodanów netto. Trzy takie babeczki dostarczają równowartość 3 łyżek stołowych tłuszczu. Nie spodziewaj się, że będą one bardzo słodkie, tak jak tradycyjne muffinki. Ich delikatna słodycz pochodzi z jagód i odrobiny stewii. Nie polecam innych substancji słodzących. Słodycz tych muffinek jest wystarczająca, by były dla ciebie smakołykiem, a jednocześnie nie obudziły w tobie żądzy słodkiego. Jest to przepis na 6 babeczek.

3 jajka
¼ szklanki (60 ml) tłustej śmietany
5 łyżek stołowych (70 g) roztopionego masła
¼ łyżeczki aromatu migdałowego
¼ łyżeczki soli
30 kropli płynnej stewii
¼ szklanki (32 g) mąki kokosowej
¼ łyżeczki proszku do pieczenia
⅓ szklanki (50 g) borówek amerykańskich

Piekarnik elektryczny nagrzej do temperatury 200°C, a gazowy na 6. stopień. Trzepaczką zmieszaj razem jajka, śmietanę, masło, aromat migdałowy, sól i stewię. Połącz mąkę kokosową z proszkiem do pieczenia i dokładnie wmiksuj w ciasto, by nie było grudek. Ciasto będzie trochę sztywne i, jeśli je odstawisz choć na chwilę, zesztywnieje jeszcze bardziej, więc od razu dodaj do niego jagody. Jagody powinny być suche. Jeśli opłukałeś je wodą, osusz je przed dodaniem do ciasta. Łyżką nakładaj ciasto do foremek. Piecz przez 18-20 minut, a następnie wyjmij z piekarnika i pozwól ostygnąć, zanim je zjesz.

Więcej przepisów z mąki kokosowej znajdziesz w mojej książce *Cooking with Coconut Flour: A Delicious Low-Carb, Gluten-Free Alternative to Wheat* [*Cud mąki kokosowej* wyd. Studio Astropsychologii 2013].

Ilość: 6 muffinek
Jedna babeczka to: 18,5 g tłuszczu, 2,5 g węglowodanów netto, 4,5 g protein, 194 kalorie.

Grillowana kiełbaska z kapustą

Tym pysznym, jednogarnkowym daniem możesz rozkoszować się na śniadanie lub kolację.

2 łyżki stołowe (30 ml) oleju kokosowego
1 grillowana kiełbaska
¼ szklanki (40 g) pokrojonej cebuli
¼ szklanki (40 g) pokrojonej papryki zwyczajnej
1½ szklanki (112 g) pokrojonej kapusty
Sól i czarny pieprz do smaku

Rozgrzej olej kokosowy na patelni. Włóż na niego grillowaną kiełbaskę, cebulę i paprykę. Smaż na wolnym ogniu, aż warzywa będą chrupiące i kruche, a kiełbaskę lekko zarumień. Dodaj kapustę, zamieszaj wszystko razem, przykryj i smaż do miękkości. Dodaj sól i czarny pieprz do smaku i podawaj. Warzywa posyp skrawkami mięsa.

Ilość: 1 porcja
Jedna porcja to: 48 g tłuszczu, 7,5 g węglowodanów netto, 11,5 g białka, 504 kalorie.

Kotlety schabowe z fasolką szparagową

2 łyżki stołowe (30 ml) oleju kokosowego lub masła
2 kotlety ze schabu
½ szklanki (80 g) pokrojonej cebuli
3 szklanki (300 g) fasolki szparagowej
4 pokrojone pieczarki
Sól i czarny pieprz do smaku

Metoda przyrządzania na patelni: Rozgrzej olej kokosowy na patelni. Włóż na niego kotlety i smaż do zarumienienia po jednej stronie. Przewróć je i dodaj cebulę i fasolkę szparagową. Przykryj i smaż, aż zarumienią się po drugiej stronie, a warzywa będą miękkie. Przemieszaj z pieczarkami i smaż do miękkości przez około 2 minuty. Zdejmij z ognia. Przypraw solą i pieprzem, i podawaj. Warzywa posyp skrawkami mięsa.

Metoda przyrządzania w piekarniku: Piekarnik elektryczny nagrzej do temperatury 180°C, a gazowy na 4. stopień. Kotlety, cebulę, fasolkę szparagową i pieczarki włóż do żaroodpornego naczynia, przykryj i piecz przez 60 minut. Wyjmij z piekarnika. Masło lub olej kokosowy oraz sól i pieprz dodaj tuż przed podaniem.

Ilość: 2 porcje
Jedna porcja to: 33 g tłuszczu, 12 g węglowodanów netto, 27,5 g białka, 455 kalorii.

Stek hamburgerowy z pieczarkami i cebulą

Mieloną wołowinę przyrządza się tak jak steki, z pieczarkami i cebulą. Można go przygotować zarówno na patelni jak i w piekarniku.

2 łyżki stołowe (30 ml) oleju kokosowego lub masła
230 g mielonej wołowiny

230 g pokrojonych pieczarek*
60 g sera
½ średniej wielkości cebuli, pokrojonej w piórka
Sól i czarny pieprz do smaku

Metoda przyrządzania na patelni: Olej rozgrzej na patelni. Mielone mięso wołowe podziel na dwie części i ułóż na rozgrzanej patelni. Dodaj cebulę. Smaż do zarumienienia z jednej strony, następnie odwróć na drugą. Dodaj pieczarki i smaż dalej, aż druga strona zarumieni się, a warzywa będą miękkie. Ser podziel na dwie równe porcje i połóż po porcji na każdą część mielonego mięsa. Smaż do chwili, aż ser zacznie się rozpuszczać. Przypraw solą i pieprzem. Mięso i warzywa posyp skrawkami mięsa.

Metoda przyrządzania w piekarniku: Piekarnik elektryczny nagrzej do temperatury 180°C, a gazowy na 4. stopień. Dwie części mielonego mięsa wołowego, pieczarki i cebulę włóż do żaroodpornego naczynia, przykryj i piecz przez 45-50 minut. Połóż ser na każdą część mielonego mięsa. Smaż do chwili, aż ser zacznie się rozpuszczać. Wyjmij z piekarnika. Masło lub olej kokosowy oraz sól i pieprz dodaj tuż przed podaniem.

Ilość: 2 porcje
Jedna porcja to: 54 g tłuszczu, 7 g węglowodanów netto, 39 g białka, 670 kalorii.

Kurczak z brokułami

¼ szklanki (60 ml) oleju kokosowego lub masła
230 g porcji z kurczaka (piersi, udek lub skrzydełek)
230 g różyczek brokułów
½ średniej wielkości cebuli, pokrojonej w piórka
Sól i czarny pieprz do smaku

Metoda przyrządzania na patelni: Na średnim ogniu rozgrzej olej na dużej patelni. Ułóż na niej kurczaka skórką do dołu, przykryj

*Poza pieczarkami możesz też dodać brokuły, kalafior, fasolkę szparagową lub inne warzywa wedle uznania.

i smaż przez 20-25 minut, następnie odwróć kurczaka na drugą stronę i smaż przez kolejne 15 minut. Dodaj brokuły i cebulę, i smaż jeszcze 10 minut, aż warzywa będą miękkie, a kurczak dobrze usmażony. Przypraw solą i pieprzem do smaku. Brokuły posyp skrawkami mięsa.

Metoda przyrządzania w piekarniku: Piekarnik elektryczny nagrzej do temperatury 180°C, a gazowy na 4. stopień. Kurczaka, brokuły i cebulę włóż do żaroodpornego naczynia, przykryj i piecz przez 60 minut. Masło lub olej kokosowy oraz sól i pieprz dodaj tuż przed podaniem.

Ilość: 2 porcje
Jedna porcja to: 33 g tłuszczu, 5 g węglowodanów netto, 39 g białka, 473 kalorie.

Kotlety jagnięce ze szparagami

3 łyżki stołowe (45 ml) oleju kokosowego lub masła
2 kotlety z jagnięciny lub baraniny*
450 g szparagów
Sól i czarny pieprz do smaku

Metoda przyrządzania na patelni: Na rozgrzany na patelni olej połóż kotlety, przykryj i smaż, aż zarumienią się z jednej strony. Przewróć kotlety na drugą stronę, dodaj szparagi i smaż do czasu, aż szparagi zmiękną, a kotlety dobrze się usmażą. Zdejmij z ognia i przypraw solą i pieprzem do smaku. Szparagi posyp skrawkami mięsa.

Metoda przyrządzania w piekarniku: Piekarnik elektryczny nagrzej do temperatury 180°C, a gazowy na 4. stopień. Kotlety i szparagi włóż do żaroodpornego naczynia, przykryj i piecz przez 60 minut. Masło lub olej kokosowy oraz sól i pieprz dodaj tuż przed podaniem.

Ilość: 2 porcje
Jedna porcja to: 41 g tłuszczu, 7,5 g węglowodanów netto, 32,5 g białka, 529 kalorii.

---

* Możesz też wybrać kotlety ze schabu lub wołowiny.

Podsmażany kurczak

¼ szklanki (60 ml) oleju kokosowego
225 g kurczaka, pokrojonego w porcje „na jeden kęs"
½ szklanki (80 g) pokrojonej cebuli
½ szklanki (80 g) przekrojonego na połówki groszku cukrowego
½ szklanki (80 g) pokrojonej kapusty chińskiej
½ szklanki (80 g) pokrojonej papryki zwykłej
4 pokrojone pieczarki
½ szklanki (80 g) pędów bambusa
1-3 łyżki stołowe (5-15 ml) octu ryżowego (niekoniecznie)
Sól do smaku

Olej rozgrzej na patelni. Smaż w małej ilości tłuszczu, aż warzywa będą miękkie, a kurczak dobrze usmażony. Wyłącz ogień. Przypraw octem ryżowym i solą do smaku.

Ilość: 2 porcje
Jedna porcja to: 33 g tłuszczu, 6 g węglowodanów netto, 37 g białka, 469 kalorii.

Filet z soli w mleku kokosowym

2 łyżki stołowe (30 ml) oleju kokosowego
½ średniej wielkości cebuli, pokrojonej w kostkę
½ szklanki (80 g) pokrojonej papryki zwykłej
2 szklanki (200 g) pokrojonego kalafiora
2 ząbki czosnku
2 filety z soli*
1 łyżeczka garam masala**
Sól i czarny pieprz do smaku

Na rozgrzany na patelni olej kokosowy włóż i usmaż do miękkości (w małej ilości tłuszczu) cebulę, paprykę, kalafiora i czosnek. Na-

* Możesz zastąpić solę dowolną rybą.
** Garam masala to mieszanka przypraw, powszechnie stosowana w kuchni indyjskiej, bardzo przypominająca suszone, zmielone curry. Można ją kupić na dziale przypraw w sklepie spożywczym. Jeśli akurat nie masz garam masala, możesz zastąpić ją suszonym, zmielonym curry.

stępnie zsuń te warzywa na jedną stronę patelni i na wolnej stronie połóż solę. Wymieszaj garam masala z mlekiem kokosowym i wlej na patelnię. Przykryj i duś przez około 8 minut. Przypraw jeszcze solą i pieprzem.

Ilość: 2 porcje
Jedna porcja to: 33 g tłuszczu, 9 g węglowodanów netto, 14 g białka, 349 kalorii.

Dodatek

TABELA SKŁADNIKÓW ODŻYWCZYCH ZAWARTYCH W PRODUKTACH

Poniższa tabela podaje ilość składników odżywczych (w gramach) wytwarzających energię – węglowodanów, tłuszczu i białka netto, a także wartość kaloryczną różnych podstawowych produktów spożywczych. Ilość węglowodanów netto to te węglowodany w pokarmach, które dostarczają kalorii i mają wpływ na poziom cukru we krwi. Wartość tę oblicza się poprzez odjęcie zawartości białka od całkowitej zawartości węglowodanów w każdym produkcie.

Informacje zawarte w tej tabeli zaczerpnięto głównie z baz danych wartości odżywczych pokarmów opublikowanych przez Amerykański Departament Rolnictwa (USDA). Szereg różnorodnych czynników może wpływać na ilość składników odżywczych w pożywieniu, w tym klimat i warunki wzrastania, metody przetwarzania, uwarunkowania genetyczne, sposób odżywiania zwierząt hodowlanych, rodzaj stosowanych nawozów na uprawy, pora roku, metody analizy, metody przechowywania i wreszcie metody przyrządzania posiłków. Wartości pochodzące z baz danych Amerykańskiego Departamentu Rolnictwa często przedstawione są w postaci pojedynczych wartości liczbowych, podczas gdy w rzeczywistości liczby te są średnią arytmetyczną wartości granicznych uzyskanych na podstawie analizowanych próbek. W rezultacie wartości odżywcze prezentowane w różnych wiarygodnych źródłach mogą się nieco różnić. Właśnie dlatego w rożnych źródłach możesz spotkać inne ilości wartości odżywczych dla tych samych produktów spożywczych.

Niektóre tabele zawartości składników odżywczych w pokarmach podają te wartości z dokładnością do 0,1 grama. Sprawia to wrażenie niezwykle precyzyjnego pomiaru, lecz w rzeczywistości daje fałszywe poczucie dokładności. Wszystkie te wartości są średnimi i w zależności od źródła mogą różnić się nawet o kilka gramów. A zatem tabele zawartości składników odżywczych w pokarmach prezentujące ilości z dokładnością do 0,1 grama mogą wprowadzić w błąd i uczynić obliczenie ich całkowitej spożytej ilości jeszcze bardziej uciążliwym, wcale nie będąc precyzyjniejszym.

Wszystkie wartości odżywcze zawarte w tej tabeli podano z dokładnością do 0,5 grama, tak jak podano w bazach danych Amerykańskiego Departamentu Rolnictwa. Wartości odżywcze wielu nieujętych w niej pokarmów, w tym gotowych do spożycia oraz popularnych dań wybieranych w restauracjach, można znaleźć na stronie internetowej: www.calorieking.com.

Produkt netto	**Ilość**	**Węglowodany (g)**	**Tłuszcz (g)**	**Białko (g)**	**Kalorie (kcal)**
		Warzywa			
Awokado (Hass)	1 sztuka/ 173 g*	3,5	28	4	282
Bakłażan, surowy	1 szklanka/ 82 g	2	0	1	12
Botwina, gotowana	1 szklanka/ 144 g	5	0	4	36
Brokuły, surowe, pokrojone	1 szklanka/ 88 g	2	0	3	20

* Wskazana ilość dotyczy standardowej porcji, bez skórki, pestki lub pestek, etc.

Produkt netto	Ilość	Węglowodany (g)	Tłuszcz (g)	Białko (g)	Kalorie (kcal)
Brukiew, pokrojona w kostkę, gotowana	1 szklanka/ 170 g	12	0	2	58
Brukselka, gotowana	1 szklanka/ 156	8	1	6	65
Burak liściowy					
gotowany	1 szklanka/ 175 g	3,5	0	3	26
surowy	1 szklanka/ 36 g	1,5	0	0,5	7
Buraki (pokrojone w plasterki), surowe	1 szklanka/ 170 g	8	0	1	36
Cebula					
surowa, pokrojona w plasterki	1 szklanka/ 115 g	8	0	1	36
surowa, pokrojona w kostkę	1 szklanka/ 160 g	11	0	2	52
surowa, cała, średniej wielkości	o średnicy 6,4 cm	10	0	1	46
Cykoria endywia	1 szklanka/ 50 g	0,5	0	1	6

Produkt netto	Ilość	Węglowodany (g)	Tłuszcz (g)	Białko (g)	Kalorie (kcal)
Czosnek, surowy	1 ząbek	1	0	0	4
Dynia z puszki	1 szklanka/ 245 g	15	0,5	2,5	75
Dynia, odmiany letnie					
cukinia, surowa, pokrojona w plasterki	1 szklanka/ 180 g	3	0	1	16
„haczykowata", surowa, w plasterki	1 szklanka/180 g	5	1	2	36
„spłaszczona" surowa, w plasterki	1 szklanka/ 113 g	3	0	1	18
Dynia, odmiany zimowe					
makaronowa, pieczona	1 szklanka/ 155 g	6	0	1	28
piżmowa	1 szklanka/ 245 g	19	0	2	84
„żeberkowana", pieczona i tłuczona	1 szklanka/ 240 g	20	1	6	113
żołędna, pieczona i tłuczona	1 szklanka/ 245 g	29	0	3	128

Produkt netto	Ilość	Węglowodany (g)	Tłuszcz (g)	Białko (g)	Kalorie (kcal)
Fasola, gotowana, odsączona					
„Piękny Jaś”	1 szklanka/ 172 g	26	1	15	173
ciecierzyca	1 szklanka/ 164 g	34	4	15	232
czarna	1 szklanka/ 172 g	26	1	15	173
czarno nakrapiana	1 szklanka/ 172 g	15	1	13	121
fasola zwyczajna	1 szklanka/ 170 g	27	1	14	173
fasola zwykła	1 szklanka/ 182 g	32	1	16	201
fasolka półksiężycowata	1 szklanka/ 172 g	24	1	14	161
fasolka szparagowa, świeża	1 szklanka/ 100 g	7	0	2	40
kiełki fasoli (mung)					
gotowane	1 szklanka/ 124 g	2	0	3	20
surowe	1 szklanka/ 104 g	3	0	3	24
pinto	1 szklanka/ 898 g	24	1	14	161
soczewica	1 szklanka/ 198 g	30	1	18	201

Produkt netto	Ilość	Węglowodany (g)	Tłuszcz (g)	Białko (g)	Kalorie (kcal)
soja	1 szklanka/ 172 g	12	15	29	298
Groszek					
jadalny, gotowany	1 szklanka/ 160 g	7	0,5	5,5	54
zielony, gotowany	1 szklanka/ 160 g	7	0	4	44
groch łuskany	1 szklanka/ 196 g	31	1	16	197
Jarmuż					
gotowany, odsączony	1 szklanka/ 190 g	4	0,5	4	36
surowy	1 szklanka/ 37 g	0,5	0	1	6
Kalafior					
gotowany	1 szklanka/ 124 g	1,5	0,5	2	19
surowy, pokrojony	1 szklanka/ 110	2,5	0	2	18
Kalarepa					
gotowana, pokrojona w plasterki	1 szklanka/ 140 g	7	0	2	36
surowa, pokrojona w plasterki	1 szklanka/ 165 g	9	0	3	48
Kalarepa, surowa	1 szklanka/ 55 g	1,5	0	0,5	12

Produkt netto	Ilość	Węglowodany (g)	Tłuszcz (g)	Białko (g)	Kalorie (kcal)
Kapusta chińska					
gotowana	1 szklanka/ 170 g	1	0	2,5	14
surowa	1 szklanka/ 170 g	1	0	1	8
Kapusta czerwona, szatkowana					
gotowana	1 szklanka/ 150 g	3	0	1	16
surowa	1 szklanka/ 70 g	2	0	1	12
Kapusta kiszona z puszki z sokiem	1 szklanka/ 236 g	6	0	2	32
Kapusta sitowata					
surowa	1 szklanka/ 60 g	1	0	1,5	10
gotowana	1 szklanka/ 140 g	0,5	0	3	14
Kapusta włoska, pokrojona, gotowana	1 szklanka/ 130 g	3	1	3	33
Kapusta zielona, szatkowana					
gotowana	1 szklanka/ 150 g	3	0,5	1	20
surowa	1 szklanka/ 70 g	2	0	0,5	10

Produkt netto	Ilość	Węglowodany (g)	Tłuszcz (g)	Białko (g)	Kalorie (kcal)
Karczoch	1 szt. średni/ 120 g*	6,5	5,5	0,5	86
Kiełki – patrz kiełki lucerny					
Kiełki bambusa z puszki	1 szklanka/ 131 g	2,5	0,5	2	23
Kiełki lucerny	1 szklanka/ 33 g	0,5	1	0	11
Kłębian kątowy	1 szklanka/ 130 g	5	0	1	24
Marchew					
gotowana, pokrojona w kostkę	1 szklanka/ 156 g	10	0	1,5	46
sok	1 szklanka/ 246 g	18	1	2	89
surowa, cała	1 średnia/ 72 g	5	0	0,5	22
surowa, tarkowana	1 szklanka/ 110	8	0	2	40
Ogórek, pokrojony w plasterki					
surowy, ze skórką	1 szklanka/ 119 g	3	0	0	14
Okra surowa, pokrojona w plasterki	1 szklanka/ 184 g	12	0	4	64

* Wskazana ilość dotyczy standardowej porcji, bez skórki, pestki lub pestek, etc.

Produkt netto	Ilość	Węglowodany (g)	Tłuszcz (g)	Białko (g)	Kalorie (kcal)
Orzechy wodne, pokrojone w plasterki	½ szklanki/ 70 g	7	0	0,5	30
Papryka					
czerwona, ostra chili, surowa	½ szklanki/ 68 g	3	0	1	17
jalapeno z puszki	½ szklanki/ 68 g	1	0	1	8
słodka zwyczajna, surowa	1 szklanka/ 50 g	2	0	1	10
słodka zwyczajna, surowa	1 sztuka średniej wielkości	4	0	1	20
Pasternak zwyczajny					
surowy, pokrojony w kostkę	1 szklanka/110 g	17,5	0,5	1,5	80
Pieczarki					
gotowane	1 szklanka/ 156 g	4	0,5	3,5	34
surowe, pokrojone	1 szklanka/ 70 g	2,5	0	2,5	20
surowe	3 sztuki	1	0	1	9

Produkt netto	Ilość	Węglowodany (g)	Tłuszcz (g)	Białko (g)	Kalorie (kcal)
Pietruszka					
surowa, pokrojona w kostkę	1 łyżka stołowa/ 4 g	0	0	0	1
surowa, pokrojona w kostkę	1 szklanka/ 110 g	17,5	0,5	1,5	80
Pochrzyn, pieczony	1 szklanka/ 150 g	36	0	2	152
Pomidory					
gotowane/ duszone	1 szklanka/ 240 g	10	1	3	61
koktajlowe	2 szt. śred. wielkości/ 34 g	1	0	0	6
przecier	½ szklanki/ 131 g	19	1	5	105
sok	1 szklanka/ 244 g	8	0	2	42
sos	½ szklanki/ 122 g	7	0	3	40
surowe, pokrojone	1 szklanka/ 180 g	5	0	2	28
surowe, pokrojone w plasterki	o grubości 0,6 cm	1	0	0	4
surowy, cały	1 szt. śred. wielkości/ 123 g	4	0	1	22

Produkt netto	Ilość	Węglowodany (g)	Tłuszcz (g)	Białko (g)	Kalorie (kcal)
surowy	1 sztuka, duży/181 g	5	0	2	28
włoskie	1 sztuka śred. wielk./62 g	2	0	1	11
Por, surowy	1 szklanka/ 104 g	13	0	2	60
Rabarbar, surowy pokrojony w kostkę	1 szklanka/ 122 g	3,5	0	1	18
Rokietta siewna	1 szklanka/ 20 g	0,5	0	0,5	0,5
Rukiew wodna, surowa, pokrojona	½ szklanki/ 17 g	0	0	0	2
Rzepa, surowa	1 sztuka	6	0	1	28
Rzodkiew japońska, surowa	10 cm długości	6	0	2	33
Rzodkiewka, surowa	10 sztuk/ 45 g	1	0	0	7
Sałata					
lodowa	1 główka/ 135 g	1	0	1	8
lodowa, w kawałkach	1 szklanka/ 56 g	0,5	0	0,5	4

Produkt netto	Ilość	Węglowodany (g)	Tłuszcz (g)	Białko (g)	Kalorie (kcal)
masłowa	2 listki/15 g	0	0	0	1
rzymska, pokrojona	1 szklanka/ 56 g	0,5	0	0,5	4
w liściach luzem, pokrojona	1 szklanka/ 56 g	0,5	0	0,5	4
Seler					
surowy, cały	20 cm długo-ści/40 g	1	0	0	6
surowy, pokrojony w kostkę	1 szklanka/ 120 g	2	0	0,5	10
Słonecznik bulwiasty, surowy	1 szklanka/ 150 g	24	0	3	104
Szalotki, surowe, mielone	1 łyżka stołowa/ 10 g	1	0	0	7
Szczypiorek, posiekany	1 łyżka stoło-wa/6 g	0	0	0	1
Szparagi, surowe	8 sztuk/ 1 szklanka/ 60 g	2	0	2	15
Szpinak					
gotowany, odsączony	1 szklanka/ 180 g	3	0	5	32
surowy, pokrojony	1 szklanka/ 56 g	1	0	2	13

Produkt netto	**Ilość**	**Węglowodany (g)**	**Tłuszcz (g)**	**Białko (g)**	**Kalorie (kcal)**
Taro					
korzeń, gotowany, pokrojony w plasterki	1 szklanka/ 104 g	24	0	2	104
liście, surowe, posiekane	1 szklanka/ 28 g	1	0	1	9
Tofu	½ szklanki/ 126 g	1	5	10	88
Wodorosty morskie, surowe	28 g	2	0	1	12
Zielona cebulka					
surowa, posiekana	½ szklanki/ 50 g	3	0	1	16
surowa, cała	o długości 10 cm	1	0	0	5
Ziemniaki					
pieczone ze skórką	1 sztuka średniej wielkości/ 202 g	46	0	5	204
pieczone bez skórki	1 sztuka średniej wielkości/ 156 g	32	0	3	140
tłuczone, z mlekiem	1 szklanka/ 210 g	34	1	4	162

Produkt netto	Ilość	Węglowodany (g)	Tłuszcz (g)	Białko (g)	Kalorie (kcal)
słodkie, pieczone	1 szt. śred. wielkości/ 114g	25	0	2,5	110
placki ziemniaczane					
smażone na oleju	1 szklanka/ 156 g	41	18	5	344

Owoce					
Agrest, świeży	1 szklanka/ 150 g	9	1	1	49
Ananas					
rozdrobniony/pokrojony w kostkę,					
w opak., w „mocnym” syropie	1 szklanka/ 255 g	50	0	1	204
rozdrobniony/pokrojony w kostkę					
w postaci soku z kartonu	1 szklanka/ 250 g	37	0	1	152
świeży, pokrojony w kostkę	1 szklanka/ 155 g	17	1	1	81
Arbuz					
pokrojony w kuleczki	1 szklanka/ 160 g	11	0	1	47
pokrojony w plasterki	o grubości 2,5 cm	33	0,5	3	149

Produkt netto	Ilość	Węglowodany (g)	Tłuszcz (g)	Białko (g)	Kalorie (kcal)
Banany	1 sztuka/ 114 g	25	0,5	1	109
Banany do gotowania, smażone, w plasterki	1 szklanka/ 154 g*	41	0	1	168
Banany do gotowania, smażone, w plasterki	1 szklanka/ 154 g*	41	0	1	168
Bez dziki, świeży	1 szklanka/ 145 g	16,5	0,5	1	75
Borówki amerykańskie, świeże	1 szklanka/ 145 g	17	1	1	83
Brzoskwinie					
świeże, całe	1 sztuka/ 87 g*	8	0	1	37
świeże, pokrojone w plasterki	1 szklanka/ 153 g*	14	0,5	1,5	66
z puszki, „mocny" syrop	1 szklanka/ 256 g	48	0	1	196
z puszki, w postaci soku z kartonu	1 szklanka/ 248 g	26	0	2	112

* Wskazana ilość dotyczy standardowej porcji, bez skórki, pestki lub pestek, etc.

Produkt netto	Ilość	Węglowodany (g)	Tłuszcz (g)	Białko (g)	Kalorie (kcal)
Cytryna	1 sztuka	4	0	0,5	18
Czereśnie, surowe	10 sztuk/ 68 g	9,5	0	0,5	40
Daktyle, świeże					
całe, bez pestek	10 sztuk/ 83 g	54	0	2	228
pokrojone	1 szklanka/ 178 g	116	1	4	489
Figi	10 sztuk/ 187 g	101	2	6	446
Grejpfrut, świeży					
amery- kański (o śliskiej skórce)	10 sztuk/ 50 g	4	0	0	18
bezpest- kowy (Thomp- son)	10 sztuk/ 50 g	8	0	0	35
sok z mro- żonego koncen- tratu	1 szklanka/ 236 ml	31	0	0	126
sok z puszki	1 szklanka/ 236 ml	37	0	0	150
Gruszki					
świeże	1 sztuka/ 166 g*	20	0,5	1	89

* Wskazana ilość dotyczy standardowej porcji, bez skórki, pestki lub pestek, etc.

Produkt netto	Ilość	Węglowodany (g)	Tłuszcz (g)	Białko (g)	Kalorie (kcal)
z puszki, „mocny" syrop	1 szklanka/ 255 g	45	0	1	184
z puszki, w postaci soku z kartonu	1 szklanka/ 248 g	28	0	1	116
Jabłka					
sok, niesłodzony	1 szklanka/ 244 g	24	0	0	98
sok	1 szklanka/ 248 g	29	0	0	116
świeże	1 sztuka/ 138 g*	18	0	0,5	76
Malinojeżyny, mrożone	1 szklanka/ 132 g	9	0	1	40
Jeżyny, świeże	1 szklanka/ 144 g	8	1	1	45
Kantalupa	½ sztuki/ 267 g	19	1	2	94
Kiwi, świeże	1 sztuka/ 76 g*	8	0,5	1	38
Limonka	1 sztuka	3	0	0	12
„Loganberries" (skrzyżowanie jeżyny z maliną), mrożone	1 szklanka/ 147 g	11	0,5	2	57

* Wskazana ilość dotyczy standardowej porcji, bez skórki, pestki lub pestek, etc.

Produkt netto	Ilość	Węglowodany (g)	Tłuszcz (g)	Białko (g)	Kalorie (kcal)
Maliny, świeże	1 szklanka/ 123 g	6	0,5	1	33
Mango, świeże	1 sztuka/ 207 g*	28	1	1	125
Melon „rosa miodowa"	1 szklanka/ 170 g*	14	0	1	60
Morele					
świeże	1 sztuka	3	0	0,5	16
z puszki, w syropie	1 szklanka/ 258 g	51	0	1,5	213
Morwy, świeże	1 szklanka/ 138	11	0,5	2	57
Nektarynki, świeże	1 szklanka/ 136 g*	13	0,5	1,5	63
Oliwki					
czarne	10 sztuk	2	4	0	44
zielone	10 sztuk	1	5	0	49
Papaja, świeża, pokrojona w plasterki	1 szklanka/ 140 g*	12	0	1	52
Pomarańcze, świeże	1 sztuka/ 248 g*	12	0	1	52
sok, świeżo wyciśnięty	1 szklanka/ 236 ml	25	0,5	1,5	110
sok z mrożonego koncentratu	1 szklanka/ 236 ml	27	0	12	115

* Wskazana ilość dotyczy standardowej porcji, bez skórki, pestki lub pestek, etc.

Produkt netto	**Ilość**	**Węglowodany (g)**	**Tłuszcz (g)**	**Białko (g)**	**Kalorie (kcal)**
Rodzynki	1 szklanka/ 145 g	106	1	5	431
Sok mandarynkowy					
w kartonie	1 szklanka/ 250 g	22	0	1,5	94
w kartonie, „lekki" syrop	1 szklanka/ 250 g	39	0	1	160
Sok z cytryny	1 łyżka stołowa/ 15 ml	1	0	0	4
Sok z limonki	1 łyżka stołowa/ 15 ml	1	0	0	4
Śliwki suszone	10 sztuk/ 84 g	45	0	2	188
Śliwki, świeże	1 sztuka/ 66 g*	7,5	0	0,5	34
Truskawki					
świeże, całe	1 sztuka	1	0	0	3
świeże, połówki	1 szklanka/ 153 g	8	0	1	36
świeże, pokrojone w plasterki	1 szklanka/ 167 g	9	0	1	41
Mandarynki, świeże	1 sztuka/ 84 g*	7,5	0	0,5	32
Żurawina					

* Wskazana ilość dotyczy standardowej porcji, bez skórki, pestki lub pestek, etc.

Produkt netto	Ilość	Węglowodany (g)	Tłuszcz (g)	Białko (g)	Kalorie (kcal)
sos z całych owoców					
z puszki	1 szklanka/ 277 g	102	0	1	410
świeża	1 szklanka/ 95 g	7	0	0	44

Orzechy i pestki					
Makadamia					
całe	28 g	1,5	22	2	212
całe lub połówki	1 szklanka/ 134 g	7	102	10,5	988
Migdały					
całe	28 g	3	15	6	171
masło migdałowe	1 łyżka stołowa/16 g	2	9	2	97
w płatkach lub słupkach	1 szklanka/ 95 g	9	47	20	539
Orzech kokosowy					
suszony, niesłodzony	1 szklanka/ 78 g	7	50	5	498
suszony, słodzony	1 szklanka/ 93 g	35	33	3	449
świeży	5 × 5 cm	2	15	2	153
świeży w postaci wiórków	1 szklanka/ 80 g	3	27	3	267

* Wskazana ilość dotyczy standardowej porcji, bez skórki, pestki lub pestek, etc.

Produkt netto	Ilość	Węglowodany (g)	Tłuszcz (g)	Białko (g)	Kalorie (kcal)
Orzechy brazylijskie	28 g	1,5	19	4	193
Orzechy laskowe					
całe	28 g	2	18	4	186
całe	1 szklanka/ 118 g	11	72	15	752
Orzechy nerkowca					
całe	28 g	6	14	5	170
masło z orzechów nerkowca	1 łyżka stołowa/ 16 g	3	8	3	94
połówki i całe	1 szklanka/ 137 g	37	63	21	799
Orzechy włoskie					
czarne	28 g	1	16	7	176
czarne, siekane	1 szklanka/ 125 g	4	71	30	775
odmiana angielska	28 g	3	18	4	190
odmiana angielska, siekane	1 szklanka/ 120 g	8	74	17	766
Orzeszki piniowe					
całe	28 g	3	17	3	177
Orzeszki sojowe, prażone na oleju	28 g	5	5	9	101

Produkt netto	Ilość	Węglowodany (g)	Tłuszcz (g)	Białko (g)	Kalorie (kcal)
Orzeszki ziemne					
masło orzechowe	1 łyżka stołowa/16 g	2	8	4	94
prażone na oleju	1 szklanka/ 144 g	14	71	38	846
prażone na oleju	28 g	3	14	7	164
Orzesznik jadalny (pecan)					
połówki, surowe	1 szklanka/ 108 g	5	73	8	709
połówki, surowe	28 g	3	19	2	191
Pestki dyni					
całe	28 g	3	12	9	154
całe	1 szklanka/ 227 g	11	50	39	650
Pestki słonecznika					
całe, łuskane	1 łyżka stołowa/8,5 g	1	4	2	47
Pistacje					
całe, prażone na oleju	28 g	6	14	6	174
całe, prażone na oleju	1 szklanka/ 128 g	21	68	19	772

Produkt netto	**Ilość**	**Węglowodany (g)**	**Tłuszcz (g)**	**Białko (g)**	**Kalorie (kcal)**
Ziarna sezamu					
całe	1 łyżka stołowa/9,5 g	1	4,5	1,5	51
masło sezamowe (tahini)	1 łyżka stołowa/15 g	2	8	3	92

Zboża, kasze i mąki					
Amarantus pełnoziarnisty	1 szklanka/192 g	100	13	28	629
Kasza gryczana					
mąka	1 szklanka/98 g	73	4	15	388
pełnoziarnista	1 szklanka/175 g	112	4	23	576
Kasza jaglana					
gotowana	1 szklanka/240 g	54	2	8	266
niegotowana	1 szklanka/200 g	129	7	22	667
Kasza jęczmienna					
mąka	1 szklanka/124 g	95	2	15	458
perłowa, gotowana	1 szklanka/157 g	40	1	4	183

Produkt netto	Ilość	Węglowodany (g)	Tłuszcz (g)	Białko (g)	Kalorie (kcal)
perłowa, niegotowana	1 szklanka/ 200 g	127	2	16	590
Kasza z ziarna pszennego					
mąka	1 szklanka/ 140 g	75	2	17	386
pełnoziarnista, gotowana	1 szklanka/ 182 g	23	0	6	116
Komosa ryżowa					
gotowana	1 szklanka/ 184 g	34	4	8	204
niegotowana	1 szklanka/ 170 g	98	10	24	578
Kukurydza					
całe ziarna	1 szklanka/ 210 g	38	1	5	181
kasza kukurydziana, gotowana na wodzie	1 szklanka/ 240 g	30	1	3	140
kasza kukurydziana, niegotowana	1 szklanka/ 156 g	122	2	14	562
kolba duża	22 cm długości	23	2	5	90

Produkt netto	Ilość	Węglowodany (g)	Tłuszcz (g)	Białko (g)	Kalorie (kcal)
kolba mała	15 cm długości	12	1	3	69
kolba średnia	18 cm długości	15	1	3	81
kasza kukurydziana z puszki	1 szklanka/ 260 g	20	2	2	106
mąka kukurydziana	1 szklanka/ 122 g	81	4	10	400
popcorn	1 szklanka/ 8,5 g	5	0	1	24
skrobia kukurydziana	1 łyżka stołowa/8,5 g	7	0	0	28
Mąka arrarutowa	1 łyżka stołowa/8,5 g	7	0	0	27
Maka kokosowa	1 szklanka/ 114 g	24	16	24	336
Mąka sojowa	1 szklanka/ 88 g	24	6	41	314
Mąka z kaszy manny (wzbogacona)	1 szklanka/ 167 g	115	2	21	562
Mąka żytnia	1 szklanka/ 102 g	64	2	10	314
Owies					

Produkt netto	Ilość	Węglowodany (g)	Tłuszcz (g)	Białko (g)	Kalorie (kcal)
owsianka	1 szklanka/ 234 g	21	2	6	126
otręby owsiane, surowe	¼ szklanki/ 25 g	13	2	4	86
płatki owsiane, surowe	1 szklanka/ 100 g	46	5	11	269
Pszenica					
mąka biała	1 szklanka/ 128 g	92	1	13	429
mąka biała	1 łyżka stołowa/ 8 g	6	0	1	28
mąka razowa	1 szklanka/ 120 g	72	2	16	370
mąka razowa	1 łyżka stołowa/ 7,5 g	5	0	1	24
otręby pszenne	½ szklanki/ 30 g	11	1	5	73
Ryż					
biały, gotowany	1 szklanka/ 205 g	56	1	6	257
brązowy, gotowany	1 szklanka/ 195 g	42	2	5	206
Tapioka					
mąka	1 łyżka stołowa/8 g	7	0	0	26

Produkt netto	Ilość	Węglowodany (g)	Tłuszcz (g)	Białko (g)	Kalorie (kcal)
perłowa	1 szklanka/ 152 g	133	0	3	544

Chleb i inne pieczywo					
Bajgle					
razowe	1 sztuka/ 128 g	64	3	14	339
z białej mąki (wzbogacone)	1 sztuka/ 105 g	57	2	12	294
Chleb					
biały	1 kromka	12	1	2	65
bułka do hot doga	1 sztuka	20	2	4	114
bułka do hamburger	1 sztuka	20	2	4	114
kajzerka	1 sztuka	29	2	6	158
pełnopszeniczny	1 kromka	11	1	4	69
z rodzynkami	1 kromka	13	1	2	69
żytni	1 kromka	13	1	3	173
Krakersy					
pszeniczne	1 sztuka	1	0	0	5
serowe	1 sztuka	1	0	0	5

Produkt netto	Ilość	Węglowodany (g)	Tłuszcz (g)	Białko (g)	Kalorie (kcal)
słone	1 sztuka	2	0	0	9
Muffinki (angielskie)	1 sztuka	24	1	4	121
Naleśniki	1 sztuka (o średnicy 10 cm)	13	5	3	108
Pita					
biała	1 sztuka	32	1	5	157
razowa	1 sztuka	31	2	6	166
Tortilla					
kukurydziana	1 sztuka (o średnicy 15 cm)	11	1	2	61
z mąki białej	1 sztuka (o średnicy 20 cm)	22	4	4	140
z mąki białej	1 sztuka (o średnicy 27 cm)	34	5	6	205
Wontony	1 sztuka (o średnicy 9 cm)	5	0	1	23

Makarony					
Makaron gotowany					
biały (wzbogacony)	1 szklanka/ 140 g	38	1	8	103

Produkt netto	Ilość	Węglowodany (g)	Tłuszcz (g)	Białko (g)	Kalorie (kcal)
kukurydziany	1 szklanka/ 140 g	32	1	4	153
razowy	1 szklanka/ 140 g	35	1	8	181
Makaron – kluski					
makaron sojowy (z fasoli mung)	1 szklanka/ 190 g	39	0	1	160
jajeczny	1 szklanka/ 160 g	36	2	8	194
ryżowy	1 szklanka/ 175 g	42	0	2	176
soba	1 szklanka/ 113 g	19	0	6	100
Spaghetti gotowane					
białe (wzbogacone)	1 szklanka/ 140 g	38	1	7	189
kukurydziane	1 szklanka/ 140 g	32	1	4	153
razowe	1 szklanka/ 140 g	32	1	7	165

Nabiał					
Jogurt					
naturalny beztłuszczowy	1 szklanka/ 227 g	19	0,5	14	136

Produkt netto	Ilość	Węglowodany (g)	Tłuszcz (g)	Białko (g)	Kalorie (kcal)
naturalny nisko-tłuszczowy	1 szklanka/ 227 g	16	3	12	139
naturalny pełnotłusty	1 szklanka/ 227 g	12	8,5	9	160
waniliowy nisko-tłuszczowy	1 szklanka/ 227 g	31	3	11	195
z owocami nisko-tłuszczowy	1 szklanka/ 227 g	43	2,5	10	234
Kefir	1 szklanka/ 236 ml	9	5	9	117
Kozie mleko	1 szklanka/ 236 ml	11	10	9	170
Masło	1 łyżka stołowa/ 14 g	0	12	0,5	110
Maślanka	1 szklanka/ 236 ml	12	8	8	152
Mleko kokosowe z puszki	1 szklanka/ 236 ml	7	50	5	498
Mleko krowie					
chude, bez tłuszczu	1 szklanka/ 236 ml	12	0,5	8,5	86
1%	1 szklanka/ 236 ml	12	2,5	8,5	104
2%	1 szklanka/ 236 ml	11,5	4,5	8	119

Produkt netto	Ilość	Węglowodany (g)	Tłuszcz (g)	Białko (g)	Kalorie (kcal)
pełnotłuste – 3,3%	1 szklanka/ 236 ml	11	8	8	148
Kefir	1 szklanka/ 236 ml	9	5	9	117
Mleko migdałowe	1 szklanka/ 236 ml	7	3	1	59
Mleko ryżowe					
o smaku natural-nym	1 szklanka/ 236 ml	23	3	1	123
o smaku wanilio-wym	1 szklanka/ 236 ml	26	3	1	135
Mleko sojowe	1 szklanka/ 236 ml	7	4	6	88
Napój z mleka kokosowego (z kartonu)	1 szklanka/ 236 ml	7	5	1	77
Sery miękkie					
Brie	28 g	1	8	6	100
Camem-bert	28 g	0	7	6	87
feta wkostkach	28 g	1	6	4	75
kremowy naturalny	1 łyżka stoło-wa/14 g	0,5	5	1	51
kremowy nisko-tłuszczowy	1 łyżka stoło-wa/14 g	1	3	1,5	37

Produkt netto	Ilość	Węglowodany (g)	Tłuszcz (g)	Białko (g)	Kalorie (kcal)
ricotta z mleka częściowo odtłuszczonego	28 g	1,5	2	3	36
ricotta z mleka częściowo odtłuszczonego	1 szklanka/ 246 ml	12,5	19	27,5	331
ricotta z pełnotłustego mleka	28 g	1	3,5	3	44
ricotta z pełnotłustego mleka	1 szklanka/ 246 g	7,5	31,5	27,5	424
wiejski (twarożek) bez tłuszczu	1 szklanka/ 226 g	9,5	0,5	15	102
wiejski o zawartości 2% tłuszczu	1 szklanka/ 226 g	8	4	31	192
Sery twarde					
amerykański w plasterkach	28 g	0,5	9	6	107

Produkt netto	**Ilość**	**Węglowodany (g)**	**Tłuszcz (g)**	**Białko (g)**	**Kalorie (kcal)**
cheddar w plasterkach	28 g	0,5	9	7	111
cheddar tarkowany	1 szklanka/ 113 g	1,5	37	28	451
Colby w plasterkach	28 g	0,5	9	7	111
Colby tarkowany	1 szklanka/ 113 g	3	36	27	444
edamski w plasterkach	28 g	0,5	8	7	101
edamski tarkowany	1 szklanka/ 113 g	1,5	29	26	371
Gruyere w plasterkach	28 g	0	9	8	113
Gruyere tarkowany	1 szklanka/ 113 g	0,5	35	32	445
Monterey w plasterkach	28 g	0	9	7	108
Monterey tarkowany	1 szklanka/ 113 g	1	34	28	421
mozzarella w plasterkach	28 g	0,5	6	6	80
mozzarella tarkowana	1 szklanka/ 113 g	2,5	25	25	335

Produkt netto	**Ilość**	**Węglowodany (g)**	**Tłuszcz (g)**	**Białko (g)**	**Kalorie (kcal)**
Muenster w plasterkach	28 g	0	8	7	100
Muenster tarkowany	1 szklanka/ 113 g	1	33	26	405
Parmezan w plasterkach	28 g	1	7	10	107
Parmezan tarkowany	1 łyżka stołowa/5 g	0	2	2	25
szwajcarski w plasterkach	28 g	1,5	8	8	110
szwajcarski tarkowany	1 szklanka/ 113 g	6	30	29	305
Śmietana					
gęsta	1 szklanka/ 236 ml	6,5	89	5	847
kwaśna	1 łyżka stołowa/28 g	0,5	2,5	0,5	26
„pół na pół”	1 szklanka/ 236 ml	10,5	28	7	322

Mięso i jajka					
Drób					
indyk, białe mięso	85 g	0	3	25	127

Produkt netto	Ilość	Węglowodany (g)	Tłuszcz (g)	Białko (g)	Kalorie (kcal)
indyk, mięso mielone	85 g	0	12	21	192
indyk, podroby	85 g	0	6	24	150
kaczka	½ kaczki/ 221 g	0	108	73	1264
kurczak, białe mięso	1 szklanka/ 140 g	0	6	43	226
kurczak, białe mięso	85 g	0	4	26	140
podroby kurczęce	1 szklanka/ 140 g	0	14	38	278
podroby kurczęce	85 g	0	8	23	164
Jajka	1 duże	0,5	5	6	71
białko	1 duże				0
żółtko	1 duże	0,5	5	3	59
Kiełbasy					
frankfurterka wołowa/ wieprzowa	1 sztuka/ 57 g	1	17	6	181
frankfurterka drobiowa	1 sztuka/ 45 g	3	9	6	117

Produkt netto	Ilość	Węglowodany (g)	Tłuszcz (g)	Białko (g)	Kalorie (kcal)
frank-furterka z indyka	1 sztuka/ 45 g	1	8	6	100
kiełbaska grillowana	1 sztuka/ 70 g	2	20	10	228
kiełbasa zwyczajna	1 sztuka/ 26 g	1	7	3	79
kiełbasa „polska"	1 sztuka/ 28 g	1	8	4	88
kiełbasa w jelicie wieprzo-wym (duża)	1 sztuka/ 68 g	1	29	9	229
kiełbasa w jelicie wieprzo-wym (mała)	1 sztuka/ 13 g	0	4	3	48
salami wołowe/ wieprzowe	2 plasterki/ 57 g	1	11	8	135
Kotlet jagnięcy/ barani	85 g	0	20	25	280
Owoce morza					
homar gotowany	1 szklanka/ 145 g	2	1	30	137
krab gotowany	1 szklanka/ 135 g	0	2	27	126

Produkt netto	**Ilość**	**Węglowodany (g)**	**Tłuszcz (g)**	**Białko (g)**	**Kalorie (kcal)**
krewetki gotowane	85 g	0	1	18	81
małże gotowane	28 g	2	1	7	45
małże z puszki	85 g	4	2	22	122
ostrygi na surowo	1 szklanka/ 248 g	10	6	18	166
przegrzebki	85 g	1	1	20	93
Ryby					
dorsz	85 g	0	1	19	87
flądra	85 g	0	1	21	93
łosoś	85 g	0	5	17	113
łupacz	85 g	0	1	19	87
pstrąg	85 g	0	4	20	124
rdzawiec	85 g	0	1	20	89
sardynki z puszki, odsączone	85 g	0	11	21	183
tuńczyk z puszki w zalewie	85 g	0	1	25	109
Sarnina	85 g	0	3	26	131
Wieprzowina					
boczek chudy („kanadyjski”)	2 plasterki	1	4	11	84

Produkt netto	Ilość	Węglowodany (g)	Tłuszcz (g)	Białko (g)	Kalorie (kcal)
boczek surowy (niewędzony)	85 g	0	13	10	157
boczek wędzony	3 plasterki	0,5	13	10	159
kotlety schabowe	85 g	0	19	24	267
szynka	85 g	1	14	18	202
Wołowina	85 g	0	18	21	246
Pozostałe					
Chrzan (gotowy)	1 łyżka stołowa/15 g	0,5	0	0	5
Cukier					
biały granulowany	1 łyżka stołowa/11 g	12	0	0	48
brązowy	1 łyżka stołowa/8 g	9	0	0	35
puder	1 łyżka stołowa/8 g	8	0	0	32
Ketchup					
o niskiej zawartości węglowodanów	1 łyżka stołowa/15 g	1	0	0	5
„zwykły"	1 łyżka stołowa/15 g	4	0	0	15

Produkt netto	Ilość	Węglowodany (g)	Tłuszcz (g)	Białko (g)	Kalorie (kcal)
Majonez	1 łyżka stołowa/14 g	0	10	0	90
Melasa z trzciny cukrowej (czarna)	1 łyżka stołowa/20 g	12	0	0	47
Melasa	1 łyżka stołowa/20 g	15	0	0	58
Miód	1 łyżka stołowa/21 g	17	0	0	68
Musztarda					
Dijon	1 łyżka stołowa/15 g	0	0	0	5
stołowa	1 łyżka stołowa/15 g	0	1	1	12
Ocet					
balsamiczny	1 łyżka stołowa/15 ml	2	0	0	8
jabłkowy	1 łyżka stołowa/15 ml	0	0	0	3
winny (z czerwonego wina)	1 łyżka stołowa/15 ml	0	0	0	3
Pikle					
ogórki kiszone, krojone w plasterki	1 sztuka/6 g	1	0	0	5

Produkt netto	Ilość	Węglowodany (g)	Tłuszcz (g)	Białko (g)	Kalorie (kcal)
ogórki kiszone, średniej wielkości	1 sztuka/65 g	3	0	1	12
korni-szony, średniej wielkości	1 sztuka/35 g	11	0	0	44
słodki przysmak z pikli	1 łyżka stoło-wa/15 g	5	0	0	20
Proszek do pieczenia	1 łyżka stoło-wa/9 g	0	0	0	0
Salsa	1 łyżka stoło-wa/15 g	1	0	0	5
Sos rybny	1 łyżka stoło-wa/15 ml	0,5	0	1	11
Sos sojowy	1 łyżka stoło-wa/15 ml	1	0	1	8
Sos tatarski	1 łyżka stoło-wa/15 g	2	8,5	0	85
Sos Worce-stershire	1 łyżka stoło-wa/15 ml	3	0	0	12
Syrop do naleśników	1 łyżka stoło-wa/15 g	15	0	0	58
Syrop klonowy	1 łyżka stoło-wa/15 ml	13,5	0	0	54
Tłuszcze i oleje	1 łyżka stoło-wa/14 g	0	14	0	122

Produkt netto	Ilość	Węglowodany (g)	Tłuszcz (g)	Białko (g)	Kalorie (kcal)
Zioła i przyprawy	1 łyżka stołowa/5 g	2	0	0	9
Żelatyna (w proszku)	1 opakowanie/7 g	0	0	6	23

BIBLIOGRAFIA

Rozdział 1— Dieta bez diety

1. McGee C. T. *Heart Frauds: Uncovering the Biggest Health Scam in History*. Piccadilly Books, Ltd: Colorado Springs, CO, 2001.
2. Prior I. A. i inni, *Cholesterol, coconuts, and diet on Polynesian atolls: a natural experiment: the Pukapuka and Tokelau Island studies. Am J Clin Nutr* 1981;34:1552.

Rozdział 2— Największe kłamstwa o tłuszczu

1. Vigilante K., Flynn M. *Low-Fat Lies: High-Fat Frauds and the Healthiest Diet in the World*. Life Line Press: Washington, DC, 1999.

Rozdział 3— Czy potrzebujesz zmienić olej?

1. Cleave T. L. *The Saccharine Disease*. Keats Publishing: New Canaan, CT, 1973.
2. Raloff J. Unusual fats lose heart-friendly image. *Science News* 1996;150(6):87.
3. Kummerow F. A. *Federation Proceedings* 1975;33:235.
4. Mensink R. P., Katan M. B. Effect of dietary trans fatty acids on high-density and low-density lipoprotein cholesterol levels in healthy subjects. *N Eng J Med* 1990;323(7):439.
5. *Science News*. Trans fats: worse than saturated? 1990;138(8):126.
6. Willett W. C. i inni, Intake of trans fatty acids and risk of coronary heart disease among women. *Lancet* 1993;341(8845):581.
7. Thampan P. K. *Facts and Fallacies About Coconut Oil*. Asian and Pacific Coconut Community: Jakarta, 1994.
8. Booyens J., Louwrens C. C. The Eskimo diet. Prophylactic effects ascribed to the balanced presence of natural cis unsaturated fatty acids and to the absence of unnatural trans and cis isomers of unsaturated fatty acids. *Med Hypoth* 1986;21:387.
9. Kritchevsky D. i inni, *Journal of Atherosclerosis Research* 1967;7:643.
10. Gutteridge, J. M. C., Halliwell B. 1994. *Antioxidants in Nutrition, Health, and Disease*. Oxford University Press: Oxford, 1994.297
11. Addis P. B., Warner, G. J. *Free Radicals and Food Additives*. Aruoma, O. I. and Halliwell, B. eds. Taylor and Francis: London, 1991.
12. Loliger J. 1991. *Free Radicals and Food Additives*. Aruoma, O. I. and Halliwell, B. eds. Taylor and Francis: London, 1991.

Rozdział 4— Cholesterol i tłuszcze nasycone

1. White P. D. *Prog. Cardiovascular Dis* 1971;14:249.

2. *Statistical Abstracts of the United States*. United States Department of Commerce. Cited by McGee C. T. *Heart Frauds: Uncovering the Biggest Health Scam in History*. Piccadilly Books, Ltd: Colorado Springs, CO, 2001.
3. McCully K. S. *The Homocysteine Revolution*. Keats Publishing: New Canaan, CT, 1997.
4. McGee C. T. *Heart Frauds: Uncovering the Biggest Health Scam in History*. Piccadilly Books, Ltd: Colorado Springs, CO, 2001.
5. Liebman B. Solving the diet-and-disease puzzle. *Nutrition Action Health Letter* 1999:26(4):6.
6. Rosenberg H. *The Doctor's Book of Vitamin Therapy*. G. P. Putnam's Sons: New York, 1974.
7. Krumholz, H. M. Lack of association between cholesterol and coronary heart disease and morbidity and all-cause mortality in persons older than 70 years. *JAMA* 1994;272:1335.
8. Addis, P. B., Warner G.J. *Free Radicals and Food Additives*. Aruoma, O. I. and Halliwell, B. eds. Taylor and Francis: London, 1991.
9. Gutteridge J. M. C., Halliwell B. 1994. *Antioxidants in Nutrition, Health, and Disease*. Oxford University Press: Oxford, 1994.
10. Napier K. Partial absolution. *Harvard Health Letter* 1995;20(10):1.
11. Siri-Tarino, P. W. i inni, Meta-analysis of prospective cohort studies evaluating the association of saturated fat with cardiovascular disease. *Am J Clin Nutr* 2010;91:535-546.
12. Ramsden C. E. i inni, Use of dietary linoleic acid for secondary prevention of coronary heart disease and death: evaluation of recovered data for the Sydney Diet Heart Study and updated meta-analysis. *BMJ* 2013 Feb 4;346:e8707. doi:10.1136/bmj.e8707.
13. Calder P. C. Old study sheds new light on the fatty acids and cardiovascular health debate. *BMJ* 2013 Feb 4;346:f493. doi:10.1136/bmj.f493.
14. Chowdhury R. i inni, Association of dietary, circulating, and supplement fatty acids with coronary risk: a systematic review and meta-analysis. *Ann Intern Med* 2014;160:398-406.
15. Watkins, B. A., Seifert, M. F. Food lipids and bone health *Food Lipids and Health*, R. E. McDonald D. B. Min (eds). Marcel Dekker, Inc.: New York, NY, 1996.
16. Corliss R. Should you be a vegetarian? *Time Magazine*, July 15, 2002.
17. Kabara J. J. *The Pharmacological Effects of Lipids*. The American Oil Chemist's Society: Champaign, IL, 1978.298
18. Cohen L. A., i inni, Dietary fat and mammary cancer. II. Modulation of serum and tumor lipid composition and tumor prostaglandins by different dietary fats: association with tumor incidence patterns. *J Natl Cancer Inst* 1986;77:43.
19. Nanji A. A., i inni, Dietary saturated fatty acids: a novel treatment for alcoholic liver disease. *Gastroenterology* 1995;109(2):547-54.
20. Cha Y. S., Sachan D. S. Opposite effects of dietary saturated and unsaturated fatty acids on ethanol-pharmacokinetics, triglycerides and carnitines. *J Am Coll Nutr* 1994;13(4):338-43.
21. 21. Carroll K. K., Khor, H. T. Effects of level and type of dietary fat on incidence of mammary tumors induced in female sprague-dawley rats by 7, 12-dimethylbenzanthracene. *Lipids* 1971;6:415.
22. Fife, B. *Jak pokonać Alzheimera. Parkinsona SM i inne choroby neurodegeneracyjne*. Studio Astropsychologii 2013.
23. Yamori, Y., i inni, Pathogenesis and dietary prevention of cerebrovascular diseases in animal models and epidemiological evidence for the applicability in man. In: Yamori

Y., Lenfant C. (eds.) *Prevention of Cardiovascular Diseases: An Approach to Active Long Life*. Elsevier Science Publishers: Amsterdam, the Netherlands, 1987.
24. Ikeda, K. i inni, Effect of milk protein and fat intake on blood pressure and incidence of cerebrovascular disease in stroke-prone spontaneously hypertensive rats (SHRSP). *J Nutr Sci Vitaminol* 1987;33:31.
25. Kimura N. Changing patterns of coronary heart disease, stroke, and nutrient intake in Japan. *Prev Med* 1985;12:222.
26. Omura T. i inni, Geographical distribution of cerebrovascular disease mortality and food intakes in Japan. *Soc Sci Med* 1987;24:40.
27. McGee D., i inni, The relationship of dietary fat and cholesterol to mortality in 10 years. *Int. J. Epidemiol.* 1985;14:97.
28. Gillman M. W. i inni, Inverse association of dietary fat with development of ischemic stroke in men. *JAMA* 1997;278(24):2145.

Rozdział 5— Dobre węglowodany, złe węglowodany

1. Applel L. J. i inni, Effects of protein, monounsaturated fat, and carbohydrate intake on blood pressure and serum lipids: results of the OmniHeart randomized trial. *JAMA* 2005;294:2455-2464.
2. Hu F. B. and Malik, V. S. Sugar-sweetened beverages and risk of obesity and type 2 diabetes: epidemiologic evidence. *Physiol Behav* 2010;100:47-54.
3. Stranahan A. M. i inni, Diet-induced insulin resistance impairs hippocampal synptic plasticity and cognition in middle-aged rats. *Hippocampus* 2008;18:1085-1088.
4. Cao D. i inni, Intake of sucrose-sweetened water induces insulin resistance and exacerbates memory deficits and amyloidosis in a transgenic mouse model of Alzheimer disease. *J Biol Chem* 2007;282:36275-36282.299
5. Sanchez A., i inni, Role of sugars in human neutrophilic phagocytosis. *Am J Clin Nurt* 1973;26:1180-1184.
6. Higginbotham S. i inni, Dietary glycemic load and risk of colorectal cancer in the Women's Health Study. *Journal of the National Cancer Institute* 2004;96:229-233.
7. Reiser S. i inni, 1985. Indices of copper status in humans consuming a typical American diet containing either fructose or starch. *Am. J. Clin. Nutr* 42(2):242-251.
8. Forristal L. J. The murky world of high fructose corn syrup. *Wise Traditions* 2001;2(3):60-61.
9. Ouyang X. i inni, Fructose consumption as a risk factor for non-alcoholic fatty liver disease. *J Hepatol* 2008;48:993-999.
10. Abdelmalek M. F. i inni, Increased fructose consumption is associated with fibrosis severity in patients with nonalcoholic fatty liver disease. *Hepatology* 2010;51:1961-1971.
11. Bocarsly M. E. i inni, High-fructose corn syrup causes characteristics of obesity in rats: increased body weight, body fat and triglyceride levels. *Pharmacol Biochem Behav* 2010;97:101-106.
12. Stoddard M. N. *The Deadly Deception*. Aspartame Consumer Safety Network, http://www.aspartamesafety.com.
13. Qin X. What made Canada become a country with the highest incidence of inflammatory bowel disease: Could sucralose be the culprit? *Can J Gastroenterol* 2011;25:511.
14. Roberts J. J. *Aspartame (NutraSweet), Is it Safe?* Aspartame Consumer Safety Network, http://www.aspartamesafety.com/

Rozdział 6— Tuczące węglowodany

1. Swithers S. E., Davidson T.L. A role for sweet taste: calorie predictive relations in energy regulation by rats. *Behav Neurosci* 2008;122:161-173.
2. Davidson T. L. i inni, Intake of high-intensity sweeteners alters the ability of sweet taste to signal caloric consequences: implications for the learned control of energy and body weight regulation. *Q J Exp Psychol (Hove)* 2011;64:1430-1441.
3. Swithers S. E. i inni, High-intensity sweeteners and energy balance. *Physiol Behav* 2010;100:55-62.
4. Magalle L. i inni, Intense sweetness surpasses cocaine reward. *PLoS One* 2007;8:e698.
5. Gearhardt A. N. i inni, Neural correlates of food addiction. *Arch Gen Psychiatry* 2011;68:808-816.

Rozdział 7— Kaloria kalorii nierówna

1. Allee G. I. i inni, Metabolic consequences of dietary medium chain triglycerides in the pig. *Proc Soc Exp Biol Med* 1972;139:422-427.300
2. Takase S. i inni, Long-term effect of medium-chain triglyceride in hepatic enzymes catalyzing lipogenesis and cholesterogenesis in rats. *J Nutr Sci Vitaminol* 1977;23:43-51.
3. Bocarsly M. E. i inni, High-fructose corn syrup causes characteristics of obesity in rats: increased body weight, body fat and triglyceride levels. *Pharmacol Biochem Behav* 2010;97:101-106.
4. Alzamendi A. i inni, Fructose-rich diet-induced abdominal adipose tissue endocrine dysfunction in normal male rats. *Endocrine* 2009;35:227–232.
5. Melanson K. J. i inni, High-fructose corn syrup, energy intake, and appetite regulation. *Am J Clin Nutr* 2008;88:1738S–1744S.
6. Shapiro A. i inni, Fructose-induced leptin resistance exacerbates weight gain in response to subsequent high-fat feeding. *Am J Physiol Regul Integr Comp* Physiol 2008;295:R1370–1375.
7. http://en.wikipedia.org/wiki Walter_Hudson_(1944%E2%80%931991).

Rozdział 8— Jedz tłuszcz i chudnij

1. Pennington A. W. Obesity. *Times* 1952;80:389-398.
2. Kekwick A.,Pawan, G.L.S. Calorie intake in relation to body weight changes in the obese. *Lancet* 1956;2:155.
3. Kekwick A., Pawan, G. L. S. Metabolic study in human obesity with isocaloric diets high in fat, protein or carbohydrate. *Metabolism* 1957;6:447-460.
4. Benoit F. i inni, Changes in body composition during weight reduction in obesity. *Archives of Internal Medicine*, 1965;63:604-612.
5. Vigilante K., Flynn M. *Low-Fat Lies: High-Fat Frauds and the Healthiest Diet in the World.* Life Line Press: Washington, DC, 1999.
6. Eyton A. *The F-Plan Diet.* Crown Publishers, Inc.: New York, NY, 1983.
7. Rolls B. J., Miller, D.L. Is the low-fat message giving people a license to eat more? *Journal of the American College of Nutrition* 1997;16:535.
8. Furuse M. i inni, Feeding behavior in rats fed diets containing medium chain triglyceride. *Physiol Behav* 1992;52:815.
9. Rolls B. J. i inni, Food intake in dieters and nondieters after a liquid meal containing medium-chain triglycerides. *Am J Clin Nutr* 1988;48:66-71.

10. Stubbs R. J., Harbron C. G. Covert manipulation of the ration of medium- to long-chain triglycerides in isoenergetically dense diets: effect on food intake in ad libitum feeding men. *Int J Obes* 1996;20:435-444.
11. Van Wymelbeke V. i inni, Influence of medium-chain and long-chain triacylglycerols on the control of food intake in men. *Am J Clin Nutr* 1998;68:226-234.
12. St-Onge M. P., Jones P. J. Physiological effects of medium-chain triglycerides: potential agents in the prevention of obesity. *J Nutr* 2002;132:329-332.
13. McManus K. i inni, A randomized controlled trial of a moderate-fat, low-energy diet compared with a low-fat, low-energy diet for weight loss in overweight adults. *Int. J Obes Relat Metab Disord* 2001;25(10):1503-11. 301
14. Gardner C. D. i inni, Comparison of the Atkins, Zone, Ornish, and LEARN diets for change in weight and related risk factors among overweight premenopausal women: the A to Z weight loss study: A randomized trial. *JAMA*, 2007;297:969-977.
15. Yancy, W. S. Jr., i inni, A low-carbohydrate, ketogenic diet versus a low-fat diet to treat obesity and hyperlipidemia: a randomized, controlled trial. *Ann Intern Med* 2004;140:769-777.
16. Westman E. C. i inni, Low-carbohydrate nutrition and metabolism. *Am J Clin Nutr* 2007;86:276-284.
17. Sharman M. J. i inni, Very low-carbohydrate and low-fat diets affect fasting lipids and postprandial lipemia differently in overweight men. *J Nutr* 2004;134:880-885.

Rozdział 9— Ketoza pokarmowa

1. Leiter L. A., Marliss E.B. Survival during fasting may depend on fat as well as protein stores *JAMA* 1982;248:2306-2307.
2. Reger M. A. i inni, Effects of beta-hydroxybutyrate on cognition in memory-impaired adults. *Neurobiol Aging* 2004;25:311-314.
3. VanItallie T. B. i inni, Treatment of Parkinson disease with diet-induced hyperketonemia: a feasibility study. *Neurology* 2005;64:728-730.
4. Duan W. i inni, Dietary restriction normalizes glucose metabolism and BDNF levels, slows disease progression, and increases survival in huntingtin mutant mice. *Proc Natl Acad Sci USA* 2003;100:2911-2916.
5. Zhao Z. i inni, A ketogenic diet as a potential novel therapeutic intervention in amyotrophic lateral sclerosis. *BMC Neuroscience* 2006;7:29.
6. Veech R. L. The therapeutic implications of ketone bodies: the effects of ketone bodies in pathological conditions: ketosis, ketogenic diet, redox states, insulin resistance, and mitochondrial metabolism. *Prostaglandins, Leukotrienes and Essential Fatty Acids* 2004;70:309-319.
7. Kashiwaya Y. i inni, Substrate signaling by insulin: a ketone bodies ratio mimics insulin action in heart. *Am J Cardiol* 1997;80:50A-60A.
8. Yancy W. S. i inni, A low-carbohydrate, ketogenic diet versus a low-fat diet to treat obesity and hyperlipidemia: a randomized, controlled trial. *Ann Intern Med* 2004;140:769-777.
9. Cahill G. F. Jr.,Veech, R.L. Ketoacids? Good Medicine? *Transactions of the American Clinical and Climatological Association* 2003;114:149-163.
10. Heinbecker P. Studies on the metabolism of Eskimos. *J Biol Chem* 1928;80:461-475.
11. McClellan W. S., DuBois E.F. Clinical calorimetry. XLV. Prolonged meat diets with a study of kidney function and ketosis. *J Biol Chem* 1930;87:651-667.

12. Stefansson V. *Human Nutrition Historic and Scientific, Monograph III*. International Universities Press: NY, 1960.
13. Westman E. C. i inni, Low-carbohydrate nutrition and metabolism. *Am J Clin Nutr* 2007;86:276-284.302
14. Maki K. C. i inni, Effects of a reduced-glycemic-load diet on body weight, body composition, and cardiovascular disease risk markers in overweight and obese adults. *Am J Clin Nutr* 2007;85:724-734.
15. Boden G. i inni, Effect of a low-carbohydrate diet on appetite, blood glucose levels, and insulin resistance in obese patients with type 2 diabetes. *Ann Intern Med* 2005;142:403-411.
16. Nickols-Richardson S. M., i inni, Perceived hunger is lower and weight loss is greater in overweight premenopausal women consuming a low-carbohydrate/high-protein vs high-carbohydrate/low-fat diet. *J Am Diet Assoc* 2005;105:1433-1437.
17. Velasquez-Mieyer P. A. i inni, Suppression of insulin secretion is associated with weight loss and altered macronutrient intake and preference in a subset of obese adults. *Int J Obes Relat Metab Disord* 2003;27:219-226.
18. Patel A. i inni, Long-term outcomes of children treated with the ketogenic diet in the past. *Epilepsia* 2010;51:1277-1282.
19. Sharman M. J. i inni, Very low-carbohydrate and low-fat diets affect fasting lipids and postprandial lipemia differently in overweight men. *J Nutr* 2004;134:880-885.
20. Yancy W. S. Jr. i inni, A low-carbohydrate, ketogenic diet versus a low-fat diet to treat obesity and hyperlipidemia: a randomized, controlled trial. *Ann Intern Med* 2004;140:769-777.
21. Westman E. C. i inni, Low-carbohydrate nutrition and metabolism. *Am J Clin Nutr* 2007;86:276-284.
22. Westman E. C. i inni, A review of low-carbohydrate ketogenic diets. *Curr Atheroscler Rep* 2003;5:476-483.
23. Westman E. C. i inni, The effect of a low-carbohydrate, ketogenic diet versus a low-glycemic index diet on glycemic control in type 2 diabetes mellitus. *Nutr Metab (Lond)* 2008;5:36.
24. Sharman M. J. i inni, Very low-carbohydrate and low-fat diets affect fasting lipids and postprandial lipemia differently in overweight men. *J Nutr* 2004;134:880-885.
25. Gardner C. D. i inni, Comparison of the Atkins, Zone, Ornish, and LEARN diets for change in weight and related risk factors among overweight premenopausal women: The A to Z Weight Loss Study: A randomized trial. *JAMA* 2009;297:969-977.
26. Volek J. S., Sharman M. J. Cardiovascular and hormonal aspects of very-low-carbohydrate ketogenic diets. *Obes Res* 2004;12 Suppl 2:115S-123S.
27. Foster, G. D. i inni, Weight and metabolic outcomes after 2 years on a low-carbohydrate versus low-fat diet: A randomized trial. *Ann Intern Med* 2010;153:147-157.
28. Schwartzkroin P. A. Mechanisms underlying the anti-epileptic efficacy of the ketogenic diet. *Epilepsy Res* 1999;37:171-180.303
29. Fife B. *Stop Autism Now! A Parent's Guide to Preventing and Reversing Autism Spectrum Disorders*. Piccadilly Books, Ltd: Colorado Springs, CO, 2012.
30. Husain A. M. i inni, Diet therapy for narcolepsy. *Nuerology* 2004;62:2300-2302.
31. Reger M. A. i inni, Effects of beta-hydroxybutyrate on cognition in memory-impaired adults. *Neurobiol Aging* 2004;25:311-314.

32. VanItallie T. B. i inni, Treatment of Parkinson disease with diet-induced hyperketonemia: a feasibility study. *Neurology* 2005;64:728-730.
33. Duan W. i inni, Dietary restriction normalizes glucose metabolism and BDNF levels, slows disease progression, and increases survival in huntingtin mutant mice. *Proc Natl Acad Sci USA* 2003;100:2911-2916.
34. Zhao Z. i inni, A ketogenic diet as a potential novel therapeutic intervention in amyotrophic lateral sclerosis. *BMC Neuroscience* 2006;7:29.
35. Prins M. L. i inni, Increased cerebral uptake and oxidation of exogenous βHB improves ATP following traumatic brain injury in adult rats. *J Neurochem* 2004;90:666-672.
36. Suzuki M. i inni, Beta-hydroxybutyrate, a cerebral function improving agent, protects rat brain against ischemic damage caused by permanent and transient focal cerebral ischemia. *Jpn J Phamacol* 2002;89:36-43.
37. Yeh Y. Y., Zee P. Relation of ketosis to metabolic changes induced by acute medium-chain triglyceride feeding in rats. *J Nutr* 1976;106:58-67.
38. Tantibhedhyangkul P. i inni, Effects of ingestion of long-chain and medium-chain triglycerides on glucose tolerance in man. *Diabetes* 1967;16:796-799.
39. Kashiwaya Y. i inni, Substrate signaling by insulin: a ketone bodies ratio mimics insulin action in heart. *Am J Cardiol* 1997;80:50A-60A.
40. Fife B. *Kokos naturalny antybiotyk. Skuteczne terapie na powszechne schorzenia.* Wydawnictwo Vital, 2014.
41. Poplawaki M. M. i inni, Reversal of diabetic nephropathy by a ketogenic diet. *PLoS ONE* 2011;6:e18604.
42. Lardy H. A., Phillips P.H. Studies of fat and carbohydrate oxidation in mammalian spermatozoa. *Arch Biochem* 1945;6:53-61.
43. Mavropoulos J. C. i inni, The effects of a low-carbohydrate, ketogenic diet on the polycystic ovary syndrome: a pilot study. *Nutrition and Metabolism (London)* 2005;2:35.
44. Seyfried T. N. i inni, Role of glucose and ketone bodies in the metabolic control of experimental brain cancer. *British Journal of Cancer* 2003;89:1375-1382.
45. Nebeling L. C. i inni, Effects of a ketogenic diet on tumor metabolism and nutritional status in pediatric oncology patients: two case reports. *J Am Coll Nutr* 1995;86:202-208.
46. Kashiwaya Y. i inni Substrate signaling by insulin: a ketone bodies ratio mimics insulin action in heart. *Am J Cardiol* 1997;80:50A-60A. 304
47. Fontana L. Neuroendocrine factors in the regulation of inflammation: excessive adiposity and calorie restriction. *Exp Gerontol* 2009;44:41-45.
48. Veech R. L. i inni, Ketone bodies, potential therapeutic uses. *IUBMB Life* 2001;51:241-247.
49. Chance B. i inni, Hydroperoxide metabolism in mammalian organs. *Physiol Rev* 1979;59:527-605.

Rozdział 10— Czy tarczyca sprawia, że tyjesz?

1. Derry D. M. *Breast Cancer and Iodine*. Trafford Publishing: Victoria, BC, 2001.
2. Wolfe W. S, Campbell, C. C. Food pattern, diet quality, and related characteristics of school children in New York State. *J Am Diet Assoc* 1993;93:1280-1284.
3. Fernandez-Real J. M. i inni, Thyroid function is intrinsically linked to insulin sensitivity and endothelium-dependent vasodilation in healthy euthyroid subjects. *J Clin Endocrinol Metab* 2006;91:3337-3343.

4. 4. Roos A. i inni, thyroid function is associated with components of the metabolic syndrome in euthyroid subjects. *J Clin Endocrinol Metab* 2007;92:491-496.
5. Gobatto C. A i inni, The monosodium glutamate (MSG) obese rat as a model for the study of exercise in obesity. *Res Commun Mol Pathol Pharmacol* 2002;111:89-101.
6. Peat R. *Ray Peat's Newsletter* 1997, p.2-3.
7. Sarandol E. i inni, Oxidative stress and serum paraoxonase activity in experimental hypothyroidism: effect of vitamin E supplementation. *Cell Biochem Funct* 2005;23:1-8.
8. Karatas F. i inni, Determination of free malondialdehyde in human serum by high-performance liquid chromatography. *Anal Biochem* 2002;311:76-79.
9. Arthur J. R. i inni, Selenium deficiency, thyroid hormone metabolism, and thyroid hormone deiodinases. *Am J Clin Nutr* 1993;57 Suppl:236S-239S.
10. Ullrich I. H. i inni, Effect of low-carbohydrate diets high in either fat or protein on thyroid function, plasma insulin, glucose, and triglycerides in healthy young adults. *J Am Coll Nutr* 1985;4:451-459.
11. Deshpande U. R. i inni, Effect of antioxidants (vitamin C, E and turmeric extract) on methimazole induced hypothyroidism in rats. *Indian J Exp Biol* 2002;40:735-738.
12. Inouse A. i inni, Unesterified long-chain fatty acids inhibit thyroid hormone binding to the nuclear receptor. Solubilized receptor and the receptor in cultured cells. *Eur J Biochem* 1989;183:565-572.
13. Duntas L. H., Orgazzi J. Vitamin E and thyroid disease: a potential link that kindles hope. *Biofactors* 2003;19:131-135.
14. Sondergaard D., Olsen P. The effect of butylated hydroxytoluene (BHT) on the rat thyroid. *Toxicol Lett* 1982:10:239-244.305

Rozdział 11— Jod a zdrowie

1. Anderson M. i inni, Current global iodine status and progress over the last decade towards the elimination of iodine deficiency. *Bulletin of the World Health Organization* 2005;83:518-525.
2. Stadel, B. V. Dietary iodine and risk of breast, endometrial and ovarian cancer. *Lancet* 1976;1:890-891.
3. Venturi S. i inni, Role of iodine in evolution and carcinogenesis of thyroid, breast, and stomach. *Adv Clin Path* 2000;4:11-17.
4. Foster H. D. The iodine-selenium connection: Its possible roles in intelligence, cretinism, sudden infant death syndrome, breast cancer and multiple sclerosis. *Medical Hypothesis* 1993;40:61-65.
5. Bretthauer E. Milk transfer comparisons of different chemical forms of radioiodine. *Health Physics* 1972;22:257.
6. Derry D. M. *Breast Cancer and Iodine*. Trafford Publishing, Victoria, BC, 2001.
7. Eskin B. A. Iodine and mammary cancer. *Adv Exp Med Biol* 1977;91:293-304.
8. http://www.thyroid.org/.
9. Hollowell J. E. i inni, Iodine nutrition in the United States. Trends and public health implications: Iodine excretion data from National Health and Nutrition Examination Surveys I and III (1971-74 and 1988-94). *J Clin Endocrinol Metab* 1998;83:3401-3408.
10. Pavelka S. Metabolism of bromide and its interference with the metabolism of iodine. *Physiol Res* 2004;53 Supple 1:S81-S90.
11. Hattersley J. G. Fluoridation's defining moment. *J Orthomol Med* 1999;14:1-20.

12. Lu Y. i inni, Effect of high fluoride water on intelligence in children. *Fluoride* 2000;33:74-78.
13. Kimura S. i inni, Development of malignant goiter by defatted soybean with iodine-free diet in rats. *Gann* 1976;67:763-765.
14. Chorazy P. A. i inni, Persistent hypothyroidism in an infant receiving a soy formula: case report and review of the literature. *Pediatrics* 1995;96:148-150.
15. Pinchers A. i inni, Thyroid refractoriness in an athyreotic cretin fed soybean formula. *New Eng J Med* 1965;265:83-87.
16. Ishizuki Y. i inni, The effects on the thyroid gland of soybeans administered experimentally to healthy subjects. *Nippon Naibunpi Gakkai Zasshi* 1991;67:622-629.
17. Divi R. L. i inni, Identification, characterization and mechanisms of anti-thyroid activity of isoflavones from soybean. *Biochem Pharmacol* 1997;54:1087-1096.
18. Fort P. i inni, Breast and soy-formula feedings in early infancy and the prevalence of autoimmune thyroid disease in children. *J Am Clin Nutr* 1990;9:164-167.306
19. Nagata C. i inni, Decreased serum total cholesterol concentration is associated with high intake of soy products in Japanese men and women. *J Nutr* 1998;128:209-213.
20. Samuels M. H. i inni, Variable effects of nonsteroidal antiinflammatory agents on thyroid test results. *Journal of Clinical Endocrinology and Metabolism* 2003;88:5710-5716.
21. Aceves C. Is iodine a gatekeeper of the integrity of the mammary gland? *J of Mammary Gland Biol and Neoplasia* 2005;10:189-196.
22. Berson S. A. i inni, Quantitative aspects of iodine metabolism. The exchangeable organic iodine pool and the rates of thyroidal secretion, peripheral degradation and fecal excretion of endogenously synthesized organically bound iodine. *J Clin Invest* 1954;33:1533-1552.
23. Abraham G. E. i inni, Orthoiodosupplementation: Iodine sufficiency of the whole human body. *The Original Internist* 2002;9:30-41.
24. Sang, Z. i inni, Exploration of the safe upper level of iodine intake in euthyroid Chinese adults: a randomized double-blind trial. *Am J Clin Nutr* 2012;143:2038-2043.
25. http://www.nutridesk.com.au/iodine-and-breast-health.phtml.
26. Brownstein D. *Iodine: Why You Need It, Why You Can't Live Without It, 2nd Ed.* Medical Alternatives Press: West Bloomfield, MI, 2006.
27. Abraham G. E. Iodine supplementation markedly increases urinary excretion of fluoride and bromide. *Townsend Letter* 2001;238:108-109.
28. Abraham G. E. The historical background of the iodine project. *The Original Internist* 2005;12:57-66.

Rozdział 12— Zaburzenia czynności tarczycy

1. Samuels M. H., McDaniel, P. A. Thyrotropin levels during hydrocortisone infusions that mimic fasting-induced cortisol elevations: a clinical research center study. *J Clin Endocrinol Metab* 1997;82:3700-3704.
2. Opstad K. Circadian rhythm of hormones is extinguished during prolonged physical stress, sleep and energy deficiency in young men. *Eur J Endocrinol* 1994;131:56-66.

Rozdział 13— Przyspiesz przemianę materii

1. Fushiki T., Matsumoto K. Swimming endurance capacity of mice is increased by chronic consumption of medium-chain triglycerides. *Journal of Nutrition* 1995;125:531.
2. Applegate L. Nutrition. *Runner's World* 1996;31:26.

3. Ogawa A. i inni Dietary medium-and long-chain triacylglycerols accelerate diet-induced thermogenesis in humans. *Journal of Oleo Science* 2007; 6: 283-287.
4. Baba N. Enhanced thermogenesis and diminished deposition of fat in response to overfeeding with diet containing medium chain triglyceride. *Am J of Clin Nutr* 1982;35:678-682.307
5. Papamandjaris A. A. i inni, Endogenous fat oxidation during medium chain versus long chain triglyceride feeding in healthy women. *Int J Obes Relat Metab Disord* 2000;24:1158-1166.
6. Murry M. T. *American Journal of Natural Medicine* 1996;3(3):7.
7. Hill J. O. i inni, Thermogenesis in man during overfeeding with medium chain triglycerides. *Metabolism* 1989;38:641-648.
8. Seaton T. B. i inni, Thermic effect of medium-chain and long-chain triglycerides in man. *Am J Clin Nutr* 1986;44:630-634.
9. Scalfi L. i inni, Postprandial thermogenesis in lean and obese subjects after meals supplemented with medium-chain and long-chain triglycerides. *Am J Clin Nutr* 1991;53:1130-1133.
10. Dulloo A. G. i inni, Twenty-four-hour energy expenditure and urinary catecholamines of humans consuming low-to-moderate amounts of medium-chain triglycerides: a dose-response study in human respiratory chamber. *Eur J Clin Nutr* 1996;50:152-158.
11. St-Onge M. P. i inni, Medium-chain triglycerides increase energy expenditure and decrease adiposity in overweight men. *Obes Res* 2003;11:395-402.
12. Tsuji H. i inni, Dietary medium-chain triacylglycerols suppress accumulation of body fat in a double-blind, controlled trial in healthy men and women. *J Nutr* 2001;131:2853-2859.
13. St-Onge M. P., Bosarge A. Weight-loss diet that includes consumption of medium-chain triacylglycerol oil leads to a greater rate of weight and fat mass loss than does olive oil. *Am J Clin Nutr* 2008;87:621-626.
14. St-Onge M. P. i inni, Medium-versus long-chain triglycerides for 27 days increases fat oxidation and energy expenditure without resulting in changes in body composition in overweight women. *Int J Obes Relat Metab Disord* 2003;27:95-102.
15. Crozier, G. i inni, Metabolic effects induced by long-term feeding of medium-chain triglycerides in the rat. *Metabolism* 1987;36:807-814.
16. Geliebter A. i inni, Overfeeding with medium-chain triglyceride diet results in diminished deposition of at. *Am J Clin Nutr* 1983;37:1-4.
17. Lavau M. M., Hashim S. A. Effect of medium chain triglycende on lipogenesis and body fat in the rat. *J Nutr* 1978;108:613-620.
18. Baba N. i inni, Enhanced thermogenesis and diminished deposition of fat in response to overfeeding with diet containing medium chain triglyceride. *Am J Clin Nutr* 1982;35:678-682.
19. St-Onge M. P. Jones P.J. Physiological effects of medium-chain triglycerides: potential agents in the prevention of obesity. *J Nutr* 2002;132:329-332.
20. Seaton T. B. i inni, Thermic effect of medium-chain and long-chain triglycerides in man. *Am J Clin Nutr* 1986;44:630-634.
21. Papamandjaris A. A. i inni, Medium chain fatty acid metabolism and energy expenditure: obesity treatment implications. *Life Sci* 1998;62:1203-1215.308

22. Han J. R. i inni, Effects of dietary medium-chain triglyceride on weight loss and insulin sensitivity in a group of moderately overweight free-living type 2 diabetic Chinese subjects. *Metabolism* 2007;56:985-991.
23. Kasai M. i inni, Effect of dietary medium - and long ± chain triacylglycerols (MLCT) on accumulation of body fat in healthy humans. *Asia Pacific J Clin Nutr* 2003;12(2):151-160.
24. St-Onge M. P. i inni, Medium-chain triglycerides increase energy expenditure and decrease adiposity in overweight men. Obesity Research 2003;11:395-402.
25. Beermann C. i inni, Short term effects of dietary medium-chain fatty acids and n-3 long-chain polyunsaturated fatty acids on the fat metabolism of healthy volunteers. *Lipids Health Dis* 2003;2:10.
26. St-Onge M. P., Jones P. J. H. Greater rise in fat oxidation with medium-chain triglyceride consumption relative to long-chain triglyceride is associated with lower initial body weight and greater loss of subcutaneous adipose tissue. *International Journal of Obesity* 2003;27:1565-1571.
27. St-Onge M. P., Bosarge, A. Weight-loss diet that includes consumption of medium-chain triacylglycerol oil leads to a greater rate of weight and fat mass loss than does olive oil. *Am J Clin Nutr* 2008;87:621-626.
28. Xue C. i inni, Consumption of medium- and long-chain triacylglycerols decreases body fat and blood triglyceride in Chinese hypertriglyceridemic subjects. *Eur J Clin Nutr* 2009;63:879-886.
29. Rollisco C. C., Carlos-Raboca, J. The effect of virgin coconut oil on weight and lipid profile among overweight, healthy individuals. *Phil J Inter Med* 2008;46:45-44.
30. Assuncao M. L. i inni, Effects of dietary coconut oil on the biochemical and anthropometric profiles of women presenting abdominal obesity. *Lipids* 20090;44:593-601.
31. Nagao K., Yanagita T. Medium-chain fatty acids: functional lipids for the prevention and treatment of the metabolic syndrome. *Pharmacol Res* 2010;61:208-212.
32. Turner N. i inni, Enhancement of muscle mitochondrial oxidative capacity and alterations in insulin action are lipid species-dependent: Potent tissue-specific effects of medium chain fatty acids. *Diabetes* 2009;58:2547-2554.
33. St-Onge M. P., Jones P. J. H. Psysiological effects of medium-chain triglycerides: potential agents in the prevention of obesity. *J Nutr* 2002;132:329-332.
34. Alvarez J. A., Ashraf, A. Role of vitamin D in insulin secretion and insulin sensitivity for glucose homeostasis. *Int J Endocrinol* 2010;2010:351385.
35. Roos P. A. Light and electromagnetic waves: the health implications. *Journal of the Bio-Electro-Magnetics Institute.* 1991;3(2):7-12.
36. Garland F. C. i inni, Occupational sunlight exposure and melanoma in the U.S. Navy. *Archives of Environmental Health.* 1990;45:261-267.309
37. Editorial. Excessive sunlight exposure, skin melanoma, linked to vitamin D. *International Journal of Biosocial and Medical Research.* 1991;13(1):13-14.
38. Ahuja K. D. K. i inni, Effects of chili consumption on postprandial glucose, insulin, and energy metabolism. *Am J Clin Nutr* 2006;84:63-69.
39. Chaiyasit K. i inni, Pharmacokinetic and the effect of capsaicin in Capsicum frutesscens on decreasing plasma glucose level. *J Med Assoc Thai* 2009;92:108-113.
40. Yoshioka M. i inni, Effects of red pepper on appetite and energy intake. *Br J Nutr* 1999;82:115-123.

Rozdział 14— Pij więcej, waż mniej

1. Kleiner S. M. Water: an essential but overlooked nutrient. *American Dietetic Association Journal* 1999;99(2):200-206.
2. Dauterman K. W. i inni, Plasma specific gravity for identifying hypovolemia. *J Diarrhoeal Dis. Res.* 1995;13:33-38.
3. Ershow A. G. i inni, Intake of tapwater and total water by pregnant and lactating women. *Am. J. Public Health* 1991;81:328-334.
4. Dauterman K. W. i inni, Plasma specific gravity for identifying hypovolaemia. *J Diarrhoeal Dis. Res.* 1995;13:33-38.
5. Torranin C. i inni, The effects of acute thermal dehydration and rapid rehydration on isometric and isotonic endurance. *J. Sports Med. Phys. Fitness* 1979;19:1-9.
6. Armstrong L. E. i inni, Influence of diuretic-induced dehydration on competitive running performance. *Med. Sci. Sports Exerc.* 1985;17:456-461.
7. Sawka M. N., Pandolf K. R. Effects of body water loss on physiological function and exercise performance. In: Gisolfi C. V. and Lamb, D. R. eds. *Fluid Homeostasis During Exercise.* Benchmark Press: Carmel, Ind, 1990.
8. Sansevero A. C. Dehydration in the elderly: strategies for prevention and management. *Nurse Pract.* 1997;22(4):41-42, 51-57, 63-66 passim.
9. Sagawa S. i inni, Effect of dehydration on thirst and drinking during immersion in men. *J. Appl. Physiol.* 1992;72:128-134.
10. Gopinathan P. M. i inni, Role of dehydration in heat stress-induced variations in mental performance. *Arch Environ Health* 1988;43:15-17.
11. Torranin C. i inni, The effects of acute thermal dehydration and rapid rehydration on isometric and isotonic endurance. *J Sports Med Phys Fitness* 1979;19:1-9.
12. Armstrong L. E. i inni, Influence of diuretic-induced dehydration on competitive running performance. *Med Sci Sports Exerc* 1985;17:456-461.
13. Sagawa S. i inni, Effect of dehydration on thirst and drinking during immersion in men. *J Appl Physiol* 1992;72:128-134.
14. Curhan G. C., Curhan, S. G. Dietary factors and kidney stone formation. *Comp Ther* 1994;20:485-489.310
15. Goldfarb S. The role of diet in the pathogenesis and therapy of nephrolithiasis. *Endocrinol Metab Clin North Am* 1990;19:805-820.
16. Stamford B. Muscle cramps: untying the knots. *Phys Sportsmed* 1993;21:115-116.
17. Boschmann M., i inni, Water-induced thermogenesis. *JCEM* 2003;88:6015.
18. Miller W. D. Extrathyroidal benefits of iodine. *J Am Physicians Surgeons* 2006;11:106-110.
19. Stolarz-Skrzypek K. i inni, Fatal and nonfatal outcomes, incidence of hypertension, and blood pressure changes in relation to urinary sodium excretion. *JAMA* 2011;4:1777-1785.
20. Garg R. i inni, Low-salt diet increases insulin resistance in healthy subjects. *Metabolism Clinical and Experimental* 2011;60:965-968.
21. O'Donnell M. J. i inni, Urinary sodium and potassium excretion and risk of cardiovascular events. *JAMA* 2011;306:2229-2238.
22. Stolarz-Skrzypek K., i inni, Fatal and nonfatal outcomes, incidence of hypertension, and blood pressure changes in relation to urinary sodium excretion *JAMA* 2011;305:1777-1785.
23. Elliott P. Commentary: role of salt intake in the development of high blood pressure. *International Journal of Epidemiology* 2005;34:975-978.

24. Rauws A. G. Pharmacokinetics of bromine ion—an overview. *Food Chem Toxicol* 1983;21:379-382.
25. Sensenbach W. J. Bromide intoxication. *AMA Journal* 1944;125:769-772.

Rozdział 15— Niskowęglowodanowy i wysokotłuszczowy plan żywieniowy

1. Gordon N., Newton R. W. Glucose transporter type 1 (GLUT) deficiency. *Grain Dev* 2003;25:477-480.
2. Brighenti F., i inni, Effect of neutralized and native vinegar on blood glucose and acetate responses to a mixed meal in healthy subjects. *Eur J Clin Nutr* 1995;49:242-247.
3. Johnston C. S. i inni, Vinegar improves insulin sensitivity to a high-carbohydrate meal in subjects with insulin resistance or type 2. diabetes. *Diabetes Care* 2004;27:281-282.
4. Hollis J. F. i inni, Weight loss during the intensive intervention phase of the weight-loss maintenance trial. *Am J Prev Med* 2008;35:118-126.
5. Naylor G. J. i inni, A double blind placebo controlled trial of ascorbic acid in obesity. *Nutr Health* 1985;4:25-28.